国学经典

导论

GUOXUE JINGDIAN DAOLUN

谭 平 万 平◎主编

人民出版社

序

冉光荣

　　读完成都大学文学与新闻传播学院院长谭平教授与同事万平教授主编的《国学经典导论》书稿后，受益良多，也引发了我对国学现状，尤其是如何认识国学，如何学习和发展国学的点滴思考，值此书付梓之机，略呈管见，借以交流。

一、国学价值

　　所谓国学，原则上是指中国固有的传统学术文化。环顾世界，包含国学的中国文化是人类历史长河中唯一未曾中断，并最终形成为一套完整体系的文化。这是一个奇迹，应该倍加珍惜。

　　国学是中华民族的共同积累与创造，更是历代一批批具备深邃敏锐识见、渊博厚实学养的贤哲，在漫长历史播迁中，以立意高远、构架宏伟、体裁多样、数量浩瀚的学术著作，一砖一石地逐渐砌建而成的。这些以经、史、子、集分类的鸿篇巨著，也是人类文明的重要组成部分。鉴于国学的博大精深，要从总体上对其意义、价值作出评论，委实难以把握。在此，仅对贯穿学术论著的两点"意识"予以强调。

　　第一，忧患意识

　　强烈的历史使命感是贤哲们自觉树立、毕生实践的伟大抱负。他们都怀具极其沉重的时代忧患意识，居安思危是著述的永恒主题。"生于忧患，死于安乐"是其最通俗、最质朴的警世格言。如以史学而言，宋人苏洵在其《史论》中明确宣称："史何为而作乎？其有忧也。"清末郑观应以《盛世危言》为其著述命名，突出地体现了其忧国忧民的情怀。正是这种时刻都在警惕的忧患意识，激励着一代代仁人志士以"先天下之忧而忧，后天下之乐而乐"的情怀，直面人生现实。一旦国家有难、民族受侮，他们将义无反顾地捐躯献身。国学的流播，卓识俊彦之士的表率，中华各族儿女发出"天下兴亡，匹夫有责"的惊天地、泣鬼神的呼喊，以连绵不绝的血肉之躯筑成一道道捍卫祖国的新长城。也正是各民族在维护国家统一、民族团结的斗争中，在政治、经济、文化诸方面的相互交流中，实现了心理的认同，并随着认同的深化，形成为强大的、持续的、独特的民族凝聚力，保证了中国这样一个统一的、多民族的国家能够历经沧桑，长存于世。

第二，经世意识

经世致用是历代贤哲追求的终极目标，利国利民是其所作所为的基本出发点。司马光编纂《资治通鉴》的原则，正是"专取关国家盛衰，系民生休戚，善可为法，恶可为戒者"（《进〈资治通鉴〉表》）。在这种强烈关注国家命运、民族安危的经世致用意识指导下，其著述为国分忧、为民造福的色彩便极为鲜明。

作为国学核心的儒家学说，经世致用更是其必须坚持的学风。例如怎样处理个人、家庭、国家关系这一根本问题，儒家提出从个人修身入手，进而实现齐家、治国、平天下的理念，也就是通过"修"、"齐"、"治"、"平"的内涵与关系，来达到资政育人的目的。中国封建帝国得以绵延数千年之久，经世致用意识在其中发挥了很大的引导作用。

二、对待国学的态度

上世纪末以来，国内外掀起一阵阵国学热。对此需要冷静认识，从容应对。对于主要积淀于中国古代以及近代文明的国学，其必然存在历史局限性，我们理应对其进行辩证评析。基本态度是弘扬与创新同步。实际上，文化传承本身就具有一个不断淘汰与创新的机制，否则文化也就不可能随时代变化而健康地传承下去。

在当今经济全球化、甚至媒体全球化的汹涌浪潮冲击下，中国要在力求实现文化多元化的世界舞台上站稳脚跟，并寻求取得更有影响力的地位，国学如何面向未来，面向世界，便是一个必须尽快破解的难题。已经提出来的对策是多种多样的，其中如何借鉴、融合外来文化，应该是最值得加以积极研究的。文化原来是人类的共同财富，文化发展规律正是在不同文化的互动互补中得以体现的。在二十一世纪世界一体化这个并非公平的环境中，中国的和平崛起需要主动地、快速地进入世界多元文化的发展潮流中，并由此实现对外部异质文化的借鉴。而要成功地做到借鉴，先必须要能够进行鉴别，这就要求对本身文化优劣长短有着准确的判识，如此方能有针对性地取人之长，补己之短。只有通过鉴别与选择，才说得上科学地借鉴与吸取，进而推动我国文化的发展，国学也将随之焕发新的生机与活力。

三、国学学习

学习国学面临两个问题：一是作为学习对象的青年甚至中年一代，多是在传统文化遭到人为打击乃至毁灭的环境中成长的，他们不仅不可能受到国学的起码熏陶，而且还留下种种对国学的负面看法。至于少年儿童，则是在国学常识几乎空白的同时，银幕视频的形形色色的消遣却成了他们国学的"启蒙"教育。要消除这些影响，需要我们做大量工作。二是国学内容浩瀚，理解难度亦大，教与学双方都需要付出不小努力。

为此，要注意两种简单浮躁的倾向：一是赶时髦，以怀旧情绪在教学场所甚至服饰等方面追求形式上的表现。二是速成求快，企图以流行的快餐模式来组织教学，甚至造就人才。

如何学习国学，确实值得缜密思考，用心探索，妥善行动。经过最近两年的不懈努力，成都大学的国学教育已经拥有一个省级教改项目，一门省级精品课程，相关的学术研究也同步推进。正是在这样的背景下，本书利用重印之契机，进行了增强学术性的修订。我衷心祝愿他们的国学研究、传播取得更大成功。

2011 年 6 月 30 日

（冉光荣系四川省人民政府参事、四川大学历史文化学院教授、博导）

目 录

绪　言

翻开这本书，许多人会问：我们今天的大学为什么要恢复国学教育？

自孔子诞生以来，他的嫡传子孙已经有了八十代；绝大多数中国人的祖先从孔子生活的年代算起其后代也当如此。我们中华民族有五千年的历史文化，但这种文化以核心的典籍和开放性的教育以及必要的交通通讯条件为支撑能代代传承并发扬光大、辐射其他文明是从孔子时代开始的。根据二十四史粗略估计，八十代中国人，真正生活在政治经济文化协调发展、中国在世界上举足轻重、国泰民安的盛世的不到三十代，其余时代的中国人，因为天灾人祸、外敌入侵、政治腐败等等原因，要么生活在国家发展停滞，弊端丛生的衰败世道中；要么生活在分裂战乱、人间惨剧接踵而至的苦难岁月之中。所以，追求和建构太平盛世，是无数中华民族的优秀子孙和一代又一代仁人志士人生价值的最高追求。霍去病"匈奴未灭，何以家为"；诸葛亮"鞠躬尽瘁，死而后已"；范仲淹"先天下之忧而忧，后天下之乐而乐"；陆游"王师北定中原日，家祭勿忘告乃翁"；顾炎武"天下兴亡，匹夫有责"；林则徐"苟利国家生死以，岂因祸福避趋之"；周恩来"为中华之崛起而读书"；钱三强"虽然科学没有国界，科学家却是有祖国的"……都是对中华民族太平盛世矢志追求的生动写照，其中洋溢着的，除了这些伟大先辈们对祖国和人民的挚爱，就是舍我其谁的责任与担当意识。而这些仁人志士的人生价值取向的形成，无不与国学中的优秀养分的深厚滋养有关。

国学是指我们中国人原创的学问，是一个凝聚着无数先辈的智慧和心血，具有浩瀚文献以及其他物质和非物质文化遗产作为载体的思想、学术体系。二千五百多年来，它不仅深刻持久地影响着中国历史文化的基本走向，提供了中国士大夫和普通民众构建自己精神家园的主要养分和依据，使中华文明成为世界所有古老文明中唯一没有中断过的文明，使中华民族始终能够维持强大的民族凝聚力和向心力，其许多思想和情愫能跨越千百年时空，至今依然富有生机和活力，而且在世界历史长河中对其他文明也广泛辐射并发生深刻影响。国学主要来自中国古典文化，它的内涵博大精深，主要文献分类有经、史、子、集，核心思想为儒、释、道三部分，主要支撑平台是文史哲。其中儒家主要解决人与人的关系，主张阳刚有为、积极进取、理性取舍，是传统中国学术文化的主体，并对中国历史和世界历史具有最重大、最全面的影响；释道为重要补充，其中释（佛教）主要解决人与自己心灵的关系，是外来但中国化的思想体系，对中国的哲学、美学、文学艺术影响尤大，但人生态度比较消极；道家主要解决人与自然（含人的肉体）的关系，人生态度也有些消极，但作为认识世界、避祸和应对、解决矛盾的思考充满智慧，尤其是其"道法自然"（即尊重自然，与自然和谐相处）的思想特别具有现代意义。

全面系统地了解、学习国学，能使莘莘学子对祖国优秀传统文化的认识明显加深，有助于培养他们高尚的爱国主义情操和作为中国人的民族自信心，构建"富贵不能淫，威武不能屈，贫贱不能移"的大丈夫人格，帮助他们树立高远志向与人生追求，升华他们的人文素养，提高他们做人做事的品位。

古今学者关涉国学的文字很多，最使人怦然心动并产生强烈共鸣的是梁启超先生的《论中国学术思想变迁之大势·总论》这篇深情的文字，特引用于此，与所有热爱民族文化、有志于深入了解国学的学子共勉：

学术思想之在一国，犹人之有精神也；而政事、法律、风俗及历史上种种之现象，则其形质也。故欲觇其国文野强弱之程度如何，必于学术思想焉求之。

立于五洲中之最大洲，而为其洲中之最大国者谁乎？吾中华也。人口居全球三分之一者谁乎？我中华也。我中华有四百兆人公用之语言文字，世界莫能及；我中华有三十世纪前传来之古书，世界莫能及。西人称世界文明之祖国有五：曰中华、曰印度、曰安息、曰埃及、曰墨西哥。然彼四地者，其国亡，其文明与之俱亡。今试一游其墟，但有摩诃末遗裔铁骑蹂躏之迹，与高加索强族金粉歌舞之场耳。而我中华者，屹然独立，继继绳绳，增长光大，以迄今日；此后且将汇万流而剂之，合一炉而冶之。於戏！美哉我国！！於戏！伟大哉我国民！吾当草此论之始，吾不得不三薰三沐，仰天百拜，谢其生我于此至美之国，而为此伟大国民之一分子也。

深山大泽而龙蛇生焉，取精多、用物宏而魂魄强焉。此至美之国，至伟大之国民，其学术思想所磅礴郁积，又岂彼崎岖山谷中之犷族，生息弹丸上之岛夷，所能梦见者？！故合世界史通观之，上世史时代之学术思想，我中华第一也；中世史时代之学术思想，我中华第一也；惟近世史时代，则相形之下，吾汗颜矣。虽然，近世史之前途，未有艾也，又安见此伟大国民不能恢复乃祖乃宗所处最高尚最荣誉之位置，而更执牛耳于全世界之学术思想界者!! 吾欲草此论，吾之热血，如火如焰；吾之希望，如海如潮。吾不自知吾气焰之何以坌涌，吾手足之何以舞蹈也。於戏! 吾爱我祖国，吾爱我同胞之国民。

生此国，为此民。享此学术思想之恩泽，则歌之舞之，发挥之光大之，继长而增高之，吾辈之责也。……

且吾有一言，欲为我青年同胞诸君告者：自今以往二十年中，吾不患外国学术思想之不输入，吾惟患本国学术思想之不发明。……凡一国之立于天地，必有其所以立之特质。欲自善其国者，不可不于此特质焉，淬厉之而增长之。今正当过渡时代仓黄不接之余，诸君如爱国也，欲唤起同胞之爱国心也，于此事必非可等闲视矣。不然，脱崇拜古人之奴隶性，而复生出一种崇拜外人蔑视本族之奴隶性，吾惧其得不偿失也。

司马迁在《史记·孔子世家》的结尾写道："《诗》有之：'高山仰止，景行行止。'虽不能至，然心向往之。余读孔氏书，想见其为人。适鲁，观仲尼庙堂车服礼器，诸生以时习礼其家，余祗迴留之不能去云。天下君王至于贤人众矣，当时则荣，没则已焉。孔子布衣，传十余世，学者宗之。自天子王侯，中国言六艺者折中于夫子，可谓至圣矣。"面对国学经典，愿我们以一种虔敬的心境，出入经史子集，实现那跨越时空的与名著、圣贤的结伴同行。

　　　　　　　　　成都大学文学与新闻传播学院教授　谭平　万平
　　　　　　　　　　　　　　　　　　　　　　2009 年 12 月

第一章　孔子与《论语》

第一节　孔子其人

一、孔子的身世

孔子（公元前 551 年—公元前 479 年）名丘，字仲尼，春秋时期鲁国陬邑（今山东曲阜市）人，是我国古代最伟大的教育家和思想家，儒家学派创始人，世界最著名的文化名人。

据《史记·孔子世家》载："孔子生鲁昌平乡陬邑。其先宋人也，曰孔防叔。防叔生伯夏，伯夏生叔梁纥。纥与颜氏女野合而生孔子，祷于尼丘得孔子。鲁襄公二十二年而孔子生。生而首上圩顶，故因名曰丘云。字仲尼，姓孔氏。"

孔子的祖先本是殷商后裔。周灭商后，周武王封商纣王的庶兄，商朝忠正的名臣微子启于宋。微子启死后，其弟微仲即位，微仲即为孔子的先祖。自孔子的六世祖孔父嘉之后，后代子孙开始以孔为姓，其曾祖父孔防叔为了逃避宋国内乱，从宋国逃到了鲁国。孔子的父亲叔梁纥（叔梁为字，纥为名）是鲁国出名的勇士，叔梁纥先娶施氏曜英，生九女而无一子，其妾生一子孟皮，但有足疾。在当时的情况下，女子和残疾的儿子都不宜继嗣。叔梁纥晚年与年轻女子颜徵在生下孔子。由于孔子的母亲曾去尼丘山祈祷，然后怀下孔子，又因孔子刚出生时头顶的中间凹下，像尼丘山，故起名为丘，字仲尼（仲为第二的意思，叔梁纥的长子为孟皮，孟为第一的意思）。

据《史记·孔子世家》记载，"孔子贫且贱。及长，尝为季氏史，料量平；尝为司职吏而畜蕃息。由是为司空。已而去鲁，斥乎齐，逐乎宋、卫，困于陈蔡之间，于是反鲁。"也就是说，孔子青年时代曾做过"委吏"（管理仓库的小官）、"乘田"（管理牧场的小官），事无大小，均能做到近乎完美。孔子自二十多岁起，就想走仕途，所以对天下大事非常关注，对治理国家的诸种问题，经常进行思考，也常发表一些见解，到三十岁时，已有些名气。鲁昭公二十年，齐景公出访鲁国时召见了孔子，与他讨论秦穆公称霸的问题，孔子由此结识了齐景公。鲁昭公二十五年，鲁国发生内乱，鲁昭公被迫逃往齐国，孔子也离开鲁国，到了齐国，受到齐景公的赏识和厚待，甚至曾准备把尼溪一带的田地封给孔子，但被大夫晏婴阻止。鲁昭公二十七年，齐国的大夫想加害孔子，孔子听说后向齐景公求救，齐景公说："吾老矣，弗能用也。"孔子只好仓皇逃回鲁国。当时的鲁国，政权实际掌握在大夫的家臣手中，被称为"陪臣执国政"，因此孔子虽有过两次从政机会，却都放弃了，直到鲁定公九年被任命为中都宰，此时孔子已五十一岁了。

孔子治理中都一年，卓有政绩，被升为小司空，不久又升为大司寇，摄相事，鲁国大治。鲁定公十三年，孔子为削弱掌握鲁国实权的"三桓"①，利用公室与私家间的矛盾，采取了"堕三都"②的措施。欲"强公室，弱私家"。当时鲁国三桓的势力发展很快，他们利用掌握的私邑与公室对抗，逐渐控制了鲁国政权；而三桓手下的家臣又掌握了私邑，发动叛乱与三桓对抗，形成了上下复杂的矛盾关系。孔子堕三都的真实目的是削弱三桓的势力，张大公室的力量，而他的这一主张又和三桓的利益是一致的，所以得到三桓的拥护。但孟孙氏的家臣公敛处父告孟孙氏，"无成，是无孟氏也"，拒绝堕城，孔子的计划遂告失败。

鲁定公十四年，孔子由大司寇代理国相事务，面有喜色，门人说："听说君子祸患降临不恐惧，福运到来不喜悦。"孔子说："是有这样的话。但不是还有'身居高位礼贤下士而自得其乐'的话吗？"于是就诛杀了鲁国扰乱政事的大夫少正卯。参预治理国政三个月，卖羊羔猪豚的不随意抬价；男女行路分道而走；遗落在路上的东西没人捡拾；从四方来到城邑的客人不必向官吏请求，全都受到周到接待，如同回到了家。

齐国人闻悉鲁国的情况后感到恐惧，说："孔子当政的话，鲁国必然称霸，鲁国称霸而我齐国土地挨近它，我齐国的土地就会最先被兼并了。何不赶紧献送土地呢？"大夫黎鉏说："请先尝试设法阻止孔子当政；如果没法阻止孔子当政再献送土地，难道还算晚吗?"于是挑选齐国国中漂亮的女子八十人，全都穿上华丽服装而跳起《康乐》舞蹈，连同有花纹的马一百二十匹，馈赠给鲁国国君。齐人将盛装女乐、有纹骏马陈列在鲁国都城南面的高门外。季桓子换上平民服装前往观看多次，打算接受，就告诉鲁定公要外出巡回周游，终日前往观看，懒于处理政事。子路提醒说："您可以上路出走了。"孔子说："鲁国现在将要举行郊祀，如果能将郊祀祭肉分送大夫的话，我就还可以留下。"季桓子接受了齐国的女乐，三天没有上朝听政；举行郊祀典礼后，又不向大夫分发祭肉。孔子于是上路，住宿在屯。大夫师己前来送行，说："您可没有什么罪过。"孔子说："我唱首歌可以吗?"接着唱道："那妇人的口啊，可以让人出走；那妇人的话啊，可以叫人身死名败。悠闲自在啊，聊以消磨时光!"师己返回国都，季桓子问:"孔子说了什么?"师己将实情相告。季桓子喟然长叹说："夫子因为那群女乐的缘故怪罪我啊!"不久鲁国举行郊祭，祭祀后按惯例送祭肉给大夫们时并没有送给孔子，这表明季氏不想再任用他了，孔子在不得已的情况下离开鲁国，到其他诸侯国去寻找出路，开始了周游列国的旅程。

孔子带弟子先到了卫国，卫灵公开始很尊重孔子，按照鲁国的俸禄标准发给孔子俸粟六万，但并没给他什么官职，没让他参与政事。孔子在卫国住了约十个月，因有人在卫灵公面前进谗言，卫灵公对孔子起了疑心，派人公开监视孔子的行动，于是孔子带弟子离开卫国，打算去陈国。路过匡城时，因误会被人围困了五日，逃离匡城，到了蒲地，又碰上卫国贵族公叔氏发动叛乱，再次被围。逃脱后，孔子又返回了卫国，卫灵公听说孔子师徒从蒲地返回，非常高兴，亲自出城迎接。此后孔子几次离开卫国，又几次回到卫国，这一方面是由于卫灵公对孔子时好时坏，另一方面是孔子离开卫国后，没有去处，只好又返回。

鲁哀公二年（孔子五十九岁），孔子离开卫国经曹、宋、郑至陈国，在陈国住了三年，吴攻陈，兵荒马乱，孔子便带弟子离开，楚国国君听说孔子到了陈、蔡交界处，派人去迎接孔子。陈国、蔡国的大夫们知道孔子对他们的所作所为有意见，怕孔子到了楚国被重用，对他们不利，于是派服劳役的人将孔子师徒围困在半道，孔子师徒绝粮七日，最后还是子贡到楚国求救，孔子师徒才幸免于难。孔子六十四岁时又回到卫国，六十八岁时在其弟子冉求的努力下，被迎回鲁国，但仍是被敬而不用。

据《论语·子罕》载："吾（孔子）自卫反鲁，然后乐正，雅、颂各得其所。"《论语·八佾》也说："子语鲁大师乐，曰:乐其可知也，始作，翕如也；

从之，纯如也，皦如也，绎如也，以成。"而万年的孔子之所以"正乐"，整理典籍，根据司马迁《史记·孔子世家》记载："鲁终不能用孔子，孔子亦不求仕。孔子之时，周室微而礼乐废，《诗》、《书》缺。……故《书传》、《礼记》自孔氏。孔子语鲁大师：'乐其可知也。始作翕如，纵之纯如，皦如，绎如也，以成。''吾自卫反鲁，然后乐正，《雅》、《颂》各得其所。'古者《诗》三千余篇，及至孔子，去其重，取可施于礼义，上采契、后稷，中述殷、周之盛，至幽、厉之缺，始于衽席，故曰：'《关雎》之乱以为《风》始，《鹿鸣》为《小雅》始，《文王》为《大雅》始，《清庙》为《颂》始。'三百五篇孔子皆弦歌之，以求合《韶》、《武》、《雅》、《颂》之音。礼乐自此可得而述，以备王道，成六艺。"孔子回到鲁国后，目睹统治者的荒淫无道，于是转而从事儒家典籍的整理工作。

鲁哀公十六年，孔子七十三岁，患病，不愈而卒。

孔子自幼好学执礼，青年从政，仕途不显，后聚徒讲学，是我国第一个开办私学教育的人，有弟子三千，其中身通"六艺"者七十二人，后形成春秋战国时第一家"显学"——儒家学派，影响深远。孔子在周游列国，游说人君失败以后，退而讲学著述，整理典籍。相传《诗》、《书》、《易》、《礼》、《乐》、《春秋》等古籍都经他整理。孔子政治思想的核心是"仁"与"礼"。在教学上，他主张"有教无类"，"学而不厌，诲人不倦"，因材施教，循循善诱，创行了许多宝贵的教学方法。

二、孔子高尚的人格品质

孔子是一个品德高尚的知识分子。他正直、乐观向上、积极进取，一生都在追求真、善、美，一生都在追求理想的社会。他的成功与失败，无不与他的品格相关。他人格精神中的优点与缺点，几千年来一直深刻地影响着中国人，特别是影响着中国的知识分子。

1. 发愤忘食，乐以忘忧

孔子六十三岁时，曾这样形容自己："发愤忘食，乐以忘忧，不知老之将至。"[③]这是因为叶公向子路打听孔子的情况时，当时子路未能圆满回答。孔子听说这件事后就对子路说："仲由，你为什么不对他说：'他这个人呀，学习起道理来不知疲倦，教导人全不厌烦，发愤学习时忘记了吃饭，快乐时忘记了忧愁，以至于连衰老就将到来也不知道'。"这是孔子自述其心态，"发愤忘食，乐以忘忧"，连自己老了都觉察不出来。孔子从读书学习和各种活动中体味到无穷乐趣，是典型的现实主义和乐观主义者，他不为身旁的小事而烦恼，表现出积极向上的精神面貌。

此时孔子已带领弟子周游列国九个年头，历尽艰辛，不仅未得到诸侯的任用，还历经风险，但孔子并不灰心，仍然乐观向上，坚持自己的理想，甚至是明知其不可为而为之。

2. 安贫乐道，粪土富贵

在孔子看来，行义是人生的最高价值，在贫富与道义发生矛盾时，他宁可受穷也不会放弃道义："不义而富且贵，于我如浮云"④。孔子极力提倡"安贫乐道"，认为有理想、有志向的君子，不会总是为自己的吃穿住而奔波的，"饭疏食饮水，曲肱而枕之"，对于有理想的人来讲，可以说是乐在其中。同时，他还提出，不符合于道的富贵荣华，他是坚决不予接受的，对待这些东西，如天上的浮云一般。这种思想深深影响了古代的知识分子，也为一般老百姓所接受。不过，如果把孔子的安贫乐道只看作是不求富贵，只求维护道，这也并不符合历史事实。孔子也曾说："富与贵，人之所欲也；不以其道，得之不处也。贫与贱，人之所恶也；不以其道，得之不去也。"⑤在孔子看来，富裕和显贵是人人都想要得到的，但如果不是用正当的方法得到的，就不要去享受它；贫穷与低贱是人人都厌恶的，但如果不能用正当的方法去摆脱它，就不要去摆脱它。君子如果离开了仁德，又怎么能叫君子呢？所以，君子没有片刻的时间背离仁德，就是在最紧迫的时刻也必须按照仁德办事，就是在颠沛流离的时候，也一定会按仁德去办事的。"富而可求也，虽执鞭之士，吾亦为之。如不可求，从吾所好。"⑥在《论语》中，孔夫子告诉他的学生应该如何去寻找生活中的快乐。这种思想传承下来，对历史上许多著名的文人、诗人都产生了巨大的影响。

子贡曾经问老师："贫而无谄，富而无骄，何如？"意思是，假如一个人很贫贱，但他不向富人谄媚；一个人很富贵，但他不傲气凌人。这个人怎么样呢？孔子认为，做到这一点已经很不错了，但是还不够。因为还有一个更高的境界，叫做"贫而乐，富而好礼者也"。也就是说，这更高的境界：一个人不仅要安于贫贱，不仅不谄媚求人，而且还能做到内心的快乐富足，这才是一个彬彬有礼的君子。

3. 学而不厌，诲人不倦

孔子以好学著称，对于各种知识都表现出浓厚的兴趣，因此他多才多艺，知识渊博，在当时是出了名的，几乎被当成无所不知的圣人，但孔子自己不这样认为。孔子曰："若圣与仁，则吾岂敢？抑为之不厌，诲人不倦，则可谓云尔已矣。"⑦他十分谦虚地说，如果说到圣与仁，那我怎么敢当！不过朝着圣与仁的方向努力而不厌其烦地做，教诲别人也从不感觉疲倦，我认为我是做到了的。孔子学无常师，谁有知识，谁那里有他所不知道的东西，他就拜谁为师，因此说"三人行，必有我师焉"⑧。孔子晚年喜欢钻研《周易》，十分刻苦勤奋，以至于把编穿书简的牛皮绳子也弄断了多次。他还说："再让我多活几年，这样的话，我对《周易》的文辞和义理就能够充分掌握理解了。"晚年的孔子在正乐的同时，对《诗》、《书》等古代文献进行整理。周予同说："孔子根据自己的哲学、政治和历史的见解，对大量古代文献进行筛选，整理编次成《易》、《书》、《诗》、《礼》、《乐》、《春秋》，作为自己设教讲学的六种教本。这些教本，保存了很多有价值的历史资料，也使它们成为系统表达儒家学说的著作，并随着封建社会的发展，儒家学派地位的变化，而被封建统治者尊为'经典'，这就是所谓'六经'。"⑨

4. 生性耿介，直道而行

孔子生性正直，又主张直道而行，他曾说："吾之于人也，谁毁谁誉？如有所誉者，其有所试矣。斯民也，三代之所以直道而行也。"⑩《史记·孔子世家》载孔子三十多岁时曾问礼于老子，临别时老子赠言曰："聪明深察而近于死者，好议人者也。博辩广大危其身者，发人之恶者也。为人子者毋以有己，为人臣者毋以有己。"这是老子对孔子善意的提醒，也指出了孔子的一些毛病，就是看问题太深刻，讲话太尖锐，伤害了一些有地位的人，会给自己带来很大的危险。当叶公问孔子为政的道理时，孔子说："为政的道理在于招纳远方的贤能，使近处的人归服"。

孔子在《论语·述而》中提出："君子坦荡荡，小人长戚戚。"他认为，作为君子，应当有宽广的胸怀，可以容忍别人，容纳各种事件，不计个人利害得失。而心胸狭窄，与人为难、与己为难，时常忧愁，局促不安，则不可能成为君子。

孔子所生活的春秋末期，奴隶制社会正处于土崩瓦解、礼崩乐坏的过程中，违犯周礼、犯上作乱的事情不断发生，这是封建制代替奴隶制过程中的必然表现。鲁国的执政大臣季孙氏竟然敢于采用周天子才能使用的规格"八佾"舞于庭院，是典型的破坏周礼的事件。对此，孔子表现出极大的愤慨，"是可忍孰不可忍"，反映了孔子对此事的基本态度。

此外，像《论语·子罕》中的"三军可夺帅，匹夫不可夺志也。""岁寒，然后知松柏之后凋也"，也可以见出孔子的大丈夫气概。

5. 与人为善，成人之美

孔子创立了以仁为核心的道德学说，他自己也是一个很善良的人，富有同情心，乐于助人，待人真诚、宽厚。"己所不欲，毋施于人"⑪、"君子成人之美，不成人之恶"⑫、"躬自厚而薄责于人"⑬都是孔子信守的与人相处的准则。孔子认为，人与人相处难免会产生各种矛盾与纠纷。那么，为人处事应该多替别人考虑，从别人的角度看待问题。所以，一旦发生了矛盾，人们应该多作自我批评，而不能一味指责别人的不是。责己严，待人宽，这是保持良好和谐的人际关系所不可缺少的原则。当子张向孔子问仁时。孔子回答的是：能够处处实行五种品德。就是仁人：庄重、宽厚、诚实、勤敏、慈惠。庄重就不致遭受侮辱，宽厚就会得到众人的拥护，诚信就能得到别人的任用，勤敏就会提高工作效率，慈惠就能使他人乐于接受差遣。

孔子的言行思想主要载于语录体散文集《论语》及《四书》中。

三、儒家经典——《论语》

《论语》是一部由孔子的弟子及其再传弟子根据当时孔子的言行记录整理而成的儒家经典著作，约成书于战国前。《论语》集中体现了孔子的思想，是一部传世之作。二千多年来，人们不断地研究《论语》，认识、发掘其思想。这种研究一直延续到新的世纪。《论语》一书作为研究孔子思想的第一手材料，其重要性是不言自明的。但它并不是孔子亲手所写，而是在孔子去世以后，由他的学生们根据笔记和记忆加以整理、汇编而成。其中主要记载孔子的言语行事，也记载了孔子一些学生的言语行事。班固《汉书·艺文志》概括说："《论语》者，孔子应答弟子、时人及弟子相与言而接闻于夫子之语也。当时弟子各有所记，夫子既卒，门人相与辑而论纂，故谓之《论语》。"按照班固的说法，《论语》的"论"是论纂之意，"语"是语言之意，"论语"即指把"接闻于夫子之语""论纂"成书。关于《论语》命名的意义，后来还有些不同说法，我们认为，还是班固的话比较贴切。

1. 《论语》的体例和特点

由语录体的编纂特点所决定，《论语》的体例并不严格。一般说一条就是一章，集章成篇。全书共二十篇，约五百章，每篇各章并无严密联系，只是大致以类相从，由首章首句中取两字作为整篇标题。全书共约一万二千多字，平均每章字数在二十四字左右，最短的章节不到十字，最长的也不过三百多字。

通观《论语》全书，其论述方式并不完整、系统，感想随事而发，显得比较零星、散乱。而另一方面，《论语》也显示出了语录体著作的独特魅力，语言含蓄隽永，故事简洁生动，往往能体现一些长篇论述所难以表达的思想深度，彰显一些长篇论述所难以反映的人物个性和环境情趣。同时，《论语》灵活的编纂形式使该书的表现内容大为增加，多方位、多视角地体现出了孔子的思想、性格、才能、趣味、生活环境和时代背景，有利于读者全面、准确地了解孔子及其思想。无论从思想价值还是从艺术魅力来评价，《论语》都是一部不可不读的作品。作为诸子散文早期的代表作，《论语》给予后世的影响是深刻而久远的。

2.《论语》的版本与注本

《论语》流传到汉朝，有三种不同版本。《鲁论语》是鲁人所传，共二十篇，我们今天所见《论语》的篇目即由此而定。《齐论语》为齐人所传，共二十二篇，比《鲁论语》多出《问王》、《知道》两篇。《古论语》是汉武帝末年在曲阜孔子故居墙壁中发现的，二十一篇，篇目基本与《鲁论语》相同，只将《鲁论语》最后一篇《尧曰》中"子张问"以下一段单独分篇。这三种本子除篇数不同外，在章次、文字、解说上都有出入。西汉后期大臣张禹先学《鲁论语》、又学《齐论语》，对两个版本择善而从，篇目以《鲁论语》为主，编成一个修订本。张禹曾为汉成帝担任师傅，后封安昌侯，官位尊显，所以他的修订本很快流行于世，时称"张侯论"。到东汉末年，著名学者郑玄又在"张侯论"基础上，参考《齐论语》、《古论语》，为《论语》作注，从而保存了汉代《论语》版本异同的一些资料。郑玄注今已散佚，甘肃敦煌和新疆均曾出土唐代手抄的残本。三国时人何晏汇集汉魏各家注解，作《论语集解》，是现在所见最早的完整注本。

汉代以下，学者对论语进行注解、研究的著作不断增多。据今人杨伯峻估计，古往今来有关论语的研究著作，可能多达三千种。其中有代表性的著作除何晏《集解》外，还有北宋邢昺在何晏《集解》基础上作《疏》，为清代编纂《十三经注疏》时所采用。南宋朱熹作《论语集注》，轻名物训诂而重义理阐发，为宋儒治《论语》的集大成著作，影响元、明以来数百年。刘宝楠《论语正义》集中反映了清人对《论语》的校勘研究成果，学术价值较高，为二十世纪三十年代上海世界书局编印《诸子集成》所收。近人程树德《论语集解》、杨树达《论语疏证》，继续用考证方法研究《论语》，材料搜讨甚勤，皆有重要参考价值。钱穆《论语新解》、杨伯峻《论语译注》则较早对《论语》的通俗化进行尝试，注释简明扼要，附有白话文翻译和内容评述，做到了雅俗共赏，这可为一般读者阅读《论语》提供参考。

【注释】

①三桓：鲁国的季孙氏、叔孙氏、孟孙氏三家世卿，因为是鲁桓公的三个孙子故称三桓，当时鲁国的实际权力都掌握在他们手中，而三桓的一些家臣又在不同程度上控制着三桓。

②堕三都：即拆毁三桓所建城堡。

③《论语·述而》。

④⑥⑦⑧《论语·述而》。

⑤《论语·里仁》。

⑨周予同：《从孔子到孟荀——战国时的儒家派别和儒经传授》，见《近四十年来孔子研究论文选集》第 371 页，齐鲁书社 1987 年版。

⑩《论语·颜渊》。

⑪⑫⑬《论语·卫灵公》。

第二节　孔子思想学说的主要内容

孔子作为两千多年以来中国乃至人类屈指可数的大思想家、教育家、圣人，其思想学说有集大成的性质。最基本的就是他的思想学说是"集"了中国上古以来文化的"大成"。上古文化在西周是一个集大成，但在这是制度意义上的集大成，到了孔子可以说是思想学术意义上的集大成。关于这方面古来人们都有认识，孟子曰："伯夷，圣之清者也；伊尹，圣之任者也；柳下惠，圣之和者也；孔子，圣之时者也。孔子之谓集大成。集大成也者，金声而玉振之也。金声也者，始条理也；玉振之也者，终条理也。"①

兴建于清代同治十一年（1872）的长春文庙内的孔子画像

赵岐注："孔子集先圣之大道，以成己之圣德者也，故能金声而玉振之。振，扬也。故如金声之有杀，振扬玉音，终始如一也。"朱熹注："此言孔子集三圣之事，而为一大圣之事；犹作乐者集众音之小成，而为一大成也。成者，乐之一终，《书》所谓'《箫韶》九成'是也。金，钟属；声，宣也；玉，磬也；振，收也，如振河海而不洩之振。始，始之也。终，终之也。条理，犹言脉络，指众音而言也。智者，知之所及；圣者，德之所就也。盖乐有八音：金、石、丝、竹、匏、土、革、木。若独奏一音，则其一音自为始终，而为一小成。犹三子之所知偏于一，而其所就亦偏于一也。八音之中，金石为重，故特为众音之纲纪。又金始震而玉终诎然也，故并奏八音，则于其未作，而先击镈钟以宣其声；俟其既阕，而后击特磬以收其韵。宣以始之，收以终之。二者之间，脉络通贯，无所不备，则合众小成而为一大成，犹孔子之知无不尽而德无不全也。"

戴震亦释此句云："圣智至孔子而极其盛，不过举条理以言之而已矣。"②《孟子·公孙丑上》中有人欲比较伯夷、伊尹与孔子，孟子直截了当地答到"否。自有生民以来，未有孔子也。"

《朱子语类》卷第五十八还载：当有问朱熹何谓"集大成"。朱熹回答说："孔子无所不该，无所不备，非特兼三子之所长而已。但与三子比并说时，亦皆兼其所长。"

刘师培认为："周室既衰，史失其职，官守之学术，一变而为师儒之学术。集大成者厥唯孔子。"③

王国维论孔子的集大成云："孔子者，'述而不作，信而好古'，实践躬行之学也。上至三皇五帝，下至夏殷周诸圣贤之学说，无不集合而组织之，以大成儒教；其圆满之智如海。又多才多艺，至其感化力之伟大，人格之完全，古今东西，未见其比。"④

孔子的思想学说，可谓博大精深。古往今来专家学者研究的成果汗牛充栋，我们不可能在此做详尽全面的介绍。韩星在其《孔子的思想体系》一文中认为，正是在集春秋以前人类优秀传统文化的基础上，孔子形成了儒家的基本思想学说，这就是仁者爱人，注重自身修养；为国以礼的以礼乐教化治国安邦的观点；和为贵——在极端中寻求平衡的为人处世之道。三者有机地结合成为一个完整的体系。其中修己是治人的前提和条件，治人是修己的目标和归宿；而修己和治人两大部分思想内容的构建又是以"中庸"为基本原理的，"和"是完成整体构建的方法论原则和标准；同时为了实现这些思想学说，必须采用先进的教育理念和科学的教育方法。

一、仁者爱人，注重自身修养

孔子的"仁"，应该具有伦理道德和政治思想两个层面的意思。

首先是伦理道德层面的"仁"。匡亚明先生在其《孔子评传》中指出："孔子的仁包含哪几层意义？最通常的意思仍然是爱人……樊迟问仁。子曰：'爱人'"；"仁的另一层意思是修身，是对道德准则的遵从……颜渊问仁。子曰：'克己复礼为仁'"；"孔子说：'仁者人也'……孟子说：'仁也者人也'……这是仁的第三层意思，是作为孔子人本哲学核心概念的仁的涵义"；"在《国语》中仁凡二十四见，基本意义是爱人，《左传》中仁凡三十三见，除爱人之外，其他几种德行也被称作仁，然而这些材料中反映的有关仁的思想，都是零散的，无系统的，思想内涵也是比较肤浅的，孔子在形成自己的思想时，抓住当时在意识形态中已经出现的仁的观念，明确它，充实它，提高它，使它升华为具有人道主义博大精深的人本哲学。"

其次是政治思想层面的"仁"。孔子的生死观是以"仁"为最高原则的。生命对每个人来讲都是十分宝贵的，但还有比生命更可宝贵的，那就是"仁"。"杀身成仁"，就是要人们在生死关头宁可舍弃自己的生命也要保全"仁"。自古以来，它激励着多少仁人志士为国家和民族的生死存亡而抛头颅洒热血，谱写了一首首可歌可泣的壮丽诗篇。《论语·卫灵公》载："子曰：'民之于仁也，甚于水火。水火，吾见蹈而死者矣；未见蹈仁而死者也。'"这是对前人"仁所以保民也"、"不仁则民不至"的思想的升华，明确提出了用仁来治国理民，"仁"已被当成政治思想。所以，不能光从伦理道德的角度来看待"仁"。孔子的"仁"不仅涉及伦理道德，而且也涉及政治思想，即他已将仁的伦理道德升华成了一种政治思想，从而创立了一种新的治国学说。

1. 政者，正也——执政者要以身作则

孔子认为，在任何一个秩序良好的社会中，执政者与臣民的关系是最基本的。而在二者当中，孔子又最注重执政者的作用，认为执政者的好坏决定了社会治理的好坏。因此，他对执政者的政治道德提出了很高的要求，这就是"正"，用我们今天的话来说，那就是"以身作则"。当季康子问政于孔子，孔子对曰："政者，正也。子帅以正，孰敢不正。"⑤无论为人还是为官，首在一个"正"字。孔子政治思想中，对为官者要求十分严格，正人先正己。只要身居官职的人能够正己，那么手下的大臣和平民百姓，就都会归于正道。又说："其身正，不

令而行；其不正，虽令不从。"在孔子看来执政者自身正了，能够以身作则，即使不发布政令，老百姓也会自觉地去执行；如果执政者自身不正，即使发布命令，老百姓也未必会服从。孔子认为："苟正其身矣，于从政乎何有？不能正其身，如正人何？"⑥这就是说，执政者必须从端正自身开始，通过其人格魅力和道德感召力去治理民众（正人）。这样，才能造就一个良好的秩序社会。这就是古代的所谓"典范政治"的基本要求。执政者正，便可不令而行，风行雨施，及与下民，"君子之德风，小人之德草，草上之风必偃。"⑦统治者只要想行善，老百姓也会跟着行善。在位者的品德好比风，在下的人的品德好比草，风吹到草上，草就必定跟着倒伏了。

在这个基础之上，孔子进一步推论，认为政治过程是一个由修己到治人的连续过程，"修己以安人"，"修己以安百姓"⑧。在孔子看来，修己为为政之本。安，就相当于今天的社会稳定。社会要稳定，不能是靠压迫和欺诈，而是要在"修己"基础上建立社会的正义和规范——礼乐政刑等一整套东西。只不过在春秋后期周王室日益衰微，兼并战争日益加剧，各种社会矛盾日趋尖锐的复杂局面下，要想为政者正己，也只能是孔子个人的政治理想了。

2. 克己复礼为仁——社会各阶层应当"克己"

"克己复礼为仁。一日克己复礼，天下归仁焉"⑨，这句话可以说是孔子仁政思想的纲要，同时涉及了礼和仁，而以"克己"作为复礼归仁的实践要求。孔子认为，人们必须克制自己的个人欲望，一切言行都照着周礼的要求去做，这就是仁。一旦这样做了，天下的一切就都归于仁了。实行仁德，完全在于自己。因此，不合于礼的不要看，不合于礼的不要听，不合于礼的不要说，不合于礼的不要做。孔子以礼来规定仁，依礼而行就是仁的根本要求。所以，礼以仁为基础，靠仁来维护。仁是内在的，礼是外在的，二者紧密结合。这里实际上包括两个方面的内容，一是克己，二是复礼。克己复礼就是通过人们的道德修养自觉地遵守礼的规定。这是孔子思想的核心内容，贯穿于《论语》一书的始终。

"仁"是人作人的内在品质，"克己"是要靠人对自身内在品质的自觉；"礼"是人的行为的外在的礼仪规范，它的作用是为了调节人与人之间关系的。要人们遵守礼仪规范必须是自觉的才有意义，才符合"仁"的要求，所以孔子说："为仁由己，而由人乎？"对"仁"和"礼"的关系，孔子有非常明确的说法："人而不仁如礼何？人而不仁如乐何？""礼云礼云，玉帛乎哉！乐云乐云，钟鼓乎哉！"孔子认为"克己"（求仁）是要靠自己的内在自觉性。有了"求仁"的内在自觉性，"我欲仁，斯仁至矣"，并将其实践于日用伦常之中。

"克己"的另一种方式是"自戒"。孔子曰："君子有三戒：少之时，血气未定，戒之在色；及其壮也，血气方刚，戒之在斗；及其老也，血气既衰，戒之在得。"⑩可以说这是孔子人生经验的深刻总结。他认为，君子有三种事情应引以为戒：年少的时候，身体发育还不成熟，要戒除对女色的迷恋；等到青壮年时期，身心各方面都比较成熟了，血气方刚，要戒除与人争斗；等到老年，血气已经衰弱了，要戒除贪得无厌。所以，自戒便是自爱，自戒就不会走入人生的误区。"克己"还要自省、自责、自讼。子曰："见贤思齐焉，见不贤而内自省也。"⑪朱熹注："思齐者，冀己亦有是善；内自省者，恐己亦有是恶。"前者是积极的向善，后者是消极的自防。曾子还更明确地说："吾日三省吾身：为人谋而不忠乎？与朋友交而不信乎？传不习乎？"⑫曾子注重内在修养，事事反求诸己。反省，是人的自我意识成熟的标志。仁是人天生的本性，因此为仁就全靠自身的努力，不能依靠外界的力量，"我欲仁，斯仁至矣。"这种认识的基础，仍然是靠道德的自觉，要经过不懈的努力，就有可能达到仁。这里，孔子强调了人提高道德修养的主观能动性，有其重要意义。

3. 顺从父母，尊重兄长——孝悌是修身、齐家、治国的基本前提和基础

孝指尊敬顺从父母，悌指尊重兄长，是中国古代处理家族内部两大关系的基本要求。子曰："弟子入则孝，出则悌。"⑭"出则事公卿，入则事父兄"⑮。由于当时的家族组织与行政关系密切，在家能孝悌者，在政治上必定能敬重君主、公卿，所以，"其为人也孝弟，而好犯上者，鲜矣。"⑯因为孝悌与政治相通，因此当有人问孔子"子奚不为政"时，孔子回答到："《书》云'孝乎惟孝，友于兄弟，施于有政。'是亦为政，奚其为政？"⑰孔子在这里提出了两方面的思想主张：其一，国家政治以孝为本，孝父友兄的人才有资格担当国家的官职。说明了孔子的"德治"思想主张。其二，孔子从事教育，不仅是教授学生的问题，而且是通过对学生的教育，间接参与国家政治，这是他教育思想的实质，也是他为政的一种形式。

在孝悌中间，孔子更重视孝，认为这是"本"："孝弟也者，其为仁之本与!"朱熹注："孝弟行于家，而后仁爱及于物，所谓亲亲而仁民也。故为仁以孝弟为本。"孝悌成为仁民爱物的根本。那么，如何做到孝呢？一是合礼。子曰："生，事之以礼；死，葬之以礼，祭之以礼。"⑱生前死后都能以礼待之，便

是孝。二是真情实感。子曰："今之孝者，是谓能养。至于犬马，皆能有养。不敬，何以别乎?"[19]即就是说，赡养父母要有敬重的感情，不然，与对待犬马就没有分别了。

4. 爱人是修己之学的根本——在社会生活中处理人际关系时要爱人

当樊迟问仁时，孔子说："爱人。"[20]爱人是修己之学的根本。这里的"人"是一种泛称，是一个类概念，是超越了阶级、种族的局限。孔子认为"爱人"的具体表现和方法就是"忠恕"。子曰："参乎! 吾道一以贯之。"曾子曰："唯。"子出，门人问曰："何谓也?"曾子曰："夫子之道，忠恕而已矣。"[21]所谓"忠恕"，就是"己欲立而立人，己欲达而达人"[22]，这样由己及人，人己同等对待。对己，要求"克己"; 对人，要求"爱人"。二者统一于"仁"之中，是修己之学的两个支点。在《论语·子路》篇中，针对樊迟问怎样才是仁，孔子回答："居处恭，执事敬，与人忠。虽之夷狄，不可弃也。"也就是说，平常在家规规矩矩，办事严肃认真，待人忠心诚意。即使到了夷狄之地，也不可背弃。

5. 实施"仁"的途径——尊五美、屏四恶

仁作为伦理道德，在春秋后期是一种理想的社会行为规范，孔子正是在这个基础上，进一步将其概括成了一种理想的政治。孔子的概括方式有二: 一是把政治伦理化，同时把国家人格化。如《论语·阳货》篇载:"子张问'仁'于孔子。孔子曰:'能行五者于天下，为仁矣。''请问之?'曰:'恭、宽、信、敏、惠: 恭则不侮，宽则得众，信则人任焉，敏则有功，惠则足以使人。'"这里的"天下"即今之国家;"仁"，即仁政; 孔子在用伦理道德的恭、宽、信、敏、惠等概念来说明仁政。二是把个人群体（国家）化，把伦理政治化。子张问于孔子曰:"何如斯可以从政矣?"子曰:"尊五美，屏四恶，斯可以从政矣。"子张曰:"何谓五美?"子曰:"君子惠而不费，劳而不怨，欲而不贪，泰而不骄，威而不猛。"子张曰:"何谓惠而不费?"子曰:"因民之所利而利之，斯不亦惠而不费乎? 择可劳而劳之，又谁怨? 欲仁而得仁，又焉贪? 君子无众寡，无小大，无敢慢，斯不亦泰而不骄乎? 君子正其衣冠，尊其瞻视，俨然人望而畏之，斯不亦威而不猛乎?"子张曰:"何谓四恶?"子曰:"不教而杀谓之虐; 不戒视成谓之暴; 慢令致期谓之贼; 犹之与人也，出纳之吝，谓之有司。"[23]对于子张问政，孔子认为: 尊重五种美德，排除四种恶政，这样就可以治理政事了。具体地说就是: 君子要给百姓以恩惠而自己却无所耗费; 使百姓劳作而不使他们怨恨; 要追求仁德而不贪图财利; 庄重而不傲慢; 威严而不凶猛。这就是"五美"。而不经教化便加以杀戮叫作虐；不加告诫便要求成功叫作暴；不加监督而突然限期叫作贼；同样是给人财物，却出手吝啬，叫作小气。

这些是对君子从政的一种带有理想色彩的要求，是以"中和"为原则，融道德与政治为一体，混修己与治人为一团，是其后儒家修齐治平的先导，对中国士人政治思维影响深远而巨大。

二、为国以礼——以礼乐教化安邦治国

以"礼"为支柱的治人之学实际上就是孔子的治国思想。孔子继承了西周以来把礼作为治国之经纬的思想，认为礼是治国之本，形成了以礼乐教化治国安邦的总体思路。

1. 尊重周礼的基本原则，适当增损以益当世

孔子是十分崇尚"周礼"的，在《论语》中多次谈到自己对西周礼乐的向往。子曰："周监乎二代，郁郁乎文哉，吾从周。"㉔孔子认为，周朝的礼仪制度借鉴于夏、商二代，完备且丰富多彩。所以他要遵从周朝的制度。"周之德，其可谓至德也。"㉕"如有用我者，吾其为东周乎！"㉖"甚矣！吾衰也，久矣，吾不复梦见周公。"㉗孔子在《论语·季氏》篇中针对春秋时礼崩乐坏的现实，十分痛心："天下有道，则礼乐征伐自天子出；天下无道，则礼乐征伐自诸侯出。自诸侯出，盖十世希不失矣；自大夫出，五世希不失矣；陪臣执国命，三世希不失矣。天下有道，则政不在大夫。天下有道，则庶人不议。"他认为，天下有道的时候，制作礼乐和出兵打仗都由天子做主决定；而天下无道的时候，制作礼乐和出兵打仗，由诸侯做主决定。由诸侯做主决定，大概经过十代很少有不垮台的；由大夫决定，经过五代很少有不垮台的。天下有道，国家政权就不会落在大夫手中。天下有道，老百姓也就不会议论国家政治了。

孔子面对当时礼崩乐坏的社会形势，一方面由于孔子对夏、商、周的礼仪制度等有着深入的研究，所以他认为，历史是不能割断的，后一个王朝对前一个王朝必然有承继，有沿袭，要求遵从周礼，极力维护周礼的基本原则。另一方面，他对周礼也有许多不满之处，并在推崇周礼的前提下，对周礼进行了许多"损益"，其目的是有益于当世。如"周礼"重视祭祀鬼神，而孔子在回答樊迟问知时则主张："务民之义，敬鬼神而远之，可谓知矣。"㉘子路问事鬼神的问题，孔子明确地告诉他："未能事人，焉能事鬼？"㉙孔子这里讲的"事人"，特指事奉君父。在君父活着的时候，如果不能尽忠尽孝，君父死后也就谈不上孝敬鬼神，

他希望人们能够忠君孝父，这就表明了孔子在鬼神、生死问题上的基本态度，他不信鬼神，也不把注意力放在来世，或死后的情形上，在君父生前要尽忠尽孝，至于对待鬼神就不必多提了。这也为"敬鬼神而远之"做了很好的注释。他的弟子都认为"子不语怪，力，乱，神。"㉚孔子重人事、轻鬼神，革新了"周礼"的基本精神。又如"周礼"规定的宗法制、世袭制在孔子这里也被打破了，他提出了的"举贤才"㉛打破了亲亲尊尊，主张"学而优则仕"㉜，向社会打开了取士的大门。

　　孔子不满当时"天下无道"，动荡不安的社会，抱着强烈的忧患意识和救世情怀，奔游列国，汲汲以求，倡导"德化"、"礼治"。他说："为政以德，譬如北辰，居其所而众星共之。"㉝他提出"为国以礼"㉞，集中表达了他对礼在政治中的地位和作用的认识。除了重视德、礼，孔子也没有忽视政、刑在治国理民过程中的重要性，他指出："道之以政，齐之以刑，民免而无耻；道之以德，齐之以礼，有耻且格。"孔子认为在治国理民过程中，德、礼与政、刑都是不可缺少的，不过，在这四者当中他是有先后的，这就是德、礼为先，政、刑为后。

　　2."治国以礼"既要注重形式，又要注重精神实质

　　孔子说："礼云礼云，玉帛云乎哉？乐云乐云，钟鼓云乎哉？"㉟认为玉帛、钟鼓是礼乐所不可少的，但只是限于形式上是不够的，要注重礼的精神。

　　礼的精神主要体现为"仁"、"恭"、"敬"、"让"等方面。"仁"是礼的最根本的精神内容。孔子："人而不仁，如礼何？人而不仁，如乐何？"㊱意谓不仁的人，怎么能谈得上礼乐呢？援仁入礼，以仁充礼，为孔子构建学说体系的最关键环节。"恭"是对人的庄重和顺。孔子主张"居处恭"㊲，"貌思恭"㊳，但反对过分做作的恭顺："巧言、令色、足恭，左丘明耻之，丘亦耻之。"㊴因此，要做到恭，必须依礼而行。有若说："恭近于礼，远耻辱也。"㊵

　　"敬"是对人严肃、真诚，以礼相待。孔子主张敬父母，在孝养父母的同时要有敬，只养不敬不是真正的孝；敬上，赞扬子产"其事上也敬"；敬友，赞扬晏子"善与人交，久而敬之。"㊶。他自己也在行为上表现了以礼而行的恭敬，如"入公门，鞠躬如也，如不容。"㊷等等。他在《论语·泰伯》篇中说："恭而无礼则劳，慎而无礼则葸，勇而无礼则乱，直而无礼则绞。君子笃于亲，则民兴于仁，故旧不遗，则民不偷。"在孔子看来，只是恭敬而不以礼来指导，就会徒劳无功；只是谨慎而不以礼来指导，就会畏缩拘谨；只是勇猛而不以礼来指导，就会说话尖刻。在上位的人如果厚待自己的亲属，老百姓当中就会兴起仁的风气；

君子如果不遗弃老朋友，老百姓就不会对人冷漠无情了。

3. 实现以礼治国必先正名

孔子把"正名"作为起始。当他与学生游卫时，子路问："卫君待子而为政，子将奚先?"孔子说："必也正名乎!"子路有些不解，孔子接着说："名不正，则言不顺;言不顺，则事不成;事不成，则礼乐不兴;礼乐不兴，则刑罚不中;刑罚不中，则民无所措手足。"⑬在孔子看来，君子对于他所不知道的事情，总是采取存疑的态度。名分不正，说起话来就不顺当合理，说话不顺当合理，事情就办不成。事情办不成，礼乐也就不能兴盛。礼乐不能兴盛，刑罚的执行就不会得当。刑罚不得当，百姓就不知怎么办好。所以，君子一定要定下一个名分，必须能够说得明白，说出来一定能够行得通。君子对于自己的言行，是从不马马虎虎对待的。而这一主张要落实在政治上，就是要做到"君君、臣臣、父父、子子"⑭。为此，在君臣关系上，他强调君臣之间要以礼相待，"君事臣以礼，臣事君以忠。"⑮至于父子、兄弟、朋友之间，一句话，各种社会关系都要以礼为准则，甚至要求人们"非礼勿视，非礼勿听，非礼勿言，非礼勿动。"⑯

三、和为贵——寻求平衡的为人处世之道

1. 中庸即"治中"，目的是守礼

中庸是孔子和儒家的重要思想，尤其作为一种道德观念，是孔子和儒家尤为提倡的。《论语》仅在《雍也》篇中一次提及"中庸"一词。中庸属于道德行为的评价问题，也是一种德行，而且是最高的德行。宋儒认为，不偏不倚谓之中，平常谓庸。中庸就是不偏不倚的平常的道理。中庸又被理解为中道，中道就是不偏于对立双方的任何一方，使双方保持均衡状态。中庸又称为"中行"，中行是说，人的气质、作风、德行都不偏于一个方面，对立的双方互相牵制，互相补充。中庸是一种折衷调和的思想。调和与均衡是事物发展过程中的一种状态，这种状态是相对的、暂时的。孔子揭示了事物发展过程的这一状态，并概括为"中庸"，这在古代认识史上是有贡献的。当然，如果不分青红皂白，在任何情况下都讲中庸，讲调和，那就否定了对立面的斗争与转化。

从《论语》有关记载可以看出，孔子把礼视为"中"，执中、用中是依存于礼的，执中即是执礼，中庸意即谨守礼制，不偏不倚，不激不随，恰当适中。礼的基本作用是治中，中的最大社会意义就是守礼。

执中、中庸的观念与"仁"也有密切关系。孔子还以"射"来作比喻，说

明“中庸”，认为“射”的“中”与“不中”的关键在自己主观方面，必须“反求诸其身”㊼，己心正则己身正，己身正在则矢无不正，射无不中。这里谈“中”，谈怎样才能“中”，实际上已经揉进了“仁”的观念。换句话说，“执中”应是一种内在的修养，应成为君子的自觉追求，而内心的“执中”就是仁。正己好比仁，射中好比礼，仁是内在修养，礼是外在标准，仁是前提，礼是目的，二者之联结，便是中庸之道。

2.“中庸”的实质是在极端中寻求平衡

孔子对“中庸”原理的实际应用，是在极端中寻求平衡。求“中”之方，首先在于通过考察事物对立双方的连接点来确定，寻求双方在更高层次上的平衡。如孔子认识到当时社会贫富的对立，然而怎么来解决贫富之间的矛盾呢？他既不是简单地站在求富的立场，又不是简单地设法去贫，而是提出了一个“义”字，用“义”作为调整贫富矛盾的一个标准，对双方都提出了更高的要求，寻求双方更高层次的统一。

其次，避免“过”与“不及”。“过”与“不及”是事物趋于极端的表现，必须通过“执中”来维持事物的平衡。因此，孔子提出要避免过与不及。子贡问师商两人，孔子说：“师也过，商也不及。”子贡又问，师比商是否更好一点，孔子答：“过犹不及。”㊽在政治行为上，更要避免过与不及。他说：“如有周公之才之美，使骄且吝，其余不足观也已。”㊾孔子认为，一个在上位的君主即使有周公那样美好的才能，如果骄傲自大而又吝啬小气，那其他方面也就不值得一看了。

再次，不可则止。处理事情要注意分寸，不要使行动突破质的规定性。为此，孔子提出不可则止。如孔子主张进谏，但认为不必强谏，谏而不听，臣应适可而止或退以洁身。他说：“所谓大臣者，以道事君，不可在止。”㊿“邦有道则仕，邦无道则可卷而怀之。”(51)对于朋友也是一样，“忠告善道之，不可则止，毋自辱焉。”(52)

3. 和而不同

孔子在如何在处理社会关系时提出：“君子和而不同，小人同而不和。”(53)“和而不同”是孔子思想体系中的重要组成部分。他认为，君子可以与他周围的人保持和谐融洽的关系，但他对待任何事情都必须经过自己的独立思考，从来不愿人云亦云，盲目附和；但小人则没有自己独立的见解，只求与别人完全一致，而不讲求原则，但他却与别人不能保持融洽友好的关系。这就是君子和小人在处事为人方面的根本区别。"和而不同"的辨析，显示出孔子思想的深刻哲理和高度智慧。同时，"君子惠而不费，劳而不怨，欲而不贪，泰而不骄，威而不猛。"[54]也就是说，君子要给百姓以恩惠而自己却无所耗费；使百姓劳作而不使他们怨恨；要追求仁德而不贪图财利；庄重而不傲慢；威严而不凶猛。可见，孔子把"和而不同"已发展为一种普遍原则，其实质便是追求一种多样性的统一。

孔子在社会政治思想中也贯彻"和而不同"的原则。在政治上，孔子的主导思想是"为政以德"，但又主张恩威并施、德刑兼备、宽猛相济，认为这样才能实现政治上的"和"。在经济上，孔子从"保民"出发，抱着实现社会良好秩序的愿望，反对各国君主对百姓增加赋敛，过分压榨，提倡发展生产，节俭财用。在文化上，孔子以"和而不同"的观念整理西周礼乐文化遗产，又广泛吸收、改造春秋时代各种学问、思想观念，构建自己的思想体系。

4. 和为贵

孔子对"和"的标准问题十分关注，强调以"中"来建"和"。他是通过"和"与礼的关系来展开讨论的。在《论语·学而》篇中，他的学生有子云："礼之用，和为贵。先王之道斯为美，小大由之。有所不行，知和而和，不以礼节之，亦不可行也。"和是儒家所特别倡导的伦理、政治和社会原则。《礼记·中庸》写道："喜怒哀乐之未发谓之中，发而皆中节谓之和。"杨遇夫《论语疏证》写道："事之中节者皆谓之和，不独喜怒哀乐之发一事也。和今言适合，言恰当，言恰到好处。"孔子认为，礼的推行和应用要以和谐为贵。但是，凡事都要讲和谐，或者为和谐而和谐，不受礼文的约束也是行不通的。就是说，既要遵守礼所规定的等级差别，相互之间又不要出现不和。有子提出"和为贵"说，其目的是为缓和不同等级之间的对立，使之不至于破裂，以安定当时的社会秩序。所以儒家既强调礼的运用以和为贵，又指出不能为和而和，要以礼节制之，可见孔子提倡的和并不是无原则的调和，这是有其合理性的。

礼的一个主要功能就是"辨异"，即区分贵贱尊卑社会等级。但是，如果过分强调礼的分别辨异功能，就可能使社会中各方面不太和谐。因此，很有必要引进一个平衡性原则，这就是有子说的"和为贵"。其实，在西周礼乐文明中，"乐"作为一种和谐血缘情感，协调"礼"所涉及的各种关系的手段曾起过十分重要的作用。随着礼乐的崩坏，在春秋礼治思潮中，孔子和他的学生把礼的功用直接加以拓展，提出了"和为贵"的命题。这一命题的首要意蕴是指礼的终极目的是要实现社会和谐。事实上，不仅是礼，仁也追求平衡和谐，以"和"为贵。《论语》中的"仁"是一个包容了人伦、道德、政治为一体的复杂多义的观念体系。

实现"和"的途径便如《中庸》所云：子曰："舜其大知也与？舜好问而好察尔言，隐恶而扬善，执其两端，有用其中于民。"这里，执其两端而用其中于民便是求"和"的途径，正是在这个意义上，"和"就是"中"。所以，正是在孔子这里初步实现了"中"与"和"的融合，形成了"中和论"。到了《中庸》，把"中和论"推到本体论高度，获得了进一步的发展："中也者，天下之大本也；和也者，天下之达道也。致中和，天地位焉，万物育焉。"这就是说，中是天下的本根状态，和是天下的最终归宿，达到中和是一切运动变化的根本目的，天地各得其所，万物顺利生长。"仁"的主张是"仁者爱人"，这一主张是要求统治阶级体察民情，反对苛政。

孔子认为，要实现"爱人"，还要遵循"忠恕"之道，就是"己所不欲，勿施于人"的要求。"恕"字是讲不要强人所难，不要给别人造成伤害。言外之意是，即使他人给你造成了伤害，你也应该尽量宽容。"忠恕之道"可以说是孔子的发明。这个发明对后人影响很大。孔子把"忠恕之道"看成是处理人际关系的一条准则，这也是儒家伦理的一个特色。这样，可以消除别人对自己的怨恨，缓和人际关系，安定社会秩序。

四、因材施教——科学先进的教育思想

孔子一生中有一大半的时间是从事传道、授业、解惑的教育工作。他创造了卓有成效的教育、教学方法；总结、倡导了一整套正确的学习原则；形成了比较完整的教学内容体系；提出了一系列有深远影响的教育思想；树立了良好的师德典范。

孔子的教育活动大致可以分为三个阶段：

第一阶段自开始办学，到去齐国求仕之前，约七八年时间。这一阶段他的门徒还不太多，但是办学有成效，在社会上已经有了较大的名声。在这一时期，孔子的学生中有比他只小六岁的颜路（颜回之父），有比他只小九岁的子路。子路几乎是终生陪伴着孔子。

第二阶段：自三十七岁（鲁昭公二十七年，公元前515年）从齐国返回鲁国到五十五岁（鲁定公十三年，公元前497年）周游列国之前。这一阶段共计十八年的时间。这十八年中，孔子虽然有四年多的时间在做官从政，但并没有停

止授徒。这一阶段是孔子教育事业大发展的阶段。他的教育经验越来越丰富，教育水平越来越高，名气越来越大，所收的弟子越来越多。除了鲁国的学生之外，他的学生中还有来自齐、楚、卫、晋、秦、陈、吴、宋等国的求学者。孔子的威望已经树立起来。他的一些有名的弟子，如颜回、子贡、冉求、仲弓等，大都是这一时期进入孔门的。这些弟子中的一部分人后来跟随他周游了列国，一部分从了政。

第三阶段：自六十八岁（鲁哀公十一年，公元前484年）周游列国结束回到鲁国，到他去世，共五年时间。这时，他虽然被季康子派人迎回鲁国，但鲁哀公、季氏最终并没有任用他。他虽然有大夫的身份，有时也发表一些政见，但没有人听从他的意见。他把精力集中到办教育与整理古代文献典籍上了。这一时期他的学生也很多，并培养出了子夏、子游、子张、曾参等才华出众的弟子。这几个人后来大都从事了教育事业，对儒家学派的形成与发展，对孔子思想的传播起到了重要作用。

孔子在周游列国的十四年中，也没有停止过教育活动。他在卫国、陈国的数年间并没有从政，弟子就在身边，师生之间不可能不进行学术研讨。他带着弟子到列国去周游，本身就开阔了这些学生的眼界，他们的意志也受到了磨炼。这可以说是一种特殊的教育活动。孔子一生从事教育事业，相传有弟子三千，贤弟子七十二人，在德行方面表现突出的有颜渊、闵子骞、冉伯牛、仲弓；在语言方面表现突出的有宰我、子贡；办理政事能力较强的有冉有、子路；熟悉古代文献的有子游、子夏。在孔子的弟子中，有不少人都干出了一番成就，对于当时政治，尤其是对于孔子思想的传播，对于儒家的形成和发展，起到了重要作用。

纵观孔子的一生，他对他的学生的影响，一部分是通过言传，通过学习古代文献、传授各种技艺，而更多的、更为深刻的则是身教。他的勤奋好学，他对真理、对理想、对完美人格的追求，他的正直、善良、谦虚、有礼，他对国家的忠诚与对老百姓的关心，都深深地感染着他的学生与后人。严格要求自己，以身作则，既是孔子的高尚师德，也是孔子提出的一条教育原则。孔子爱教育、爱学生，诲人不倦，他能平等对待学生，做到教学相长，严格要求自己、以身作则。

孔子是具有高尚师德的一代宗师。

孔子的理想是要实现人与人之间充满仁爱的大同世界。为了实现大同世界，关键是要把仁爱思想灌输到广大群众中去，为此需要培养一大批有志于弘扬和推行仁道的志士和君子。这类志士和君子既要有弘道和行道的志向，又要有弘道和行道的德才。

志向是指："笃信好学，守死善道"⑤，"志士仁人，无求生以害仁，有杀生以成仁。"⑥。

德才是指：具有智、仁、勇、艺、礼、乐等六个方面的德行与才能，即孔子所说的："若藏武仲之知（智），公绰之不欲，卞庄子之勇，冉求之艺，文之以礼乐，亦可以为成人矣。"⑦由于"不欲"含有"克己"之意，按"克己复礼为仁"的说法，"不欲"含有可达仁之意，故可解释为"仁"。可见培养具有上述弘道与行道志向与德才的君子或志士就是孔子教育的目标。

1. 既重视教育的社会作用，也重视教育在个人发展中的作用

《礼记》中《大学》篇关于"格物、致知、诚意、正心、修身、齐家、治国、平天下"的著名论述既说明了儒家关于大学教育的过程和步骤，也清楚地表明了儒家对教育作用的看法：通过格物、致知做到诚意、正心（即树立正确的伦理道德观念，做到不为各种私心邪念所动摇）从而达到修身的目的（即形成完善的人格），这是教育对个人发展所起的作用；在此基础上，每个人都积极为促进各自家庭的和谐美满（家庭是社会的细胞）和国家的繁荣、稳定而努力作出自己的贡献（齐家、治国），这是教育对社会发展所起的作用。

2. 普及教育的对象

关于孔子开课授徒的对象，可用孔子的一句名言"有教无类"⑧来概括，即不分贵族与平民，不分华夏与狄夷都可以接受教育。这在等级森严的奴隶社会末期和把狄夷看作非我族类的"豺狼"的时代，孔子能对教育对象有如此认识，并能在实践中始终以此作为办学方针，这无疑表明孔子有极大的勇气与魄力。

孔子为达到上述培养目标而确定的教学内容是六艺即：礼、乐、射、御、书、数六门课程。周公制作礼乐以治天下，"礼"用于维护各种人伦和道德规范；"乐"是通过音乐、舞蹈、诗歌等艺术手段使学生从情感上接受道德的熏陶，所以礼乐互为表里，共同完成德育任务；"射"是射箭，"御"是指驾驭战车的技术，这两项属军事技能；"书"包括识字和自然博物常识，相当于现代的文化科学知识；"数"的教学不仅指一般的数学知识还包括记日、记月、记年的

历法。由六艺可见，孔子的教学内容已包括道德教育、科学文化教育和技能训练三部分。但这三部分内容并非等量齐观的，从"弟子入则孝，出则弟，谨而信，泛爱众而亲仁。行有余力，则以学文。"这个关于仁的重要定义来看，孔子显然是把"学会做人"即德育放在基础或首要的地位来强调的。由于"乐"教相当于现代的美育，军事技能相当于现代军事体育，科学文化知识就是智育，因此我们可以说，孔子在二千五百年前已明确提出了教学内容应包括德、智、体、美四个方面，并且应以德育为基础，把德育放在首位，这种教育思想至今仍有重要的现实指导意义。

3. 教学方法的创新

孔子在教学方法方面更有诸多辉煌创造，如：循循善诱，因材施教，学思结合，知行统一，不愤不启，不悱不发，温故知新、循序渐进、举一反三等行之有效的方法，千古流传，至今仍在各级各类学校的教学中发挥作用。

仅以"因材施教"方法而论，孔子就是独树一帜，在古今中外的教育家中无人能与之相比。在《论语》中，有不少生动的事例表明，同一个问题，孔子对不同学生有不同的教法，例如在《论语·颜渊》篇中记载，樊迟、司马牛、仲弓和颜渊均曾向孔子问仁，孔子做出了四种不同的回答：

樊迟的资质较鲁钝，孔子对他就只讲"仁"的最基本概念——"爱人"；司马牛因"多言而躁"，孔子就告诫他：做一个仁人要说话谨慎，不要急于表态；仲弓对人不够谦恭，不能体谅别人，孔子就教他忠恕之道，要能将心比心推己及人；颜渊是孔门第一大弟子，已有很高的德行，所以孔子就用仁的最高标准来要求他：视、听、言、行，一举一动都要合乎礼的规范。总之，根据每个学生基础和造诣的不同，孔子对同一问题作出了四种深浅不同的回答，既切合每个学生的思想实际，又都符合仁的基本概念。孔子之所以能做到这点，是因为他经常分析每个学生的不同特点，他认为："由也果"（子路果敢），"赐也达"（子贡为人豁达、大度），"求也艺"（冉求多才多艺），"柴也愚"（高柴较迟钝），"参也鲁"（曾参较耿直），"师也辟"（子张较偏激）等等。对每一位学生的才能特点、性格特征，孔子心里都有数。

孔子不仅能做到因人施教，还能因时间、地点、环境的不同而施教，尽管"因材施教"这一概念并非孔子本人首先提出，而是宋代朱熹在总结孔子教学方法时归纳出来的，但是从孔子一生的教育实践看，他确实是世界上最早、也是最完整、最深入地把因材施教方法运用于教学过程的教育家。

与从政事业相比较，孔子一生在教育领域取得的成就要大得多。春秋以前，学在官府，文化知识被贵族垄断。孔子首创私人讲学，面向社会广泛招收学生，通过传授文化知识来培养从政人才，对随后的历史产生了巨大影响。

据说孔子有弟子三千，其中精通六艺者七十二人。这批人在孔子死后继续游历各诸侯国，推动了各国政治体制由贵族制向官僚制的过渡。同时，他们从不同侧面发挥孔子思想、传播古典文献，为战国时百家争鸣局面的形成创造了条件。孔子通过四五十年的教学实践，一方面教出许多优秀的学生、桃李满天下，另一方面也总结出了许多重要的教育经验。由于种种原因，孔子在政治上没有过大的作为。政治上的不得意，使孔子可将很大一部分精力用在教育事业上。孔子打破了教育垄断，开创了私学先驱。孔子作为伟大的教育家，不愧为“万世师表”。

【注释】

①《孟子·万章下》。

②《孟子字义疏证·卷上》理条

③转引自钱穆：《国学概论》，商务印书馆1997年版，第37页。

④《王国维文集》（第三卷），中国文史出版社1997年版，第109页。

⑤⑦⑨⑳㊹㊻(52)《论语·颜渊》。

⑥㊸(53)《论语·子路》。

⑧(57)《论语·宪问》。

⑩㊳《论语·季氏》。

⑪㉑《论语·里仁》。

⑫⑭⑯㊵《论语·学而》。

⑬㊴㊶《论语·公冶长》。

⑮《论语·子罕》。

⑰⑱⑲㉝㊲《论语·为政》。

㉒㉘《论语·雍也》。

㉓(54)《论语·尧曰》。

㉔㊱㊺《论语·八佾》。

㉕㊾(55)《论语·泰伯》。

㉖㉟《论语·阳货》。

㉗㉚《论语·述而》。

㉙㉞㊽㊿《论语·先进》。

㉛《论语·子路》。

㉜《论语·子张》。

㊷《论语·乡党》。

㊼《礼记·中庸》。

㊾㊿⑱《论语·卫灵公》。

第三节 含英咀华——《论语》名句诵读

一、《学而》

1·1 子曰:"学而时习之,不亦说乎? 有朋自远方来,不亦乐乎? 人不知,而不愠,不亦君子乎?"

【译文】孔子说:"学了又时常温习,不是很愉快吗? 有志同道合的朋友从远方来,不是很令人高兴的吗? 即使人家不了解我,我也不怨恨,不就是一个有德的君子吗?"

1·4 曾子曰:"吾日三省吾身。为人谋而不忠乎? 与朋友交而不信乎? 传不习乎?"

【译文】曾子说:"我每天多次反省自己,为别人办事是不是尽心竭力了呢? 同朋友交往是不是做到诚实可信了呢? 老师传授给我的知识是不是温习了呢?"

1·8 子曰:"君子,不重则不威;学则不固。主忠信。无友不如己者;过则勿惮改。"

【译文】孔子说:"君子,不庄重就没有威严;坚持学习就可以不闭塞;要以忠信为主,不要与那些各方面不如自己的人交朋友;有了过错,就不要怕改正。"

1·12 有子曰:"礼之用,和为贵。先王之道,斯为美。小大由之,有所不行。知和而和,不以礼节之,亦不可行也。"

【译文】有子说:"礼的应用,以和谐为贵。古代君主的治国方法,可宝贵的地方就在这里。但不论大事小事只顾按和谐的办法去做,有的时候就行不通。(这是因为)为和谐而和谐,不以礼来节制和谐,也是行不通的。"

1·16 子曰:"不患人之不己知,患不知人也。"

【译文】孔子说:"不怕别人不了解自己,只怕自己不了解别人。"

二、《为政》

2·1 子曰："为政以德，譬如北辰，居其所而众星共之。"

【译文】孔子说："（周君）以道德教化来治理政事，就会像北极星那样，自己居于一定的方位，而群星都会环绕在它的周围。"

2·2 子曰："《诗》三百，一言以蔽之，曰：思无邪。"

【译文】孔子说："《诗》三百篇，可以用一句话来概括它，就是思想纯正。"

2·11 子曰："温故而知新，可以为师矣。"

【译文】孔子说："在温习旧知识时，如果能有新体会、新发现、就可以当老师了。"

2·14 子曰："君子周而不比，小人比而不周。"

【译文】孔子说："君子合群而不与人勾结，小人与人勾结而不合群。

2·15 子曰："学而不思则罔，思而不学则殆。"

【译文】孔子说："只读死书，而不思考问题，就会茫然无措；只空想而不认真读书，就不会消除疑虑。"

三、《八佾》

3·1 孔子谓季氏，"八佾舞于庭，是可忍，孰不可忍也！"

【译文】孔子谈到季氏，说，"他竟然用六十四名舞女（天子的规格）在自己的庭院中奏乐舞蹈！这样的事如果都能容忍的话，还有什么事情不可以容忍呢？"

3·3 子曰："人而不仁，如礼何？人而不仁，如乐何？"

【译文】孔子说："一个人没有仁德，他怎么能实行礼呢？一个人没有仁德，他怎么能运用乐呢？"

四、《里仁》

4·1 子曰："里仁为美，择不处仁，焉得知？"

【译文】孔子说："跟有仁德的人住在一起，才是好的。如果你选择的住处不是跟有仁德的人在一起，怎么能说你是明智的呢？"

4·3 子曰："唯仁者能好人，能恶人。"

【译文】孔子说："只有那些有仁德的人，才能爱人和恨人。"

4·8 子曰："朝闻道，夕死可矣。"

【译文】孔子说："早晨得知了道，就是当天晚上死去也心甘。"

4·13 子曰："能以礼让为国乎，何有？不能以礼让为国，如礼何？"

【译文】孔子说："能够用礼让原则来治理国家，那还有什么困难呢？不能用礼让原则来治理国家，怎么能实行礼呢？"

4·14 子曰："不患无位，患所以立；不患莫己知，求为可知也。"

【译文】孔子说："不怕没有官位，就怕自己没有学到赖以站得住脚的东西。不怕没有人知道自己，只求自己成为有真才实学值得为人们知道的人。"

4·16 子曰："君子喻于义，小人喻于利。"

【译文】孔子说："君子明白大义，小人只知道小利。"

4·17 子曰："见贤思齐焉，见不贤而内自省也。"

【译文】孔子说："见到贤人，就应该向他学习、看齐，见到不贤的人，就应该自我反省（自己有没有与他相类似的错误）。"

4·24 子曰："君子欲讷于言而敏于行。"

【译文】孔子说："君子说话要谨慎，而行动要敏捷。"

五、《公冶长》

5·20 季文子三思而后行。子闻之，曰："再，斯可矣。"

【译文】季文子每做一件事都要考虑多次。孔子听到了，说："考虑两次也就行了。"

六、《雍也》

6·11 子曰："贤哉，回也！一箪食，一瓢饮，在陋巷。人不堪其忧，回也不改其乐，贤哉。回也！"

【译文】孔子说："颜回的品质是多么高尚啊！一小竹筐饭，一瓢凉水，住在简陋的小屋里，别人都忍受不了这种穷困清苦，颜回却没有改变他好学的乐趣。颜回的品质是多么高尚啊！"

6·23 子曰："知者乐水，仁者乐山；知者动，仁者静；知者乐，仁者寿。"

【译文】孔子说："聪明人喜爱水，仁德者喜爱山；聪明人活泼，仁德者沉静；聪明人快乐，仁德者长寿。"

七、《述而》

7·1 子曰："述而不作，信而好古，窃比于我老彭。"

【译文】孔子说："只阐述而不创作，相信而且喜好古代的东西，我私下把自己比做老彭。"

7·2 子曰："默而识之，学而不厌，诲人不倦，何有于我哉？"

【译文】孔子说："默默地记住（所学的知识），学习不觉得厌烦，教诲别人不知道疲倦，哪一样是我所具备的呢？"

7·6 子曰："志于道，据于德，依于仁，游于艺。"

【译文】孔子说："以道为志向，以德为根据，以仁为凭藉，活动于（礼、乐等）六艺的范围之中。"

7·14 子在齐闻《韶》，三月不知肉味，曰："不图为乐之至于斯也。"

【译文】孔子在齐国听到了《韶》乐，有很长时间尝不出肉的滋味，他说："想不到《韶》乐的美达到了这样迷人的地步。"

7·16 子曰："饭疏食饮水，曲肱而枕之，乐亦在其中矣。不义而富且贵，于我如浮云。"

【译文】孔子说："吃粗粮，喝凉水，弯着胳膊当枕头，乐趣也就在这中间了。用不正当的手段得来的富贵，对于我来讲就像是天上的浮云一样。"

7·20 子曰："我非生而知之者，好古，敏以求之者也。"

【译文】孔子说："我不是生来就有知识的人，而是爱好古代的东西，勤奋敏捷地去求得知识的人。"

7·21 子不语怪、力、乱、神。

【译文】孔子不谈论怪异、暴力、变乱、鬼神。

7·22 子曰："三人行，必有我师焉。择其善者而从之，其不善者而改之。"

【译文】孔子说："三个人在一起，其中必定有人可以作我的老师。我选择他好的品德向他学习，看到他不对的地方就引以为鉴，改掉自己的缺点。"

7·25 子以四教：文、行、忠、信。

【译文】孔子以文、行、忠、信四项内容教授学生。

7·30 子曰："仁远乎哉？我欲仁，斯仁至矣。"

【译文】孔子说："仁难道离我们很远吗？只要我想达到仁，仁就来了。"

7·37 子曰："君子坦荡荡，小人长戚戚。"

【译文】孔子说："君子心胸宽广，小人经常忧愁。"

7·38 子温而厉，威而不猛，恭而安。

【译文】孔子温和而严厉，威严而不凶猛，庄重而又安详。

八、《泰伯》

8·9 子曰："民可使由之，不可使知之。"

【译文】孔子说："对于老百姓，只能使他们按照我们的意志去做，不能使他们懂得为什么要这样做。"

8·14 子曰："不在其位，不谋其政。

【译文】孔子说："不在那个职位上，就不考虑那职位上的事。"

8·17 子曰："学如不及，犹恐失之。"

【译文】孔子说："学习知识就像追赶不上那样，又会担心丢掉什么。"

8·18 子曰："巍巍乎，舜禹之有天下也而不与焉！"

【译文】孔子说："多么崇高啊！舜和禹得到天下，却一点都不为自己。"

九、《子罕》

9·1 子罕言利，与命与仁。

【译文】孔子很少谈到利益，却赞成天命和仁德。

9·4 子绝四——毋意，毋必，毋固，毋我。

【译文】孔子杜绝了四种弊病：没有主观猜疑，没有定要实现的期望，没有固执己见之举，没有自私之心。

9·17 子在川上，曰："逝者如斯夫，不舍昼夜。"

【译文】孔子在河边说："飞逝的时光就像这河水一样啊，不分昼夜地向前流去。"

9·26 子曰："三军可夺帅也，匹夫不可夺志也。"

【译文】孔子说："一国军队，可以夺去它的主帅；一个男子汉，却不能改变他的志向。"

9·28 子曰："岁寒，然后知松柏之后彫也。"

【译文】孔子说："到了寒冷的冬季，才知道松柏是最后凋谢的。"

9·29 子曰："知者不惑，仁者不忧，勇者不惧。"

【译文】孔子说："聪明人不会迷惑，有仁德的人不会忧愁，勇敢的人不会畏惧。"

十、《乡党》

10·10 食不语，寝不言。

【译文】吃饭的时候不说话，睡觉的时候也不自言自语。

十一、《先进》

11·16 子贡问："师与商也孰贤？"子曰："师也过，商也不及。"曰："然则师愈与？"子曰："过犹不及。"

【译文】子贡问孔子："子张和子夏二人谁更好一些呢？"孔子回答说："子张过分，子夏不足。"子贡说："那么是子张好一些吗？"孔子说："过分和不足是一样的。"

十二、《颜渊》

12·16 子曰："君子成人之美，不成人之恶。小人反是。"

【译文】孔子说："君子成全别人的好事，而不助长别人的恶处。小人则与此相反。"

12 · 24 曾子曰："君子以文会友，以友辅仁。"

【译文】曾子说："君子以文章学问来结交朋友，依靠朋友帮助自己培养仁德。"

十三、《子路》

13 · 6 子曰："其身正，不令而行；其身不正，虽令不从。"

【译文】孔子说："自身正了，即使不发布命令，老百姓也会去干，自身不正，即使发布命令，老百姓也不会服从。"

13 · 23 子曰："君子和而不同，小人同而不和。"

【译文】孔子说："君子讲求和谐而不同流合污，小人只求完全一致，而不讲求协调。"

13 · 26 子曰："君子泰而不骄，小人骄而不泰。"

【译文】孔子说："君子安静坦然而不傲慢无礼，小人傲慢无礼而不安静坦然。"

13 · 27 子曰："刚、毅、木、讷近仁。"

【译文】孔子说："刚强、果敢、朴实、谨慎，这四种品德接近于仁。"

十四、《宪问》

14 · 4 子曰："有德者必有言，有言者不必有德。仁者必有勇，勇者不必有仁。"

【译文】孔子说："有道德的人，一定有言论，有言论的人不一定有道德。仁人一定勇敢，勇敢的人不一定有仁德。"

14 · 26 子曰："不在其位，不谋其政。"曾子曰："君子思不出其位。"

【译文】孔子说："不在那个职位，就不要考虑那个职位上的事情。"曾子说："君子考虑问题，从来不超出自己的职位范围。"

14 · 27 子曰："君子耻其言而过其行。"

【译文】孔子说："君子认为说得多而做得少是可耻的。"

14 · 30 子曰："不患人之不己知，患其不能也。"

【译文】孔子说："不忧虑别人不知道自己，只担心自己没有本事。"

14·41 子曰："上好礼，则民易使也。"

【译文】孔子说："在上位的人喜好礼，那么百姓就容易指挥了。"

十五、《卫灵公》

15·9 子曰："志士仁人，无求生以害仁，有杀身以成仁。"

【译文】孔子说："志士仁人，没有贪生怕死而损害仁的，只有牺牲自己的性命来成全仁的。"

15·12 子曰："人无远虑，必有近忧。"

【译文】孔子说："人没有长远的考虑，一定会有眼前的忧患。"

15·27 子曰："巧言乱德。小不忍则乱大谋。"

【译文】孔子说："花言巧语就败坏人的德行，小事情不忍耐，就会败坏大事情。"

15·36 子曰："当仁，不让于师。"

【译文】孔子说："面对着仁德，就是老师，也不同他谦让。"

15·39 子曰："有教无类。"

【译文】孔子说："人人都可以接受教育，不分族类。"

15·40 子曰："道不同，不相为谋。"

【译文】孔子说："志趣、主张不同，不互相商议谋划。"

15·41 子曰："辞达而已矣。"

【译文】孔子说："言辞只要能表达意思就行了。"

十六、《季氏》

16·9孔子曰："生而知之者，上也；学而知之者，次也；困而学之，又其次也；困而不学，民斯为下矣。"

【译文】孔子说："生来就知道的人，是上等人；经过学习以后才知道的，是次一等的人；遇到困难再去学习的，是又次一等的人；遇到困难还不学习的人，这种人就是下等的人了。"

十七、《阳货》

17·2 子曰："性相近也，习相远也。"

【译文】孔子说："人的本性是相近的，由于习染不同才相互有了差别。"

17·3 子曰："唯上知与下愚不移。"

【译文】孔子说："只有上等的智者与下等的愚者是改变不了的。"

17·14 子曰："道听而涂说，德之弃也。"

【译文】孔子说："在路上听到传言就到处去传播，这是道德所唾弃的。"

十八、《微子》

18·1 微子去之，箕子为之奴，比干谏而死。孔子曰："殷有三仁焉。"

【译文】微子离开了纣王，箕子做了他的奴隶，比干被杀死了。孔子说："这是殷朝的三位仁人啊！"

十九、《子张》

19·6 子夏曰："博学而笃志，切问而近思，仁在其中矣。"

【译文】子夏说："博览群书广泛学习而且记得牢固，就与切身有关的问题提出疑问并且去思考，仁就在其中了。"

19·13 子夏曰："仕而优则学，学而优则仕。"

【译文】子夏说："做官还有余力的人，就可以去学习，学习有余力的人，就可以去做官。"

19·21 子贡曰："君子之过也，如日月之食焉。过也，人皆见之；更也，人皆仰之。"

【译文】子贡说："君子的过错好比日（月）蚀。他犯过错，人们都看得见；他改正过错，人们都仰望着他。"

二十、《尧曰》

20·3 孔子曰："不知命，无以为君子也；不知礼，无以立也；不知言，无以知人也。"

【译文】孔子说："不懂得天命，就不能做君子；不知道礼仪，就不能立身处世；不善于分辨别人的话语，就不能真正了解他。"

第四节　追本溯源——《论语》原著选读

一、《学而》

1·2有子曰①："其为人也孝弟②，而好犯上者③，鲜矣④；不好犯上，而好作乱者，未之有也⑤。君子务本⑥，本立而道生⑦。孝弟也者，其为仁之本与⑧?"

【注释】

①有子：孔子的学生，姓有，名若，比孔子小十三岁，一说小三十三岁。后一说较为可信。在《论语》书中，记载的孔子学生，一般都称字，只有曾参和有若称"子"。因此，许多人认为《论语》即由曾参和有若所著述。

②孝弟：孝，奴隶社会时期所认为的子女对待父母的正确态度；弟，读音和意义与"悌"tì相同，即弟弟对待兄长的正确态度。孝、弟是孔子和儒家特别提倡的两个基本道德规范。旧注说：善事父母曰孝，善事兄长曰弟。

③犯上：犯，冒犯、干犯。上，指在上位的人。

④鲜：xiǎn，少的意思。《论语》书中的"鲜"字，都是如此用法。

⑤未之有也：此为"未有之也"的倒装句型。古代汉语的句法有一条规律，否定句的宾语若为代词，一般置于动词之前。

⑥务本：务，专心、致力于。本，根本。

⑦道：在中国古代思想里，道有多种含义。此处的道，指孔子提倡的仁道，即以仁为核心的整个道德思想体系及其在实际生活的体现。简单讲，就是治国做人的基本原则。

⑧为仁之本：仁是孔子哲学思想的最高范畴，又是伦理道德准则。为仁之本，即以孝悌作为仁的根本。还有一种解释，认为古代的"仁"就是"人"字，为仁之本即做人的根本。

1·5子曰："道千乘之国①，敬事②而信，节用而爱人③，使民以时④。"

【注释】

①道：一本作"导"，作动词用。这里是治理的意思。千乘之国：乘，shèng，意为辆。这里指古代军队的基层单位。每乘拥有四匹马拉的兵车一辆，车上甲士三人，车下步卒七十二人。千乘之国，指拥有一千辆战车的国家，即诸侯国。春秋时代，战争频仍，所以国家的强弱都用车辆的数目来计算。在孔子时代，千乘之国已经不是大国。

②敬事：敬字一般用于表示个人的态度，尤其是对待所从事的事务要谨慎专一、兢兢业业。

③爱人：古代"人"的含义有广义与狭义的区别。广义的"人"，指一切人群；狭义的"人"，仅指士大夫以上各个阶层的人。此处的"人"与"民"相对而言，可见其用法为狭义。

④使民以时：时指农时。古代百姓以农业为主，这是说要役使百姓按照农时耕作与收获。

1·6 子曰："弟子入则孝①，出则弟②，谨而信③，汎爱众④，而亲仁⑤，行有余力⑥，则以学文⑦。"

【注释】

①弟子：一般有两种意义：一是年纪较小为人弟和为人子的人；二是指学生。这里是用一种意义上的"弟子"。入：古代时父子分别住在不同的居处，学习则在外舍。《礼记·内则》："由命士以上，父子皆异宫"。入是入父宫，指进到父亲住处，或说在家。

②出：与"入"相对而言，指外出拜师学习。"出则弟"，是说要用悌道对待师长，也可泛指年长于自己的人。

③谨：寡言少语称之为谨。

④汎：fàn，同泛，广泛的意思。

⑤仁：仁即仁人，有仁德之人。

⑥行有余力：指有闲暇时间。

⑦文：古代文献。主要有诗、书、礼、乐等文化知识。

1·10 子禽问于子贡曰①：夫子至于是邦也②，必闻其政，求之与，抑与之与?"③子贡曰："夫子温、良、恭、俭、让以得之④。夫子之求之也，其诸异乎人之求之与?"⑤

【注释】

①子禽：姓陈名亢，字子禽。郑玄所注《论语》说他是孔子的学生，但《史记·仲尼弟子列传》未载此人，故一说子禽非孔子学生。子贡：姓端木名赐，字子贡，卫国人，比孔子小31岁，是孔子的学生，生于公元前520年。子贡善辩，孔子认为他可以做大国的宰相。据《史记》记载，子贡在卫国做了商人，家有财产千金，成了有名的商业家。

②夫子：这是古代的一种敬称，凡是做过大夫的人都可以取得这一称谓。孔子曾担任过鲁国的司寇，所以他的学生们称他为"夫子"。后来，因此而沿袭以称呼老师。《论语》书中所说的"夫子"，都是孔子的学生对他的称呼。邦：指当时割据的诸侯国家。

③抑：表示选择的文言连词，有"还是"的意思。

④温、良、恭、俭、让：就字面理解即为：温顺、善良、恭敬、俭朴、谦让。这是孔子的弟子对他的赞誉。

⑤其诸：语气词，有"大概""或者"的意思。

1·14　子曰："君子食无求饱，居无求安，敏于事而慎于言，就有道①而正②焉，可谓好学也已。"

【注释】

①就：靠近、看齐。有道：指有道德的人。

②正：匡正、端正。

1·15　子贡曰："贫而无谄①，富而无骄，何如②？"子曰："可也。未若贫而乐③，富而好礼者也。"子贡曰：《诗》云，'如切如磋！如琢如磨④'，其斯之谓与？"子曰："赐⑤也！始可与言《诗》已矣，告诸往而知来者⑥。"

【注释】

①谄：巴结、奉承。

②何如：《论语》书中的"何如"，都可以译为"怎么样"。

③贫而乐：一本作"贫而乐道"。

④如切如磋，如琢如磨：此二句见《诗经·卫风·淇澳》。有两种解释：一说切磋琢磨分别指对骨、象牙、玉、石四种不同材料的加工，否则不能成器；一说加工象牙和骨，切了还要磋，加工玉石，琢了还要磨，有精益求精之意。

⑤赐：子贡名，孔子对学生都称其名。

⑥告诸往而知来者：诸，同之；往，过去的事情；来，未来的事情。

二、《为政》

2·3　子曰："道之以政①，齐之以刑②，民免而无耻③，道之以德，齐之以礼，有耻且格④。"

【注释】

①道：有两种解释：一为"引导"；二为"治理"。前者较为妥贴。

②齐：整齐、约束。

③免：避免、躲避。耻：羞耻之心。

④格：有两种解释：一为"至"；二为"正"。

2·4　子曰："吾十有五而志于学①，三十而立②，四十而不惑③，五十而知天命④，六十而耳顺⑤，七十而从心所欲不逾矩⑥。"

【注释】

①有：同"又"。

②立：站得住的意思。

③不惑：掌握了知识，不被外界事物所迷惑。

④天命：指不能为人力所支配的事情。

⑤耳顺：对此有多种解释。一般而言，指对那些于己不利的意见也能正确对待。

⑥从心所欲不逾矩：从，遵从的意思；逾，越过；矩，规矩。

2·17 子曰："由①，诲女②，知之乎？知之为知之，不知为不知，是知也。"

【注释】

①由：姓仲名由，字子路。生于公元前 542 年，孔子的学生，长期追随孔子。

②女：同汝，你。

2·21 或谓孔子曰①："子奚不为政？②"子曰："《书》③云：'孝乎惟孝，友于兄弟。'施于有政④，是亦为政，奚其为为政？"

【注释】

①或：有人。不定代词。

②奚：疑问词，相当于"为什么"。

③《书》：指《尚书》。

④施于有政：施，一作施行讲，一作延及讲。

三、《八佾》

3·9 子曰："夏礼吾能言之，杞不足徵也①；殷礼吾能言之，宋不足徵也②。文献不足故也。足③，则吾能徵之矣。"

【注释】

①杞：春秋时国名，是夏禹的后裔。在今河南杞县一带。徵：证明。

②宋：春秋时国名，是商汤的后裔，在今河南商丘一带。

③文献：文，指历史典籍；献，指贤人。

3·19 定公问①："君使臣，臣事君，如之何？"孔子对曰："君使臣以礼，臣事君以忠。"

【注释】

①定公：鲁国国君，姓姬名宋，定是谥号。公元前 509 至公元前 495 年在位。

四、《里仁》

4·2 子曰："不仁者不可以久处约①，不可以长处乐。仁者安仁②，知者利仁。"

【注释】

①约：穷困、困窘。

②安仁、利仁：安仁是安于仁道；利仁，认为仁有利于自己才去行仁。

4·11 子曰："君子怀德①，小人怀土②；君子怀刑③，小人怀惠。"

【注释】

①怀：思念。

②土：乡土。

③刑：法制惩罚。

五、《公冶长》

5·7 子曰："道不行，乘桴浮于海①，从我者②，其由与！"子路闻之喜。子曰："由也好勇过我，无所取材。"

【注释】

①桴：fū，用来过河的木筏子。

②从：跟随、随从。

5·8 孟武伯问子路仁乎？子曰："不知也。"又问。子曰："由也，千乘之国，可使治其赋①也，不知其仁也。""求也何如？"子曰："求也，千室之邑②，百乘之家③，可使为之宰④也，不知其仁也。""赤也何如⑤？"子曰："赤也，束带立于朝⑥，可使与宾客言也⑦，不知其仁也。"

【注释】

①赋：兵赋，向居民征收的军事费用。

②千室之邑，邑是古代居民的聚居点，大致相当于后来城镇。有一千户人家的大邑。

③百乘之家：指卿大夫的采地，当时大夫有车百乘，是采地中的较大者。

④宰：家臣、总管。

⑤赤：姓公西名赤，字子华，生于公元前509年，孔子的学生。

⑥束带立于朝：指穿着礼服立于朝廷。

⑦宾客：指一般客人和来宾。

5·10 宰予昼寝，子曰："朽木不可雕也，粪土①之墙不可杇②也，于予与何诛③！"子曰："始吾于人也，听其言而信其行；今吾于人也，听其言而观其行。于予与改是④。"

【注释】

①粪土：腐土、脏土。

②朽：音 wū，抹墙用的抹子。这里指用抹子粉刷墙壁。

③诛：意为责备、批评。

④与：语气词。

5·13 子贡曰："夫子之文章①，可得而闻也；夫子之言性②与天道③，不可得而闻也。"

【注释】

①文章：这里指孔子传授的诗书礼乐等。

②性：人性。

③天道：天命。《论语》书中孔子多处讲到天和命，但不见有孔子关于天道的言论。

5·15 子贡问曰："孔文子①何以谓之文也?"子曰："敏而好学②，不耻下问，是以谓之文也。"

【注释】

①孔文子：卫国大夫孔围 yǔ，"文"是谥号，"子"是尊称。

②敏：敏捷、勤勉。

5·26 颜渊、季路侍①。子曰："盍②各言尔志。"子路曰："愿车马，衣轻裘，与朋友共，敝之而无憾。"颜渊曰："愿无伐③善，无施劳④。"子路曰："愿闻子之志。"子曰："老者安之，朋友信之，少者怀之⑤。"

【注释】

①侍：服侍，站在旁边陪着尊贵者叫侍。

②盍：何不。

③伐：夸耀。

④施劳：施，表白。劳，功劳。

⑤少者怀之：让少者得到关怀。

六、《雍也》

6·3 哀公问："弟子孰为好学?"孔子对曰："有颜回者好学，不迁怒①，不贰过②，不幸短命死矣③。今也则亡④，未闻好学者也。"

【注释】

①不迁怒：不把对此人的怒气发泄到彼人身上。

②不贰过："贰"是重复、一再的意思。这是说不犯同样的错误。

③短命死矣：颜回死时年仅三十一岁。

④亡：同"无"。

6·4 子华①使于齐，冉子为其母请粟②。子曰："与之釜③。"请益。曰："与之庾④。"冉子与之粟五秉。子曰："赤之适齐也，乘肥马，衣轻裘。吾闻之也：君子周急不济富。⑤"

【注释】

①子华：姓公西名赤，字子华，孔子的学生，比孔子小42岁。

②冉子：冉有，在《论语》书中被孔子弟子称为"子"的只有四五个人，冉有即其中之一。粟：在古文中，粟与米连用时，粟指带壳的谷粒，去壳以后叫做米；粟字单用时，就是指米了。

③釜：fǔ，古代量名，一釜约等于六斗四升。

④庾：yǔ，古代量名，一庾等于二斗四升。

⑤周：周济、救济。

6·8 季康子①问："仲由可使从政也与?"子曰："由也果②，于从政乎何有?"曰："赐也可使从政也与?"曰："财也达③，于从政乎何有?"曰："求也可使从政也与?"曰："求也艺④，于从政乎何有?"

【注释】

①季康子：他在公元前492年继其父为鲁国正卿，此时孔子正在各地游说。8年以后，孔子返回鲁国，冉求正在帮助季康子推行革新措施。孔子于是对此三人做出了评价。

②果：果断、决断。

③达：通达、顺畅。

④艺：有才能技艺。

6·12 冉求曰："非不说①子之道，力不足也。"子曰："力不足者，中道而废。今女画②。"

【注释】

①说：yuè，同悦。

②画：划定界限，停止前进。

七、《述而》

7·11 子谓颜渊曰："用之则行，舍之则藏①，惟我与尔有是夫②!"子路曰："子行三军③，则谁与④?"子曰："暴虎⑤冯河⑥，死而无悔者，吾不与也。必也临事而惧⑦。好谋而成者也。"

【注释】

①舍之则藏：舍，舍弃，不用。藏，隐藏。

②夫：语气词，相当于"吧"。

③三军：是当时大国所有的军队，每军约一万二千五百人。

④与：在一起的意思。

⑤暴虎：空拳赤手与老虎进行搏斗。

⑤冯河：冯，píng。无船而徒步过河。

⑦临事不惧：惧是谨慎、警惕的意思。遇到事情便格外小心谨慎。

7·12 子曰："富^①而可求^②也；虽执鞭之士^③，吾亦为之。如不可求，从吾所好。"

【注释】

①富：指升官发财。

②求：指合于道，可以去求。

③执鞭之士：古代为天子、诸侯和官员出入时手执皮鞭开路的人。意思指地位低下的职事。

7·19 叶公^①问孔子于子路，子路不对。子曰："女奚不曰，其为人也，发愤忘食，乐以忘忧，不知老之将至云尔^②。"

【注释】

①叶公：叶，shè。叶公姓沈名诸梁，楚国的大夫，封地在叶城（今河南叶县南），所以叫叶公。

②云尔：云，代词，如此的意思。尔同"耳"，而已，罢了。

7·25 子以四教：文^①、行^②、忠^③、信^④。

【注释】

①文：文献、古籍等。

②行：指德行，也指社会实践方面的内容。

③忠：尽己之谓忠，对人尽心竭力的意思。

④信：以实之谓信。诚实的意思。

7·26 子曰："圣人吾不得而见之矣！得见君子者，斯^①可矣。"子曰："善人吾不得而见之矣！得见有恒^②者，斯可矣。亡而为有，虚而为盈，约^③而为泰^④，难乎有恒矣。"

【注释】

①斯：就。

②恒：指恒心。

③约：穷困。

④泰：这里是奢侈的意思。

7·34　子曰："若圣与仁，则吾岂敢？抑^①为之^②不厌，诲人不倦，则可谓云尔^③已矣。"公西华曰："正唯弟子不能学也。"

【注释】

①抑：折的语气词，"只不过是"的意思。

②为之：指圣与仁。

③云尔：这样说。

八、《泰伯》

8·2　子曰："恭而无礼则劳^①，慎而无礼则葸^②，勇而无礼则乱，直而无礼则绞^③。君子笃^④于亲，则民兴于仁，故旧^⑤不遗，则民不偷^⑥。"

【注释】

①劳：辛劳，劳苦。

②葸：音 xǐ，拘谨，畏惧的样子。

③绞：说话尖刻，出口伤人。

④笃：厚待、真诚。

⑤故旧：故交，老朋友。

⑥偷：淡薄。

8·4　曾子有疾，孟敬子问之^①。曾子言曰："鸟之将死，其鸣也哀；人之将死，其言也善。君子所贵乎道者三：动容貌^②，斯远暴慢矣^③；正颜色^④，斯近信矣；出辞气^⑤，斯远鄙倍^⑥矣。笾豆之事^⑦，则有司存^⑧。"

【注释】

①孟敬子：即鲁国大夫孟孙捷。问：探望、探视。

②动容貌：使自己的内心感情表现于面容。

③暴慢：粗暴、放肆。

④正颜色：使自己的脸色庄重严肃。

⑤出辞气：出言，说话。出注意说话的言辞和口气。

⑥鄙倍：鄙，粗野。倍同"背"，背理。

⑦笾豆之事：笾，biān 和豆都是古代祭祀和典礼中的用具。

⑧有司：指主管某一方面事务的官吏，这里指主管祭祀、礼仪事务的官吏。

8·10　子曰："好勇疾贫^①，乱也。人而不仁^②，疾之已甚^③，乱也。"

【注释】

①疾：恨、憎恨。

②不仁：不符合仁德的人或事。

③已甚：已，太。已甚，即太过分。

8·19 子曰："大哉尧之为君也①！巍巍乎，唯天为大，唯尧则之②。荡荡③乎，民无能名④焉。巍巍乎其有成功也，焕⑤乎其有文章！"

【注释】

①尧：中国古代传说中的圣君。

②则：效法、为准。

③荡荡：广大的样子。

④名：形容、称说、称赞。

⑤焕：光辉。

8·20 舜有臣五人①而天下治。武王曰："予有乱臣十人②。"孔子曰："才难，不其然乎？唐虞之际③，于斯④为盛，有妇人焉⑤，九人而已。三分天下有其二⑥，以服事殷。周之德，其可谓至德也已矣。"

【注释】

①舜有臣五人：传说是禹、稷、契、皋陶、伯益等人。契：xiè；陶：yáo。

②乱臣：据《说文》："乱，治也。"此处所说的"乱臣"，应为"治国之臣"。

③唐虞之际：传说尧在位的时代叫唐，舜在位的时代叫虞。

④斯：指周武王时期。

⑤有妇人焉：指武王的治乱之臣十人中有武王之妻邑姜，她是成王之母。

⑥三分天下有其二：《逸周书·程典篇》说："文王令九州之侯，奉勤于商"。相传当时分九州，文王得六州，是三分之二。

九、《子罕》

9·5 子畏于匡①，曰："文王②既没，文不在兹③乎？天之将丧斯文也，后死者④不得与⑤于斯文也；天之未丧斯文也，匡人其如予何⑥？"

【注释】

①畏于匡：匡，地名，在今河南省长垣县西南。畏，受到威胁。公元前496年，孔子从卫国到陈国去经过匡地。匡人曾受到鲁国阳虎的掠夺和残杀。孔子的相貌与阳虎相像，匡人误以孔子就是阳虎，所以将他围困。

②文王：周文王，姓姬名昌，西周开国之君武王的父亲，是孔子认为的古代圣贤之一。

③兹：这里，指孔子自己。

④后死者：孔子这里指自己。

⑤与：同"举"，这里是掌握的意思。

⑥如予何：奈我何，把我怎么样。

9·6 太宰①问于子贡曰："夫子圣者与？何其多能也？"子贡曰："固天纵②之将圣，又多能也。"子闻之，曰："太宰知我乎？吾少也贱，故多能鄙事③。君子多乎哉？不多也。"

【注释】

①太宰：官名，掌握国君宫廷事务。这里的太宰，有人说是吴国的太宰伯，但不能确认。

②纵：让，使，不加限量。

③鄙事：卑贱的事情。

9·11 颜渊喟①然叹曰："仰之弥②高，钻③之弥坚，瞻④之在前，忽焉在后。夫子循循然善诱人⑤，博我以文，约我以礼，欲罢不能。即竭吾才，如有所立卓尔⑥。虽欲从之，末由⑦也已。"

【注释】

①喟：kuì，叹息的样子。

②弥：更加，越发。

③钻：钻研。

④瞻：视、看。

⑤循循然善诱人：循循然，有次序地。诱，劝导，引导。

⑥卓尔：高大、超群的样子。

⑦末由：末，无、没有。由，途径，路径。这里是没有办法的意思。

9·13 子贡曰："有美玉于斯，韫匵①而藏诸？求善贾②而沽诸？"子曰："沽③之哉，沽之哉！我待贾者也。"

【注释】

①韫匵：yùndú，收藏物件的柜子。

②善贾：识货的商人。

③沽：卖出去。

十、《乡党》

10·1 孔子于乡党，恂恂①如也，似不能言者。其在宗庙、朝廷，便便②言，唯谨尔。

【注释】

①恂恂：xù，温和恭顺。

②便便：辩，善于辞令。

10·26 升车，必正立，执绥①。车中，不内顾②，不疾言③，不亲指④。

【注释】

①绥：上车时扶手用的索带。

②内顾：回头看。

③疾言：大声说话。

④不亲指：不用自己的手指划。

十一、《先进》

11·1 子曰："先进①于礼乐，野人②也；后进③于礼乐，君子④也。如用之，则吾从先进。"

【注释】

①先进：指先学习礼乐而后再做官的人。

②野人：朴素粗鲁的人或指乡野平民。

③后进：先做官后学习礼乐

④君子：这里指统治者。

11·3 德行①：颜渊、闵子骞、冉伯牛、仲弓。言语②：宰我、子贡。政事③：冉有、季路。文学④：子游、子夏。

【注释】

①德行：指能实行孝悌、忠恕等道德。

②言语：指善于辞令，能办理外交。

③政事：指能从事政治事务。

④文学：指通晓诗书礼乐等古代文献。

十二、《颜渊》

12·1 颜渊问仁。子曰："克己复礼①为仁。一日克己复礼，天下归仁焉②。为仁由己，而由人乎哉？"颜渊曰："请问其目③。"子曰："非礼勿视，非礼勿听，非礼勿言，非礼勿动。"颜渊曰："回虽不敏，请事④斯语矣。"

【注释】

①克己复礼：克己，克制自己。复礼，言行符合于礼的要求。

②归仁：归，归顺。仁，即仁道。

③目：具体的条目。目和纲相对。

④事：从事，照着去做。

11·2　仲弓问仁。子曰："出门如见大宾，使民如承大祭①；己所不欲，勿施于人；邦无怨，在家无怨②。"仲弓曰："雍虽不敏，请事③斯语矣。"

【注释】

①出门如见大宾，使民如承大祭：这句话是说，出门办事和役使百姓，都要像迎接贵宾和进行大祭时那样恭敬严肃。

②在邦无怨，在家无怨：邦，诸侯统治的国家。家，卿大夫统治的封地。

③事：从事，照着去做。

12·11　齐景公①问政于孔子。孔子对曰："君君、臣臣、父父、子子。"公曰："善哉！信如君不君，臣不臣，父不父，子不子，虽有粟，吾得而食诸？"

【注释】

①齐景公：名杵臼，齐国国君，公元前547年至公元前490年在位。

12·19　季康子问政于孔子曰："如杀无道①，以就有道②，何如？"孔子对曰："子为政，焉用杀？子欲善而民善矣。君子之德风，人小之德草，草上之风③，必偃④。"

【注释】

①无道：指无道的人。

②有道：指有道的人。

③草上之风：指风加之于草。

④偃：仆，倒。

12·22　攀迟问仁。子曰："爱人。"问知。子曰："知人。"樊迟未达。子曰："举直错诸枉①，能使枉者直。"樊迟退，见子夏曰："乡②也吾见于夫子而问知，子曰'举直错诸枉，能使枉者直'，何谓也？"子夏曰："富哉言乎！舜有天下，选于众，举皋陶③，不仁者远④矣。汤⑤有天下，选于众，举伊尹⑥，不仁者远矣。"

【注释】

①举直错诸枉：错，同"措"，放置。诸，这是"之于"二字的合音。枉，不正直，邪

恶。意为选拔直者，罢黜枉者。

②乡：音 xiàng，同"向"，过去。

③皋陶：gāoyáo，传说中舜时掌握刑法的大臣。

④远：动词，远离，远去。

⑤汤：商朝的第一个君主，名履。

⑥伊尹：汤的宰相，曾辅助汤灭夏兴商。

十三、《子路》

13·1 子路问政。子曰："先之劳之①。"请益②。曰："无倦③。"

【注释】

①先之劳之：先，引导，先导，即教化。之，指老百姓。做在老百姓之前，使老百姓勤劳。

②益：请求增加一些。

③无倦：不厌倦，不松懈。

13·3 子路曰："卫君①待子为政，子将奚②先?"子曰："必也正名③乎!"子路曰："有是哉，子之迂④也! 奚其正?"子曰："野哉，由也! 君子于其所不知，盖阙⑤如也。名不正则言不顺，言不顺则事不成，事不成则礼乐不兴，礼乐不兴则刑罚不中⑥，刑罚不中，则民无所措手足。故君子名之必可言也，言之必可行也。君子于其言，无所苟⑦而已矣。"

【注释】

①卫君：卫出公，名辄，卫灵公之孙。其父蒯聩被卫灵公驱逐出国，卫灵公死后，蒯辄继位。蒯聩要回国争夺君位，遭到蒯辄拒绝。这里，孔子对此事提出了自己的看法。

②奚：什么。

③正名：即正名分。

④迂：迂腐。

⑤阙：同"缺"，存疑的意思。

⑥中：得当。

⑦苟：苟且，马马虎虎。

13·4 樊迟请学稼。子曰："吾不如老农。"请学为圃①。曰："吾不如老圃。"樊迟出。子曰："小人哉，樊须也! 上好礼，则民莫敢不敬，上好义，则民莫敢不服;上好信，则民莫敢不用情②。夫如是，则四方之民襁③负其子而至矣，焉用稼?"

【注释】

①圃：菜地，引申为种菜。

②用情：情，情实。以真心实情来对待。

③襁：qiǎng，背婴孩的背篓。

13·17 子夏为莒父①宰，问政。子曰："无欲速，无见小利。欲速则不达，见小利则大事不成。"

【注释】

①莒父：莒，jǔ。鲁国的一个城邑，在今山东省莒县境内。

13·20 子贡问曰："何如斯可谓之士①矣？"子曰："行己有耻，使于四方，不辱君命，可谓士矣。"曰："敢问其次。"曰："宗族称孝焉，乡党称弟焉。"曰："敢问其次。"曰："言必信，行必果②，硁硁③然小人哉！抑亦可以为次矣。"曰："今之从政者何如？"子曰："噫！斗筲之人④，何足算也？"

【注释】

①士：士在周代贵族中位于最底层。此后，士成为古代社会知识分子的通称。

②果：果断、坚决。

③硁硁：kēng，象声词，敲击石头的声音。这里引申为像石块那样坚硬。

④斗筲之人：筲，shāo，竹器，容一斗二升。比喻器量狭小的人。

十四、《宪问》

14·1 宪①问耻。子曰："邦有道，谷②；邦无道，谷，耻也。""克、伐③、怨、欲不行焉，可以为仁矣？"子曰："可以为难矣，仁则吾不知也。"

【注释】

①宪：姓原名宪，孔子的学生。

②谷：这里指做官者的俸禄。

③伐：自夸。

14·3 子曰："邦有道，危①言危行；邦无道，危行言孙②。"

【注释】

①危：直，正直。

②孙：同"逊"。

14·8 子曰："为命①，裨谌②草创之，世叔③讨论之，行人④子羽⑤修饰之，东里⑥子产润色之。"

【注释】

①命：指国家的政令。

②裨谌：bìchén，人名，郑国的大夫。

③世叔：即子太叔，名游吉，郑国的大夫。子产死后，继子产为郑国宰相。

④行人：官名，掌管朝觐聘问，即外交事务。

⑤子羽：郑国大夫公孙挥的字。

⑥东里：地名，郑国大夫子产居住的地方。

14·12 子路问成人①。子曰："若臧武仲②之知，公绰之不欲，卞庄子③之勇，冉求之艺，文之以礼乐，亦可以为成人矣。"曰："今之成人者何必然？见利思义，见危授命，久要④不忘平生之言，亦可以为成人矣。"

【注释】

①成人：人格完备的完人。

②臧武仲：鲁国大夫臧孙纥。

③卞庄子：鲁国卞邑大夫。

④久要：长久处于穷困中。

14·16 子路曰："桓公杀公子纠①，召忽②死之，管仲不死。"曰："未仁乎？"子曰："桓公九合诸侯③，不以兵车④，管仲之力也。如其仁⑤，如其仁。"

【注释】

①公子纠：齐桓公的哥哥。齐桓公与他争位，杀掉了他。

②召忽：管仲和召忽都是公子纠的家臣。公子纠被杀后，召忽自杀，管仲归服于齐桓公，并当上了齐国的宰相。

③九合诸侯：指齐桓公多次召集诸侯盟会。

④不以兵车：即不用武力。

⑤如其仁：这就是他的仁德。

14·35 子曰："莫我知也夫！"子贡曰："何为其莫知子也？"子曰："不怨天，不尤①人。下学而上达②，知我者其天乎！"

【注释】

①尤：责怪、怨恨。

②下学上达：下学学人事，上达达天命。

14·38 子路宿于石门①。晨门②曰："奚自？"子路曰："自孔氏。"曰："是知其不可而为之者与？"

【注释】

①石门：地名。鲁国都城的外门。

②晨门：早上看守城门的人。

十五、《卫灵公》

15·1 卫灵公问陈①于孔子。孔子对曰："俎豆②之事，则尝闻之矣；军旅之事，未之学也。"明日遂行。

【注释】

①陈：同"阵"，军队作战时，布列的阵势。

②俎豆：俎，zǔ。俎豆是古代盛食物的器皿，被用作祭祀时的礼器。

15·2 在陈绝粮，从者病，莫能兴。子路愠①见曰："君子亦有穷乎？"子曰："君子固穷②，小人穷斯滥矣。"

【注释】

①愠：yùn，怒，怨恨。

②固穷：固守穷困，安守穷困。

15·5 子曰："无为而治①者，其舜也与？夫②何为哉？恭己正南面而已矣。"

【注释】

①无为而治：国家的统治者不必有所作为便可以治理国家了。

②夫：代词，他。

15·11 颜渊问为邦。子曰："行夏之时①，乘殷之辂②，服周之冕③，乐则韶舞④。放⑤郑声⑥，远⑦佞人。郑声淫，佞人殆⑧。"

【注释】

①夏之时：夏代的历法，便于农业生产。

②殷之辂：辂，lù，天子所乘的车。殷代的车是木制成，比较朴实。

③周之冕：周代的帽子。

④韶舞：是舜时的舞乐，孔子认为是尽善尽美的。

⑤放：禁绝、排斥、抛弃的意思。

⑥郑声：郑国的乐曲，孔子认为是淫声。

⑦远：远离。

⑧殆：危险。

附：

【参考书目】

1. ［清］焦循：《论语通释》，《木犀轩丛书》本。

2. ［清］刘宝楠：《论语正义》中华书局 1990 年版。

3. 杨伯峻：《论语译注》中华书局 1983 年版。

4. 中国儒学网，http：//www. confuchina. com/

5. 中国孔子网，http：//www. chinakongzi. org/

6. 中国孔子研究院网，http：//www. confucius. gov. cn/

（本章撰稿：万平）

第二章　孟子与《孟子》

第一节　东方亚圣——孟子

一、家世与母教

孟子（公元前372—公元前289年），名轲，山东邹城人。关于孟子的生卒年，正史没有记载。前人考证孟子生卒年的著述有数十家之多，元朝程复心《孟子年谱》定孟子生于公元前372年，卒于公元前289年，享年八十四岁，多数学者从此说。"子"是古代男子的尊称。赵岐《孟子题辞》云："孟子邹人也，名轲，字则未闻也。"《孔丛子》称孟子字"子车"，《傅子》说他字"子舆"，王肃《圣证论》言其字"子居"，多系传闻，宋以后的学者多不信。

孟子远祖是鲁国贵族孟孙氏，赵岐《孟子题辞》说："或曰，孟子鲁公族孟孙之后"。孟孙氏即庆父，史又称仲孙氏。后世学者多采纳赵岐之说，如明代陈镐《阙里志》云："出鲁公族孟孙庆父之后，世居于邹，故为邹人。"鲁国本是周文王之子周公姬旦的封国。春秋时期传至鲁桓公，桓公长子袭位，有三位庶子孟孙、叔孙、季孙，世称"三桓"。孟孙氏的嫡系称孟孙氏，其余支子改称孟氏。春秋以后，三桓的子孙衰微，《论语·季氏》云："故夫三桓之子孙微矣。"孟子的祖先从鲁国迁居邹国，邹国是与鲁国毗邻的小诸侯国。孟子出生前，家境早已衰落，所以说孟子出生于没落贵族家庭。

孟子的父母已不可考。相传得自宋元丰时孟子四十五代孙孟宁的《孟氏旧谱》说："孟子父名激，字公宜，母仉氏。"据说，孟子三岁丧父，便与母亲相依为命。孟母是一位很有识见的母亲，她管教孩子甚严，教子有方。"孟母三迁"、"断织劝学"、"杀猪取信"等故事，成为后世母教之典范。

1."孟母三迁"

西汉刘向《列女传·母仪篇》载："邹孟轲之母也，号孟母，其舍近墓。孟子之少也，嬉游为墓间之事，踊跃筑埋。孟母曰：'此非吾所以居处子。'乃去，舍市旁。其嬉戏为贾人炫卖之事。孟母又曰：'此非吾所以居处子也。'复徙舍学宫之傍。其嬉游乃设俎豆，揖让进退。孟母曰：'真可以居吾子矣。'遂居。"讲的是孟子幼时，他们家住在坟地附近。小孟子便常到坟地玩耍，并学着别人的样子做造坟祭祀的游戏。孟母发现后，感到这地方很不利于孩子的学习和成长，于是孟母便将家搬到了集市附近。结果不久又发现，小孟子竟模仿商人的样子吆喝叫卖。看来这里的环境也不行，孟母于是再次将家搬到了学宫附近。学宫是国家兴办的教育机构，聚集着许多既有学问又懂礼仪的读书人。据说孟子自从搬到学宫附近以后，便十分认真读书。孟母便决定长住这里。可见，环境对正在成长的孩子影响有多么大。所谓"近朱者赤，近墨者黑"，讲的就是这个道理。

2."断织劝学"

西汉韩婴《韩诗外传》载："孟子少时诵，其母方织。孟子辍然中止，乃复进。其母知其喧也，呼而问之曰：'何为中止？'对曰：'有所失复得。'其母引刀裂其织，以此诫之。自是之后，孟子不复喧矣。"说的是孟母鼓励孟子刻苦读书的故事。据说，孟子小时候，读书不用功。孟母看在眼里，急在心里。为了教育孩子，孟母便一刀割断了织机上的布线。孟子看着母亲很生气地将自己辛辛苦苦织好的布割断了，有些害怕。孟母趁此语重心长地告诫孩子，读书一定要勤奋刻苦，切不可贪玩好耍，半途而废。孟子非常震动，牢记了母亲的话语，立志成材。

3."杀猪取信"

《韩诗外传》卷九载："东家杀豚，孟子问其母曰：'杀豚何为？'母曰：'欲啖汝。'既而悔曰：'吾怀妊是子，席不正不坐，割不正不食，胎教之也。今适有知而欺之，是教之不信。'乃买东家豚肉以食之，明不欺也。"讲的是孟母十分注重言传身教，以自己的言行对孟子施以诚实不欺的品德教育。有一天，小孟子见邻居家磨刀霍霍，准备杀猪，就好奇地问母亲："邻居家要干什么呀？"母亲说："要杀猪。""杀猪干什么？"母亲笑了笑，随口说道："给你吃呀。"小孟子一听，可高兴了。但孟母刚把话说完，马上就后悔了。她觉得不应该跟孩子开这样的玩笑，说假话骗人。为了弥补这个过失，让孩子从小学会诚实守信，孟母便真到邻居家买了猪肉给孟子吃。

《韩诗外传》里还讲了一个孟子"去妻"的故事。有一天孟子回家，看见妻子盘腿而坐（踞），认为这不合礼法，于是禀告母亲，准备"去之"，也就是休掉妻子。孟母问明情况后，批评孟子说："乃汝无礼也，非妇无礼。《礼》不云乎：'将入门，问孰存。将上堂，声必扬。将入户，视必下。'不掩人不备也。今汝往燕私之处，入户不有声，令人踞而视之，是汝之无礼也，非妇无礼也。"于是孟子自责，不敢去妇。这个故事说明，孟母教导孟子，一要遵从礼法，二要实事求是。而孟子也能很好地接受母亲的教育并进行自我批评。

孟子继承并发展了孔子思想，成为一代大儒。关于他的师承问题，司马迁《史记·孟子荀卿列传》说："孟轲，邹人也，受业于子思之门人。"认为孟子的老师是子思的弟子或再传弟子。但是汉代的一些学者却并不同意司马迁的说法，他们认为孟子的老师就是子思。如刘向《列女传》就说："孟子旦夕勤学不息，师事子思，遂成天下名儒。"这大概是出于推崇孟子的缘故，认为像孟子这样的伟大人物，一定出自名师之门。但这种说法，与历史年代不相符合。子思即孔子的嫡孙孔伋，是当时颇有名望的儒学大师。由于他们思想的一致和这种师承关系，后世遂以"思孟"并称。在学习中，孟子对孔子思想产生了浓厚的兴趣，非常崇拜孔子，认为孔子是人类历史以来最伟大的人。《孟子·公孙丑》云："出乎其类，拔乎其萃，自生民以来，未有盛于孔子也。"在《离娄下》篇中，孟子又说："予未得为孔子之徒也，予私淑诸人也。"所谓"私淑"，即私自奉以为师而学之。因此，他立志毕生从事宣传孔子创立的儒家学说的事业。

二、游说诸侯

战国时代，是一个竞争激烈的时代，也是一个人才辈出的时代。讲学成为时尚，士阶层迅速扩大。士由于掌握了文化知识，而为统治者所重视，一时"礼贤下士"之风大盛。各诸侯国为了谋求本国的富强，为了在兼并战争中取得胜利，纷纷千方百计地招揽各方学有专长的人才和能为自己出谋划策的贤士，委以重任。而那些学富五车和胸有韬略的士，也孜孜奔走游说于各诸侯国之间，一面为主人出谋划策，一面竭力宣传自己的政治主张，以期实现自己的理想和抱负。在这样的时代背景下，学成以后的孟子，开始是聚徒讲学，之后便以士的身份，带着他的学生公孙丑、万章、乐正子、孟仲子等周游列国，从事游说活动。宣扬王道，反对霸道，推行仁政理想。

据钱穆先生《先秦诸子系年·孟子在齐威王时已先游齐考》考证："余考《孟子》书，其初在齐，乃值威王世。去而至宋、滕诸国，及至梁，见梁惠王、襄王，又重返齐，乃值宣王也。"前后约四十余年。孟子游说诸侯的第一站是齐国，他本想通过雄心勃勃的齐威王来实现自己"仁政"的理想，可齐威王一心想争霸中原，用武力征服天下，因此对孟子主张实行仁政的学说丝毫不感兴趣，对他并不重用。孟子在离开齐国前，齐君曾馈赠他一百镒黄金，孟子没有接受，因为在孟子看来，"无处而馈之，是货之也，焉有君子而可货取乎?"[①]表现了孟子的自尊自强和廉政不阿的品格。孟子在齐期间，好像没有发表什么重要言论，所以《孟子》七篇没有记载他与齐威王的对话。

孟子听说刚即位不久的宋君偃想实行仁政，便离开齐国来到了宋国。宋国是个小国，处于魏和楚两个大国之间。孟子到了宋国后，却发现宋君偃虽有实行仁政的愿望，但他年岁尚幼，支持他的人很少。而且在实行仁政时，并没有完全按照孟子的主张做，尤其是在孟子仁政的经济政策方面大打折扣。孟子意识到宋国对实行仁政没有诚意，宋国不可能实现他的政治理想，于是失望地离开宋国，回到了自己的家乡邹国。

在邹国，邹穆公曾向孟子请教为政，还有许多人向他问学。后来，孟子到了滕国，滕文公非常敬重他，多次向他垂问治国大计，而且言听计从。孟子非常激动，决心大干一场，于是向滕文公系统地推出了自己的"仁政"主张，包括实行井田制、制民之产、改革税收方法等，希望通过滕文公来实现自己的仁政理想。但滕国实在太小，无法在诸侯大国之间生存和发展，更无法全面实现孟子的"仁政"理想。

这时，孟子在千里之外听说魏惠王招贤纳士的消息，便毅然来到了魏国都城大梁。魏国是战国七雄之一。战国初年，魏文侯任用李悝变法，国力开始强盛起来。至魏惠王时，魏国已经是当时的强国之一。魏国国都原在安邑（今山西夏县西北），此地西有秦国的威胁，东有赵、韩两国的钳制，如果三国联合攻魏，魏国都必将难保。所以，后来魏惠王迁都大梁（今河南开封附近）。此后，魏便称梁，魏惠王便称梁惠王。

孟子一见梁惠王，梁惠王却迫不及待地问孟子能给他的国家带来什么利益："叟! 不远千里而来，亦将有以利于吾国乎?"[②]这使孟子十分失望。孟子认为当时天下纷争、黎民涂炭的根本原因就在于各国君主不仁不义，只顾追逐私利，于

孟柯

是孟子针锋相对地向梁惠王讲了儒家轻私利重仁义的观点，"王何必曰利，亦有仁义而已矣。"③并阐述了他的民本思想和仁政的具体方策。梁惠王从听而不言，到"愿承安教"，思想被孟子说得有了转变。可是不久，梁惠王去世，他的儿子梁襄王即位。孟子初次见梁襄王，就发现梁襄王不像个国君的样子，"望之不似人君，就之而不见所畏焉。"④所以孟子离开魏国重返齐国。

　　孟子再次至齐时，齐宣王刚刚即位不久。齐国在齐威王任用邹忌实行改革之后，逐渐成为诸侯各国中疆域最为辽阔、经济军事实力最为强大的国家。至齐宣王时，齐国已经发展到了鼎盛时期。此时，年轻气盛的齐宣王野心勃勃，一心想称霸中原。为此，他复兴稷下学宫，大力发展文化教育。同时，广招贤才，尤其特别喜爱文学游说之士，为齐国出谋划策。一时间，齐国成了当时思想、学术、政治空气最为活跃的国家。孟子到齐国后，齐宣王待之以宾客之礼，授与他"卿"之高位，并多次向他问政。孟子认为要在齐国实行仁政，首先要转变齐宣王的思想观念。于是，孟子先就齐宣王"以羊换牛"具有不忍之心，进行循循善诱的启发，待齐宣王表示"愿夫子辅吾志，明以教我，我虽不敏，请尝试之"⑤后，孟子才详细而系统地向齐宣王推出了自己的"仁政"理想。此时，孟子对在齐国实行仁政充满了信心，对齐宣王充满了期望。开始，当孟子讲到称王天下的道理时，齐宣王还有些兴趣。后来，当孟子谈到仁政的具体措施和反对兼并战争等内容时，齐宣王便一点兴趣也没有了。再后来，孟子发现齐宣王并非真心诚意地想实行王道，对孟子的仁政主张只是口头上的一种敷衍，最后甚至试图想让孟子放弃自己的理想，这是孟子所绝对不能接受的。于是，孟子与齐宣王之间便产生了矛盾。特别是齐国伐燕事件发生后，二人之间的矛盾更越来越深。事情是这样的：公元前316年，燕王将王位让给了他的相国子之，国人不服。子之又在国内实施了一些政治改革，结果引起了燕国的内乱。齐宣王准备出师伐燕，事前派人私下问孟子是否可以对燕出兵，孟子认为燕王私自将君权传给臣属，不符合礼制，也不合天意。更重要的是，如果齐国帮助燕国平定内乱，安抚燕国百姓，希望安定和平生活的燕国人民一定很拥护，这是实行仁政的好机会。因此，孟子支持出兵。但齐国在用了五十天的时间攻下燕国、消灭了子之后，齐宣王却想吞并燕国，又来征求孟子的意见。孟子说，燕国百姓高兴，你就夺取它，就如古代周文王那样；燕国百姓不高兴，你就不能夺取它。现在，燕国百姓正处在水深火热之中，如果齐国去夺取它，那么燕国的百姓更将苦不堪言，一定会齐声反对。齐宣王拒不接受孟子的意见，齐国吞并了燕国，而且肆行暴虐。结果，诸侯各国对齐国的不断扩张十分恐慌，便联合起来抗齐救燕。齐宣王不知怎么办，又派人来问孟子。孟子便向齐宣王讲了仁政爱民以及人心向背的道理，力劝齐宣王撤兵，让燕国民众自己拥立自己的君主。齐宣王还是听不进孟子的意见，结果燕国军民反攻，各国援助，齐军大败。为此，齐宣王"甚惭于孟子"，孟子也对齐宣王彻底失望，君臣之间的矛盾越来越大。一次，孟子准备去朝见齐宣王，齐宣王派人传话说原本他应该来见孟子的，但得了"寒疾"，不能来，若孟子愿意，可以上朝来。孟子听说后，很不高兴，说自己也病了，不能上朝。可是第二天，孟子却去别人家吊丧去了。齐宣王派人来问孟子的病情，孟子的弟子不好交差，只好在孟子回家的半路上候着他，等他回来后不让他回家，让他先上朝。孟子得知这一情况，非常气愤，就躲到别人家借宿去了。后来他的弟子问他为什么这样做，他回答说：齐宣王有钱、有爵，我有仁、有义，齐宣王并不比我高到哪里去。如果齐宣王真的想有所作为，他应该像商汤对伊尹、齐桓公对管仲那样对我，怎么能凭借威严和爵位向我摆臭架子呢？这就是孟子，这就是中国历史上最有个性的智者！虽然后来齐宣王亲自来看望孟子，并通过别人尽力挽留孟子，提出给孟子建馆、享受年万钟粟的待遇，但孟子仍然不愿与失德之君共事，并终于在公元前312年，辞退了卿位，离开了齐国。

　　孟子离开齐国后，便带着他的学生万章、公孙丑等人回到了家乡，并和他们一起整理了《诗》、《书》等儒家经典，阐述孔子的思想精髓，总结自己一生的思想与活动，编著了《孟子》一书。孟子晚年一心讲学和著述，《孟子》书中所记，多是他晚年的言论。

三、孟子的理想人格

1. 大丈夫精神

　　居天下之广居，立天下之正位，行天下之大道。得志，与民由之；不得志，独行其道。富贵不能淫，贫贱不能移，威武不能屈，此之谓大丈夫。

　　　　　　　　　　　　　　　　　　　　——《孟子·滕文公下》

　　这段话的意思是：居住于天下最宽广之宅，站立于天下最正确之位，行走于天下最宽阔之途。得志时，与百姓共同行进；不得志时，坚守自己做人之道。富贵荣华不能乱我之心，贫寒卑贱不能移我之志，声威势武不能屈我之节，这才能叫大丈夫。

　　朱熹注曰："广居，仁也；正位，礼也；大道，义也。"大丈夫以仁为怀，心胸宽广，人心向往，所以无处不可居；大丈夫秉性刚正，鄙视邪恶，进退守礼，所以能永保正位；大丈夫能行仁义，四方坦途，所以条条大道都能走向光明。由此可见，孟子的所讲的"大丈夫"，是指有理想、有气节、以天下为己任，不为利诱威逼，一往无前的人。大丈夫之"大"，体现在志向、操守、修养，而不是体现于权力、地位、财富。大丈夫，与人的外在形态（如个头、性别）无关，甚至与博学、与雄才大略也无关（仲尼之徒无道桓文之事者）。如果一个人能不失其赤子之心，坚守做人之准则，立身行事，能伸能屈，能上能下，得志掌权时为国家民族尽心尽力，廉洁奉公，不得志处于贫贱地位时能抱定固穷之节，乐天知命。不枉道事人，不曲学阿世。活得堂堂正正，活得清清白白，仰无愧于天，俯不怍于地，这便是顶天立地的"大丈夫"，这便具有了伟丈夫精神！

　　孟子关于"大丈夫"的谈话，是与一个叫景春的人说起的。景春和公孙衍、张仪都是战国时期的纵横家。纵横家讲究"纵横捭阖"，有时游说六国联合起来共同对抗秦国，有时又游说各国与秦国议和。他们以卓越的口才和说辞，使诸侯各国或战或和；他们的一举一动，直接影响到各国的政局。景春认为，公孙衍和张仪游说诸侯而得重用，公孙衍佩五国相印，张仪为秦国之相，都是当时政坛上叱咤风云、声威显赫的人物。他们一发怒，诸侯就恐惧；他们一安居，天下就太平。他们实在称得上是"大丈夫"。孟子说："这样的人怎么能叫大丈夫呢？你学过《礼》吗？男子举行加冠礼时，父亲要教诲儿子；女子出嫁时，母亲要训导女儿，并告诉她说'到了夫家，一定要恭敬，一定要谨慎，不能违背丈夫的意志。'把顺从当作正途，这是妇女遵循的原则。"⑥孟子用女儿嫁到夫家之后的顺从态度，来形容景春所谓的大丈夫。孟子认为，那些在政坛上地位显赫的人物，并不是大丈夫。他们迎合君主的一己之私，讨君主的欢心，满足君主的私欲，这不过是妾妇之道罢了。大丈夫绝不是这样的人，大丈夫的精神核心是"大公无私"，认识到正义在己，从而坚贞不渝，不因境遇的变化而变化，不为外力的阻碍而放弃，甚至可以为正义而献出生命。

中华民族一贯崇尚气节，一贯坚守做人的尊严。刚正不阿，坚持真理，宁死不屈，这种高尚的品德，已成为中华民族的共同气质，也是中华民族得以延续数千年兴而不衰的主要精神因素。在中华民族的发展史上，有着许许多多这样的"大丈夫"。他们藐视权贵，坚守气节，独立不迁。屈原行吟泽畔："吾不能变心以从俗兮，固将愁苦而终穷。"⑦李白愤怒高吟："安能摧眉折腰事权贵，使我不得开心颜！"⑧文天祥临死高歌："人生自古谁无死，留取丹心照汗青！"⑨戊戌变法"六君子"之一的谭嗣同，他的哲学"仁学"思想，主要就是来自于孟子的思想。戊戌政变失败的消息，谭嗣同最早得知，他本可以逃亡国外，朋友也劝他逃走，但他却拒绝说："各国变法，无不从流血而成，今日中国未闻有因变法而流血者，此国所以不昌也。有之，请自嗣同始！"⑩他决定用自己的鲜血唤醒国人，拯救国家。他在狱中还留下了"我自横刀向天笑，去留肝胆两昆仑"的浩然名句。在北京菜市口从容就义前还高声朗诵："有心杀贼，无力回天，死得其所，快哉！快哉！"从容就义，视死如归。表现了一个大丈夫、伟丈夫为正义、为挽救民族危亡而牺牲的伟大精神！

2. 浩然之气

　　"敢问夫子恶乎长？"曰："我知言，我善养吾浩然之气。""敢问何谓浩然之气？"曰："难言也。其为气也，至大至刚，以直养而无害，则塞于天地之间。其为气也，配义与道；无是，馁也，是集义所生者，非义袭而取之也，行有不慊于心，则馁矣。"

——《孟子·公孙丑上》

这段话的意思是：（公孙丑问孟子）说："请问先生的长处在哪方面？"孟子说："我善于辨识别人的言论，我善于培养我的浩然之气。"公孙丑又问："请问什么叫浩然之气呢？"孟子说："这就很难说清楚了。那一种气，最伟大，最刚强，用正直去培养它而不加以损害，就会充满天地之间。那一种气，要和义行与正道配合。缺乏义与道的配合，它就会虚空。它是不断积累义行而产生的，不是偶然的正义行为就能取得的。如果行为有愧于心，那种气就会萎缩、虚空。"

在这段对话里，孟子认为自己只有两个长处：一是"知言"，即善于辨识别人的言论，善于从别人的言辞中辨别出是非善恶美丑。元许谦《读四书丛说》云："知言即是知道……知道理明，故能知天下言之邪正得失。"二是"善养吾浩然之气"，即善于培养自己的"浩然之气"。

在此，孟子首次提出了一个新的命题："浩然之气"。那么，什么叫"浩然之气"呢？孟子说："难言也。"意思是说这种浩然之气，内涵非常丰富，充满着神秘色彩，不是三言两语能说得清楚的。它是指人的道德修养达到一种正义凛然的精神状态，不是一般所谓的"精气"、"血气"，而是充满正义、充满仁义道德的正气、骨气。这种气，阳刚、强劲，气壮山河，气贯长虹。"说大人则藐之，勿视其巍巍然。"⑪靠的是这种气；"富贵不能淫，贫贱不能移，威武不能屈。"靠的也是这种气；文天祥的千古名句："天地有正气，杂然赋流形。下则为河岳，上则为日星；于人曰浩然，沛乎塞苍冥。"⑫也仍然是源于这种气。浩然之气，乃天地之正气，乃我中华民族最高之精神品格。

这种浩然之气产生的前提条件是不受外物的引诱而坚持正义，服从真理，刚直不阿，坚韧不拔。"直养而无害"是培养浩然之气的基本方法。所谓"直"，就是指"正直、正派、真诚"。"正直"是由内而发的生命力量的迸发，是伟大品格与崇高精神的闪耀。"浩然之气"，当以"直"养之，而不能以"曲"害之。焦循《孟子正义》云："直即义也。缘以直养之，故为正直之气；为正直之气，故至大至刚。"培养浩然之气的途径有两个：一是"明道"，就是加强自己的主观道德修养，提高对道的领悟；二是"集义"，即坚持不懈地从内在聚集善行义德。这与后来荀子所说的"积善"不完全相同。荀子《劝学篇》云："积善成德，而神明自得，圣心备焉。"荀子的"积善"主要是指积累"外在"的善行而形成"内在"的品德。这就是孟子所说的"配义与道"。对此，清代毛奇龄进一步解释说："配义与道，正分疏直养。无论气配道义，道义配气，总是气之浩然者，藉道义以充塞耳。无是者，是无道义也。"⑬孟子还进一步指出，一个人如果从体验中懂得了道，又长期行义，在他身上自然就有了浩然之气；但如果有一点勉强，浩然之气就消逝了。

孟子的这种"浩然之气"，也就是刚正的气节、正派的作风，在中国历史上影响深远，早已形成中华民族的共同性格。我国历史上的仁人志士、英雄豪杰，无不受到孟子"浩然之气"的影响。如民族英雄文天祥在《正气歌》里，就列举了不少这样充满浩然气节的英雄豪杰：不怕杀头仍秉笔直书的晋国史官董狐；坚贞不屈，誓死不降，在匈奴牧羊十九载的苏武；被俘后大喝"蜀中只有断头将军，而无投降将军"的严颜；率部渡江北伐、中流击楫、发誓收复中原的东晋名将祖逖等等。

又如著名爱国将领吉鸿昌，也是一位万人敬仰、充满浩然正气的民族英雄。他自幼即以岳飞、文天祥等为心目中学习的楷模。九·一八事变发生后，他坚决要求留在国内，与日本帝国主义血战到底。在美国，有人告诉他，你说自己是日本人，就可以受到礼遇。吉鸿昌怒不可遏，说："你觉得当中国人丢脸，我觉得当中国人光荣！"为此，他特意做了一枚木制胸卡，上面用英文写着："我是中国人！"吉鸿昌在国外到处宣传抗日，有人问他："日本有飞机大炮，中国凭什么抗日？"他拍着胸脯愤然回答说："我们有热血，有四万万人的热血。中国人的愤激已经达到了极点，莫不抱有'宁为玉碎，不为瓦全'的决心。誓愿牺牲一切，为生存而战！为真理而战！"1932 年淞沪抗战爆发，吉鸿昌闻讯提前回国。他再次向蒋介石请缨抗日，可是蒋介石却让他在上海办实业，他愤懑至极，抗议说："我是军人出身，军人的天职是卫国杀敌，不是发财！"

后来，这位杰出的爱国英雄光荣地加入了中国共产党。当他被捕后，面对国民党特务的审讯，吉鸿昌正气凛然、义正词严地说："我抗日，是打鬼子、救中国！我做地下工作，是为中国人民求解放！我早已把生死置之度外，想用审讯吓住我，你们想错了！"几天后，敌人到狱中向他宣布判处死刑的命令，吉鸿昌神态自若，他向监刑官索要纸笔，给妻子胡红霞写了一封遗书："红霞吾妻：夫今死矣，是为时代而牺牲。"行刑前，三十九岁的吉鸿昌以地作纸，枯枝为笔，写下了一首感天动地的绝命诗："恨不抗日死，留作今日羞。国破尚如此，我何惜此头！"然后喝令执行官："给我搬把椅子来！我为抗日而死，死得光明正大，不能倒在地上。"他坐定以后，又喝道："我为抗日而死，一生光明磊落，不能在背后开枪！"执行官问他："那你打算怎么办？"吉鸿昌厉声说："在我面前开枪！我吉鸿昌要亲眼看着你们是怎样把我打死的！"然后高呼："中国共产党万岁！""抗日胜利万岁！"

3. 舍身取义

> 孟子曰："鱼，我所欲也，熊掌，亦我所欲也，二者不可得兼，舍鱼而取熊掌者也。生，亦我所欲也；义，亦我所欲也，二者不可得兼，舍生而取义者也。生亦我所欲，所欲有甚于生者，故不为苟得也；死亦我所恶，所恶有甚于死者，故患有所不避也。"

——《孟子·告子上》

这段话的意思是：鱼是我所喜欢吃的，熊掌也是我所喜欢吃的，如果两者不能都吃的话，我便舍弃鱼而吃熊掌；生存是我所想要的，大义也是我所想要的，如果两者不能并有，我便舍弃生存而选取大义。生存是我所想要的，但是我所想要的还有超过生存的，所以不能做苟且偷生的事；死亡是我所厌恶的，但是我所厌恶的还有超过死亡的，所以有些祸患我不能躲避。

孟子认为，在一般情况下，生命是最美好的，也是最应该珍视的。因为生命对于每一个人来说只有一次，所以我们应该敬重生命、敬畏生命、珍惜生命。为了实现生命的价值，我们可以采取各种办法、尽各种努力来保全生命、延长生命，充分享受生命的美好和人生的快乐。但如果生命与正义不可两全，二者必须作出抉择的话，我们就不能苟且偷生，而只能舍生取义。因为正义的价值高于生命的价值，为正义而牺牲生命，死得其所，重于泰山。

孔子说过："无求生以害仁，有杀身以成仁。"⑭孟子"舍生取义"的思想是对孔子"杀身成仁"思想了进一步充实和发展。孟子认为，每一个人都有求生的欲望，但不能卑躬屈膝、苟且偷生，为生而失掉义。"舍生取义"是大丈夫遵循的最高人生准则。重气节、重骨气，不畏权贵、刚正不阿；重现实、重理想，不怕困难、积极进取；重人民、重民族，反对专制、反抗侵略。这是顶天立地的中华民族得以繁荣昌盛的精神支柱和共同品格。远古时代的行道之人为了"义"，不食"嗟来之食"；明代民族英雄于谦为了"义"，"粉骨碎身浑不怕，要留清白在人间"⑮；黄花岗七十二烈士为了"义"，抛头颅、洒热血：林觉民率敢死队冲进两广总督衙门，与清兵浴血奋战，中弹被俘，从容就义。喻培伦胸前挂满一筐炸弹，冲锋在前，弹尽力竭，英勇牺牲；朱自清先生为了"义"，宁肯饿死也不接受美国的救济面粉；革命烈士夏明翰临刑前所写的《就义诗》，字字千钧有力："砍头不要紧，只要主义真。杀了夏明翰，还有后来人。"解放战争期间，仅十四岁的女共产党员刘胡兰，因叛徒告密而被捕。面对敌人的威逼利诱，刘胡兰不为所动。敌人问她："怕死吗？"她斩钉截铁地回答："怕死不当共产党员！"被带到已连铡几人的铡刀前时，她怒问敌人："我咋个死法？"敌人喝叫"一个样"后，她自己坦然躺在刀座上，英勇就义。毛泽东为她亲笔题词："生的伟大，死的光荣！"

他们的英雄事迹和体现出的伟大精神令无数人华夏儿女感佩不已，他们表现出了中华民族大义凛然的人格尊严和"舍生取义"的崇高精神，他们是我们民族的脊梁。

四、孟子的地位

战国时期的诸子百家中，儒家学派是影响最大的学派。孟子是战国中期儒家学派的代表，也是一位杰出的平民思想家。东汉赵岐在《孟子题辞》中把《孟子》与《论语》相比，认为《孟子》是"拟圣而作"。所以，尽管《汉书·艺文志》仅仅把《孟子》放在诸子略中，视为子书，但实际上在汉代人的心目中已经把它看作辅助"经书"的"传"书了。但总的说来，孟子的地位在宋代以前并不很高。

孟子受到尊崇，始自唐代中期的韩愈。韩愈是世所公认的复兴儒学的大师，他坚决反对崇老、佞佛，极力主张回归儒家的道统。自韩愈著《原道》，把孟子列为先秦儒家中唯一继承孔子"道统"的人物开始，孟子的地位才逐渐上升。宋神宗熙宁四年（1071），《孟子》一书首次被列入科举考试科目。王安石作《孟子注释》十四卷，推崇以民为本和制民之产的思想，作为变法的理论依据。元丰六年（1083），孟子首次被官方追封为"邹国公"，翌年被批准配享孔庙。1119 年至 1125 年将孟子刻石经，从此"孔孟"并称。南宋朱熹又把《孟子》与《论语》、《大学》、《中庸》合为"四书"，宋人编刻《十三经》，《孟子》也定为《十三经》之一。元朝至顺元年（1330），孟子被加封为"亚圣公"，以后就称为"亚圣"，地位仅次于孔子。

孟子不仅是孔子学说的继承者，而且是发扬者和开拓者。孟子一生的主要贡献，是他全面地继承和发展了孔子的思想学说，把儒学提高到了一个新的发展阶段。没有孔子就没有孟子，没有孟子也就没有如此完善的儒学。著名哲学家劳思光说："孔子代表中国儒学之创始阶段，孟子则代表儒学理论之初步完成。就儒学方向讲，孔子思想对儒学有定向之作用；就理论体系讲，则孟子是建立较完善之儒学体系之哲人。"⑯孟子以民本思想为核心的仁政学说，为两千多年开明的政治家吸取为关注民生和进行政治改革的思想依据；他的心性学说为宋代理学家北宋的程颐、程颢到南宋的朱熹所吸收，创立了理学思想体系；他的道德修养和理想人格，曾激励着千千万万的志士仁人。

【注释】

① 《孟子·公孙丑下》。

②③④⑤ 《孟子·梁惠王上》。

⑥ 《孟子·滕文公下》。

⑦ 屈原《涉江》。

⑧ 李白《梦游天姥吟留别》。

⑨ 文天祥《过零丁洋》。

⑩ 梁启超《谭嗣同传》。

⑪ 《孟子·尽心下》。

⑫文天祥《正气歌》。

⑬毛奇龄《逸讲笺》。

⑭《论语·卫灵公》。

⑮于谦《石灰吟》。

⑯《新编中国哲学史》卷一，广西师大出版社 2005 年版，第 117 页。

第二节　亚圣的理想——《孟子》

一、《孟子》其书

孟子是仅次于孔子的一代儒学宗师，有"亚圣"之称，与孔子并称为"孔孟"。《孟子》一书是孟子的言论汇编，由孟子及其弟子共同编写而成，记录了孟子的语言、政治观点和政治活动。《孟子》现有七篇传世：包括《梁惠王》、《公孙丑》、《滕文公》、《离娄》、《万章》、《告子》、《尽心》，每篇均为上下篇，共二百六十一章，约三万五千字。但《汉书·艺文志》著录"孟子十一篇"，比现存的《孟子》多出四篇。东汉赵岐在为《孟子》作注时，对十一篇进行了鉴别，认为七篇为真，七篇以外的四篇为伪篇。东汉以后，这几篇便相继亡佚了。两汉时代，诸子书中，有人为之作注的，除了《论语》、《老子》以外，就是《孟子》。历代为《孟子》作注重要的有东汉赵岐的《孟子章句》和宋代朱熹的《孟子集注》，清代焦循总结了前人的研究成果撰成《孟子正义》一书，是集大成的著作。

孟子生活的战国中期较孔子生活的春秋末期更为变乱，社会更加动荡不安。同时，思想也更加活跃，正当"百家争鸣"的时代。所以，孟子一方面继承了孔子的政治思想和教育思想等，另一方面又有所发展，形成了自己的政治和学术思想。同时，孟子在与墨家、道家、法家等学派的激烈交锋中，维护了儒家学派的理论，也确立了自己在儒学中的重要地位。

二、孟子的思想

孟子是继孔子之后著名的儒家大师，他对孔子的学说继承中有发展，孔子学说的核心是"仁"，而孟子则更强调"义"。

　　孟子的思想主要包括：

1. 仁政学说

　　孔子提出："仁者，爱人。"孟子继承了孔子的仁，并进而提出："仁也者，人也。"①指出仁者必须以人来对待人，不仅自己是"人"，而且也要承认别人也是"人"。这是孟子对孔子思想的发挥，是对人自身价值的自我认识，是对"人"的伟大发现。人与人之间，应该互敬、互爱："爱人者，人恒爱之；敬人者，人恒敬之。"②同时，孟子又发展了孔子的思想，将孔子的"仁"发展为"义"。那么，"仁"与"义"有什么区别和联系呢？孟子说："仁，人心也；义，人路也。"③"人皆有所不忍，达知于其所忍，仁也；人皆有所不为，达之于其所为，义也。"④也就是说，"仁"是人的内心，"义"是人的大道；"仁"是一种爱人之心和内在的道德体验，"义"是一种行为规范和内外统一的责任。但是，仁和义不是对立的，而是密不可分的。

　　孔子首创仁学，孟子继承并发展成为仁政学说，这是孟子政治思想的核心。孟子认为最理想的政治就是仁政，仁政是战无不胜的："仁者无敌"。同时，孟子认为，仁学只有变成仁政学说并转换为国家的决策，才会给人民带来安定幸福的生活。而要实行仁政，首先就要让统治者具有仁义之心、不忍人之心。他说："先王有不忍人之心，斯有不忍人之政。"⑤"君仁，莫不仁；君义，莫不义；君正，莫不正。"⑥孟子认为，对百姓的"仁"和"不仁"是统治者能否取得天下的关键。如果统治者实行仁政，就可以得到民心，受到百姓的拥戴；如果推行暴政，就会失去民心而变成独夫民贼，被人民推翻。

　　仁政的具体内容很广泛，在政治上，仁政主张"王道"，反对"霸道"，反对兼并战争。孟子说："以德行仁者王"、"以力假仁者霸。"⑦孟子认为，王道是重视道德教化非强权的政治观，王道就是"以德服人"，依靠仁德的感召力使天下来服，使百姓心悦诚服。"得天下有道，得其民斯得天下矣。"⑧霸道是凭借实力的强权政治观，霸道就是"以力服人"，依靠武力、刑罚压服百姓，通过兼并战争统一天下，因而就会失去民心。"桀纣之失天下也，失其民也。失其民者，失其心也。"⑨兼并战争是造成人民困苦和各种祸乱的根源，因此必须制止兼并战争。孟子反对兼并战争，但不是笼统地反对一切战争。对于商汤、文武领导的推翻暴虐王朝的正义战争，孟子是支持和赞扬的。他说："闻诛一夫纣矣，未闻弑君也。"⑩孟子认为，只有实现仁政，只有用"仁"的思想力量使天下归服，才是真正的统一。

在经济上，仁政主张减轻赋税和制民之产。孟子反对统治者对人民巧取豪夺，认为取之于民应有一个限度。主张"省刑罚，薄税敛"⑪，减轻人民负担；主张"关市讥而不征，泽梁无禁"⑫，关卡与市场只稽查不征税，开放水域、山林，以利人民。什么是制民之产呢？就是国家分配给每家农户百亩之田，五亩之宅，让他们吃穿自给自足，上足以赡养父母，下足以抚育妻儿。孟子认为，"民之为道也，有恒产者有恒心，无恒产者无恒心"⑬，人民有了土地，有了固定的产业，才会安居乐业，才不会去触犯刑律。如果农民没有土地，没有"恒产"，"仰不足以事父母，俯不足以畜妻子，乐岁终身苦，凶年不免于死亡"⑭，轻则违法，重则造反。孟子还提出了一个具体的"井田制"土地方案："方里而井，井九百里，其中为公田，八家皆私百亩，同养公田，公事毕，然后敢治私事。"⑮这种井田制度，实为孟子的理想国或乌托邦雏形。抛开这种想法的可行性，我们可看出孟子对土地经济改革的设想和思考。

在思想文化方面，孟子主张兴办学校，加强教育。兴办教育的目的是"明人伦"："谨庠序之教，申之以孝悌之义"⑯，引导人民向善，提高人民的思想道德和文化水平，建立一个人民安居乐业，道德情操高尚，和谐安定的社会，这就是孟子理想中的"王道"社会。

2. 性善论

人性是什么？这是思想史上一个难解的斯芬克斯之谜。在孟子之前或同时，关于人性的信念，主要有以下几种：孔子的"性相近，习相远"说；道家的性自然说；法家的性好利说；荀子的性恶说；告子的"性无善无不善说"等。人性是一个复杂的范畴，指人的本质特性和人的性格特点，包括人的自然性和人的理性。人是动物，所以人和其他动物一样，具有一切动物所共有的生存、生殖的自然本能，这就是人的自然性；同时，人又是不同于一般动物的高级动物，所以人又有理性，包括理智、智慧、道德等。人的自然性，无所谓善恶；人的理性，却有善恶之分。孟子说："口之于味也，目之于色也，耳之于声也，鼻之于嗅也，四肢之于安逸也，性也。"⑰这种喜好美味、美色、美声、芳香、安逸，即指人的自然属性；孟子又说："恻隐之心，人皆有之；羞恶之心，人皆有之；恭敬之心，人皆有之；是非之心，人皆有之。恻隐之心，仁也；羞恶之心，义也；恭敬之心，礼也；是非之心，智也。"⑱这种以仁、义、礼、智等道德意识为内容的"四心"，即是人之所以为人的社会属性。人的自然属性不是人的本质属性，因为它不足以概括和说明人与禽兽相区别的本质特征。人如果只满足于吃饱、穿暖、过安逸生活，"则近于禽兽"[19]。马克思在《1844年经济学哲学手稿》中说："诚然，饮食男女等等也是真正人类的机能。然而，如果把这些机能同其他人类活动割裂开来，并使它们成为最后的和唯一的终极目的，那么，在这样的抽象中，它们就具有动物的性质。"人有人性，兽有兽性，二者不可混淆。人的社会属性才是人的本质属性，这是人类共同的本性。

孟子认为，"仁、义、礼、智，非由外铄我也，我固有之也，弗思耳矣。"[20]人向善的本性是天生的、与生俱来的，不是从客观存在着的外部世界所取得的、不是后天形成的，只是人们不曾领悟罢了。为了证明这个观点，孟子举例说："今人乍见孺子将入于井，皆有怵惕恻隐之心——非所以内交于孺子之父母也，非所以要誉于乡党朋友也，非恶其声而然也。"[21]意思是说，当人们突然发现一个小孩将要掉到井里，都会产生一种惊骇怜惜的心理而想去救他。这种心理的产生，并不是他要同这个小孩的父母结交，不是为了在邻居和朋友中博取名誉，也不是厌恶这个小孩的哭声才这样做。而是因为人的本性中存在着一种共同的"善心"，亦即"不忍人之心"。当人们看到小孩将要落水的瞬间，这种心理就会发生作用，促使他赶快去救人。如果没有这种不忍之心，就不是人。只要是人，就一定有这种不忍人之心。这是人类共同的本性，是人与禽兽相区别的标志。

当然，这并不是说每个人生下来就具有非常完善的恻隐之心、羞恶之心、辞让之心、是非之心，而只是说具有仁、义、礼、智这四种善心的素质，属于原始的、初级的，处于萌芽的状态，孟子把它们叫做"四端"，而并不是说人人都达到了"至善"。人最初具有的这"四端"，如果不精心养护，就很可能夭折。所以，必须精心培育，不断加以扩大、充实、完善，才能达到"至善"。那么，如何将人本性的善端扩充发展成为完美的善，把道德原则变成人们自觉的道德行为呢？孟子认为，一是要保持住本性中固有的善心而不失掉。他说："君子所以异于人者，以其存心。君子以仁存心，以礼存心。"[22]"仁，人心也；义，人路也。舍其路而弗由，放其心而不知求，哀哉！人有鸡犬放，则知求之；有放心而不知求。学问之道无他，求其放心而已矣。"[23]所谓"放心"，与"存心"相对，指失掉本性中固有的善心。孟子认为，道德修养，不但要"存心"，保持善心不失掉；更要"求其放心"，将失掉的善心找回来。二是要"寡欲"。要保持善心不丧失，就必须克制欲望、减少欲望。孟子说："养心莫善于寡欲。其为人也寡欲，虽有不存焉者寡矣；其为人也多欲，虽有存焉者寡矣。"[24]当然，"寡欲"不等于"灭欲"，孟子并不是一味反对人们追求物质利益，而是反对将"仁义"抛诸脑后而只把眼睛紧盯在"利"上，反对"见利忘义"和"先利而后义"。

"人皆可以为尧舜"㉕，这是孟子提出的一个著名命题，意思是说人人具有先天的"四心"，人人都有成为尧舜的可能。孟子认为，在人性问题上，上自王公贵族，下至黎民百姓，人人都是一样的、平等的。孟子说："圣人，与我同类者。"㉖"麒麟之于走兽，凤凰之于飞鸟，太山之于丘垤，河海之于行潦，类也。圣人之于民，亦类也。"㉗正因为每个人都具备善良本性的素质，如果人们不断发展、扩充自己的"四端"，那么"人皆可以为尧舜"。当然，先天的"四心"是成为尧舜的必要条件，能不能成为尧舜还要看后天人们对"四心"的扩充和发扬，包括人们主观的努力、道德的教化、环境的影响等。孟子是中国思想家中第一个系统地论述人性善的哲人。我们今天来看，所谓人性，只有具体的人性，没有抽象的人性。人作为生物的自然属性，是与生俱来的，不是孟子的论题；孟子论述的是人的道德属性，而道德属性是社会的产物，不同时代不同阶级有不同的善恶标准。孟子所说的仁、义、礼、智"四端"，其内容是两千年前的封建道德原则。至于说人的道德属性的"四端"是人性中所固有的，便明显地带有先验论的性质。

孟子的性善论是其仁政学说的理论基础。

3. 民贵君轻

孟子是我国古代最富有民主色彩的思想家，他认为国家的存亡与人民的关系重大，人民是组成国家的重要因素，他说："诸侯之宝三：土地、人民、政事。"㉘他总结战国时期各国治乱兴亡的经验，提出了一个富有民主性精华的著名命题："民为贵，社稷次之，君为轻。是故得乎丘民而为天子，得乎天子而为诸侯，得乎诸侯而为大夫。诸侯危社稷，则变置。"㉙意思是说，在人民、国家和君主三者的关系中，人民是第一位的，国家其次，君主最后。如果君主危害了国家政权的根本利益，这样的君主可以更换。《尚书·五子之歌》云："民为邦本，本固邦宁。"孟子的民本思想，是对西周"敬天保民"思想和孔子"博施于民而能济众"㉚思想的继承和发展。孟子认为，统治者要得到天下，首先要得到人民的拥护；要得到人民的拥护，关键要争取民心。夏桀和商纣之所以失掉天下，就是因为失去了人民；他们之所以失去人民，是因为他们失掉了民心。统治者要保持其统治地位，就应该以爱护人民为先，保障人民的权利。只有爱民、保民，才不会失掉统治地位。如果君主无道，只图自己享受，不顾人民死活，就无异于"率兽而食人"，人民有权推翻政权。孟子的这种民本思想，后来又被儒家学派的另一大师荀子发挥说："天之立民，非为君也；天之立君，以为民也。"[31]荀子又把君与民的关系比喻为舟与水的关系："水则载舟，水则覆舟。"[32]

孟子也主张"君权天授"，但孟子认为，天在授与君权时，要考虑人民的视听。天授与君权，君治理人民，人民的视听又影响着天。这一方面反映了孟子的尊君思想，另一方面也反映了孟子的民主思想。在谈到君臣关系时，孟子说："君视臣如手足，则臣视君如腹心；君之视臣如犬马，则臣视君如国人；君之视臣如土芥，则臣视君如寇仇。"[33]这里，孟子发展了孔子"君使臣以礼，臣事君以忠"的思想，强调了君首先必须对臣有礼，然后臣才能对君尽忠。虽然，君臣还不是平等关系，但可以说是"对等"关系。孟子的这些思想新颖而大胆，对中国思想界起到了振聋发聩的巨大作用，可以说首开中国思想文化中抨击封建君主专制制度之先河。正因为如此，才激起了封建独裁者的恐慌。如明朱元璋对孟子本来颇有好感，但当他读到"君视臣如土芥，臣视君如寇仇"一章时，便勃然大怒，认为这些话"非人臣所宜言"。遂下令取消了孟子配享孔庙的资格，并令大学士刘三吾将《孟子》全书做了一次相当彻底的"思想清查"，把《孟子》中对封建统治者不利的言论共删去了85章，取名为《孟子节文》，并将原版《孟子》列为禁书。刘三吾删掉的内容，现代学者容肇祖先生曾做了仔细的研究和归纳，主要包括十一个方面的内容：

（1）"不许说人民有尊贵的地位和权利"；

（2）"不许说人民对于暴君污吏报复的话"；

（3）"不许说人民应有革命和反抗暴君的权利"；

（4）"不许说人民应有生存的权利"；

（5）"不许说统治者的坏话"；

（6）"不许说反对征兵征实同时并举"；

（7）"不许说反对捐税的话"；

（8）"不许说反对内战"；

（9）"不许说官僚黑暗的政治"；

（10）"不许说行仁政救人民"；

（11）"不许说君主要负善良或败坏风俗的责任"。

从容肇祖先生的归纳中，可看出刘三吾删掉的内容，全是孟子民主政治思想的精华。这些被删的思想精华在当时的科举考试中也完全被禁止出题命试，由此可见封建专制帝王是多么惧怕孟子的这些民主政治思想。

4. 与民同乐

孟子听庄暴说齐宣王特别喜欢音乐，于是孟子问齐宣王说："一个人独自欣赏音乐快乐呢，还是与人一起欣赏音乐快乐?"齐宣王回答说："与人一起欣赏音乐快乐。"孟子又问道："与少数人一起欣赏音乐快乐呢，还是与多数人一起欣赏音乐快乐?"齐宣王说："与多数人一起欣赏音乐快乐。"然后孟子便因势利导，从正反两方面阐发了与民同乐的道理。孟子认为，只要能实行仁政，得到老百姓的拥戴，也就是与民同乐。那么，无论古乐还是世俗之乐，都是可以欣赏的。这与孔子的主张有所不同：孔子只提倡古之乐，而反对郑卫之声等世俗音乐。孟子的观点，显然是对孔子思想的发展。

所谓"与民同乐"，就是要求统治者关心人民的疾苦，在他们纵情享乐的时候，不要忘记自己的百姓，更不能把自己的享乐建立在广大人民的痛苦之上。否则，这就不是"与民同乐"，而是"独乐"，也就必然遭到人民的反抗。有一次，梁惠王站在池沼之上，欣赏着他的鸿雁麋鹿，问孟子道："贤者也以此为乐吗?"孟子回答说："贤良的君主不先享受这种快乐，不贤良的君主即使拥有这些，也不能得到快乐。只有与人民同甘共苦的贤者才能享受真正的快乐。"孟子认为，统治者要"与民同乐"，这是治国的一个重要原则。孟子不反对统治者追求安逸和快乐，但孟子认为统治者不能先追求个人的安乐，而要努力与民同乐。他以周文王建灵台为例，从正面说明统治者只有与民同乐，才能得到人民的拥护；相反，像夏桀那样的封建暴君，自认为他拥有天下，就像天上的太阳一样，太阳消失了，他才会灭亡。他只图自己的"快乐"而不顾人民的死活，所以老百姓说，太阳啊，你什么时候消失，我们要与你同归于尽。孟子提醒封建统治者，决不能你一个人快乐，假如老百姓生活在水深火热之中，"民有饥色，野有饿殍"㉞，你即使拥有亭台楼阁、珍禽异兽，"庖有肥肉，厩有肥马"㉟，你也享受不了真正的快乐；即使你自认为"快乐"了，你的这种"快乐"也维持不了多久。历史上有不少这样的事例，秦朝强征数十万百姓修建阿房宫，汉代建造富丽繁华的上林苑，唐代建造花团锦簇的华清宫，最后一个个都在人民造反的烈火中变成焦土、化为灰烬。这，又何乐之有?

孟子的"与民同乐"，包含着关心人民疾苦，同情人民苦难的可贵精神。孟子对社会不合理的批判，既深刻又尖锐。孟子伸张社会正义，主张社会公道，敢于为民请命的精神是可贵的。同时，孟子又说："乐民之乐者，民亦乐其乐；忧民之忧者，民亦忧其忧。乐以天下，忧以天下，然而不王者，未之有也。"㊱这是孟子"与民同乐"思想的提炼，是孟子民主思想的精华。以天下的欢乐为自己的欢乐，以天下的忧苦为自己的忧苦。与人民同欢乐，共忧患。这种广阔的胸怀，崇高的境界，两千多年以来，启迪了一代又一代的志士仁人、英雄豪杰。宋代杰出政治家、文学家范仲淹就在他的《岳阳楼记》中，将这种光辉思想凝结成为千古名言："先天下之忧而忧，后天下之乐而乐。"清初思想家顾炎武更进一步发挥孟子思想，提出"天下兴亡，匹夫有责"。在中华民族发展的历史长河中，孟子"乐以天下，忧以天下"的思想为优秀的华夏儿女代代传承，并形成了中华民族优秀思想文化传统，培育了中华民族的高尚气质。直到今天，它仍保持着强大的生命力。

5. 教育思想

孟子不仅是一位伟大的思想家，而且是一位杰出的教育家。他十分热爱教育事业，把"得天下英才而教育之"看成是君子"三乐"之一。孟子在宣传仁政学说的同时，还招收了大批弟子，授徒讲学。孟子游说诸侯，常常带着许多学生，"后车数十乘，从者数百人"。孟子两次游说齐国，在齐国的时间长达二十余年，曾较长时间担任稷下学宫的先生。

孟子认为，人民的物质生活有了保障以后，统治者应该兴办教育："设为庠序学校以教之。庠者，养也；校者，教也；序者，射也。夏曰校，殷曰序，周曰庠，学则三代共之，皆所以明人伦也。"㉟无论是夏代的"校"、商代的"序"、还是周代的"庠"，也无论是"养"、是"教"、还是"射"，三代学校的名称虽各不相同，但兴办教育的目的都是一样的，那就是为了"明人伦"。所谓"明人伦"，就是通过学校教育，提高人们的道德修养，让人人明白怎样处理包括父子、君臣、夫妻、长幼、朋友等人与人之间的各种人伦关系。而处理这种人伦关系的社会生活准则就是"仁、义、礼、智、信"的道德规范。

孟子认为，人生来就有向善的本性，但仁、义、礼、智"四端"只是四种善心的萌芽，如果不学习、不接受教育、不加强修养，那么，这四种善心就不会得到充实、加强和发扬光大，甚至会夭折、丧失。所以，教育的作用一是加强学习，加强修养，不让人固有的向善的本性夭折和丧失；二是通过学习和修养，不断扩充和发展这种善心，使处于萌芽状态的"四端"形成为完善的美德；三是教导人们把已经失去了的善心寻找回来，也就是启发人们对自己内心所固有的"善端"加以精心培育，使之能够抵御外界的诱惑和干扰，并不断完善，最终形成完美的道德。

　　孟子教育思想的出发点是为统治阶级政治服务。孟子说："仁言不如仁声之入人深也。善政，民畏之，善教，民爱之。善政得民财，善教得民心。"⑧孟子认为，仁德的言论不如仁德的音乐那样深入人心，良好的政治不如良好的教育那样获得民心。良好的政治，百姓敬畏它。良好的教育，百姓爱慕它。良好的政治能聚敛百姓的财富，良好的教育能赢得百姓的支持。因为，"善政"，就是按规矩、政策行事，百姓敬畏"规矩"、"政策"；"善政"是先让百姓有"财"，然后政府依法收税，聚敛财富不是剥削百姓。"善教"，就是循循善诱，通过良好教育，让人提高修养、明白道理。所以，"善教"，自然使百姓乐于接受，进而赢得民心。孟子之所以把政治和教育联系起来论述，是因为政治与教育本密不可分。从西周初年的周公开始，就把政治和教育紧密地结合在一起，把国家当成学校，国家制定任何政策都要考虑其教育效果，考虑到民心，考虑到是否对百姓有益。

　　同时，治理国家需要有高度道德修养的"君子"和"贤士"，良好的教育就是要培养有高度道德修养，能够协助统治者治理国家的"君子"和"贤士"。那么，如何培养这样的君子和贤士呢？孟子认为，首先要让他们树立远大的道德理想和高尚的人格。孟子与齐国王子垫有一段对话："王子垫问曰：'士何事？'孟子曰：'尚志。'曰：'何谓尚志？'曰：'仁义而已矣。杀一无罪，非仁也；非其有而取之，非义也。居恶在？仁是也；路恶在？义是也。居仁由义，大人之事备也。'"⑨意思是说，"士人"首先要树立远大的理想，这个理想就是"仁义"。杀一个无罪的人就是不仁，不是自己的东西而据为己有就是不义。有远大理想和高尚品德的人，应该以仁立身，按义行事。其次，孟子在具体的教学方法和学习方法上，提出了许多独到的见解。如对人进行思想道德的教育和培养，应该顺应人的天性和成长规律，循序渐进，逐渐提高，而不能操之过急，违背规律。这就如同作物的生长一样，如果揠苗助长，戕害其天性，势必使施教事倍功半、适得其反。对教师的"教"和学生的"学"都要有一个标准，并且需得严格遵照执行。孟子说："大匠诲人，必以规矩，学者亦必以规矩。"⑩又说："大匠不为拙工改废墨绳，羿不为拙射变其彀率。"⑪教育者必先受教育：教师要让学生明白，必须自己先要明白；如果自己糊里糊涂，就不可能使学生明白。孟子说："贤者以其昭昭，使人昭昭；今以其昏昏，使人昏昏。"⑫学生学习必须专心致志，并且持之以恒，才能学有所成；如果"一日暴之，十日寒之"⑬，或如掘井，"掘井九仞而不及泉，犹为弃井也"⑭，学习松懈，半途而废，将终无所成。孟子还提出，读书学习，最重要的是要善于思考。只有经过主体的思维去分析判断、辨伪存真，最后获得的知识才是正确的知识："思则得之，不思则不得也。"⑮书本不能尽信，不能迷信书本，做书本的奴隶。要运用脑子去辨别、去判断，要敢于怀疑。孟子说："尽信《书》，则不如无《书》。"⑯

孟子的教育思想，除去那些早已落后于时代的封建伦理道德观念外，大部分反映了教育教学规律，成为我国教育思想的宝贵财富。

6. 伦理道德

孟子继承和发展了孔子的道德思想，把道德规范概括为仁、义、礼、智四种，并作出了一些新的解释。孔子提出："仁者，爱人。"孟子在孔子思想的基础上，进一步提出"亲亲而仁民，仁民而爱物"⑰。除了"亲亲"以外，孟子突出了对百姓仁爱和爱护自然万物。这是孟子对孔子思想的发展，也是对中国道德哲学的一大贡献。"亲亲"、"仁民"、"爱物"，是三种不同层次的仁爱。孟子说："君子之于物也，爱之而弗仁。于民也，仁之而弗亲。"⑱首先是"亲亲"，即亲爱自己的父母亲人。孟子说："仁者无不爱也，急亲贤之为务。……尧舜之仁不遍爱人，急亲贤也。"⑲同时，由爱自己的父母亲人，推及到爱别人的父母亲人。"老吾老以及人之老，幼吾幼以及人之幼。"⑳其次是"仁民"和"爱物"，对人民要仁爱，进而推及到爱护自然万物。对天下百姓充满爱，对宇宙万物充满爱，让整个世界沐浴在爱的阳光里，体现了孟子博大的胸怀和高尚的境界。构建和谐世界、实现天下太平，体现了中华民族的高尚精神和美好理想。

同时，孟子又把人伦关系概括为五种，即"父子有亲，君臣有义，夫妇有别，长幼有序，朋友有信"㉑。这种道德观念是社会生活中处理人际关系的准则。孟子认为："人伦明于上，小民亲于下。"㉒如果每个社会成员都能按照这种伦理来处理人与人之间的关系，那么阶级矛盾就会得到缓和，社会秩序的稳定和天下的统一就有了保证。在仁、义、礼、智四德中，仁、义最为重要。仁、义的基础是孝、悌，而孝、悌是处理父子和兄弟血缘关系基本的道德规范。但是，在不同的时间、环境、条件下，对于人伦关系，也要权衡轻重，不可拘泥执一。孟子曾与淳于髡有过这样一段对话："淳于髡曰：'男女授受不亲，礼与?'孟子曰：'礼也。'曰：'嫂溺，则援之以手乎?'曰：'嫂溺不援，是豺狼也。男女授受不亲，礼也；嫂溺，援之以手，权也。'"㉓意思是说，男女不能亲手递接东西，这是礼制；嫂子掉到水里去了，小叔子伸手去拉她，这是特殊条件下的变通。如果拘泥于礼制而见死不救，那是豺狼! 由此可见，孟子是一个非常灵活、通脱、以人为本的智者。

　　另外，孟子还提出了一个非常重要的命题："或劳心，或劳力，劳心者治人，劳力者治于人；治于人者食人，治人者食于人：天下之通义也。"㊿孟子的这个命题，长期为人非议，认为这是为统治阶级的残酷剥削行为进行辩护。对此，我们应该给以实事求是的分析、理解与评价。"劳心"与"劳力"的分工，实际上就是"脑力劳动"和"体力劳动"的分工，这是人类社会发展的必然产物。孟子的社会分工论，是孟子在社会和经济理论上的一大贡献。孟子是我国历史上最有民主意识的思想家，在他的仁政学说中，充满了对人民的关心与同情，反对统治者对人民的剥削与压迫。一方面孟子严格区分了统治者与被统治者不同的社会分工和阶级地位，认为"劳心者治人，劳力者治于人"，并且模仿周制拟定了一套从天子到庶人的等级制度；另一方面，又把统治者和被统治者的关系比作父母与子女的关系，主张统治者应该像父母一样关心人民的疾苦，人民应该像对待父母一样去亲近、服从统治者。

　　孟子的这些观点，放在孟子所处的社会时代来考察，有其积极、进步的一面，但"劳心劳力"之说，被反动统治者用来作为残酷剥削压迫劳动人民的理论根据和借口，虽然这个责任不应该由孟子来承担，但在客观上确实又起到了消极的作用，这是我们不用回避的。

【注释】
①④⑰㉔㉓㉙㊷㊻《孟子·尽心下》。
②⑥㉒《孟子·离娄下》。
③⑳㉓⑱㉖㊵㊸㊺《孟子·告子上》。
⑤⑦㉑㉗《孟子·公孙丑上》。
⑧⑨㊼《孟子·离娄上》。
⑩⑪⑭⑮⑯⑲㉞㉟㊿《孟子·梁惠王上》。
⑫《孟子·梁惠王下》。
⑬《孟子·滕文公下》。
㉕《孟子·告子下》。
㉚《论语·颜渊》。
㉛《荀子·大略》。
㉜《荀子·王制》。
㉝《孟子·离娄下》。
㊱《孟子·梁惠王下》。
㊲㊿㊾㊽《孟子·滕文公上》。
㊳㊴㊶㊹㊺㊽㊾《孟子·尽心上》。

第三节　《孟子》名句诵读

一、《梁惠王上》

1·3 五亩之宅，树之以桑，五十者可以衣帛矣。鸡豚狗彘之畜，无失其时，七十者可以食肉矣。百亩之田，勿夺其时，八口之家可以无饥矣。谨庠序之教，申之以孝悌之义，颁白者不负戴于道路矣。

【译文】每家给五亩土地的住宅，四围种植着桑树，那么，五十岁的人就可以有丝绸衣服穿了。鸡狗与猪这类家畜，不失其时去饲养繁殖，那么，七十岁的人就有肉可吃了。每户人给一百亩土地，并且不去妨碍其生产，八口人的家庭便都可以吃得饱饱的了。办好各级学校，反复地用孝顺父母、敬爱兄长的大道理来开导他们，那么，须发花白的老人便会有人代劳，不致头顶着、背负着东西在路上行走了。

1·7 老吾老，以及人之老；幼吾幼，以及人之幼。

【译文】尊敬我的长辈，从而推广到尊敬别人的长辈；爱护自己的晚辈，从而推广到爱护别人的晚辈。

二、《梁惠王下》

2·4 乐民之乐者，民亦乐其乐；忧民之忧者，民亦忧其忧。

【译文】以百姓的快乐为自己的快乐者，百姓也会以国君的快乐为自己的快乐；以百姓的忧愁为自己的忧愁者，百姓也会以国君的忧愁为自己的忧愁。

2·8 贼仁者谓之"贼"，贼义者谓之"残"，残贼之人谓之"一夫"，闻诛一夫纣矣，未闻弑君也。

【译文】破坏仁爱的人叫做"贼"，破坏道义的人叫做"残"。"残贼"之人就叫做"独夫"。我只听说周武王诛杀了独夫殷纣，没有听说过什么弑君。

三、《公孙丑上》

3·4 仁则荣，不仁则辱。

【译文】诸侯卿相如果实行仁政，就会有荣耀；如果行不仁之政，就会遭受屈辱。

3·5 尊贤使能，俊杰在位。

【译文】尊重有道德的人，使用有能力的人、杰出的人物都有官位。

四、《公孙丑下》

4·1 天时不如地利，地利不如人和。三里之城，七里之郭，环而攻之而不胜，夫环而攻之，必有得天时者矣，然而不胜者，是天时不如地利也。

【译文】天时不及地利，地利不及人和。三里的内城，七里的外城，包围起来攻打它，必定有得天时的战机，然而却不能取胜，这是有利的天时不如有利的地势。

五、《滕文公上》

5·3 有恒产者有恒心，无恒产者无恒心。苟无恒心，放辟邪侈，无不为已。

【译文】有稳定的产业、收入的人才有稳定的道德观念和行为准则，没有稳定的产业收入的人便不会有稳定的道德观念和行为准则。假若没有稳定的道德观念和行为准则，就会胡作非为，违法乱纪，什么事都干得出来。

六、《滕文公下》

6·2 富贵不能淫，贫贱不能移，威武不能屈，此之谓大丈夫。

【译文】富贵荣华不能乱我之心，贫寒卑贱不能移我之志，声威势武不能屈我之节，这才能叫大丈夫。

七、《离娄上》

7·1 惟仁者宜在高位。不仁而在高位，是播其恶于众也。

【译文】只有道德高尚的仁人，才应该处于统治地位。如果道德低的不仁者处于统治地位，就会把他的罪恶传播给群众。

7·3 天子不仁，不保四海；诸侯不仁，不保社稷；卿大夫不仁，不保宗庙；士庶人不仁，不保四体。

【译文】天子不行仁，便保不住他的天下；诸侯不行仁，便保不住他的国家；卿、大夫不行仁，便保不住他的宗庙；一般的老百姓不行仁，便保不住自己的身体。

7·5 天下之本在国，国之本在家，家之本在身。

【译文】天下的基础在国，国的基础在家，家的基础在每个人自身。

7·10 自暴者，不可与有言也；自弃者，不可与有为也。

【译文】残害自己的人，不可能同他商量事情；放弃自己的人，不可能同他有所作为。

7·14 争地以战，杀人盈野；争城以战，杀人盈城，此所谓率土地而食人肉，罪不容于死。

【译文】为争夺土地而战，杀死的人遍野；为争夺城池而战，杀死的人满城，这就是带领土地来吃人肉，死刑都不足以赎出他们的罪过。

7·20 君仁，莫不仁；君义，莫不义；君正，莫不正。

【译文】君主仁，没有人不仁；君主义，没有人不义；君主正，没有人不正。

7·21 孟子曰："有不虞之誉，有求全之毁。"

【译文】孟子说："有意想不到的赞誉，也有过于苛求的诋毁。"

八、《离娄下》

8·3 君之视臣如手足，则臣视君如腹心；君之视臣如犬马，则臣视君如国人；君之视臣如土芥，则臣视君如寇仇。

【译文】君主把臣下看成自己的手足，臣下就会把君主当作腹心；君主把臣下看成牛马，臣下就会把君主当成路上遇见的一般人；君主把臣下看成泥土或野草，臣下就会把君主看作仇敌。

8·8 人有不为也，而后可以有为。

【译文】人要有所不为，才能有所为。

8·28 爱人者，人恒爱之；敬人者，人恒敬之。

【译文】爱护别人的人，别人也总是爱护他；尊敬别人的人，别人也总是尊敬他。

九、《万章上》

9·8 孔子进以礼，退以义，得之不得曰"有命"。

【译文】孔子做官时要遵守礼仪，辞官时要合乎义行，能不能得到职位，就说"由命运决定"。

十、《万章下》

10·3 用下敬上，谓之贵贵；用上敬下，谓之尊贤。贵贵尊贤，其义一也。

【译文】地位低的敬重地位高的，叫做尊重贵人；地位高的敬重地位低的，叫做尊敬贤人。尊重贵人与尊敬贤人，其中的道理是一样的。

十一、《告子上》

11·9 虽有天下易生之物也，一日暴之，十日寒之，未有能生者也。

【译文】即使有一种最容易生长的植物，晒它一天，又冻它十天，没有能够再生长的。

11·15 心之官则思，思则得之，不思则不得也。

【译文】心这个器官职在思考，思考才能获得，不思考便不能获得。

十二、《告子下》

12·12 天将降大任于斯人也，必将苦其心志，劳其筋骨，饿其体肤，空乏其身，行拂乱其行为，所以动心忍性，曾益其所不能。

【译文】上天将要降落重大责任给这样一个人，一定要先使他的内心痛苦，使他的筋骨劳累，使他经受饥饿，以致肌肤消瘦，穷尽他的体力，使他做的事颠倒错乱，总不如意，通过那些来使他的内心警觉，使他的性格坚定，增加他不具备的才能。

十三、《尽心上》

13·6 孟子曰："人不可以无耻。无耻之耻，无耻矣。"

【译文】孟子说："人不可以没有羞耻。把没有羞耻当作羞耻，那就不会有耻辱了。"

13·13 易其田畴，薄其税敛，民可使富也。

【译文】治理他们的田地，减轻他们的赋税，就可以使百姓富足起来。

十四、《尽心下》

14·14 民为贵，社稷次之，君为轻。

【译文】百姓是最为重要的，代表国家的土谷之神为次，君主是最为轻的。

第四节　《孟子》原著选读

一、《梁惠王上》

1·3 梁惠王曰："寡人①之于国也，尽心焉耳矣。河内凶，则移其民于河东，移其粟于河内②；河东凶亦然。察邻国之政，无如寡人之用心者。邻国之民不加③少，寡人之民不加多。何也?"

孟子对曰："王好战，请以战喻。填然鼓之④，兵刃既接，弃兵曳甲而走⑤，或百步而后止，或五十步而后止。以五十步笑百步，则何如?"

曰："不可。直⑥不百步耳，是亦走也。"

曰："王如知此，则无⑦望民之多于邻国也。不违农时，谷不可胜食也⑧。数罟不入洿池⑨，鱼鳖不可胜食也；斧斤以时如山林⑩，材木不可胜用也；谷与鱼鳖不可胜食，材木不可胜用，是使民养生丧死无憾也。养生丧死无憾，王道之始也。五亩之宅，树⑪之以桑，五十者可以衣⑫帛矣。鸡豚狗彘之畜⑬，无失其时，七十者可以食肉矣。百亩之田，勿夺其时，数口之家，可以无饥矣。谨庠序之教⑭，申之以孝悌之义⑮，颁白⑯者不负戴于道路矣。七十者衣帛食肉，黎民不饥不寒，然而不王⑰者，未之有也。狗彘食人食而不知检，途有饿莩而不知发⑱。人死，则曰：'非我也，岁也。'是何异于刺人而杀之，曰：'非我也，兵也。'王无罪岁，斯⑲天下之民至焉。"

【注释】
　①寡人：寡德之人，古时诸侯自谦之称。

②"河内凶"句：战国时魏国地名。河内指黄河以北，今河南济源一带；河东指黄河以东，今山西运城一带。"凶"：灾年。"粟"：小米，泛指粮食。

③加：更。

④填然鼓之："填然"：形容鼓声。"鼓"：动词，击鼓。古代以击鼓为进军号令，以鸣金（打锣）为收兵号令。

⑤弃甲曳兵而走：丢弃铠甲拖着兵器而逃跑。

⑥直：只，不过。

⑦无：通"毋"，不要。

⑧"不违农时"句："农时"：农业生产的季节性。"胜"：读第一声，尽，完。

⑨数罟不入洿池："数"（音 cù）：细密。"罟"（音 gǔ）：渔网。"洿"（音 wū）：水深。言不用细密的渔网捕鱼，保护鱼苗，那么鱼鳖将吃不完。

⑩斧斤以时入山林："斤"：一种横刃的斧子。"时"：林木生长的季节性。言按照一定的季节进山砍伐林木，不能随便砍伐。《礼记·王制》："草木零落，然后入山林。"

⑪树：动词，栽种，种（树）。

⑫衣（音 yì）：动词，穿（衣）。

⑬鸡豚狗彘之畜："豚"（音 tún）：小猪。"彘"（音 zhì）：猪。"畜"：畜养。

⑭谨庠序之教："谨"：严谨、认真（办好）。"庠序"：古代的地方学校，殷代叫庠，周代叫序。《孟子·滕文公上》："夏曰校，殷曰庠，周曰序。"

⑮申之以孝悌之义："申"：反复陈述。"孝悌"：孝敬父母叫"孝"，尊敬兄长叫"悌"。

⑯颁白：也作"斑白"，头发花白。"负戴"：负重。以背载物叫负，以头载物叫戴。

⑰王：读第四声。动词，称王。

⑱莩：同"殍"，饿死的人。

⑲斯：连词，则。

1·4 梁惠王曰："寡人愿安承教①。"

孟子对曰："杀人以梃与刃②，有以异乎？"

曰："无以异也。""以刃与政，有以异乎？"曰："无以异也。"

曰："庖有肥肉，厩有肥马，民有饥色，野有饿莩，此率兽而食人也。兽相食，且人恶之；为民父母，行政不免于率兽而食人，恶在其为民父母也③？仲尼曰：'始作俑者，其无后乎！④'为其象人⑤而用之也，如之何其使斯民饥而死也？"

【注释】

①寡人愿安承教："安"：安心乐意地。"承教"：接受教导，自谦之词。

②梃与刃："梃"：棍棒。"刃"：刀刃。

③恶在其为民父母也："恶"（音 wū）：哪里。全句意为：哪里是在做老百姓的父母官呢？

④始作俑者，其无后乎："俑"：古代殉葬时用的土制或木制的人偶。"其"：副词，恐怕，大概。孔子认为用人形的俑来陪葬是违背"仁"的，因此他说：第一个制造陪葬人偶的人，恐怕会断子绝孙。

⑤象人：做成人的形象。

二、《梁惠王下》

2·1 庄暴见孟子，曰："暴见于王，王语暴以好乐，暴未有以对也。"曰："好乐何如?"孟子曰："王之好乐甚，则齐国其庶几①乎!"

他日，见于王曰："王尝语庄子以好乐，有诸?"王变乎色，曰："寡人非能好先王之乐也，直好世俗之乐耳。"曰："王之好乐甚，则齐国其庶几乎! 今之乐，犹古之乐也。"曰："可得闻与?"曰："独乐乐②，与人乐乐，孰乐?"曰："不若与人。"曰："与少乐乐，与众乐乐，孰乐?"曰："不若与众。"

"臣请为王言乐。今王鼓乐于此，百姓闻王钟鼓之声，管龠之音，举疾首蹙頞③而相告曰：'吾王之好鼓乐，夫何使我至于此极也! 父子不相见，兄弟妻子离散。'今王田猎于此，百姓闻王车马之音，见羽旄之美，举疾首蹙頞而相告曰：'吾王之好田猎，夫何使我至于此极也! 父子不相见，兄弟妻子离散。'此无他，不与民同乐也。今王鼓乐④于此，百姓闻王钟鼓之声，管龠之音，举欣欣然有喜色而相告曰：'吾王庶几无疾病与，何以能鼓乐也?'今王田猎于此，百姓闻王车马之音，见羽旄之美，举欣欣然有喜色而相告曰：'吾王庶几无疾病与，何以能田猎也?'此无他，与民同乐也。今王与百姓同乐，则王矣。"

【注释】

①庶几：差不多。

②乐乐：第一个"乐"（音 yuè）字是欣赏音乐的意思，第二个"乐"（音 lè）字是快乐的意思。下同。

③疾首蹙頞：形容愁眉不展的样子。"疾首"：头痛。"蹙頞"：皱着鼻子。"頞"（音 è）：鼻子。

④鼓乐：击鼓奏乐。

2·2 齐宣王问曰："文王之囿，方七十里，有诸?"孟子对曰："于传①有之。"曰："若是其大乎?"曰："民犹以为小也。"曰："寡人之囿，方四十里，民犹以为大，何也?"曰："文王之囿，方七十里，刍荛者②往焉，雉兔者③往焉。与民同之，民以为小，不亦宜乎？臣始至于境，问国之大禁，然后敢入。臣闻郊关④之内，有囿方四十里，杀其麋鹿者，如杀人之罪。则是方四十里，为阱于国中，民以为大，不亦宜乎？"

【注释】

①传（音 zhuàn）：古代记载。

②刍荛者："刍"（音 chú）：草。"荛"（音 ráo）：柴。意为割草打柴的人。

③雉兔者："雉"：野鸡，意为打猎的人。

④郊关：指齐都城郊区所设的关卡。

三、《公孙丑上》

3·2公孙丑问曰："夫子加齐之卿相，得行道焉，虽由此霸王，不异矣。如此则动心①，否乎？"孟子曰："否。我四十不动心。"曰："若是，则夫子过孟贲远矣。"曰："是不难，告子先我不动心。"曰："不动心有道乎②？"

曰："有。北宫黝③之养勇也，不肤挠④，不目逃，思以一毫挫于人，若挞之于市朝。不受于褐宽博，亦不受于万乘之君⑤。视刺万乘之君，若刺褐夫。无严⑥诸侯，恶声至，必反之。孟施舍⑦之所养勇也。曰：'视不胜犹胜也。量敌而后进，虑胜而后会，是畏三军者也。舍岂能为必胜哉？能无惧而已矣。'孟施舍似曾子，北宫黝似子夏⑧。夫二子之勇，未知其孰贤，然而孟施舍守约也。昔者曾子谓子襄曰：'子好勇乎？吾尝闻大勇于夫子矣：自反而不缩，虽褐宽博，吾不惴焉；自反而缩，虽千万人，吾往矣。'孟施舍之守气，又不如曾子之守约⑨也。"

曰："敢问夫子之不动心，与告子之不动心，可得闻与？"

"告子曰：'不得于言，勿求于心；不得于心，勿求于气。''不得于心，勿求于气'，可；'不得于言，勿求于心'，不可。夫志，气之帅也；气，体之充也。夫志至焉，气次焉。故曰：'持其志，无暴其气。'"

"既曰'志至焉，气次焉'，又曰'持其志，无暴其气'者，何也？"曰："志壹则动气，气壹则动志也。今夫蹶者趋者⑩，是气也，而反动其心。"

"敢问夫子恶⑪乎长？"

曰："我知言，我善养吾浩然之气。"

"敢问何谓浩然之气？"

曰："难言也。其为气也，至大至刚，以直养而无害，则塞于天地之间。其为气也，配义与道；无是，馁也。是集义所生者，非义袭而取之也。行有不慊于心⑫，则馁矣。我故曰，告子未尝知义，以其外之也。必有事焉而勿正，心勿忘，勿助长也。无若宋人然。宋人有闵其苗之不长而揠之者，芒芒然⑬归，谓其人曰：'今日病矣，予助苗长矣。'其子趋而往视之，苗则槁矣。天下之不助苗长者寡矣。以为无益而舍之者，不耘苗者也。助之长者，揠苗者也。非徒无益，而又害之。"

"何谓知言？"

曰："诐辞知其所蔽⑭，淫辞知其所陷⑮，邪辞知其所离⑯，遁辞知其所穷⑰。生于其心，害于其政；发于其政，害于其事。圣人复起，必从吾言矣。"

"宰我、子贡，善为说辞，冉牛、闵子、颜渊，善言德行。孔子兼之，曰：'我于辞命，则不能也。'然则夫子既圣矣乎？"

曰："恶！是何言也？昔者子贡问于孔子曰：'夫子圣矣乎？'孔子曰：'圣则吾不能。我学不厌而教不倦也。'子贡曰：'学不厌，智也；教不倦，仁也。仁且智，夫子既圣矣。'夫圣，孔子不居。是何言也！"

"昔者窃闻之，子夏、子游、子张，皆有圣人之一体；冉牛、闵子、颜渊，则具体而微⑱。敢问所安⑲？"

曰："姑舍是。"

曰："伯夷、伊尹何如？"

曰："不同道。非其君不事，非其民不使。治则进，乱则退，伯夷也。何事非君，何使非民。治亦进，乱亦进，伊尹也。可以仕则仕，可以止则止，可以久则久，可以速则速，孔子也。皆古圣人也，吾未能有行焉。乃所愿，则学孔子也。"

"伯夷、伊尹于孔子，若是班乎⑳？"

曰："否。自有生民以来，未有孔子也。"

曰："然则有同与？"

曰："有。得百里之地而君之，皆能以朝诸侯，有天下；行一不义，杀一不辜，而得天下，皆不为也。是则同。"

曰："敢问其所以异？"

曰："宰我、子贡、有若，智足以知圣人，污不至阿其所好。宰我曰：'以予观于夫子，贤于尧、舜远矣。'子贡曰：'见其礼而知其政，问其乐而知其德；由百世之后，等百世之王，莫之能违也。自生民以来，未有夫子也。'有若曰：

'岂惟民哉？麒麟之于走兽，凤凰之于飞鸟，泰山之于丘垤㉑，河海之于行潦㉒，类也。圣人之于民，亦类也。出于其类，拔乎其萃。自生民以来，未有盛于孔子也。'"

【注释】

①动心：心志发生疑惑或动摇。

②不动心有道乎："道"：办法。意为达到不动心有什么办法呢？

③北宫黝：人名，姓北宫，名黝，事迹不详。

④肤挠：指皮肤受刺不退缩。

⑤不受于褐宽博，亦不受于万乘之君："不受于"：不受辱于。"褐"：粗布或粗布衣服。意为北宫黝不受辱于平民，亦不受辱于国君。

⑥严：畏惧。

⑦孟施舍：人名，姓孟，名施舍。或云姓孟，名舍，施为发语声。事迹不详。

⑧子夏：孔子弟子。姓卜，名商，字子夏。

⑨守约："约"：要领。言保持要领。

⑩蹶者趋者："蹶"：跌倒。"趋"：快走。意为指走得急而跌跌撞撞的人。

⑪恶：有何。

⑫行有不慊于心："慊"：快意、满足、

⑬芒芒然：疲倦的样子。

⑭诐辞知其所蔽："诐"：偏激。"蔽"：遮隔。意为偏激的言辞知其片面之处。

⑮淫辞知其所陷："淫"：过分。"陷"：缺陷、失误。意为过分的言辞知其失误之处。

⑯邪辞知其所离："离"：背离正道。意为邪曲的言辞知其偏差之处。

⑰遁辞知其所穷："遁"：逃避。"穷"：困屈。躲闪的言辞知其理屈之处。

⑱具体而微：具备全体，但很微小。

⑲敢问所安："安"：处、居。意为请问先生处于哪种情况？

⑳若是班乎："班"：同"等"。意为（伯夷、伊尹比起孔子），算是同等的吗？

㉑丘垤：小土堆。

㉒行潦：路上积水。

四、《公孙丑下》

4·1 孟子曰："天时不如地利，地利不如人和。三里之城，七里之郭①，环而攻之而不胜。夫环而攻之，必有得天时者矣，然而不胜者，是天时不如地利也。城非不高也，池非不深也，兵革非不坚利也，米粟非不多也，委而去之，是地利不如人和也。故曰域民不以封疆之界，固国不以山溪之险，威天下不以兵革之利，得道者多助，失道者寡助。寡助之至，亲戚畔②之；多助之至，天下顺之。以天下之所顺，攻亲戚之所畔，故君子有不战，战必胜矣。"

【注释】

①三里之城，七里之郭："城"、"郭"：古代城市有内外之分。内城称城，外城称郭。

②畔：同"叛"。

五、《滕文公上》

5·4 有为神农之言者许行，自楚之滕，踵门而告文公曰："远方之人闻君行仁政，愿受一廛而为氓。"文公与之处。其徒数十人，皆衣褐，捆屦①、织席以为食。陈良之徒陈相与其弟辛负耒耜而自宋之滕，曰："闻君行圣人之政，是亦圣人也，愿为圣人氓。"陈相见许行而大悦，尽弃其学而学焉。陈相见孟子，道许行之言曰："滕君则诚贤君也。虽然，未闻道也。贤者与民并耕而食，饔飧而治②。今也滕有仓廪府库，则是厉民而以自养也，恶得贤？"

孟子曰："许子必种粟而后食乎？"曰："然。""许子必织布然后衣乎？"曰："否。许子衣褐。""许子冠乎？"曰："冠。"曰："奚冠？"曰："冠素③。"曰："自织之与？"曰："否。以粟易之。"曰："许子奚为不自织？"曰："害于耕。"曰："许子以釜甑爨，以铁耕乎？"曰："然。""自为之与？"曰："否。以粟易之。"

"以粟易械器者，不为厉陶冶④；陶冶亦以其械器易粟者，岂为厉农夫哉？且许子何不为陶冶，舍皆取诸其宫中而用之？何为纷纷然与百工交易？何许子之不惮烦？"曰："百工之事固不可耕且为也。"

【注释】

①捆屦："捆"：编织。"屦"：麻鞋或草鞋。

②饔飧而治："饔飧"：早饭叫"饔"，晚饭叫"飧"。这里作动词用，做饭。意为一面做饭，一面治理国事。

③冠素："冠"：戴帽子。意为戴生绢做的帽子。

④陶冶："陶"：此指制瓦器的陶工。"冶"：此指制铁器的铁工。

六、《离娄下》

8·33 齐人有一妻一妾而处室者。其良人①出，则必餍酒肉而后反。其妻问所与饮食者，则尽富贵也。其妻告其妾曰："良人出，则必餍酒肉而后反，问其与饮食者，尽富贵也，而未尝有显者来，吾将瞷②良人之所之也。"

蚤起，施从良人之所之，遍国中无与立谈者。卒之东郭墦③间，之祭者乞其余，不足，又顾而之他，此其为餍足之道也。其妻归，告其妾，曰："良人者，所仰望而终身也，今若此。"与其妾讪其良人，而相泣于中庭，而良人未之知也，施施④从外来，骄其妻妾。由君子观之，则人之所以求富贵利达者，其妻妾不羞也而不相泣者，几希矣。

【注释】

①良人：古代妇女对丈夫的称呼。

②瞷（音 jiàn）：偷看。

③墦：坟墓。

④施施：高兴、洋洋自得的样子。

七、《万章上》

9·2 万章问曰："《诗》云，'娶妻如之何？必告父母。'信斯言也，宜莫如舜①。舜之不告而娶，何也？"

孟子曰："告则不得娶。男女居室，人之大伦也。如告，则废人之大伦，以怼②父母，是以不告也。"

万章曰："舜之不告而娶，则吾既得闻命矣。帝之妻舜而不告，何也？"

曰："帝亦知告焉则不得妻也。"

万章曰："父母使舜完廪，捐阶，瞽瞍焚廪③。使浚井，出，从而揜④之。象曰：'谟盖都君咸我绩⑤，牛羊父母⑥，仓廪父母，干戈朕，琴朕，弤朕⑦，二嫂使治朕栖⑧。'象往入舜宫，舜在床琴。象曰：'郁陶思君尔⑨。'忸怩。舜曰：'惟兹臣庶，汝其于予治⑩。'不识舜不知象之将杀己与？"

曰："奚而不知也？象忧亦忧，象喜亦喜。"曰："然则舜伪喜者与？"

曰："否；昔者有馈生鱼于郑子产，子产使校人⑪畜之池。校人烹之，反命曰：'始舍之，圉圉⑫焉；少则洋洋焉；攸然而逝。'子产曰：'得其所哉！得其所哉！'校人出，曰：'孰谓子产智？予既烹而食之，曰，得其所哉，得其所哉。'故君子可欺以其方，难罔以非其道⑬。彼以爱兄之道来，故诚信而喜之，奚伪焉？"

【注释】

①信斯言也，宜莫如舜："宜"：应该。意为相信这句话的人大概没有超过舜的。

②怼（音 duì）：怨、怨恨。

③父母使舜完廪，捐阶，瞽瞍焚廪："廪"：仓廪、谷仓。"完廪"：修补仓廪。"捐"：去掉。"阶"：梯子。"瞽瞍"：舜的父亲，相传为瞎子。"焚廪"：纵火烧仓廪。

④捃：同"掩"，盖。

⑤谟盖都君咸我绩："谟"：谋。"盖"：陷害。"都君"：赵岐注："都，于也；君，舜也。""咸"：都。"绩"：功绩。意为（舜的异母弟象说）那些谋害舜的事儿都是我的功绩。

⑥牛羊父母：意为牛羊分给父母。

⑦弤朕："弤"：赵岐注："雕弓也。"

⑧二嫂使治朕栖："二嫂"：指舜的两位妻子。意为让两位嫂子替我整理床铺。

⑨郁陶思君尔："郁陶"：忧闷。意为我真是想念你。

⑩惟兹臣庶，汝其于予治："惟"：思。"兹"：这。"臣庶"：指舜属下的官吏和奴仆。"其"：副词，表命令的语气。"于"：为，助。"予"：我。"治"：管理。意为我惦念这些臣下和百姓，你协助我管理他们吧。

⑪校人：主管池沼的小吏。

⑫圉圉（音 yǔ）：困疲、不舒展的样子。

⑬君子可欺以其方，难罔以非其道：意为对于君子，可以用合乎情理的事欺骗他，却很难用违背他的原则的事来蒙骗他。

八、《告子上》

11·4 告子曰："食、色，性也。仁，内也，非外也；义，外也，非内也。"

孟子曰："何以谓仁内义外也？"

曰："彼长而我长之，非有长于我也①。犹彼白而我白之，从其白于外也，故谓之外也。"

曰："异于白马之白也，无以异于白人之白也。不识长马之长也，无以异于长人之长欤？且谓长者义乎？长之者义乎②？"

曰："吾弟则爱之，秦人之弟则不爱也，是以我为悦者也，故谓之内③。长楚人之长，亦长吾之长，是以长为悦者也，故谓之外也。"曰："耆秦人之炙④，无以异于耆吾炙，夫物则亦有然者也，然则耆炙亦有外欤？"

【注释】

①彼长而我长之，非有长于我也：他年长我便尊敬他，不是我预先就有尊敬他的念头。

②且谓长者义乎？长之者义乎：意为再说，所谓义行，是在于长者呢？还是在于尊敬长者的人呢？

③是以我为悦者也，故谓之内：因此爱出于我内心的喜悦，所以叫做内在的。

④耆秦人之炙："耆"：同"嗜"，嗜好。"炙"：烤肉。意为嗜好秦人的烤肉。

11·10 孟子曰："鱼，我所欲也，熊掌亦我所欲也；二者不可得兼，舍鱼而取熊掌者也。生亦我所欲也，义亦我所欲也；二者不可得兼，舍生而取义者也。生亦我所欲，所欲有甚于生者，故不为苟得也；死亦我所恶，所恶有甚于死者，故患有所不辟也。如使人之所欲莫甚于生，则凡可以得生者，何不用也？使人之所恶莫甚于死者，则凡可以辟患者，何不为也？由是则生而有不用也，由是则可以辟患而有不为也，是故所欲有甚于生者，所恶有甚于死者。非独贤者有是心也，人皆有之，贤者能勿丧耳。

一箪食，一豆羹①，得之则生，弗得则死，嘑尔②而与之，行道之人弗受；蹴尔③而与之，乞人不屑也。万钟则不辩礼义而受之。万钟于我何加焉④？为宫室之美、妻妾之奉、所识穷乏者得⑤我与？乡⑥为身死而不受，今为宫室之美为之；乡为身死而不受，今为妻妾之奉为之；乡为身死而不受，今为所识穷乏者得我而为之，是亦不可以已乎？此之谓失其本心。"

【注释】

①一箪食，一豆羹："箪"：古代一种竹制的盛器。"豆"：木制的盛器，也用作祭器。意为用箪盛的饭，以豆盛的汤，形容饭、羹的量不多。

②嘑尔："嘑"：同"呼"。意为以轻蔑的态度叱喝。

③蹴尔："蹴"：踏。"蹴尔"：用脚踩着。

④万钟于我何加焉："钟"：古代计量单位。"万钟"：言俸禄之多。"加"：增益。意为（如果不管合不合乎礼义），就接受万钟俸禄，那对我又有什么好处呢？

⑤得：同"德"，此为动词，感恩。

⑥乡：同"向"，从前。

11·11 孟子曰："仁，人心也；义，人路也。舍其路而弗由，放其心而不知求①，哀哉！人有鸡犬放，则知求之；有放心而不知求。学问之道无他，求其放心而已矣。"

【注释】

①放其心而不知求："放"：放失。"求"：求得。意为良心放失了却不知道找回来。

九、《告子下》

12·15 孟子曰："舜发于畎亩①之中，傅说举于版筑之间②，胶鬲举于鱼盐之中③，管夷吾举于士④，孙叔敖举于海⑤，百里奚举于市⑥。故天将降大任于是人也，必先苦其心志，劳其筋骨，饿其体肤，空乏其身，行拂乱其所为⑦，所以动心忍性⑧，曾益其所不能。人恒过，然后能改。困于心，衡于虑，而后作⑨。征于色，发于声，而后喻⑩。入则无法家拂士⑪，出则无敌国外患者，国恒亡。然后知生于忧患而死于安乐也。"

【注释】

①畎亩："畎"：田间小沟。意为田地。

②傅说举于版筑之间："傅说"：殷人。曾为刑徒，在傅险（地名）筑墙。商王武丁举用为相。"举"：举用。"版筑"：筑墙的一种方法。

③胶鬲举于鱼盐之中："胶鬲"：殷周时贤人，曾以贩卖鱼、盐为生。周文王举荐于纣，后又辅佐周武王。

④管夷吾举于士："管夷吾"：即管仲。"士"：狱官。管仲曾事齐小白之弟公子纠，小白曾与公子纠争位，管仲曾以箭射中小白的带钩。后小白即位，即齐桓公。公子纠死，管仲被囚。后齐桓公听从鲍叔牙的建议，举管仲为相。

⑤孙叔敖举于海：赵岐注："孙叔敖隐处于海滨，楚庄王举之以为令尹。"《荀子》、《吕氏春秋》则认为孙叔敖是期思（今河南固始县东北）之鄙人。

⑥百里奚举于市：指百里奚逃至楚国，自卖为奴，为人放牛。秦穆公知其贤，替他赎身，举以为相。

⑦行拂乱其所为："拂"：违背。"所为"：心欲所为，指计划。意为他的所作所为总不能如愿。

⑧所以动心忍性："动"、"忍"：均作动词。意为以此来触动他的心灵，坚韧他的性情。

⑨困于心，衡于虑，而后作："困"：困惑。"衡"：同"横"，充塞、不顺。"虑"：思虑。"作"：振作。意为人只有在心志遭困、思虑受阻的情况下才能振作。

⑩征于色，发于声，而后喻："征"：表征，征象。"喻"：明晓、了解。意为人在艰苦的磨炼中，他的思想意志表现在面容上，吐露在言谈中，然后才能被人了解。

⑪入则无法家拂士："入"：在国内。"法家"：此指掌握法度的大臣。"拂士"：朱熹注："拂同弼。拂士，辅弼之贤士也。"意为在国内如果没有懂得法度的世臣和能辅弼国君的贤士。

附：

【参考书目】

1. ［清］焦循：《孟子正义》，中华书局1987年版。
2. 董洪利：《孟子研究》，江苏古籍出版社2001年版。

3. 夏传才:《孟子讲座》,清华大学出版社 2008 年版。

4. 刘鄂培:《孟子选讲》,北京古籍出版社 1990 年版。

5. 傅佩荣:《傅佩荣细说孟子》,上海三联书店 2009 年版。

(本章撰稿:程建忠)

第三章　董仲舒和朱熹的主要思想

　　在我国的中小学历史教学中，对孔子、孟子的介绍是相对比较多的；在近年来的"国学热"中，孔子、孟子及其思想受到了学术界和各种媒介的广泛传播，因此大学生对他们有相对较多的了解和认识。而本章所介绍的两位思想家（特别是董仲舒）并未受到应有的重视。因此，在本章先用下列论述作一个关于孔子、孟子及其创立的原始的儒家学说与后来历代儒家传承者关系的简单梳理。

　　纵观人类历史，那些有丰厚文化底蕴的民族，在一定历史时期的风云际会中都有可能产生最有良知，集中思考、论述、坚守、传播能够最终成为该民族恒久的精神家园、主体的价值观、人生观、审美观的堪称精神丰碑的伟大思想家。我们中华民族正是如此。这些巨人的学术、思想及其坚定传承者致力于实现的是整个中华民族的安稳富足、文明和谐以及维护中华民族在世界范围内的崇高地位。孔子、孟子、董仲舒和朱熹都是如此的人物。

　　孔子、孟子是在社会制度急剧变革造成空前惨烈而持续的社会混乱、人间灾难（乱世）中始终具有并坚守自己的社会理想、人格尊严、道德操守、博大胸怀，坚决拒绝与当时骄奢淫逸、醉生梦死、贪婪残忍的统治阶级同流合污，把自己的思想和理想发挥济世安邦作用的希望最终寄托在著书立说、教授门徒从而在自己身后能有机会实现的伟大学者和思想家。他们集中代表了当时中国思想、学术和社会良知的最高境界，其学说在客观上为中国大一统时代到来以后的知识分子（包括朝野两部分）准备了恒久的精神家园和形成主体的价值观、人生观、审美观所需要的基本理念。而大一统时代到来以后的中国历史还有二千多年，儒家思想如何解决在帝国的盛衰分和中不断涌现的新的问题（也就是它自身的与时俱进）正是由像董仲舒和朱熹这样的人物来完成的。

　　儒家学说从汉代起成为国家意识形态的主体，历代君臣根据自己（有时是君主个人，有时是国家意志）的需要对儒家经典内容的解读、取舍、运用的侧重等总是在加以幅度不等的调整和改变，加上佛教、道教思想对儒家学说地位和影响的挑战、纷争与相互渗透，再加上封建社会在两千多年的演进中历代大儒也会根据国家或自身进退的需要通过著书立说将自己的观念揉进儒家学说，在汉代以后儒学的内涵和目标与孔孟学说的真实内涵与意图就渐行渐远、渐行渐偏，其间虽有像韩愈、朱熹这样的人试图扭转这种趋势，并且朱熹的努力还产生了相当的成效，但大的趋势却无法改变。明清学校教育和科举制度下儒学解读与认知的高度僵化、朱元璋甚至将《孟子》变成了《孟子节文》就是明证。

　　但是，由于四书五经的原典从汉代以后从来没有被禁止过，所有的有基本的阅读理解能力的读书人（包括官员）都或多或少地知道孔子、孟子思想的原意，都不同程度地会受到孔孟的社会理想、人格尊严、道德操守、博大胸怀的深刻影响；其中总有一部分人能够抗拒权力、金钱的引诱（在野）或腐蚀（在朝），他们总是以"正"、"邪"来区别人群，把握自己，始终秉持忠君爱国、体恤民隐的政治追求，为此不惜杀身成仁、舍生取义。孔子、孟子学说熏陶了一批又一批的仁人志士，成为弥补中国大一统专制王朝长期生存（这是中国古代全体臣民的最高利益；因为华夏民族及其归附于她的各个民族命运的最大公约数是成为一个能够在最大限度上消弭内耗、集中力量应付各种天灾人祸的命运共同体；这个命运共同体还得拥有足够时间的植根在统一、有序、安全基础上的生存和发展才能产生灿烂古代文明）在内在基因上的致命缺陷的关键因素。奉行孔孟儒家学说的仁人志士的这种弥补主要表现在：前仆后继、不计代价、不惜生命地对昏君奸臣的谏阻、抗争行为；在日常政治活动中始终用很高的道德标准要求君主和官员；一有机会，比如做皇帝、太子、后妃的师傅或侍讲侍读就试图"致君泽民"；自己在日常活动中带头践行儒家伦理道德，希望以此影响学生、下属和民众，等等。而董仲舒、朱熹正是这样做的。

　　中国古代王朝之成立靠专制加人治，无一不追求长治久安，但古代中国的专制王朝的躯体的内在基因（专制加人治必然造成人性扭曲和权力失控）却无法确保这一目标的实现，而"久分必合"、"久合必分"才是必然。专制加人治是由中国古代的基本国情决定的，或者说是一种产生灿烂古代文明的多民族大国（在农耕文明中我们的祖先有两条大河的滋养；但周边相对封闭）所必须付出的代价。儒家学说后来主要的功能就是延迟、减少这个代价，弥补由这个代价造成的巨大损失（包括缩短分裂战乱的时间）。这种功能的实现在很大程度上取决于像董仲舒、朱熹这样的思想家百折不挠的努力。

　　我们应该在这样的文化背景下去审视他们，重温他们的著述中那些能跨越时空的思想与情感。

第一节　董仲舒的思想评介

一、董仲舒生平简介

董仲舒：广川（今河北枣强）人。以治
《春秋》在汉景帝时为博士。学问广博，容
止都雅，弟子众多，司马迁便是其中之一。
汉武帝即位后，先后担任过江都王（汉武帝
兄，贵盛）和胶西王相，受到二王尊重。因
为德行出众，先后受到武帝宠臣主父偃、公
孙弘等排挤构陷（唆使汉武帝命董仲舒相胶
西王就是公孙弘的主意），便主动辞官居家，
一生主要从事学术和教育活动。其弟子通达
者众多；其"子及孙皆以学至大官"。有
"汉代孔子"之誉。

董仲舒（公元前 179—公元前 104）
清人绘

二、董仲舒的思想及其影响

汉儒宗师董仲舒在中国儒学史上地位崇高，其著名的"天人感应"说和
"罢黜百家，独尊儒术"的建议等深刻影响了汉武帝以降历代封建帝国的治国方
略。要正确认识董氏思想怎样演变成西汉官方意识形态，首先应该对其学术思想
产生的历史背景有一个宏观的把握和追溯；只有这样我们才能在中国思想文化史
的坐标中看清他和他的学说的位置与分量。所以我们的讨论从下面这个话题开
始。

1. 从春秋战国至秦朝中国"礼崩乐坏"格局的延续及严酷的人
文、社会与政治生态

在中国历史上，春秋战国是一个使后人百感交集的漫长历史时期，一方面，
中国的思想文化领域出现了一个"百家争鸣"的繁荣景象，另一方面，起自西
周的以周礼为核心的礼乐制度迅速破败，诸侯割据混战，互争雄长；世道人心大
乱，普遍趋恶失控。由此产生了大量的人间灾难和横祸。包括周天子、各国君主

在内的每一个人的个体生命及其尊严都处于空前没有保障的状态。华夏子民的这种生存状态在孔孟的心中和笔下就叫"礼崩乐坏"、"世衰道微，邪说暴行有作。臣弑其君者有之，子弑其父者有之。"秦朝结束了长期的分裂割据，但它的暴政造成的自身的短命夭亡又使天下付出了人口减半的巨大代价。关键因素之一是统一帝国的精神文明中的"礼崩乐坏"依然在延续。

（1）春秋战国"礼崩乐坏"的原因

第一，以铁器和牛耕的广泛使用为代表的生产力的巨大提升导致的经济基础、上层建筑及意识形态的巨大变革与震荡；一个曾经缔造了西周长期稳定和谐的静态的精神文明被震荡得支零破碎，一个相对动态的精神文明长期难产，所有华夏子民都在长期承受这流血与阵痛。

第二，自西周后期周天子及其中央政权素质和力量（包括威望）的下降，西周礼乐制度的号召力、影响力、执行力逐渐衰减。

第三，中原华夏民族与周边国家、民族的碰撞与融合十分艰难；因此传统礼乐必须有新的内涵与外延。这种探索十分艰难。

孔子的千年叹息：苛政猛于虎

（2）人文生态

失去在总体上可以维系世道人心的、代表根本价值追求的精神家园；兽性、人性、神性的标准模糊，普遍人心险恶。

（3）政治生态

建立在双向的权力、义务关系上的尊卑、等级关系及其秩序观念被新兴的强势人群和阶层率先抛弃；"尊尊"、"亲亲"等增加政治凝聚力的杠杆被弱肉强食的丛林法则和"窃钩者诛，窃国者为诸侯"的政治现实所折断。

（4）社会生态

在主流社会，极端利己主义和功利主义、机会主义成为主旋律；钱、权、色普遍成为最高价值追求；基本的人伦、人性经常被抛弃、践踏。胆大妄为和不择手段是大多数"成功者"的基本特征。民间风俗也严重地良莠不齐，暴民、刁民的产生有肥厚的土壤与氛围（包括这一时期特别盛行的游侠之风）。

当大一统的汉王朝建立后，如何重建重振适合帝国长治久安的精神文明，成为一个艰巨的历史任务。

2. "汉接秦敝"的真实内涵

本处所使用的"汉接秦敝"来自《汉书》卷二十四《食货志》所载：

> 汉兴，接秦之敝，诸侯并起，民失作业而大饥馑。凡米石五千，死者过半。高祖乃令民得卖子就食蜀汉。天下既定，民亡盖藏。自天子不能具醇驷，而将相或乘牛车。

这是秦朝暴政留下的惨痛记忆。在西汉前期回顾历史，总结亡秦教训的"过秦"思潮中，还有"承秦之制"、"承秦之败俗"等众多担忧汉朝走不出秦的历史阴影，卸不掉秦的历史包袱，会重蹈秦朝覆辙的言论。它们共同推出了一个宏大的命题：汉朝怎样才能中止秦敝的延续，实现长治久安？

(1) 秦朝为什么短命夭亡

第一，以商鞅和韩非为代表的法家学说是在战国乱世中产生的极端学说，是只适合在兵连祸接、你死我活的军事较量时代"打天下"需要的学说，并且具有很强的排他性。可是继续迷信法家学说的秦帝国以"焚书坑儒"为标志，腰斩了在和平和统一局面形成后丰富而能互补的先秦传统政治文化，其统治理念的核心依然是官民必须无条件接受君主的个人意志与欲望，君主和国家为了自己欲望和利益的实现可以不择手段。这种统治模式在皇帝特别精明能干并高度勤政、有强大的外部威胁或对手的情况下才能维持下去。秦二世上台时这两个条件都失去了，赵高阴谋篡权成功，政治局面大乱，缺乏弹性的极度紧张的统治阶级内部关系和国家政权与人民的关系在农民起义的冲击下迅速瓦解，自商鞅变法算起将近一百五十年的苦心经营，并通过短短十年便统一中国所显示的实力与成功原来是如此虚弱，秦朝成了中国历史上一个急政、暴政的代名词；它的迅速溃灭证明了只行霸道、严拒王道的帝国不可能得到拥戴并进而长治久安。

第二，秦朝极端政治理念（以严刑峻法、神秘感、各种手腕乃至阴谋治官治民；君主为了个人的欲望可以不理睬天下官民生命财产的承受能力与他们的最基本需求）建立的背景：秦国自诞生以来长期被中原列强视为"夷狄"的羞辱感的严重刺激；秦国不是三代正统或主流文化的主要传承者，这既决定了它在选择并不折不扣地执行一套极端但能最迅速见效的学说和制度时的勇气，也决定了它被这套学说俘虏后全面抛弃或拒绝其他学说的顽固性。在帝国诞生后君主个人意志与选择的完全失控使秦朝政治的延续和改变具有极大的随意性；秦朝君主与宰相所代表的百官之间是纯粹的主奴关系和相互利用的关系，各级官员对君主和国家的效忠以及人民对官吏的服从主要依靠血腥残忍的严刑峻法所形成的恐惧感和威慑，而不是建立在君主与官员、人民有广泛的价值与伦理认同、有共同的敬畏之上的。

（2）"秦敝"的内涵

其一，在春秋战国"礼崩乐坏"中，中国和中国人的伦理道德家园长期四分五裂，秦的血腥高压统治不仅没有使之得到重建和修补，反而在其急政和暴政中更加奄奄一息——"焚书坑儒"几乎毁灭了在中国实行"王道"的学术与人文资源。不仅相关人才寥落，全社会还有一种对儒家人士及其他非法家学派人士的歧视。这从西汉前期刘邦本人和他所代表的起自社会下层的功臣集团普遍对儒士、儒生持轻蔑、嘲讽、作为工具利用的态度中都有鲜明体现。贾谊的遭遇是一个典型案例：他在文帝时期凭其才学鼓吹王道礼仪，帮助皇帝剪除诸侯王的威胁，"于是天子议以谊任公卿之位。绛、灌、东阳侯、冯敬之属尽害之，乃毁谊曰：'洛阳之人年少初学，专欲擅权，纷乱诸事。'于是天子后已疏之，不用其议，以谊为长沙王太傅。"后为梁怀王太傅。尽管他始终心系天下，著述丰硕，忠于朝廷，却饱受排挤，三十三岁便在忧郁中死去。刘向后来十分惋惜地指出："使时见用，功化必盛。为庸臣所害，甚可悼痛。"①据赵翼《廿二史札记》卷二《汉初布衣将相之局》载，刘邦这个统治集团"其君既起自布衣，其臣亦自多亡命、无赖之徒，立功以取将相"。其核心成员几乎无人尊重儒家人士，如周勃"为人木强敦厚，高帝以为可嘱大事。勃不好文学，每招诸生说士，东向坐而责之：'趣为我语。'其椎少文如此。"②而儒家原教旨学说的恢复，逐渐取得官方和民间的广泛信任（官方比民间更难，因为它涉及重大利益调整），与西汉帝国政治和精神文明建设的重大需求的成功对接等等重大任务在学术和思想领域都得由儒家学者们（当时主要是经学家们）来完成，而这一过程是不可能一蹴而就的。所以汉兴以后约八十年董仲舒才能代表重振"王道"的儒家学说登上历史舞台。于此我们也可以感受中国儒学与中国政治文明互动关系的复杂和许多皓首穷经的经学家、思想家所做的奠基性工作的人文价值，应对他们投以尊敬的目光。

其二，指秦的急政加暴政及随后的重建统一帝国所造成的经济和民生的极度凋敝，汉朝建立后，对内对外重大政治行为选择空间的狭窄，重振礼乐文教所需要的物质基础的薄弱，儒家希望的立足长远努力进取的政治氛围的难以形成。国家被迫对外部强大威胁和桀骜不驯势力取妥协和防守姿态，促使最高政治家集团长期采取黄老无为（表）和法家（里）的内部统治方略，严刑峻法依然在维持国家内部关系中居于主导地位，而不能高屋建瓴地迅速重建礼乐教化。

其三，自孔子开创儒家学说以后，除了依其代表人物和治学重点"儒分为八"外，其历代传人除了少数出类拔萃并有良好机遇者能成为强权政治人物们一时利用的对象，从而暂时显赫或引起强势社会阶层注目外，绝大多数都生活、治学在民间。秦朝儒士地位更为低下，大多数人迫于生计或成为了为稻粮谋的"俗儒"、"辟儒"，或成为了只会字词章句的一介书生，他们中的许多人实际上在长期被社会边缘化的过程中失去了社会责任感和历史使命感，学问支离呆板，人品并不出众，影响了儒家的整体形象，妨碍了整个社会对儒家学说的认识的提升。

其四，君主（及其皇家）不注重也不讲求良好修养，上层统治阶级普遍缺乏一致的价值追求和道德自觉的传统依然延续。因而容易被个人的贪婪欲望以及怂恿、帮助实现这种贪婪的奸佞所支配、左右，从而比较放肆地去实现个人欲望。如：用残忍的方式、手段剪除、践踏任何异己，非常自私贪婪地满足私欲等——大者如西汉前期皇家罗织罪名族诛功臣；诸吕干政引发的军事政变和吕氏被全体剪除；"七国之乱"；不断出现的诸侯王和高级贵族的荒淫、乱伦；大批王公贵族官员利用权势染指工商与民争利大发横财，但不论官商、私商普遍都不关心不理睬国计民生中的严重困难等。

3. 董氏学说的目标：革除"秦敝"，重振"王道"

作为道德和学问均出类拔萃的伟大经学家、思想家，董仲舒的学说建立在对西汉帝国长远利益的关注上，它致力于全方位革除"秦敝"。董仲舒对在意识形态、思想文化上重新构建"王道"为主、霸道为辅，对君主有某种约束、对臣民能迅速形成共同伦理道德体系和共同敬畏的精神家园孜孜以求，其与专制帝国整体利益的契合被汉武帝充分体认和重视，而汉武帝时国家已有相当实力和物质基础来实现这种意识形态、学术文化的大转换；并且董仲舒本人的言行与其学说保持高度一致（也就是他作为知识分子的独立节操）帮助了他的经学成果赢得尊重并成功转化为国家最高意识形态和指导思想。

汉武帝即位后，举贤良文学之士前后百数，而董仲舒正是以其贤良对策引起了汉武帝很大的关注。董仲舒在连续数次对策中提出了以下思想和建议：

第一，在陆贾等思想家已有论述的基础上，进一步系统完善"天人感应"学说，要求君主必须励精图治，"强勉"自己。

臣谨案《春秋》之中，视前世已行之事，以观天人相与之际，甚可畏也。国家将有失道之败，而天先出灾害以谴告之，不知自省，又出怪异以警惧之，尚不知变，而伤败乃至。以此见天心之仁爱人君而欲止其乱也。自非大亡道之世者，天尽欲扶持而全安之，事在强勉而已矣。……《诗》曰'夙夜匪解'，《书》曰'茂哉茂哉'，皆强勉之谓也。③
实际上是告知君主必须有所敬畏并经常惕厉自己。

第二，系统总结前朝兴废，要求人君必须探求治道，是否如此全看君主自己。

"道者，所繇适于治之路也，仁义礼乐皆其具也。……夫人君莫不欲安存而恶危亡，然而政乱国危者甚众，所任者非其人，而所繇者非其道，是以政日以仆灭也。……孔子曰：'人能弘道，非道弘人'也。故治乱兴废在于己，非天降命不可得反，其所操持悖谬失其统也。"④实际上赋予了君主循道、弘道的当然义务。

第三，什么是君主的"受命之符"？关键在于君主是否有德而成为人心所向。

董仲舒认为，像西周开国的过程中"白鱼入于王舟，有火复于王屋，流为鸟"这种符验，"皆积善累德之效也。及至后世，淫佚衰微，不能统理群生，诸侯背畔，残贼良民以争壤土，废德教而任刑罚，刑罚不中，则生邪气；邪气积于下，怨恶畜于上，上下不和，则阴阳缪戾而妖孽生矣，此灾异所缘而起也。"也就是说，一个国家的灾异是不良君主自己造成的。此外，他还专门指出："孔子曰：'君子之德风，小人之德草，中上之风必偃，'故尧舜行德则民仁寿，桀纣行暴则民鄙天。"⑤显然，君主应带头担负起对臣民道德教化的首要职责。

第四，汉朝应该德主刑辅，改变自先秦以来就存在并在秦朝变本加厉的"独任执法之吏治民"的格局。

"王者承天意以从事，故任德教而不任刑。刑者不可任以治世，犹阴之不可任以成岁也。为政而任刑，不顺于天，故先王莫之肯为也。今废先王德教之官，而犹任执法之吏治民，毋乃任刑之意与！孔子曰：'不教而诛谓之虐。'虐政用于下，而欲德教之被四海，故难成也。"⑥实际上批评了汉朝前期政治的重大缺陷，即在统治人民方面的虐民之"秦弊"。

第五，弘扬孔子的政治理想，提出了以君主"正心"为原动力的政治变革蓝图。

董仲舒从《春秋》的"一元之意"阐释发端，指出：

"故为人君者，正心以正朝廷，正朝廷以正百官，正百官以正万民，正万民以正四方。四方正，远近莫敢不壹于正，而亡有邪气奸其间者。"⑦这是何等美好的理想主义追求。

第六，因为王道政治的基础是礼乐教化，"凡以教化不立而万民不正也"，所以建议以大举兴办中央和地方学校为着力点振兴教化，移风易俗。

他特别指出了当时的相关条件已经具备，皇帝应该采取行动了：

今陛下贵为天子，富有四海，居得治之位，操可致之势，又有能致之资，行高而恩厚，知明而意美，爱民而好士，可谓宜主矣。

具体的办法是：立大学以教于国，设庠序以化于邑，渐民以仁，摩民以谊，节民以礼，故其刑罚甚轻而禁不犯者，教化行而习俗美也。⑧

第七，指出秦朝短命夭亡的原因是"以乱济乱"（春秋以来中国的统治阶级在礼乐崩坏、"窃钩者诛，窃国者为诸侯"、分裂战乱的背景下为了图存或称霸纷纷走上了比谁更胆大妄为、心狠手辣、不择手段的竞赛之中，使世道人心越来越险恶凶残。迷信法家学说的秦以"虎狼"之性终于成为最后的"成功者"，但却不仅短命夭亡，而且造成秦汉鼎革之际中国人口"死者过半"的惨痛代价），而如今汉朝所承"秦敝"严重，必须"更化"（即根本性的变革）以达"善治"，其关键是修饬"仁谊礼智信五常之道"。⑨

这实际上是要求重建君主、官民共同的价值标准和行为规范，树立优化世道人心、增加国家和社会凝聚力的精神家园，使王道复兴不再是空中楼阁。

第八，希望皇帝依靠贤能，兴复王道。

董氏指出王道政治的关键因素之一是"众圣辅德，贤能佐职"（如尧舜等可"垂拱无为而天下治"的圣君）；"师用圣贤"（像周文王这样的艰辛创业之君）。并引孔子"如有王者，必世而后仁"鼓励汉武帝要志向高远地用足够时间兴复王道。⑩

第九，以西周"囹圄空虚四十余年"和秦的暴政相比较证明倚重教化仁谊与独行法家严酷政治的不同结果。特别分析了秦朝内部统治阶级之间，统治阶级与人民之间的离心离德以儆汉朝：

至秦则不然，师申商之法，行韩非之说，憎帝王之道，以贪狼为俗，非有文德以教训于下也。诛名而不察实，为善者不必免，而犯恶者未必刑也。是以百官皆饰虚辞而不顾实，外有事君之礼，内有背上之心，造伪饰诈，趣利无耻；又好用惨酷之吏，赋敛亡度，竭民财力，百姓散亡，不得从耕织之业，群盗并起。是以刑者甚众，死者相望，而奸不息，俗化使然也。故孔子曰："导之以政，齐之以刑，民免而无耻"，此之谓也。⑪

董仲舒的这种比较虽然忽略了作为位于中原地区的宗主国的西周和作为版图辽阔的多民族统一封建帝国的秦在政治治理方面的难度和复杂程度的差异，以及这种差异对王霸道杂用之的必然要求，但它作为对迷信严刑峻法的"秦敝"的一种矫枉过正，在总体上依然是具有合理性的。

第十，建议国家高度重视"养士"以培养、砥砺、储备人才；批评高级官员的子弟和富家子弟因地位和财富任子为郎吏，然后论年资升迁，二千石以上官虽有察举之权但并不尽心求贤的制度和现状。

董仲舒建议的内容有：其一，在中央建好太学，"置明师，以养天下之士，"作为"贤士之所关也，教化之本原也。"其二，在地方以能"承流而宣化"的"民之师帅"任郡守、县令，宣扬主德，流布恩泽。从根本上改变"今吏既亡教训于下，或不承用主上之法，暴虐百姓，与奸为市，贫穷孤弱，冤苦失职，甚不称陛下之意"的格局。其三，破除论年资升迁的制度，因为这种制度造成"累日以取贵，积久以致官，是以廉耻贸乱，贤不肖浑淆，未得其真"的结果。要争取实现"小材虽累日，不离于小官；贤材虽未久，不害为辅佐。是以有司竭力尽知，务治其业而以赴功"的治官局面。其四，要求地方列侯和二千石以上官员"各择吏民之贤者，岁贡各二人以给宿卫，且以观大臣之能；所贡贤者有赏，所贡不肖者有罚。"希望"遍得天下之贤人……量材而授官，录德而定位，则廉耻殊路，贤不肖异处矣。"⑫在董仲舒的建议中，这一部分是得到较多采纳的。

第十一，西汉"文景之治"时期中国的经济得到了快速的恢复和发展，但国家控制官民的主要杠杆依然是严刑峻法，礼乐教化没有得到应有重视，加上其他制度安排的粗陋，犯罪率居高不下。为此，董仲舒专门论述了文景之治时期犯罪率迅速上升（"一岁之狱以万千数"）的主要根源之一是缺乏教化德治，君子几无。而这是有悖天道的。因此，他在简述了天道无所不包后指出：

　　故圣人法天而立道，亦溥爱而无私，布德施仁以厚之，设谊立礼以导之。

这实际上在逻辑上赋予了天子治理天下要重仁德礼谊的必然性。根据古今对比，西汉前期犯罪率的急剧上升正是因为教化德治被严重忽略：

> 古者修教训之官，务以德善化民，民已大化之后，天下常亡一人之狱也。今世废而不修，亡以化民，民以故弃行谊而死财利，是以犯法而罪多，一岁之狱以万千计。……是故王者上谨于承天意，以顺命也；下务明教化民，以成性也；正法度之宜，别上下之序，以防欲也：修此三者，而大本举矣。⑬

所以应该立即采取行动予以改变了。

第十二，治理天下，君主必须小心积善。董仲舒强调君主治理国家不仅要知道"浸微浸灭浸明浸昌之道"，而且一定要按此去努力，才能追随唐虞，远离桀纣。从历史经验来看，国运盛衰皆以渐致，君主必须小心翼翼，积善在身，才能成为圣君明主。⑭

第十三，在回答汉武帝的提问中提出"天不变，道亦不变"的著名论断。但还论及治世之道和乱世之道。

汉武帝的问题是："三王之教所祖不同，而皆有失，或谓久而不易者道也，意岂异哉？"董仲舒的回答是：

> 臣闻夫乐而不乱复而不厌者谓之道；道者万世亡弊，弊者道之失也。……故王者有改制之名，亡变道之实。……道之大原出于天，天不变，道亦不变。……继治世者其道同，继乱世者其道变。今汉继大乱之后，若宜少损周之文致，用夏之忠者。⑮

在这里，董仲舒实际上讲了三种道：天道，治世之道，乱世之道。其中天道（主要是一些大的原则）来自天意，不可更改；治世之道是指在某一阶段既符合天道要求又能结合实际运行成功的治国治世之道（如三王），新朝只需根据实际情况稍做损益，便可直接承继；乱世之道，若桀纣，若弊秦，则必须有根本改变，复归天道的要求。

第十四，在对策的最后部分，董仲舒专门尖锐抨击了当时王公贵族官员大肆经商与民争利，指出其丑化统治者所需要的贤人君子形象，迅速加剧贫富分化，恶化官民关系，带坏整个社会风俗。

董仲舒是从以下几个方面论述的：

首先，自古食俸禄者不食利，此乃天意。统治者乃"受禄之家，食禄而已，不与民争业，然后利可均布，而民可家足。"

其次，大小兼取，启人贪欲，而人的贪欲是难以满足的。

再次，以富贵之资与小民争利，必盘剥奴役小民，小民"穷急愁苦而上不救，则民不乐生；民不乐生，尚不避死，安能避罪！此刑罚之所以蕃而奸邪不可胜者也。"在这里，董仲舒为我们深刻揭示了西汉前期犯罪率迅速上升的一个关键问题并提出了解决之道。

最后，王道政治应该是贤人君子当政，他们的形象、身教乃教化的根本支柱：

> 古者贤人君子在列位者皆如是，是故下高其行而从其教，民化其廉而不贪鄙。……天子大夫者，下民之所视效，远方之所四面而内望也。近者视而放之，远者望而效之，岂可以居贤人之位而为庶人行哉？[16]

这些思想虽然对试图改变积重难返的官商一体、官商混淆的局面来得太迟，但其完全符合封建帝国长治久安的需要却是毫无疑问的，对后来所有的大一统王朝处理好政治与经济、官场与商场的关系都是有价值的箴言。

第十五，以春秋"大一统"观念为依据，提出"罢黜百家，独尊儒术"的主张[17]。这种"罢黜"有两个内涵，其一，对其他学派及其学说并未禁止，但在官学里只尊崇儒家学说；掌握儒家学说并能运用者才可能在政治上被重用。其二，董仲舒和其他重要汉儒所复兴的儒家学说，既有对先秦儒家学说的继承、弘扬，也兼容杂糅了其他学派（如法家、名家、阴阳家等）思想的一些合理成分。这是中国思想文化的一次重要转变，从此，儒家思想在封建帝国的意识形态领域取得了主导地位（虽然魏晋南北朝和隋唐曾被佛教和道教动摇过）。

此外，董仲舒在与江都王的对话中还有对王道政治的价值观、历史观的直接阐述：

> 夫仁人者，正其谊不谋其利，明其道不计其功，是以仲尼之门，五尺之童羞称五伯，为其先诈力而后仁谊也。苟为诈而已，故不称于大君子之门也。五伯比于他诸侯为贤，其比三王，犹武夫之与美玉也。[18]

显然过分依靠武力和欺诈的政治和政治家在他的评价坐标中是不能得高分的。在《春秋繁露》中，董仲舒专门论述过灾异表达的"天威"以警告君王：

> 天地之物有不常之变者谓之异，小者谓之灾。灾常先至而异乃随之。灾者，天之谴也；异者，天之威也。……凡灾异之本，尽生于国家之失。国家之失，乃始萌芽，而天出灾害以谴告之。谴告之而不知变，乃见怪异以惊骇之。惊骇之，尚不知畏恐，其殃咎乃至。以此见天意之仁而不欲陷人也。[19]

这些论述比他在对策中对君主赋予的道义责任更直接更鲜明。显然"天子"不是作威作福的代名词，而是必须敬畏"天威"、遵奉天意，才能避免眓咎的责任人。他在论述"受命之符"时，还要求君主应该"加忧于天下之忧也。"[20]君主毫无疑问也应该是天下第一劳心者才能成为圣君明主。在他的学说里，君主统领天下，担负的精神和心理负荷也无人可比。

4. 董仲舒的学说和思想的特点

第一，以革除"秦敝"，重振王道，追求国家长治久安为目标。第二，在阐述其思想源泉和理论依据时，充分尊重孔子思想的原意，并从历史（纵向）和现实（横向）两个层面的对比分析中揭示汉朝健康发展所需要正视和解决的问题，并提出解决之道。他的思想本身主要来自他对孔子《春秋》内涵的阐发，此外，他的文章中还处处可见来自《论语》的引文以支撑他的观点和建议。第三，其学术、思想在理论和运用两个层面都深刻而系统。但理想主义气息过重，所以使他曲高和寡。所幸遇上了一个精神、物质、学术积淀都相对比较有利的朝代（至少比朱熹幸运），他能在有生之年看到部分愿望和建议变成国家政策、法令、制度——如"推明孔氏，抑黜百家，立学校之官，州郡举茂材孝廉"等。此外他的"子及孙皆以学至大官"。[21]

5. 董氏学说在西汉政治中的作用和影响

对封建帝国而言，不管是法家还是儒家学说，都必须服务于文化专制主义的需要，只不过法家主张的是一种暴戾的不受约束的专制，而儒家主张的是一种温和的受到某种道义约束的专制。与孔子、孟子致力于华夏子民有更好的生存发展条件和结果的巨人的学说一样，董仲舒的思想与专制制度下君主和社会强势阶层必然追求贪婪放纵有必然的矛盾冲突，其学说的理想主义特质与从本质上是现实主义、功利主义、利己主义的君主和政治人物们的追求也存在巨大沟壑。此外，当时既得利益集团盘根错节并势力强大不可能让他的学说顺利变成国家政策法令；即使变成了国家政策法令，在执行中也要大打折扣。

就西汉的历史演进而言，他和他的学说在这种矛盾冲突中并不处于强势地位——其表现是：

其一，尽管他美德懿行，学问广博，但是位不过诸侯王相，且两任时间也不太长，并未成为三公九卿这种天子身边的重臣。

其二，虽因才华出众并引起天子重视但却遭主父偃、公孙弘等天子近臣嫉妒、谗毁、陷害，几至丢了性命。

其三，其学说只有部分被采用，比如，他的兴复礼乐之拳拳忠言在武帝时的结局就是："是时，上方征讨四夷，锐志武功，不暇留意礼文之事。"②汉宣帝时，与董仲舒持相同观点的谏大夫王吉上疏批评当时的政治状况是："欲治之主不世出，公卿幸得遭遇其时，未有建万世之长策，举明主于三代之隆者也。其务在于薄书断狱听讼而已，此非太平之基也。今俗吏所以牧民者，非有礼义科指可世世通行者也，以意穿凿，各取一切。是以诈伪萌生，刑罚无极，质朴日消，恩爱浸薄。孔子曰：'安上治民，莫善于礼'，非空言也。愿与大臣延及儒生，述旧礼，明王制，驱一世之民，济之仁寿之域，则俗何以不若成康？寿何以不若高宗？"可结果是"上不纳其言，吉以病去。"㉓

其四，君主和王公贵族的私欲横溢、胡作非为并没有在董仲舒学说出现以后有什么巨大的改观——比如任何一个读过《汉书》武帝本纪和《史记》卷二六"封禅书"的人都会对汉武帝的贪婪暴戾滥封赏等等"非礼"行为过目难忘；西汉后期统治阶级奢泰淫侈，郑卫之靡靡之音盛行，至哀帝下诏罢乐府官，朝廷乐队也曾一举裁员近一半，可是结果是："然百姓渐渍日久，又不制雅乐有以相变，富豪吏民湛沔自若，陵夷坏于王莽"。㉔

总之，董仲舒思想对于西汉一朝的具体政治运转的影响是相当有限的（但对后世影响深远），至少远远不如它在中国思想史上的地位那么崇高，影响那么巨大。在用自己的学说帮助本朝经世济民这一点上，虽然董氏的情况大大好于朱熹在宋代的遭遇，但也不可估计过高。为什么董氏的学说只有少部分能真正变成帝国的意志呢？这是因为在张弛嬗变的封建帝国的政治生活中，每一个君主对儒家思想的运用都会有自己的取舍，这种取舍的标准不仅取决于帝国的客观需要，也取决于君主以及能影响君主决策的统治集团对宏观形势演变以及利益调整的价值判断，只有那些与这种判断乃至喜好合拍的部分才会成为帝国的决策和制度安排的依据。汉武帝时期的董氏学说的际遇证明了这一点。了解中国古代儒学应该把其学术价值与应用价值分别评价，充分注意其在不同的朝代和同一朝代的不同君主当政期间的不同际遇，从而使我们对人治加专制的封建帝国的学术与思想文化同政治关系的巨大不稳定性有更深刻的理解。

【注释】

①《汉书·贾谊传》，中华书局1962年版，第2222、2265页。

②《史记·绛侯周勃世家》，中华书局1959年版，第2071页。

③④⑤⑥⑦⑧⑨⑩⑪⑫⑬⑭⑮⑯⑰⑱㉑《汉书·董仲舒传》，中华书局1962年版，第

2495—2525 页。

⑲董仲舒《春秋繁露》卷八《必仁且知第三十》，文渊阁《四库全书》本。

⑳董仲舒《春秋繁露》卷六《符瑞第十六》，文渊阁《四库全书》本。

㉒㉓㉔《汉书·礼乐志第二》，中华书局 1962 年版，第 1032、1033 页；第 1072—1075
页。

第二节　朱熹的学说和思想评介

一、朱熹生平及学说简介

1. 朱熹生平简介

朱熹（1130—1200）：字元晦，号晦庵，祖籍徽州婺源。南宋高宗建炎四年
（1130）生于福建尤溪县，其父朱松，任建州尤
溪尉，因政治上反对秦桧被免职。朱熹自幼刻
苦好学，博览群书，十余岁时便"厉志圣贤
（孔孟）之学"；十四岁时父亲去世，遵遗命受
学于父亲好友胡原仲、刘致中、刘彦冲等人，
旁及佛、道之学。稍长，楚辞、诗词、兵家等
诸家之学无不涉猎。十八岁中举人，十九岁中
进士。先后历同安县主簿、监潭州南岳庙职事、
知福建漳州、知南康军、知潭州兼荆湖南路安
抚使、焕章阁待制兼侍讲等职务，在沉疴深积
的世道中政治生涯历经坎坷。他历仕高宗、孝
宗、光宗、宁宗四朝，立朝仅四十余日，做地
方官近十年，其余四十余年主要从事讲学与著
述。在吸收借鉴周敦颐、邵雍、张载、程颢、

朱熹画像

程颐、胡宏、张栻、吕祖谦等众多思想家成果的基础上，他以儒家思想为主，糅
合释、道，建立起融政治、经济、伦理、法律、社会建设、哲学、文学、艺术于
一体的博大精深的理学思想体系，元朝著名学者全祖望后来评价他的学说"致
广大，尽精微，综罗百代矣。"（《宋元学案》卷四十八《晦翁学案》）是整个

封建社会后期影响最大的思想家。不仅深刻影响中国，也深刻影响东亚、东南亚和欧洲的许多国家和地区。

朱熹的人格及思想对当时及后代的文人都产生了重要影响。

平生以气节自负，以功业自许，既是留下众多感奋后人的千古名句的伟大词人，又是民族英雄的辛弃疾（只小朱熹十岁）在与朱熹交往后，甘做他的门生；文天祥也是他的再传弟子。

文天祥死难后，"其妻欧阳氏收其尸，面如生，年四十七。其衣带中有赞曰：'孔曰成仁，孟曰取义，惟其义尽，所以仁至。读圣贤书，所学何事，而今而后，庶几无愧。'"他以自己的宝贵生命实践了理学的人格理想。

与孔子、孟子一样，朱熹是具有崇高使命感和责任感的伟大知识分子，他关注的是华夏君臣子民所构建的命运共同体（国家）的长远利益，关注的是如何使宋朝既富足和谐，又能受到其他国家和民族的尊敬，因此成为他所在的那个时代社会良知和理性思考的制高点，并对后世产生巨大影响。朱熹所在的两宋，虽然创造了巨大的物质财富，思想言论环境宽松，文化灿烂，但却积贫积弱，外战外行，屈辱接踵；统治阶级大面积地贪婪放纵，贫富悬殊，民不聊生，天灾人祸频繁；自魏晋南北朝以来佛教、道教与儒家思想体系在意识形态领域互争雄长，导致主张积极入世的儒家思想的主导地位严重动摇；特别是安史之乱以后长期的军阀混战，纪纲荡然，五代共计五十三年，却易五姓十三君，亡国被弑者八，将骄兵惰，士大夫毫无气节可言，两宋忠义守节之士虽然明显增加，但与其庞大的官员士大夫队伍相比依然少见。

位于江西吉安的文天祥纪念馆

先看他们在"内忧"中的表现：

《宋史》卷四四六《忠义传·曹觐》记载：仁宗皇祐年间，岭南侬智高叛乱，"乘岭南无备，州县吏往往望风窜匿，故贼所向辄下，独觐与孔宗旦、赵师旦能以死守。"《宋史》卷四四六《忠义传·刘韐》记载：方腊起义时，"陷衢、婺，越大震，官吏悉遁……"

再看他们在"外患"中的表现：金朝人对两宋交替之际的宋朝士大夫的

评价：

《宋史》卷四四六《忠义传·李若水》记载：李若水，字清卿，洺州曲周人，历太学博士、吏部侍郎，靖康之难发生，与钦宗同时被俘，坚拒金军统帅粘罕为了使他投降对他的威逼利诱，对粘罕厉声唾骂，"至以刃裂颈断舌而死，年三十五。"得知消息，高宗为之涕泣，特赠观文殿学士，谥曰忠愍。死后有自北方逃归者云："金人相与言：'辽国之亡，死义者十数，南朝惟李侍郎一人。'临死无怖色，为歌诗卒，曰：'矫首问天兮，天卒无言，忠臣效死兮，死亦何怨?'闻者悲之。"

全社会精神家园的混乱残破，与腐败的政治和尖锐的民族、阶级、社会矛盾的愈演愈烈互为因果。在融会佛教、道教思想意识（特别是哲学层面）合理部分的基础上，他致力于重建以儒家思想为主的能为大一统国家提供坚强有力支撑，能够凝聚人心、受到广泛敬畏的精神家园。他的学说和思想表现了要从根本上扭转局势、匡世济民、重整中国人（其核心是君主和士大夫）精神家园的强烈追求。在他的毕生努力下所集大成的宋代理学（又称道学）认为，宇宙的本原是"理"（面对世道人心时称"天理"），它先天地而生，是自然和社会的最高主宰，并派生"气"和万事万物；由本体论和认识论所精心论证的作为自然、社会、人事根本法则并存在于万事万物中的"天理"（其核心是仁、义、礼、智、信"五常"），以及"天理"和"人欲"关系的学说，强调人应该通过艰苦的对客观世界、客观事物的努力探索、用心体察去感知、服从代表真善美的"天理"，强调从君主到贩夫走卒无一例外的对"天理"的敬畏和服从，全面建立社会各阶层成员的道德自觉与道德自律，里面虽然有矫枉过正的成分，但在总体上适应了中国封建社会后期大一统帝国的最高利益和整体利益，并对东亚、东南亚和后来的欧洲产生了巨大影响。（对"存天理，灭人欲"，朱熹有一个著名的解读：有人问："饮食之间，孰为天理，孰为人欲?"朱熹回答是："饮食者，天理也；要求美味，人欲也。"也就是说，正常的需求，是天理；追求享受，是人欲。此外，朱熹"存天理，灭人欲"的对象主要是针对君主和统治阶级的）用历史主义的眼光来审视，朱熹在中国历史和世界历史上都是有卓越贡献的大思想家。特别需要指出的是，朱熹还与孔子一样，是一位百科全书式的学者和思想家，例如，他对农学、地质学等自然科学都有专门的研究和高明的见解；他的宇宙结构论和"理一分殊"的认识论（近现代自然科学的发展始于分门别类的研究并进而发展到整体综合研究，此过程与"理一分殊"暗合）都有很高的科学价值，李约瑟在《中国科学技术史》中用了大量篇幅论述朱熹理学与现代科学综合自然观的关系，认为他是"中国历史上最高的综合思想家"。其对待学术文化实事求是、孜孜不倦的态度和精神，也是中国学术文化史上的宝贵财富。

朱熹思想博大精深，命题众多，著述宏富，经门生及后人编纂的有二十四种之多。比较著名的有《朱文公文集》、《朱子语类》、《四书章句集注》、《资治通鉴纲目》、《八朝名臣言行录》、《西铭解义》、《太极图说解》、《伊洛渊源录》、《近思录》、《古今家祭礼》、《诗集传》、《书集传》、《周易参同契考异》等等。

2. 朱熹与《四书》

我们知道，儒家经典的核心部分叫"四书五经"，其中五经来自孔子精心整理中国上古文化所编纂的"六经"（后来《乐经》失传了），集大成地保存了我们祖先的记忆、经验和智慧。但五经的文字不仅对于一般读者很难读懂，即使是专家学者，不借助工具书和前人注疏读起来也会经常遇到这样或那样的障碍。到了宋朝，理学家们为了更好地传播儒家的思想文化，开始运用既能反映儒家思想核心，又相对比较通俗易懂的读物，并使他们与"五经"具有同样重要的地位，《四书》就是在这样的背景下诞生的。

所谓《四书》，是指《论语》、《孟子》、《大学》、《中庸》四部著作的总称。其中，《论语》、《孟子》分别是孔子、孟子及其学生的言论集，《大学》、《中庸》则是《礼记》中的两篇。首次把它们编在一起的就是朱熹。宋代理学代表人物学术文化担当意识很强，在朱熹之前的程颢、程颐兄弟等人已开始大力提倡这几部书，他们认为，《大学》是孔子讲授"初学入德之门"的要籍，经孔子的学生曾参整理成文；《中庸》是"孔门传授心法"之书，是孔子的孙子子思"笔之子书，以授孟子"的。这两部书与《论语》、《孟子》一起表达了儒学的基本思想体系，是研治儒学最重要的文献。正是根据这样的观点，朱熹把《论语》、《孟子》、《大学》、《中庸》这四部书编在一起。因为它们分别出于早期儒家的四位代表性人物孔子、曾参、子思、孟子，所以称为"四子书"，简称即为《四书》。朱熹分别为这四部书作了注释，叫《四书章句集注》。其中，《大学》、《中庸》的注释称为"章句"，《论语》、《孟子》的注释因为引用他人的说法较多，所以称为"集注"。值得注意的是，朱熹所编定的《四书》次序本来是《大学》、《论语》、《孟子》、《中庸》，是按照由浅入深进修的顺序排列的。后人因为《大学》、《中庸》的篇幅较短，为了刻写出版的方便，而把《中庸》提到《论语》之前，成了现在通行的《大学》、《中庸》、《论语》、《孟子》顺序。

《四书章句集注》既融会了前人的学说，又有朱熹自己的独特见解，切于世用；加上"程朱理学"地位的日益上升，所以，朱熹死后，朝廷便将它定为官书，从此盛行起来。延祐年间（1314—1320）元朝恢复科举考试，正式把出题范围限制在《四书章句集注》之内，明、清沿袭而衍出"八股文"考试制度，题目和答题、阐释的要义也都在其中。由于这些因素，使《四书》不仅成为了儒学的重要经典，而且也成了每个读书人的必读书，成了直到近代全国统一的标准的小学教科书。所以，有人把《四书》与西方的《圣经》相比，认为它是东方的"圣经"。事实上，无论就其流传的广泛，还是就其对于中国人人格心理铸造影响的深刻来看，这种比拟都是一点也不为过的。

二、朱熹民本主义思想的内涵与人文价值

1. 朱熹是孟子"民贵君轻"学说的忠实传承与弘扬者

在中国传统文化的殿堂里，原始的民本主义学说起源于西周初期奉行仁政、总结商纣灭亡教训的开明政治家集团，最著名的表述是《尚书·泰誓》中的"天视自我民视，天听自我民听"和"敬天保民"的基本政治理念。虽然西周成康之治以后统治者很少按此对待人民，但这个理念是没有人出来予以否认的。春秋战国时期，希望以"仁政"重新使天下"定于一"的孟子对民本主义进行了全面阐释和总结。除了著名的"民为贵、社稷次之、君为轻"命题外，他还充分肯定了民众有秉天述己、替天行道、借天易君（包括起义推翻暴君）的权利。他的这些思想是后来不少专制独裁君主（比较典型的是朱元璋）所反感的，以至于历史上他曾几次被逐出国之庙堂，享受不到后人的祭拜。朱熹自接受启蒙教育开始就深受孟子学说和为人的深刻影响。可以说孟子是对他影响最大的思想家。比如从八岁开始，他在父亲的教导下"厉志圣贤之学"，每日读《论语》、《孟子》等无间断。当读《孟子》时，他感触尤深。据《朱子语类》卷一〇四载："某十数岁时，读《孟子》言'圣人与我同类者'，喜不可言。"朱熹一直喜读《孟子》并长期研习体验它的内涵。他的名言"国以民为本，社稷亦为民而立"等许多民本主义思想都集中在《四书集注·孟子集注》里，既是这两位伟大思想家跨越一千多年的唱和，也是朱熹对民本主义与时俱进的发展。再从朱熹刚直不阿、矢志不移地坚守并实践自己的理想信念来看，他在理论上、思想上和行动上就是宋朝的孟子。他的一生除了用大量心血教授门徒、著书立说，以重建国家所需要的意识形态和伦理道德规范外，可用严格要求君主、抗击朝廷权

奸、痛揭各种稗政、严惩贪官豪猾、为民排忧解难这五个方面来予以基本归纳。其爱憎取向是十分鲜明的。

宋代理学代表人物普遍具有大大超过魏晋以来历朝士大夫的对民众、国家命运的深度关怀和责任担当意识，除了继续坚持、充分论述读书、修身、养性、齐家、治国、平天下的人生大道以外，突出表现在"民胞物与"（民胞：把所有人都看作同胞兄弟一般；物与：所有东西都可以共享）、"为天地立心，为生民立命，为往圣继绝学，为万世开太平"（均张载语）等思想中。其历史背景是什么呢？

第一，经过隋唐五代的消解，起自东汉、大盛于魏晋南北朝的门阀世族制度及观念在北宋已成过眼云烟。宋代的学校和科举考试制度产生了许多"贫民状元"和出身平民的宰相与其他高级官员士大夫，这不仅对彻底消解门阀观念影响巨大，而且对士大夫群体在价值取向方面的影响也不容忽视。余英时先生指出："道学家施教的直接对象虽是'士'，他们'救世之志'的主要对象则恰恰是'下民'。更重要的，宋代的'士'基本上已是'民'的一个组成部分，范仲淹《四民诗》，分咏士、农、工、商，即其明证。""宋代'士'、'民'之间既不存在固定不变的界限，则道学家以'士'为施教的直接对象绝不能曲解为他们所关心的只是'士'的利益，而置'民'于不顾。"[①]在宋代道学家那里，"民"是"士"的活水源头，"民"之"子弟之秀者"，应该尽量选入士的行列。[②]这些都推动着统治阶级中的有识之士基于关心国家和民族的长远利益、希望改善治道时眼光和关注重心的下移。在这方面朱熹虽然并非宋朝的唯一，但却同样是集大成者。

第二，两宋是赵氏和高级文官士大夫共同拥有和治理的天下，思想言论环境宽松，一些修养较高的顶尖士大夫具有坚定而理想主义的"得君行道"、"致君泽民"的向往和追求，其著作中重视民心向背、民之愿望和利益的论述很多是一件很自然的事。

官员希望得到像管仲与齐桓公、王安石与宋神宗一样的君臣关系，以实现自己的政治抱负的"得君行道"追求，代表了以政治主体自待的意识。"得君"自然不能不通过某一特殊个人，"行道"则是属于群体的事。因此任何一个理学家有得君的机会往往都获得群体的积极支持[③]。按照程颐的愿望，"行王之道，非可一二而言，愿得一面天颜，罄陈所学"，这同样是南宋理学家争取"得君行道"的一个基本方式——即利用皇帝召见面陈自己的政治主张[④]。"致君泽民"

（落脚点是"泽民"）的事业、重建封建秩序和伦理，抵御外侮、收复中原，这一切都需要人民的安居乐业和对国家的鼎力支持。余英时先生指出：朱熹等理学代表人物们都"笃志于致君泽民事业"。"大体上说：他们在中枢则强调'致君行道'，在地方上则力求'泽民'……"并且知行合一，身体力行⑤。从二程到朱熹，他们在做地方官和执教生涯中都很好地传承、弘扬了自汉代以来"循吏"们高度重视、身体力行对普通民众的教化、"化民成俗"的优秀传统。他们在民众和学子面前既是清官又是言行一致、知行合一、深受敬重的教师。比如《宋史》卷四二九《朱熹传》所总结的他的为人风格："熹登第五十年，仕于外者仅九考。立朝才四十日。家故贫，少依父友刘子羽，寓建之崇安，后徙建阳之考亭，箪瓢屡空，晏如也。诸生之自远而至者，豆饭藜羹，率与之共。往往称贷于人以给用，而非其道义则一介不取也。"这不正是宋代的颜渊、孟子吗？

第三，由于多种因素的共同作用，朱熹生活的南宋时期统治阶级除了少数特别有良知和抱负的士大夫之外，从总体上来看恰恰特别蔑视底层人民的利益和疾苦。在以天下兴衰为己任的朱熹看来，这是宋朝的心腹之患。

北宋王朝从开国起就不立田制、不抑兼并，贫富分化自然滚雪球般不断加剧。起自军事政变的这个王朝没有农民起义血雨腥风的洗礼与教训，从来没有一个时期对人民轻徭薄赋，对社会财富在各阶层之间达到相对比较合理的配置进行有利于长治久安和减少社会冲突的控制，所以，开国不久便爆发了王小波、李顺起义，以后大大小小的农民起义和兵变不绝如缕，只是由于这个时期凭着劳动人民和部分知识分子、工程技术人员的聪明才智与勤苦，并恰逢中国古代科技发明、生产技术按照自己的运行规律出现了一个高潮阶段，两宋才能创造超越汉唐的物质文明成果，从而在很大程度上减缓了巨大贫富差距和社会不公的危害。但是，在一个恶劣的制度安排和富豪社会阶层普遍贪婪占有、纵情挥霍享受财富的总体背景下，贫富分化的社会危害自然有增无减，与冗官、冗兵、冗费的积弊相结合，加剧着人民的苦难，耗损着两宋的国力。减轻贫富分化和社会不公曾是王安石变法的目标之一。南宋的贫富分化更加严重。朱熹的求学、为官、执教生涯使他看到了并特别关注人民的悲惨遭遇和社会强势阶层对他们的蔑视和榨取。淳熙五年（1178）朱熹被任命为知南康军，次年3月到任。《朱熹集》卷九九《知南康榜文》记载：他眼中的南康军的状况是："本军土瘠民贫，役繁税重，已使'民力日困，无复安土乐生之心。'"而《朱熹集》卷一六《乞蠲减星子县税钱第二状》反映的情况是：南康军所属星子县的状况为："窃见本军诸县，大抵荒凉，田野榛芜，人烟稀少，而星子一县为尤甚。……而官吏节次增起税额，及和买折帛，数目浩瀚，人户尽力供输，有所不给，则复转徙流亡。"《朱熹集》卷一六《奏衢州守臣李峰不留意荒政状》载：他担任提举两浙东路常平茶盐公事时看到的是："臣所见嵊县一带饥饿之民，羸困瘦瘠，宛转道路，呼号之声不可忍闻，其不免于死亡者已不胜计。"朱熹在衢州弹劾隐瞒灾情、谎报政绩、横征暴敛的衢州守臣李峰等贪官的奏折中反映他看到的是：衢州大水以后，民众在死亡线上挣扎，"取蕨根以充饥肠，羸瘦萎黄，非复人貌。岁前雨寒，死亡已多"。在这样的背景下，贪官们不仅隐瞒真实情况，"于荒政全不留意"，而且对民众"督责赋税，急如星火。"《朱熹集》卷一六《奏上户朱熙绩不伏赈粜状》载：在浙东朱熹还弹劾了平时飞扬跋扈欺压民众、赈灾时还敢"减克升斗"的豪右朱熙绩：此人平时"结托权贵，凌蔑州县，豪横纵恣，靡所不为"；对民众土地巧取豪夺："本乡田产尽卖与豪户朱县尉（即朱熙绩）"；此人还大放高利贷，"典买产业，累年白收花利"，成为"田亩物力，雄于一郡"的大地主。此人在民众极为苦难而出粜赈济米时还"减克升斗"，所以朱熹主张"将朱熙绩重赐黜责，以为豪右奸滑不恤乡邻之戒。"朱熹还连上六状弹劾台州知府唐仲友贪赃枉法的种种罪行。朱熹虽然能惩处若干名贪官表达他的志向和情感，暂时庇护属下的百姓，但面对整体格局朱熹只能长叹"古者刻薄之法，本朝皆备"了。

第四，朱熹本人的出身和经历的影响。在中国历史上，像孔子、孟子这样的出身士大夫底层乃至平民家庭的知识分子是古代民本主义思想的主要传承者和弘扬者。因为在这样的社会阶层既可以受到起码的教育，又由于他们处于一种对国家、社会、民众所面临的问题最为客观而有利的观察和审视、思考的位置，在生产生活方式、价值观、人生观和基本情感体验（喜怒哀乐）上与民众最为接近，最容易相互认知、同情和关爱，孔子、孟子分别成为中国古代人本主义（"仁"和"义"、"礼"、"智"、"信"的学说主要追求的是人的价值、人的尊严、人的和睦）和民本主义（以"民贵君轻"说为代表）就是历史的必然。朱熹恰恰也是出身于这一社会阶层，且一生多数时候依然处于或接近这一阶层；原始的孔子、孟子的学说和思想又是他自幼在父亲教导下学习的主要对象，对朱熹的成长影响至大。

朱熹于高宗建炎四年（1130）生于建州尤溪，父亲朱松是程门三传弟子，任尤溪尉。朱熹五岁起在父亲教导下开始读书，十四岁丧父，遵父亲遗嘱师事胡原仲、刘致中、刘彦冲先生。在少傅刘子羽帮助下筑室里第之旁（崇安五夫里），朱熹奉母居之。著名学者张立文在其著作中介绍朱熹的出身时写到：虽然朱熹的祖上在朱古寮这一代时曾因资产殷实而为"望族著姓"，但"到了朱熹的祖父朱森、父亲朱松时，家境已经衰落。当祖父死时，因贫而不能扶灵归葬婺源故里。朱熹父亲朱松死时，把家事托与其友刘子羽，居崇安县五夫里，受父命而受学于胡宪、刘勉之、刘子翚。朱熹与母亲，孤儿寡母，虽寄人篱下，精神压抑，但生活上过得去，可专心读书求学。"⑥对于朱熹来讲，孔、孟是他自接受教育起就最崇敬并立志学习的做人的榜样。他从入仕到逝世，凡五十年，大部分时间是在南宋政治舞台的边缘活动，虽有短暂的在朝为官和面君机会，但其对君主理想主义的在君主看来十分苛刻的要求与设想使皇帝们不仅对他避而远之，他对官员士大夫恶劣风气一贯的抨击、对贪官豪右一贯的严惩不贷的作风所积累的敌视和反对（包括他的理学同志们的大致相同的作为或取向）终于导致了庆元党禁的发生。庆元六年（1200）朱熹在贬谪中去世。朱熹与历史上的孔、孟一样，是以现存恶劣秩序的批判者、既得利益集团利益的抨击者和绝不与之同流合污的志士的形象留名青史的。

　2. 民本思想在朱熹政治生涯和学术思想中的鲜明体现

（1）"存天理，去人欲"的特定内涵

朱熹的"天理"所欲去的"人欲"首先是针对以皇帝为代表的上层统治阶级而不是广大民众的（是元明时期才被扭曲成主要针对臣民的）。

《朱熹集》卷一一《戊申封事》载：朱熹认为，国家的治乱兴衰主要取决于帝王的"心术"，因此皇帝之心是"天下之大本"。他在《论语集注》中阐述君主德行与民众德行的关系时指出："无为而治者，圣人德盛而民化，不待其有所作为也"。

显然，君主的"德圣"是决定性的。在《孟子集注》中他阐述君主德行对官员的影响是：

"君不仁而求富，是以有司知重敛而不知恤民。故君行仁政，则有司皆爱其民而民亦爱之矣"。"天下之治乱，系乎人君仁与不仁耳"。

因此君主必须端正心术，或曰守"君道"。据余英时先生研究这"君道"的"太极"就是"皇极"。皇极谓何？在《朱子语类》卷七九《尚书二·洪范》中朱熹的解释是："言王者之身可以为下民之标准也"。他认为君主有责任和义务去达到这个标准："既居天下之至中，则必有天下之纯德，而后可以立至极之标准"。所以，君主必须注重个人修养，如《朱熹文集》卷七二中讲："人君修身，使貌恭，言从，视明，听聪，思睿，则身自正。"

此外，《朱子语类》卷七九专门论述了君主如何才能正心术：其一，因为是否合于天理是心术是否端正的标准，所以要去人欲，存天理。其二，以严恭寅畏为务，以声色货利为戒。其三，需要贤臣、师傅的帮助。帝王应以宽广心胸接纳他们的意见。

朱熹曾一度得到孝宗礼敬，他也认为孝宗是能够大有作为之君，希望依靠他"致君行道"。所以不避讥嫌，每见皇帝必讲"正心、诚意"。《朱熹集》卷一三《辛丑延和奏札二》载：淳熙八年（1181）九月孝宗任命朱熹提举两浙东路常平茶盐公事，时值浙东饥荒，即日单车上道，途经衢、婺、绍兴，而至临安，向孝宗面奏七札。第一札以饥馑连年、民多饿殍的灾异，进戒皇帝要"布告中外，反躬引咎，以图自新"；第二札要孝宗存天理，灭人欲。"臣闻人主所以制天下之事者，本乎一心，而心之所主，又有天理、人欲之异"。希望皇上正心诚意，力克时弊，以振朝政。根本就没有注意洞察孝宗游移复杂的心理状态。淳熙十五年（1188），敌视道学的王淮（也是朱熹在浙东弹劾不倒的贪官唐仲友在朝中的靠山）罢相，孝宗召见朱熹。朱熹再次当面对皇帝大讲"正心诚意"，还上《戊申延和奏札》五篇反映官场和社会的腐败，并把它们归结为天理人欲问题。《朱熹集》卷十一《戊申封事》载：当年十一月朱熹恳求孝宗道："天下之大本者，陛下之心也。今日之急务，则辅翼太子，选任大臣，振举纲维，变化风俗，爱养民力，修明军政，六者是也。"这六个方面能否成功的关键"本在于陛下之一心"，如果君主有"人心私欲以介乎其间"，虽疲惫心力，亦是枉然。他还指出当时国家和社会的危机已如重病由心腹达于四肢了。疏入，夜漏下七刻，孝宗已就寝，亟起秉烛读终篇。当然由于孝宗当时已准备内禅，朱熹的这些对君主的要求在孝宗身上无法实现。

宁宗即位，赵汝愚为相，举荐朱熹，朱熹因此得到了焕章阁待制兼侍讲这一能够亲自与皇帝密切接触从而"得君行道"的机会。朱熹立朝四十日，他与宋宁宗的君臣离合是一次他竭诚劝说皇帝为了国家利益和解众多民众于倒悬而"存天理、去人欲"的努力尝试。比如他初见宁宗，便上《行宫便殿奏札》，先谈君臣、父子之"大本"、"大伦"不可改变，并联系实际要求皇帝"动心忍性"，浚发德音，痛自克责，严饬羽卫等。十月十四日进讲《大学》，他又显然紧扣现实大谈君臣父子之道，认为眼下君臣父子皆不知己之道，"所以天下之治日常少而乱日常多"。因此讲明君道、父道、臣道才能达到天下之治。二十三日晚讲筵后他又面奏四事，件件在宁宗听来都似教训敦促：第一，"首罢修葺东宫之役……而慰斯民饥饿流离之难"；第二，"下诏自责，减省舆卫"；第三，"使朝廷尊严，纪纲振肃……近习不得干预朝权，大臣不得专任己私"；第四，"寿皇之遗体，得安于内，则宗社生灵，皆蒙福于外矣。"在这四点里已经不点名地在指责皇帝与宠臣的关系，四点之外，朱熹还加上了明显斥责韩侂胄窃取权柄的话⑦，终于使皇帝感到无法忍受。

朱熹"急于致君，知无不言，言无不切，颇见严惮。"（《朱子年谱》卷四上）在经筵侍讲中对皇帝提出了过多的要求，四十天后便被罢免。被逐出朝廷的朱熹，还在勉励其他志同道合的在朝官员勿忘致君行道之本怀，继续争取"致君行道"的成功，尽管希望相当渺茫，赵汝愚以宰相身份继续了这一工作。胸无大志的宁宗听信谗言，不仅将赵罢免，还将道学打成"伪学"，五十九人被禁锢。可见朱熹及其同志欲去君主之"人欲"的巨大风险及所需要的勇气。

朱熹对当时士大夫因循苟且、官场上已劣胜优汰的风气十分痛恨和担忧。《朱子语类》卷一〇八《论治道》中讲："当官者，大小上下，以不见吏民，不治事为得策，曲直在前，只不理会，庶几民自不来，以此为止讼之道。民有冤抑，无处申诉，只得忍遏。便有讼者，半年周岁不见消息，不得了决，民亦只得休和。居官者遂以为无讼之可听，风俗如此，可畏？可畏？"他在淳熙十五年《戊申封书》中还从道德层面抨击官场风俗道："大率习软美之态，依阿之言，而以不分是非、不辩曲直为得计。下之事上，固不敢稍忤其意；上之御下，亦不敢稍咈其情。惟其私意之所在，则千涂万辙，经营计较，必得而后已。"在朱熹的心目中，各级官员都应该重视"修德感人"，在《论语集注》卷一《为政》中，他把"为政以德"的政训为"正"，指出"政之为人正也。所以正人之不正也。"《朱子语类》卷二十三载：他根据《大学》中"意诚心正"的条目，认为去"私欲"以"正心"，才能修身、治国、平天下。从君主到县令，只要"德修于己"，就能感化别人、感化天下。君主和官员们要"躬行其实，以为民先。"他举例说："如必自尽其孝，而后可以教民孝。自尽其弟，而后可以教民弟，如此类，宜其家人而后可以教国人，宜兄宜弟而后可以教国人。"

这些都证明了他的"去人欲，存天理"的道德要求主要针对的是上层统治阶级。对君主和官员在伦理道德上要求更高更严是专制加人治的中国古代的必然而理性的选择，这实际上也是一种以道德"泽民"（即对民众施加良好的影响和导向）的民本诉求。

（2）关注民生疾苦，注重社会财富的分配和司法活动的公正合理

他在土地制度、赋税制度、雇佣关系、赈济贫民灾民以及"民富"与"君富"的关系等方面的论述和构想都体现这一点。

据史料记载，宋代理学代表人物在做地方官时普遍亲民爱民，全神贯注于地方利弊和民生疾苦的治理。《象山集》卷三六《年谱》绍熙三年条记载：陆九渊的"荆门之政，如古循吏"；而朱熹任地方官时间长，所历各任均得民拥戴，口碑极佳。在《朱子语类》卷一〇七《杂记言行》中刘炎记载："侍先生到唐石，待野叟樵夫，如接宾客，略无分毫畦町，某因侍立久之。先生曰：'此一等人，若势分相绝，如何使他得以尽其情？'唐石有社仓，往往支发不时，故彼人来告。先生云：'救弊之道，在今日极是要严。不严，如何得实惠及此等细民？'"朱熹在南康军任职期间，倾听民众呼声和建议，移风易俗，以孝悌忠信敦睦乡邻父老子弟，劝谕上户拿出余粮存恤或平价足称粜给贫民，上疏请减星子县税钱，并请求政府拨钱米修筑长江石堤、以工就食，整顿士风。他还兴办白鹿洞书院，其《学规》成为各书院的楷模。淳熙七年（1180），朱熹上《封事》，其中心是"恤民"、"省赋"。在《朱熹集》卷十一《庚子应诏封事》中他说：

> 天下国家之大事，莫大于恤民，而恤民之实在省赋，省赋之实在治军。

据《宋史·朱熹传》载：绍熙元年（1190），六十一岁的朱熹被任命为知漳州。他到任后在短短的一年之内做了三件改革的事并提出了核实田亩行"经界"、均平赋税利国家利"细民"的主张。这三件事是：第一，"奏除属县无名之赋七百万，减经总制钱四百万。"减轻了民众负担。第二，刊刻《四经》（《易》、《书》、《诗》、《礼》）和《四书》（《论语》、《孟子》、《大学》、《中庸》），宣扬儒家思想。第三，移风易俗："土俗崇信释氏，男女聚僧庐为传经会，女不嫁者为庵舍以居，熹悉禁之"《朱子语类》卷一〇八载，他要求国家理财的宗旨必须明确，他认为国家应"认百姓是自家百姓"、"理财以养民为本"，这是朱熹民本主义情怀最真切而朴实的表达。在中国古代王朝赋税、财富不均一旦跟遍布全国朝野上下的既得利益集团纠结起来以后，有人要按照国家和细民百姓的利益重新清理整顿建立新秩序通常十分困难，提出和致力于实现这种主张的人必须要准备与强大的既得利益集团较量，他也必然要具有坚定的理想主义信念，朱熹正是这样一位思想家和官员。因此朱熹极大地触犯了朝野豪民的利益，《宋史·朱熹传》载："宰相留正，泉（州）人也，其里党亦多以为不可行"。

当地"土居豪右浸渔贫弱者以为不便，沮之"。终未能加以实行。

关于"民富"与"君富"的关系，他认为二者是相互依存的关系，但更强调"民富"在逻辑和道义上的优先性和重要性。实际上是想唤起最高统治阶层始终将民生问题作为首要问题来关注。比如他的《论语集注》卷六《颜渊》说：

> 民富，则君不至独贫；民贫，则君不能独富。有若深言君民一体之意，以止公之厚敛，为人上者所宜深念也。

在《孟子集注》卷七《离娄上》篇中，他尖锐抨击为了"君富"优先而夺民之财：

> 富其君者，夺民之财耳，而夫子尤恶之。况为土地之故而杀人，使其肝脑涂地，则是率土地而食人肉，其罪之大，虽至于死，犹不足以容之也。

这些思想从政治或伦理的角度都是深刻、勇敢和有良知的。

在朱熹的著述中，对民生的关注不仅是真情的，而且是专业的。比如他不仅希望州县地方官以"劝农为职"，而且根据自己的亲身体验强调，要着重于生产的管理和组织。此外他还专门介绍了不误农时，递相效率；改良土壤，勤施肥料；兴修水利，保护资源；保护耕牛，不妨农务；多种经营，增加产量；奖励垦荒，减免租税。搞好生产的目的是"使其妇子含哺鼓腹，无复饥冻流移之患。"⑧

（3）对贪官豪强的制裁与约束

朱熹最痛恨和一有可能便予以制裁、约束、引导的都是那些在政治上、经济上、文化观念上对普通民众巧取豪夺、滥施淫威的社会阶层（贪官污吏和豪强、奸商）。

《宋史·朱熹传》载，朱熹在浙东为官："熹始拜命，即移书他郡，募米商，蠲其征，及至，则客舟之米已辐辏。熹日钩访民隐，按行境内，单车屏徒从，所至人不及知。郡县官吏惮其风采，至自引去，所部肃然。"黄干《朱先生行状》载他的为官："分画既定，按行所部。穷山长谷，靡所不到；拊问存恤，所活不可胜计，每出皆乘单车，屏徒从，所历虽广而人不知，郡县官惮其风采，仓皇惊惧，常若使者压其境，至有自引去者。"朱熹为官不仅极为勤政清廉，而且嫉恶如仇，不避风险，对贪官豪强予以弹劾惩处，不惜得罪这些人在朝中的靠山。《朱熹文集》卷二二载：他在淳熙九年十一月《辞免江东提刑奏状三》中说："伏念臣所劾赃吏，党羽众多，棋布星罗，并当要路。自其事觉以来，大者宰制斡旋于上，小者驰骛经营于下。……其加害于臣，不遗余力。"他所挑战的乃是几乎整个执政集团。朱熹的勇气哪里来？很大程度上来自他的民本主义情怀。在《朱子语类》卷一〇八《论治道》中他愤怒地指出："以前日浙东之事观之，州县直是视民如禽兽，丰年犹多饥死者。"朱熹知漳州，冒着包括宰相在内的守旧势力的巨大阻力推行经界，其斗争矛头就是那些贪官豪滑。知潭州时申饬令，严武备，戢奸吏，抑豪民。所至兴学校，明教化，四方学者毕至。他还认为官员对民众有没有"仁爱心"并在施政中予以体现是十分重要的。

（4）朱熹的教育活动全面体现了孔子的"有教无类"原则

与孔子一样，朱熹既是百科全书似的伟大学者，也是出类拔萃的教育家。他一生除了在家乡福建至少建立了七个书院外，还全力重建了湖南潭州的岳麓书院和南康军的白鹿洞书院；与朱熹直接有关的书院有四十所，其中讲过学的共二十七所。他为白鹿洞书院制定的学规，以及他对于书院作为官方学校应试教育的调节作用的肯定，都有力支持了南宋后期书院的发展。《朱熹集》卷七六《大学章句序》记载，朱熹认为：

> 人生八岁，则自王公以下，至于庶人之子弟，皆入小学，而教之以洒扫、应对、进退之节，礼、乐、射、御、书、数之文。

而人到了十五岁以后为读大学时期：

> ……自天子之元子、众子，以至公卿大夫元士之适子，与凡民之俊秀，皆入大学。而教之以穷理正心、修己治人之道。

在南宋国家积贫积弱、地方政府财力拮据的时代，按朱熹的看法，所有民众子弟都应受到小学教育，"凡民之俊秀"应该和统治阶级的子弟一样受到大学教育，已是相当难能可贵的思想了。

朱熹一生的大部分时间都在教学和著述，其学问本身又是时代强音和他厚积薄发的结果，加上为人刚直鲠亮，因此弟子和门徒极众。他讲学的精舍，如寒泉精舍、竹林精舍，既是讲学的学校，又是编书的山馆。他的上百名弟子参与了他身前身后的著述和学问、言行的整理活动。朱熹招收、培养、评价弟子从不看门第出身。他与学生关系亲密，深受爱戴，许多学生与他保持了长期的密切关系，仅《文集》中与他有书信往来的就有二百多人。朱熹赞扬历史上的颜渊安贫处贱，他的弟子同样生活简朴，最典型的如学生辅广，《行状》记载他"自奉则衣取蔽体，食取充腹，居止取足以障风雨。人不能堪，而处之裕如也。"简直就是一个颜渊再生。朱熹门下的这种风气也从一个侧面反映了他鼓励他的学生要接近民众的生活方式。

朱熹为师师德极佳。绍熙五年朱熹任知潭州荆湖南路安抚使。在修复岳麓书院后，朱熹把《白鹿洞书院学规》作为院规，以《四书集注》为主要教科书，亲到书院讲课，成为三湘士子问道之所。夜则与诸生讲论，随问而答，训以切己务实，毋厌卑近。朱熹学说得以传播。在这一百多天中，日治郡事，夜与诸生讲论，对于六十五岁的大儒来说，虽辛劳，但亦是很高兴的事。庆元六年（1200）三月，朱熹已病重，还在与诸生讲《太极图》、《西铭》，修改《大学·诚意章》等。可以说他是生命不息，传道、授业、解惑不止。朱熹去世后，尽管朝廷严厉禁止（时理学被朝中掌权的邪恶势力打成了"伪学"）人们为他治丧，依然有几千弟子冒着风险参加了他的葬礼。

（5）引人注目的富人教育观

朱熹的教育思想中的富人教育观十分珍贵。这是实现他的民本主义愿望的一种内在要求。

在传统的中国社会，许多富人财富取之无道和"为富不仁"；中国古代富人的主体通常都是贪官污吏和奸商这两大人群。他们追求财富和使用财富的过程通常伴随的都是吏治快速腐败、社会风气难以逆转的恶化、阶级和社会矛盾不断积累和深化、贫富分化日益加剧、"仇富"的社会心理的淤积。[①]作为主流价值观念和意识形态的儒家学说对这一现象的解决（比如要求富人们要有与他们的物质财富成正比的社会责任和扶弱济困的道德义务；在国家或富人所在地区有急需或特殊困难时富人们应主动帮助等）应该说予以的关注严重不足，对富人有意识地进行教育——或者说把富人群体作为正式教育活动的对象之一更是从朱熹才开始的。具有这种宝贵的教育思想的论述如：《论语集注》卷七《子路第十三》中讲：

> 富而不教，则近于禽兽。故必立学校，明礼义以教之。

《朱子语集》卷一〇九载："今之公卿子孙，亦不可用者，只是不曾教得。故公卿之子孙，莫不骄奢淫佚。"

在中国古代的思想家中，朱熹是根据他所处的宋朝突出存在的贫富分化剧烈、富人心肠普遍冷酷、富人对穷人和社会公共利益既蔑视又不择手段巧取豪夺、致富后普遍为富不仁（包括骄奢淫逸、践踏穷苦民众）等现象而进行深入系统的思考，将孔子、孟子的"君子爱财，取之有道"，"富贵不能淫，贫贱不能移"等伦理道德和财富观进行了最全面弘扬和身体力行的一代伟人。他将经济与伦理紧密结合起来，探讨国家安稳和士大夫乃至所有从事致富活动的人们所需要的基本道德底线，特别强调一个社会若不用道德规范制约功利、求富等活动，就会招致"亡人之国而自灭其身"的恶果；一个君子根据是否符合道和仁的标准决定自己面对财富的态度才能真正做到富贵不能淫，贫贱不能移。在《论语集注》卷二《里仁》中朱熹指出：

> 君子所以为君子，以其仁也。若贪富贵而厌贫贱，则是自离其仁，而无君子之实也。

在《朱子四书或问》之《论语或问》卷四中他说："欲富贵而恶贫贱，人之常情，君子小人未尝不同。"（但君子能做到）"以非义而得富贵而不处，不幸而得贫贱则不去耳"。

君子在坚守道义不动摇的情况下去获取财富，不然就"安贫乐贱"；仁义为先，功利为后。朱熹本人为官为人实践了这些标准：对那些非道义而得富贵者只要在他的权限范围内他就要弹劾、打击、劝导；对广大遭受非道义而得富贵者欺压践踏的民众，朱熹无疑是他们的请命者和真诚关心帮助者。这一切还取决于在朱熹那里普通民众的生命、财产都是十分重要的。这种关心的程度之深在他那个时代罕有出其右者。历史只给了少量让朱熹弹劾、惩治巧取豪夺、为富不仁者的机会而几乎没有给他对富人们富而教之的机会，但朱熹提倡关注富人的教育问题（实际上也就是富人的素质问题）却是对中国传统儒家文化的一种丰富和发展。

（6）反对宋朝皇帝滥用大赦

宋朝皇帝普遍滥用大赦，朱熹对此表示反对。但其出发点依然是体恤贫弱民众的疾苦，因为"窃盗杀人"的罪犯一旦被赦免，重新施暴的受害者多为普通民众。

在朱熹之前，司马光也反对定期大赦，但其出发点是"因为这使得奖励和惩罚变得毫无作用"——司马光的着眼点是对吏治的影响[①]。而朱熹的着眼点主要是严厉打击主要受害对象为普通民众的犯罪分子，减少他们逍遥法外的可能。《朱子语类》卷一一〇载："劫盗杀人者，人多为之求生，殊不念死者之为无辜；是知为盗贼计，而不为良民地也"；他还主张增加刑法的震慑力度。朱熹主要考虑的是弱势而容易受伤害、在司法活动中容易被冤屈的民众的利益与愿望，正如他在《朱子语类》卷一〇八中抨击南宋法制宽纵，有利奸豪害民那样："今人为宽，至于事无疏纪，缓急予夺之权，皆不在我，下梢却是奸豪得志，平民既不蒙其惠，又反受其殃矣"。因此"号令既明，刑罚亦不可弛。苟不用刑罚，则是号令徒墙壁尔。"最典型的事例是淳熙五年（1194）光宗内禅，宁宗即位。时任知潭州荆湖南路安抚使的朱熹在大赦令到达之前在潭州杀了"大囚"十八人。此事在《长沙县志·拾遗》中记载为："朱晦翁帅潭日，得赵丞相简，已立加王（宁宗）为上，当首以经筵召公。晦翁藏简袖中，竟入狱取大囚十八人立斩之。才毕而登报赦至，翁恐赦至而大恶脱网也。"但他对官逼民反的民众在接受招抚后又着意加以存恤和赦免⑫。价值和情感取向十分鲜明。

（7）朱熹"亲民"和"爱民"的为官风格赢得了民众的尊敬

同安县主簿是他担任的第一个官职，年青的朱熹表现了对百姓和国家极负责任的态度：《朱子年谱》卷一载朱熹"莅职勤敏，纤悉必亲"，目的是以免吏人作弊。绍兴二十五年（1155）夏，同安"饥民"暴动，包围县城，朱熹等积极防守，当时他与曹侯负责城西北，这里过去是被"寇"多次攻陷的，因此对保卫县城既重要又风险极大。在《朱熹集》卷七七《射圃记》中朱熹回忆道："侯一日与予登城四望，慷慨相与曰：'是不能守，吾属死无处所，不可不勉？'则分背去行所部，循勉慰饬，喻意吏士，士皆感奋为用。"县城守住了，城内人民免受劫掠之苦；朱熹对饥民立即采取措施予以赈济，以免饿死沟壑。每到一地为官，他都要移风易俗，竭尽所能兴办文教。足见他要提高民众素质的良苦用心。《朱熹集》卷四三载：乾道三年（1167）福建崇安发大水，时因得罪朝廷中的主和派而监潭州南岳庙的朱熹被朝廷传檄与县官参与"赈恤"事。他遍走各山谷间，十日而后返。沿途死伤狼藉，悲号哀恸，震人心弦。朱熹慨叹"今日肉食者，漠然无意于民，直是难与图事？"他认为道学才是改变这一切的希望。"若此学不明，天下事决无可为之理。"朱熹认为官员们最大的问题就是对民众生死的漠不关心，而这正是道学关注的重点。次年崇安因春夏之交青黄不接时大饥荒，民众暴动，朱熹积极主张并请求当地知县迅速敦促豪民"发藏粟，下其值"、当地知府发"粟六百斛"赈济，既度过了饥荒，还使盗贼也迅速平息。由于百姓度过饥荒，安心生产，所以秋收后百姓愿以粟偿官储，里中民家仓廪皆满。提举浙东常平茶盐公事是他为官期间影响最大的时期，据陆九渊《象山先生全集》卷七载："朱元晦在浙东，大节殊伟，劾唐与正一事，尤快众人之心。百姓甚惜其去，虽士大夫议论中间不免纷纭，今其是非已渐明白。"

3. 朱熹民本主义思想的人文价值

二十一世纪初的中国正在致力于实现全面建设小康社会的奋斗目标，继而实现中华民族的伟大复兴。珍视我们优秀的历史文化传统，总结、传承、弘扬我们民族先贤的思想文化资源，以建立一个蒸蒸日上的泱泱大国国民所必需的充分的民族自信和理性思维，真正走出一条成功的中国特色的发展道路，是青年大学生的当然职责。以谋求今日中国发展壮大所需要的珍贵历史文化资源为视野，特对朱熹的民本主义思想的人文价值做简要归纳：

朱熹留给后代知识分子和士大夫的学术与精神遗产有：重续、传承、弘扬了儒家学说中以仁爱（重视生命的价值、人的尊严和人群的和谐）为人伦大本的价值追求；高度重视民众愿望、利益并把它上升为国家意志国家才能长治久安的政治信念；积极关注民生，铲除或修改旧的制度以减少不合理的贫富分化社会才能和谐的经济和社会建设理念；统治阶级地位越高，对国家和社会的影响越大，因此责任也就越大，在改善甚至扭转国家的局面（包括社会风气）中他们应肩负更多的责任和道德义务的政治、伦理见解与诉求等。

就本专题所涉及的内容来讲，特别值得审视和重视的是朱熹的富人必须给予良好教育的思想，这种思想在传统的教育思想库中本身是一种极为稀缺的资源；而我们今天的现代化建设中富人的致富方式、成为富人后大面积暴露的严重问题（这些问题若长期不予解决完全可能危及中国现代化事业和构建和谐社会目标的实现）和中国今日教育体系中经济伦理、商业操守、财富索取占有使用的信仰导向的缺失都是中国的人文学者和高校师生不可以视而不见的，必须从多角度加以认真研讨和关注，并最终按照三个文明协调发展的要求逐步解决，而朱熹的思想正是我们重要的历史和人文资源。

【注释】

①②③④⑤余英时：《朱熹的历史世界》，北京三联书店 2004 年版，第 134—135 页；第 139 页；第 424 页；第 428 页；第 591—593 页。

⑥⑦⑧⑫张立文：《朱熹评传》，南京大学出版社 1998 年版，第 2—3 页；第 30—31 页；第 394—402 页；第 29 页。

⑨侯外庐：《宋明理学史》，人民出版社 1997 年版，第 380—381 页。

⑩谭平：《论中国古代的仇富心理》，四川省社科院《中华文化论坛》2004 年第 3 期，第 50—54 页。

⑪包弼德：《政府、社会和国家》，引自（美）田浩编，杨立华、吴艳红等译《宋代思想史》，社会科学文献出版社 2003 年版，第 133—134 页。

第三节　名句诵读

一、朱熹著述原文节选

1.《朱子语类》卷九：知行常相须，如目无足不行，足无目不见。论先后，知为先；论轻重，行为重。

2.《朱子语类》卷八：圣贤千言万语，教人且从近处做去。如洒扫大厅大廊，亦只如洒扫小室模样，扫得小处洁净，大处亦然。

3.《甲寅行宫便殿奏札》：为学之道，莫先于穷理；穷理之要，必在于读书。

4.《朱子语类》卷九：涵养、穷索，二者不可废一，如车两轮，如鸟两翼。学者功夫，唯在居敬、穷理二事。此二事互相发。能穷理，则居敬工夫日益进；能居敬，则穷理工夫日益密。

5.《四书章句集注·大学章句》：所谓"致知在格物"者，言欲致吾之知，在即物而穷其理也。盖人心之灵，莫不有知；而天下之物，莫不有理。惟于理有未穷，故知有不尽也。是以大学始教，必使学者即凡天下之物，莫不因其已知之理而益穷之，以求至乎其极。至于用力之久，而一旦豁然贯通焉，则众物之表里精粗无不到，而吾心之全体大用无不明矣。此谓"格物"，此谓知之至也。

6.（学生问为学之道）道二：仁与不仁而已矣。圣人千言万语，只是要教人做人。

7.《晦庵集》卷七四《又谕学者》：书不记熟读可记，义不精细思可精，惟有志不立直是无着力处。

8.《朱子语类》卷一二一：人之为学，当如救火追亡，犹恐不及。如自家有个光明宝藏被人夺去，寻求赶捉，必要取得始得。今学者只是悠悠地无所用心，所以两年、三年、五年、七年相别，及再相见，只是如此。

9.《朱子语类》卷一一九：读书是自家读书，为学是自家为学，不干别人一线事，别人助自家不得。

10.《朱子读书法》卷一：读书始读，未知有疑，其次则渐渐有疑，中则节节是疑，过了这一番，疑渐渐解，以致融会贯通，却无所疑，方始是学。

11.《朱文公文集》卷二五《答张敬夫》：熹常谓天下万事有大根本，而每事之中又各有要切处。所谓大根本者，固无出于人主之心术；而所谓要切处者，则必大本既立，然后可推而见也。如论任贤相、杜私门，则立政之要也；择良吏，轻赋役，则养民之要也；公选将帅，不由近习，则治军之要也；乐闻警戒，不喜导谀，则听言用人之要也。推此数端，余皆可见，然未有大本不立，而可以与此者。此古之欲平天下者，所以汲汲于正心诚意，以立其本也。

12.《四书集注·孟子集注》卷一四：丘民，田野之民，至微贱也。然得其心，则天下归之。大子，至尊贵也，而得其心者，不过为诸侯耳。是民为重也。

13.《四书集注·孟子集注》：盖人性虽无不善，而气禀有不同者，闻道有早莫，行道有难易，然能自强不息，则其至一也。盖人之性无不同，而气则有异，故惟圣人能举其性之全体而尽之。

14.《四书集注·中庸集注》：喜怒哀乐，情也。其未发，则性也，无所偏倚，故谓之中。发皆中节，情之正也，无所乖戾，故谓之和。大本者，天命之性，天下之理皆由此出，道之体也。达道者，循性之谓，天下古今之所共由，道之用也。此言性情之德，以明道之不可离之意。

15.《朱子语类》卷八：学者须思所以超凡入圣。

16.《朱子语类》卷六二：（朱熹认为心包含着道心与人心两个互相依存、渗透的方面）人心，只见那边利害情欲之私；道心，只见这边道理之公。有道心则人心为所节制。

17.《四书集注·孟子集注》卷一：仁义根于人心之固有，天理之公也。利心生于物我之相形，人欲之私也。循天理，则不求利而无不利；循人欲，则求利未得而害已随之。所谓毫厘之差，千里之谬。此《孟子》之书所以造端托始之深意，学者所宜精察而明辨也。

18.《朱子语类》卷五：盖心之未动则为性，已动则为情，所谓"心统性情"也，欲是情发出来底。心如水，性犹水之静，情则水之流，欲则水之波澜，但波澜有好底，有不好底。

19.《朱子语类》卷二〇：仁者爱之理，理是根，爱是苗。仁之爱，如糖之甜，醋之酸，爱是那滋味。仁是爱之理，爱是仁之用。未发时，只唤作仁，仁却无形影；既发后，方唤作爱，爱却有形影。未发而谓仁，可以包义礼智；既发而言恻隐，可以包恭敬、辞让、是非。四端者，端如萌芽相似，恻隐方是从仁里面发出来底端。

20.《朱子语类》卷一三：事无大小，皆有义利。人贵剖判，心下令其分明，善理明之，恶念去之。若义利，若善恶，若是非，毋使混殽不别于其心。学无深浅，并要辨义利。而今须要天理人欲，义利公私，分别得明白。

21．朱子为白鹿洞书院确立的教条：

五教之目：父子有亲，君臣有义，夫妇有别，长幼有序，朋友有信。

为学之序：博学之，审问之，慎思之，明辨之，笃行之。

修身之要：言忠信，行笃敬，惩忿窒欲，迁善改过。

处事之要：正其谊不谋其利，明其道不计其功。

接物之要：己所不欲勿施于人，行有不得反求诸己。

22.《朱子语类》卷一三：学之之博，未若知之之要；知之之要，未若行之之实。

23.《朱子四书语类》：先读《大学》，以定其规模，次读《论语》，以立其根本，次读《孟子》，以观其发越，次读《中庸》，以求古人之微妙处。

24.《朱文公文集》卷一一：盖天下之大本者，陛下之心也。今日之急务，则翼太子、选任大臣、振举纲维、变化风俗、爱养民力、修明军政六者是也。……臣之辄以陛下之心为天下之大本者，何也？天下之事，千变万化，其端无穷，而无一不本于人主之心者，此自然之理也。故人主之心正，则天下之事无一不出于正；人主之心不正，则天下之事无一得由于正。

25.《四书集注·论语集注》卷一：愚谓政者为治之具，刑者辅治之法，德、礼所以出治之本，而德又礼之本也。此其相为终始，虽不可以偏废，然政、刑能使民远罪而已，德礼之效，则有以使民日迁善而不自知。故治民者不可徒恃其末，又当深探其本也。

26.《四书集注》：性者，人所禀于天以生之理也，浑然至善，未尝有恶。人与尧、舜初无少异，但众人汩于私欲而失之，尧、舜则无私欲之弊，而能充其性尔。故孟子与世子言，每道性善，耳必称尧、舜以实之。欲知其仁义不假外求，圣人可学而至，而不懈于用力也。

27.《朱文公文集》卷四二：人之所以为学者，以吾之心未若圣人之心故也。心未能若圣人之心，是以烛理未明，无所准则，随其所好，高者过，卑者不及，而不自知其为过且不及也。

28.《朱子语类》卷一二〇：今人论道，只论理，不论事，只说心，不说身。其说至高，而荡然无守，流于空虚异端之说。

29.《论语集注》卷七：富而不教，则近于禽兽。故必立学校，明礼义以教之。

30.《论语集注》卷六：民富，则君不至独贫；民贫，则君不能独富。有若深言君民一体之意，以止公之厚敛，为人上者所宜深念也。

31.《朱子家训》原文：

君之所贵者，仁也。臣之所贵者，忠也。父之所贵者，慈也。子之所贵者，孝也。兄之所贵者，友也。弟之所贵者，恭也。夫之所贵者，和也。妇之所贵者，柔也。事师长贵乎礼也，交朋友贵乎信也。见老者，敬之；见幼者，爱之。有德者，年虽下于我，我必尊之；不肖者，年虽高于我，我必远之。慎勿谈人之短，切莫矜己之长。仇者以义解之，怨者以直报之，随所遇而安之。人有小过，含容而忍之；人有大过，以理而谕之。勿以善小而不为，勿以恶小而为之。人有恶，则掩之；人有善，则扬之。处世无私仇，治家无私法。勿损人而利己，勿妒贤而嫉能。勿称忿而报横逆，勿非礼而害物命。见不义之财勿取，遇合理之事则从。诗书不可不读，礼义不可不知。子孙不可不教，童仆不可不恤。斯文不可不敬，患难不可不扶。守我之分者，礼也；听我之命者，天也。人能如是，天必相之。此乃日用常行之道，若衣服之于身体，饮食之于口腹，不可一日无也，可不慎哉！

第四节　原著选读

一、《大学》节选

大学之道，在明明德，在亲民，在止于至善。知止而后有定，定而后能静，静而后能安，安而后能虑，虑而后能得。物有本末，事有终始，知所先后，则近道矣。

古之欲明明德于天下者，先治其国，欲治其国者，先齐其家；欲齐其家者，先修其身；欲修其身者，先正其心；欲正其心者，先诚其意；欲诚其意者，先致其知，致知在格物。物格而后知至，知至而后意诚，意诚而后心正，心正而后身修，身修而后家齐，家齐而后国治，国治而后天下平。自天子以至于庶人，壹是皆以修身为本。

所谓诚其意者，毋自欺也。如恶恶臭，如好好色，此之谓自谦。故君子必慎其独也。小人闲居为不善，无所不至，见君子而后厌然，掩其不善，而著其善。人之视己，如见其肝肺然，则何益矣。此谓诚于中形于外。故君子必慎其独也。

所谓修身在正其心者，身有所忿惕则不得其正，有所恐惧则不得其正，有所好乐则不得其正，有所忧患则不得其正。心不在焉，视而不见，听而不闻，食而不知其味，此谓修身在正其心。

所谓齐其家在修其身者，人之其所亲爱而辟焉，之其所贱恶而辟焉，之其所敬畏而辟焉，之其所哀矜而辟焉，之其所敖惰而辟焉，故好而知其恶，恶而知其美者，天下鲜矣。故谚有之曰："人莫之其子之恶，莫知其苗之硕。"此谓身不修，不可以齐其家。

所谓治国必齐其家者，其家不可教而能教人者，无之。故君子不出家而成教于国。孝者，所以事君也；弟者，所以事长也；慈者，所以使众也。《康诰》曰："如保赤子。"心诚求之，虽不中，不远矣。未有学养子而后嫁者也。一家仁，一国兴仁；一家让，一国兴让；一人贪戾，一国作乱，其机如此。此谓一言偾事，一人定国。尧舜率天下以仁，而民从之；桀纣率天下以暴，而民从之。其所令，反其所好，而民不从。是故君子有诸己而后求诸人，无诸己而后非诸人。所藏乎身不恕，而能喻诸人者，未之有也。故治国在齐其家。诗云："桃之夭夭，其叶蓁蓁，之子于归，宜其家人。"宜其家人而后可以教国人。《诗》云："宜兄宜弟。"宜兄宜弟，而后可以教国人。诗云："其仪不忒，正是四国。"其为父子兄弟足法，而后民法之也。此谓治国在齐其家。

所谓平天下在治其国者，上老老而民兴孝，上长长而民兴弟，上恤孤而民不倍，是以君子有絜矩之道也。所恶于上，毋以使下；所恶于下，毋以事上；所恶于前，毋以先后；所恶于后，毋以从前；所恶于右，毋以交于左；所恶于左，毋以交于右，此之谓絜矩之道。

道得众则得国，失众则失国。是故君子先慎乎德，有德此有人，有人此有土，有土此有财，有财此有用。德者本也，财者末也。外本内末，争民施夺，是故财聚则民散，财散则民聚。是故言悖而出者，亦悖而入；货悖而入者，亦悖而出。

见贤而不能举，举而不能先，命也。见不善而不能退，退而不能远，过也。好人之所恶，恶人之所好，是谓拂人之性，灾必逮夫身。是故君子有大道，必忠信以得之，骄泰以失之。生财有大道，生之者众，食之者寡，为之者疾，用之者舒，则财恒足矣。仁者以财发身，不仁者以身发财。未有上好仁而下不好义者也，未有好义其事不终者也，未有府库财非其财者也。孟献子曰："畜马乘，不察于鸡豚；伐冰之家，不畜牛羊；百乘之家，不畜聚敛之臣。与其有聚敛之臣，宁有盗臣。"此谓国不以利为利，以义为利也。长国家而务财用者，必自小人矣。彼为善之，小人之使为国家，灾害并至，虽有善者，亦无如之何矣。此谓国家不以利为利，以义为利也。

二、《中庸》节选

天命之谓性，率性之谓道，修道之谓教。道也者，不可须臾离也，可离非道也。是故君子戒慎乎其所不睹，恐惧乎其所不闻。莫见乎隐，莫显乎微，故君子慎其独。喜怒哀乐之未发，谓之中；发而皆中节，谓之和；中也者，天下之大本也；和也者，天下之达道也。致中和，天地位焉，万物育焉。

仲尼曰："君子中庸，小人反中庸，君子之中庸也，君子而时中；小人之中庸也，小人而无忌惮也。"

子曰："中庸其至矣乎！民鲜能久矣！"

子曰："道之不行也，我知之矣：知者过之，愚者不及也。道之不明也，我知之矣：贤者过之，不肖者不及也。人莫不饮食也，鲜能知味也。"

子曰："舜其大知也与！舜好问而好察迩言，隐恶而扬善，执其两端，用其中于民，其斯以为舜乎！"

子曰："人皆曰予知，驱而纳诸罟护陷阱之中，而莫之知辟也。人皆曰予知，择乎中庸，而不能期月守也。"

子曰："回之为人也，择乎中庸，得一善，则拳拳服膺弗失之矣。"

子曰："天下国家可均也，爵禄可辞也，白刃可蹈也，中庸不可能也。"

君子之道费而隐。夫妇之愚，可以与知焉，及其至也，虽圣人亦有所不知焉。夫妇之不肖，可以能行焉；及其至也，虽圣人亦有所不能焉。天地之大也，人犹有所憾。故君子语大，天下莫能载焉；语小，天下莫能破焉。《诗》云："鸢飞戾天，鱼跃于渊。"言其上下察也。君子之道，造端乎夫妇，及其至也，察乎天地。

子曰："道不远人，人之为道而远人，不可以为道。……故君子以人治人，改而止。忠恕违道不远，施诸己而不愿，亦勿施于人。君子之道四，丘未能一焉，所求乎子，以事父，未能也；所求乎臣，以事君，未能也；所求乎弟，以事兄，未能也；所求乎朋友，先施之，未能也。庸德之行，庸言之谨；有所不足，不敢不勉，有余不敢尽；言顾行，行顾言，君子胡不慥慥尔！"

君子素其位而行，不愿乎其外。素富贵，行乎富贵；素贫贱，行乎贫贱；素夷狄，行乎夷狄；素患难，行乎患难，君子无入而不自得焉。在上位不陵下，在下位不援上，正己而不求于人，则无怨。上不怨天，下不尤人。故君子居易以俟命。

小人行险以徼幸。子曰："射有似乎君子，失诸正鹄，反求诸其身。"

君子之道，辟如行远必自迩，辟如登高必自卑。《诗》曰："妻子好合，如鼓瑟琴。兄弟既翕，和乐且耽。宜尔室家，乐尔妻帑。"子曰："父母其顺矣乎！"

子曰："舜其大孝也与！德为圣人，尊为天子，富有四海之内。宗庙飨之，子孙保之。故大德必得其位，必得其禄。必得其名，必得其寿，故天之生物，必因其材而笃焉。故栽者培之，倾者覆之。《诗》曰：'嘉乐君子，宪宪令德。宜民宜人，受禄于天，保佑命之，自天申之。'故大德者必受命。"

子曰："无忧者，其惟文王乎！以王季为父，以武王为子，父作之，子述之。武王缵大王、王季、文王之绪，一戎衣而有天下。身不失天下之显名，尊为天子，富有四海之内。宗庙飨之，子孙保之。武王末受命，周公成文、武之德，追王大王、王季，上祀先公以天子之礼。斯礼也，达乎诸侯大夫，及士庶人。父为大夫，子为士，葬以大夫，祭以士。父为士，子为大夫，葬以士，祭以大夫。期之丧，达乎大夫。三年之丧，达乎天子。父母之丧，无贵贱，一也。"

哀公问政。子曰："文武之政，布在方策。其人存，则其政举；其人亡，则其政息。人道敏政，地道敏树。夫政也者，蒲卢也。故为政在人，取人以身，修身以道，修道以仁。仁者人也。亲亲为大；义者宜也。尊贤为大。亲亲之杀，尊贤之等，礼所生也。在下位不获乎上，民不可得而治矣！故君子不可以不修身；思修身，不可以不事亲；思事亲，不可以不知人，思知人，不可以不知天。""天下之达道五，所以行之者三。曰：君臣也，父子也，夫妇也，昆弟也，朋友之交也，五者天下之达道也。知，仁，勇，三者天下之达德也，所以行之者一也。或生而知之，或学而知之，或困而知之，及其知之，一也。或安而行之，或利而行之，或勉强而行之，及其成功，一也。子曰：好学近乎知，力行近乎仁，知耻近乎勇。知斯三者，则知所以修身；知所以修身，则知所以治人；知所以治人，则知所以治天下国家矣。"

"凡为天下国家有九经，曰：修身也，尊贤也，亲亲也，敬大臣也，体群臣也，子庶民也，来百工也，柔远人也，怀诸侯也。修身则道立，尊贤则不惑，亲亲则诸父昆弟不怨，敬大臣则不眩，体群臣则士之报礼重，子庶民则百姓劝，来百工则财用足，柔远人则四方归之，怀诸侯则天下畏之。齐明盛服，非礼不动。所以修身也；去谗远色，贱货而贵德，所以劝贤也；尊其位，重其禄，同其好恶，所以劝亲亲也；官盛任使，所以劝大臣也；忠信重禄，所以劝士也；时使薄敛，所以劝百姓也；日省月试，既廪称事，所以劝百工也；送往迎来，嘉善而矜不能，所以柔远人也；继绝世，举废国，治乱持危。朝聘以时，厚往而薄来，所以怀诸侯也。凡为天下国家有九经，所以行之者一也。"

"凡事豫则立，不豫则废。言前定则不跆，事前定则不困，行前定则不疚，道前定则不穷。在下位不获乎上，民不可得而治矣。获乎上有道，不信乎朋友，不获乎上矣；信乎朋友有道，不顺乎亲，不信乎朋友矣；顺乎亲有道，反诸身不诚，不顺乎亲矣；诚身有道，不明乎善，不诚乎身矣。诚者，天之道也；诚之者，人之道也。诚者不勉而中，不思而得，从容中道，圣人也。诚之者，择善而固执之者也。"

"博学之，审问之，慎思之，明辨之，笃行之。有弗学，学之弗能，弗措也；有弗问，问之弗知，弗措也；有弗思，思之弗得，弗措也；有弗辨，辨之弗明，弗措也；有弗行，行之弗笃，弗措也。人一能之己百之，人十能之己千之。果能此道矣。虽愚必明，虽柔必强。"

自诚明，谓之性。自明诚，谓之教。诚则明矣，明则诚矣。唯天下至诚，为能尽其性；能尽其性，则能尽人之性；能尽人之性，则能尽物之性；能尽物之性，则可以赞天地之化育；可以赞天地之化育，则可以与天地参矣。

至诚之道，可以前知。国家将兴，必有祯祥；国家将亡，必有妖孽。见乎蓍龟，动乎四体。祸福将至，善，必先知之；不善，必先知之。故至诚如神。诚者自成也，而道自道也。诚者物之终始，不诚无物。是故君子诚之为贵。诚者非自成己而已也，所以成物也。成己，仁也；成物，知也。性之德也，合外内之道也，故时措之宜也。故至诚无息。不息则久，久则征；征则悠远，悠远则博厚，博厚则高明。博厚，所以载物也；高明，所以覆物也；悠久，所以成物也。博厚配地，高明配天，悠久无疆。如此者，不见而章，不动而变，无为而成。天地之道，可一言而尽也。其为物不贰，则其生物不测。天地之道：博也，厚也，高也，明也，悠也，久也。

大哉！圣人之道洋洋乎！发育万物，峻极于天。优优大哉！礼仪三百，威仪三千。待其人然后行。故曰：苟不至德，至道不凝焉。故君子尊德性而道问学。致广大而尽精微。极高明而道中庸。温故而知新，敦厚以崇礼。是故居上不骄，为下不倍；国有道，其言足以兴；国无道，其默足以容。《诗》曰："既明且哲，以保其身。"其此之谓与！

子曰："愚而好自用，贱而好自专，生乎今之世，反古之道：如此者，灾及其身者也。"非天子，不议礼，不制度，不考文。今天下车同轨，书同文，行同伦。虽有其位，苟无其德，不敢作礼乐焉；虽有其德。苟无其位，亦不敢作礼乐焉。子曰："吾说夏礼，杞不足徵也。吾学殷礼，有宋存焉。吾学周礼，今用之，吾从周。"

王天下有三重焉，其寡过矣乎！上焉者虽善无徵，无徵不信，不信民弗从；下焉者虽善不尊，不尊不信，不信民弗从。故君子之道：本诸身，徵诸庶民，考诸三王而不缪，建诸天地而不悖，质诸鬼神而无疑，百世以俟圣人而不惑。质诸鬼神而无疑，知天也；百世以俟圣人而不惑，知人也。是故君子动而世为天下道，行而世为天下法，言而世为天下则。远之则有望，近之则不厌。《诗》曰："在彼无恶，在此无射。庶几凤夜，以永终誉！"君子未有不如此而蚤有誉于天下者也。

仲尼祖述尧舜，宪章文武：上律天时，下袭水土。辟如天地之无不持载，无不覆帱，辟如四时之错行，如日月之代明。万物并育而不相害，道并行而不相悖，小德川流，大德敦化，此天地之所以为大也。

唯天下至圣为能聪明睿知，足以有临也；宽裕温柔，足以有容也；发强刚毅，足以有执也；齐庄中正，足以有敬也；文理密察，足以有别也。溥博渊泉，而时出之。溥博如天，渊泉如渊。见而民莫不敬，言而民莫不信，行而民莫不说。是以声名洋溢乎中国，施及蛮貊。舟车所至，人力所通，天之所覆，地之所载，日月所照，霜露所队，凡有血气者，莫不尊亲，故曰配天。

唯天下至诚，为能经纶天下之大经，立天下之大本，知天地之化育。

附：

【参考书目】

1. 王永祥：《董仲舒评传》，南京大学出版社 1995 年版。
2. 周桂钿：《董学探微》，北京师范大学出版社 1989 年版。

3. 张立文：《朱熹评传》，长春出版社 2008 年版。

4. 张立文：《朱熹思想研究》，中国社会科学出版社 2001 年版。

5. 张立文：《儒学评论》，河北大学出版社 2005 年版。

6. 余英时：《朱熹的历史世界》，三联书店 2004 年版。

7. 黄仁宇：《万历十五年》，中华书局 2006 年版。

（本章撰稿：谭平）

第四章 老庄的智慧

第一节 老庄其人其事

一、老子

对老子其人，自古就有争论。单《史记》中就有三个老子。如《史记·老子韩非列传》中："老子者，楚苦县厉乡曲仁里人也，姓李氏，名耳，字聃，周守藏室之吏也。"老子可能生于公元前571年，比孔子大二十岁。老子在青年时曾做东周王朝掌管典籍的官吏。中年受东周王朝遗族的迫害，一度避难于鲁国。四十岁时被召回任旧职，后来王室内乱，老子失去职位离开周王朝西出函谷关，流落秦国。相传，老子离开故土出关，将到函谷关（一说散关）时，守关令尹喜善观天象，见有紫气东来，料知将有真人过关。果然，老子乘青牛而至，尹喜便盛情挽留，请老子写书。老子盛情难却，便留下五千余字的上、下二卷《老子》，又名《道德经》。老子写书后不知所终。后世对老子的去向有两种说法。一说老子隐于成都青羊宫，一说尹喜和老子俱到流沙之西化胡去了。

《老子》一书共八十一章。其中《道经》三十七章；《德经》四十四章。该书并非老子个人所写，其成书时间可能持续一两百年以上。但能反映老子的基本思想。该书是道家的第一部经典。一直以来，《老子》、《易经》和《论语》被认为是对中国人影响最深远的三部思想巨著。老子哲学与古希腊哲学一起构成了中国和西方哲学的两个源头，老子也因其深邃的哲学思想而被尊为"中国哲学之父"。老子的思想被庄子所传承，并与儒家和后来的佛家思想一起构成了中国传统思想文化的内核。

二、庄子

庄子姓庄名周，生活于公元前 369—公元前 286 年，战国时期宋国蒙（今河南商丘）人。庄子与梁惠王、齐宣王同时，比孟子的年龄略小，一生愤世嫉俗。他做过管理漆园的小吏，一生贫寒，曾以卖草鞋为生，赊米下锅，但仍然不接受楚威王许以为相的尊位和重金聘请，甘心过贫困生活，宁愿游戏于污泥之中以自快。庄子所处时代，列雄争霸，天下昏暗无道，庄子辞官归隐，过着乱世隐者的生活。

《庄子》一书，共三十三篇。其中，内篇七篇，外篇十五篇，杂篇十一篇。该书也非庄子一人所著。一般认为，内篇是庄子本人所著，外篇和杂篇是庄子后学或道家其他派别的引申之作。《庄子》一书，文采斐然，特别引人入胜之处在于它文笔优美，鲁迅先生在《汉文学史纲要》中曾这样评价说："（其书）大抵寓言，人物土地，皆空言无事实，而其文则汪洋辟阖，仪态万方，晚周诸子之作，莫能先也。"先秦之后的许多思想家、文学家都曾从庄子的思想和著作中汲取过丰富的营养，庄子著作中的许多寓言、典故成为他们文学创作的母体。同时，庄子奇伟的哲学思想，直接激发了魏晋玄学及禅宗的思辨，与老子哲学一起奠定了中国哲学之根基。除此之外，中国美学、绘画等领域无不受其影响。庄子是道家学派的集大成者，我们研究庄子应以内篇为主。

道家学派创始于老子，发扬光大于庄子。庄子是先秦道家集大成者，与老子齐名，后世常并称"老庄"，并以之来代指道家。后世庄子被神化，奉为神灵。唐玄宗天宝元年（724）二月封其为"南华真人"，所著书《庄子》，诏称《南华真经》。

三、道家文化精髓

道家的核心学说就是一个"道"字。道家之"道"有多种涵义，可归纳为三种：

一是指宇宙万物产生和发展的总根源；

二是指自然规律；

三是指人类生活的准则或典范。

1. 道，万物之宗

"道"是宇宙的本体，万物产生和发展的总根源。《老子》第四十二章言："道生一，一生二，二生三，三生万物。万物负阴抱阳，冲气以为和"。

2. "道" 生万物有一个由少到多的量的积累过程

"图难于其易，为大于其细。天下难事，必作于易；天下大事，必作于细"[①]。"合抱之木，生于毫末；九层之台，起于累土；千里之行，始于足下"[②]。

3. "道" 具有形而上的超越性和不可言说性

老子之"道"，是对世界本原的哲学抽象，不可言说。"道可道，非常道；名可名，非常名"[③]。即作为恒道和恒名，是不能用语言称谓、命名或名状的。无名之道之名，是天地万物的原始、本始，它是一种混沌，故无名。"道"本身具有形而上的超越性，但又内含在各种具体存在之中。

4. "道" 的辨证性质

老子之"道"具有"有无相生，难易相成"和"反者道之动"的辨证性质。老子之道作为天地万物的原初者和发动者，它"独立不改，周行而不殆"[④]，即在推动事物变化时表现出相反相成的矛盾状态和呈现出返本复初的循环运动的规律性。《老子》书中揭示了事物矛盾的普遍性和客观性，并指出矛盾双方的相反相成和相互转化。如，"曲则全，枉则正，洼则盈，敝则新，少则得，多则惑"[⑤]。委屈反能保全，弯曲反能变直，低洼反能充盈，敝旧反能变新，少取反能收获，多智反而迷惑。"祸兮，福之所倚；

福兮，祸之所伏"⑥。在矛盾的转化中，儒家以阳刚方面起主导作用，以刚克柔，其发展趋向刚强。"天行健，君子以自强不息"⑦。而道家以阴柔方面起主导作用，以柔克刚，其发展趋向是柔弱。因为道家认为，柔弱代表新生、生命、生长，具有希望和发展的趋向；刚强代表枯槁、衰老、僵硬，具有死亡、止息的趋向。"故强大居下，柔弱居上"⑧。

5."道"的本质是"自然"、"无为"

"人法地，地法天，天法道，道法自然"⑨；"道常无为而无不为"⑩。"自然"、"无为"是老子哲学的核心命题。这里的"自然"不是专指自然界，而是指自然而然，与"人为"相对。这里的"无为"也是指顺其自然而不加以人为改变，即什么事都要合乎自然，顺从人与万物的自然本性，不要以人为的造作来扭曲事物的本性。道家认为，道派生天地万物的过程完全是以其自性、自因和自身所具有的力能为向度，它生养万物而不私有，成就万事而不持功，自然无为而无不为。所以，道家所讲的"道"，是天道，是效法自然的"道"，而不是人为的、逆反自然规律的"道"。

【注释】

① 《老子》第 63 章。
② 《老子》第 64 章。
③ 《老子》第 1 章。
④ 《老子》第 25 章。
⑤ 《老子》第 22 章。
⑥ 《老子》第 58 章。
⑦ 《周易·乾·象》。
⑧ 《老子》第 76 章。
⑨ 《老子》第 25 章。
⑩ 《老子》第 37 章。

第二节　老子智慧之实用

一、"法自然"、"处无为"，老子的政治智慧

老子所处的时代是矛盾尖锐、战争频繁的社会。如何在这个变幻不定，灾祸

随时都可能发生的社会做到趋利避害，保全性命，老子的总原则是："法自然"、"处无为"。

"自然"、"无为"是道家思想的主旨之一。"自然"常是指天地万物的运行状态而言；"无为"常是指人的活动状况而言，实际上二者是二而一。老子认为任何事物都应该顺其自然，不应参入外界意志去制约它。天地之间的事物本身就具有潜在性和可能性，不必由外而附加进去。我们能做的就是"反朴归真，道法自然"。因为"人法地，地法天，天法道，道法自然"①，这里不仅说"道"要法自然，天、地、人都要效法"自然"。正因为天道"自然"，所以人道就要"无为"。"无为"是天道的境界。只要达到"无为"，就可"无不为"，即只要人效法天地自然，行其所当行，止其所当止，做到无私无欲，就可"无不为"。这就是"道常无为而无不为"②。

老子提倡"无为"的动机是针对统治者的过于"有为"。因为当时的统治者不配有为，偏要有为；不配干涉，偏要干涉，故弄得"天下多忌讳而民弥贫，民多利器，国家滋昏；法令滋彰，盗贼多有"③。所以，老子之"无为"有特定时代背景，那时就该"圣人处无为之事，行不言之教"④。

二、帝王南面之术

古代帝王总是坐北朝南面对臣民、处理政务，因此"南面"用来指最高统治者，而"北面"指被统治者，主要指俯首称臣的官僚和百姓。"南面术"就是统治者怎样驾御臣下、统治老百姓的一套手法和权术。

老子"南面之术"的核心还是"无为而治"。"我无为而民自化，我好静而民自正，我无事而民自富，我无欲而民自朴"⑤。这里老子提出了治理天下的四大中心价值："无为"，"好静"，"无事"，"无欲"，而且老子认为这才是国家理乱求治的"正"的方法。所以，"以正治国，以奇用兵，以无事取天下"⑥。

老子之"无为"，并非要求统治者什么事都不做，而是要一切顺乎自然，不要一意孤行，强作妄为。老子要求帝王在行事时要去掉三种东西："是以圣人去甚、去奢、去泰"⑦，即去掉那些极端的、奢侈的、过分的东西；要求帝王不要总对老百姓发号施令、横加干涉，而要他们顺其自然，自我生存，自我化育。老子将统治者分为四类：最高级的是人们仅仅知道他的存在。次一级的是人们亲近他、赞誉他。再次是人们畏惧他。最差的是人们轻蔑他。最高级的统治者本人十分悠闲，惜言如金，不被事务缠身，事情却成功了。所以为政要简，简政才能安民。"治大国若烹小鲜"⑧，这是最高明的统治艺术。

三、老子的愚民政策

老子认为世人之所以追名逐利，争斗不已，就是因为心中有贪欲的存在。"五色令人目盲，五音令人耳聋，五味令人口爽，驰骋田猎令人心发狂，难得之货令人行妨"⑨。治理国家如果能抑制人的私心和贪欲，就会天下太平。使天下太平的方式就是让百姓反朴归真、无知无欲，绝圣弃智。否则如果老百姓头脑聪明，就难以驾御。老子的具体建议有三条："不尚贤，使民不争；不贵难得之货，使民不为盗；不见可欲，使民心不乱"⑩。为了实现这三条政策，具体措施是："是以圣人之治也，虚其心，实其腹，弱其志，强其骨，常使民无知无欲"⑪；又说："绝圣弃智，民利百倍；绝仁弃义，民复孝慈；绝巧弃利，盗贼无有"⑫。即让老百姓头脑简单，四肢发达，这样才好统治。所谓"为道者非以明民也，将以愚之也"。古代称统治、管理老百姓为"牧民"，这与老子的愚民主张如出一辙。老子的愚民主张是我们应当抛弃的政治思想，但我们也要看到，老子对该政策的提出，主要是为了反对智巧、诈伪，提倡淳朴厚实。"小国寡民"是老子追求的乌托邦式的理想社会，在那里百姓甘其食、美其服、安其居、乐其俗，没有虚伪巧诈，人人如婴儿般淳朴。

四、老子的处世哲学：虚静、柔弱、不争、寡欲

老子的人生观取决于他的世界观，总原则仍然是"法自然"。老子的世界观认为，"道"生万物，"德"养万物，是无私的。人生也应如此。所以，"为而不有"就是老子的人生观。"圣人无私"，"圣人无藏"，"圣人不积"就说明了人生应当至公无私。

第一，为人处世要谦下宽容，如婴儿与水，甘居柔弱。老子认为，要成为自然之王，社会之王，就要有谦下和宽容的精神，要甘居柔弱。因为生活中坚强处于劣势，柔弱处于优势，"柔弱胜刚强"⑬。"人之生也柔弱，其死也坚强。万物草木之生也柔脆，其死也枯槁。故坚强者死之徒，柔弱者生之徒"⑭。因此，"兵强则灭，木强则折"⑮。"江海之所以能为百谷王者，以其善下之"⑯。故"海纳百川，有容乃大；壁立千仞，无欲则刚"⑰。

"谦下"要以"宽容"为怀。"宽容"是说人的胸襟要宽广，豁达大度，像幽深的山谷，能够包容人世间一切，这就是"上德若谷"⑱。如果达到了"上德

若谷"的境界，可以做到"善者吾善之，不善者吾亦善之，德善；信者吾信之，不信者吾亦信之，德信"[19]，即对待个人恩怨可以做到"报怨以德"[20]。对待恩怨，有三种态度：一是以怨报德，这是小人；一是以德报德、以怨报怨，这是普通人；一是以德报怨，这就是老子主张的圣人（有道之人）。另外，甘居柔弱之"柔弱"不是虚弱，不是脆弱，更不是懦弱，而是柔韧，内含一种不断发展壮大的生机，它是一种力量，将来必定会战胜强大。老子喜欢用"水"做比喻，认为"上善若水"[21]；"水善利万物而不争"[22]；"天下莫柔弱于水，而攻坚强者莫之能胜"[23]。水的德性一是利万物而不争；一是处柔而攻坚强者莫之能胜，如现实中洪水就可以冲垮堤坝，冲塌房屋，冲破一切最坚强的东西。所以我们立身处世应当效法"水"：柔弱、处下、居后、不争。最有道德的人，像水一样，安于卑下，心地深沉，与世无争，待机而动，故能无所不能。老子强调以柔克刚，目的在教人谦卑逊让，以退为进，以静制动。

这里的"不争"，既包含不争强好胜，又包含"功成不名有"[24]；"功成而弗居"[25]；"功成身退，天之道也。"[26]因为，老子说，"自见者不明，自是者不彰，自伐者无功，自矜者不长"[27]，这些"自见"、"自是"、"自伐"、"自矜"都是争强好胜的表现，都应当抛弃。在人世间，自是者必败，自矜者必亡，是很普遍的。项羽百战百胜，自以为是，以乌江自刎告终。符坚投鞭断流，骄态十足，终于淝水败亡。"不争"只是手段，最后能达到"夫唯不争，故天下莫能与之争"[28]，"天之道，不争而善胜"[29]。

老子的以柔弱胜刚强常被用于战争，并作为作战的指导原则，如以守为攻，以退为进，以柔克刚，哀兵必胜。"将欲歙之，必固张之；将欲弱之，必固强之；将欲废之，必固兴之；将欲夺之，必欲与之"[30]。通常讲"舍得"，只有先"舍"，才会有"得"，即是如此。老子不是阴谋家，但其理论经常被阴谋家利用。老子不讲欺诈权谋之术，只是指出任何事物都会"物极必反"，都包含有向相反方向转化的趋势，我们知道这点就可防微杜渐，可居安思危，居危思进，树立忧患意识。当人生处于成功状态时，我们应牢记"谦受益、满招损"，不显山不露水方为真君子。当人生一事无成，或"运数不佳"之时，就要首先战胜自己的心态，不要自卑，"沉潜"在深水里，等待时机，厚积薄发。

当然，老子过分强调"贵柔守雌"、"无为不争"是片面的，缺乏进取精神。从"柔弱胜刚强"可看出，老子与儒家不同，是"重阴贬阳"论者。而庄子就既不"尊阴贬阳"，也不"重阳卑阴"，而是强调"阴阳调和"。

　　第二，为人处世要"见素抱朴，少私寡欲"㉛。老子主张寡欲，并非主张"禁欲"、"不欲"、"绝欲"。寡欲的方法，仍以"无为"态度行之，以顺其自然为要。人的正当需求，不能强为禁绝，故曰："少私寡欲"。人之多欲，是因其自私，自私之人，贪得无厌，必大欲存焉。欲望大之人，凡事都不满足，做事自然过分。"寡欲"的具体举措是"去欲、尚俭、知止"。"去欲"，去多余的欲；尚俭，不仅指物质上的节俭，更多是在精神上要注意积蓄、养护、厚藏根基、培植力量；"知止"即"知足"，通常讲"知足常乐"是也。"知足不辱，知止不殆，可以长久"㉜，即知道满足就不会遭到屈辱，知道适可而止，就不会遇到危险，这样可长久平安。所以，老子说："我有三宝，持而保之。一曰慈，二曰俭，三曰不敢为天下先"㉝。"慈"即仁慈，"俭"即节俭，"不敢为天下先"即不敢走在天下人的前面。只有仁慈、俭朴、谦让不争的人，方能具备道德勇气，进而博施于人，受人尊敬拥护而成大器。"不敢为天下先"是一种"进道若退"的处事原则。从表面看，人要谦退居下，但从本质看，"退"是为了"进"。所以"圣人后其身而身先，外其身而身存"㉞，即圣人处处谦虚退让，反而能赢得爱戴；事事不计较利害得失，置自己于度外，反而能保全自己。

　　老子的"不敢为天下先"，庄子也有所继承。庄子说"直木先伐"、"甘井先竭"。

　　第三，知雄守雌，和光同尘。"知雄守雌"，也叫"知白守黑"、"知荣守辱"，这是老子处世哲学的又一要点。"知其雄，守其雌，为天下溪"；"知其白，守其黑，为天下式"；"知其荣，守其辱。为天下谷"㉟。人可有雄心壮志，但不可逞强好胜，应抱持柔弱谦下之道，保持如婴儿般的质朴本性，清虚自守，勿刚强好胜，否则不得善终。在老子看来，圣人的内在本质和外在表现往往是相反的。如"大成若缺"、"大盈若冲"、"大直若弯"、"大巧若拙"、"大辩若讷"㊱。后来苏轼的"大勇若怯，大智如愚"，就是对该思想的发挥。"和光同尘"是指人在世上不要锋芒太露，过于突出自己，要含敛光耀，混同尘世，达到玄妙齐同的境界。老子讲"知者不言，言者不知。挫其锐，解其纷，和其光，同其尘，是谓玄同"㊲。智者精通"道"的奥妙，但不多言；成天喋喋不休的人，反而没有智慧，不懂"道"。怎样做到"和光同尘"？老子说："圣人方而不割，廉而不刿，直而不肆，光而不耀"㊳。老子的这种不争之德，知雄守雌，和光同尘的处世哲学有随波逐流，难得糊涂，不讲原则的混世思想。但提倡"功成不居"和"谦下宽容"是可取的。就处理人际关系而言，不争名夺利，功成身退也是一种美德。

　　总之，老子热爱生命，反对战争，主张长生，所以老子哲学是生命哲学。但为了保存生命，委曲求全，甚至苟且偷生，又成了活命哲学。为了活命，要装出一副难得糊涂的样子，又成了混世哲学，这与儒家追求的"修身、齐家、治国、平天下"形成鲜明对比。中华民族中所特有的老成持重，和光同尘，韬光养晦，圆滑老到，难得糊涂，保守退让，受老子思想影响较多。

五、老子的管理哲学

　　老子的"无为"思想被较多地用于企业管理。如"天道自然"式的管理；"上善若水"式的管理；"无为而无不为"式的管理等管理模式。从人类的管理进化与实践效用看，由低到高排列如下：兵治——法治——仁治——德治——道治。在日本"无为"、"清静"等警语被企业界广泛应用。他们认为，当今世界竞争激烈，老子的"无为而治"和"以柔克刚"的管理方法正符合在激荡社会中需要的一种弹性软化的管理办法予以周旋。但是，老子讲"无为"，而企业和行政管理是要追求"有为"，岂不冲突？实际毫不冲突。道治的管理有三阶段：有为（管理目标）——无为（管理手段）——无不为（管理效果），关键是如何通过"无为"而实现"无不为"的管理效果？答案就是老子的"其政闷闷，其民淳淳。其政察察，其民缺缺"㊴。一般管理者或以智，或以力取天下，殊不知用智者，别人还之以智；用力者，别人还之以力。锋芒毕露，反而容易被人识破，这就是不懂"无为"的结果，缺乏道家的"含蓄"之美。不过，老子的这些思想用于实际，应该有一些操作上的转化。所以汉初老子的治国哲学用于实践时，其"无为"的含义具体为"君上无为，臣下有为"，把君王从烦琐的政务中解脱出来，而只是督责大臣，使大臣有为，各司其职，各尽其责。现代管理也是这样，领导者务虚，考虑超越于日常事务之外的指导思想、未来目标规划等问题，而执行者务实，兢兢业业、一丝不苟地贯彻执行和处理日常事务。为上者不越权代理为下者应做的事，要垂拱而治，对部下得放手时且放手，这就是老子的管理之道。

【注释】

　　①《老子》第 25 章。

　　②《老子》第 37 章。

　　③⑤⑥《老子》第 57 章。

　　④㉕《老子》第 2 章。

⑦《老子》第 29 章。

⑧《老子》第 60 章。

⑨《老子》第 12 章。

⑩⑪《老子》第 3 章。

⑫《老子》第 19 章。

⑬《老子》第 36 章。

⑭⑮《老子》第 76 章。

⑯《老子》第 66 章。

⑰林则徐题于书室的一副自勉联。

⑱《老子》第 41 章。

⑲《老子》第 49 章。

⑳《老子》第 63 章。

㉑《老子》第 8 章。

㉒㉓《老子》第 78 章。

㉔《老子》第 34 章。

㉖《老子》第 9 章。

㉗《老子》第 24 章。

㉘《老子》第 22 章。

㉙《老子》第 73 章。

㉚《老子》第 36 章。

㉛《老子》第 19 章。

㉜《老子》第 44 章。

㉝《老子》第 67 章。

㉞《老子》第 7 章。

㉟《老子》第 28 章。

㊱《老子》第 45 章。

㊲《老子》第 56 章。

㊳㊴《老子》第 58 章。

第三节　庄子之生存智慧

一、游乎尘垢之外——庄子式的自由

庄子哲学的核心是人生哲学。其人生哲学的核心是追求自由与逍遥。庄子主张"反其真",即返回人的自然本性,回到人的自由与逍遥的本真状态。

自由,一般意义上讲是指按自己的意志行被允许的行为或可能的行为。但在庄子那里,自由只是一种超凡绝俗的精神状态,一种妙不可言的逍遥境界。庄子在《逍遥游》中反复论述了他的独立无待、绝对自由的思想以及对此的美好畅想。

庄子身处乱世,其自由不可能是行为上的,其最终的归属只能是精神上的。庄子把达到这种自由境界的人称为:神人、真人或至人,他认为如果通过潜心修行达到这种最高境界,就会体验到因此而带来的狂放与洒脱。

人之所以需要精神上自由,庄子认为是因为现实中的人不自由。而现实中人之所以不自由,又有两个原因:

第一,庄子认为,人生要受命运和时运的决定而不自由。他认为包括人在内的万物之生长转化,都不由自己决定,而由天地必然生成。由此,庄子提出了"命"的范畴。"生死,命也;其有夜旦之常,天也"[①],即生与死均是必然的命运,犹如黑夜和白天交替那样永恒地变化,完全出于自然。"生死,存亡,穷达,贫富,贤与不肖,毁誉,饥渴,寒暑,是事之变,命之行也;日夜相代乎前,而知不能规乎其始者也。"[②]即生死,存亡,穷达,贫富,贤能与不肖,诋毁与称誉,饥渴,寒暑,这些都是事物的变化,都是自然规律的运行;日夜更替于我们前面,而人的智慧却不能把握。这里,庄子继承老子天道自然的观点,认为命由道与天决定,但道与天都是无意志、无目的、效法自然的。所以庄子所说的命不具有宗教迷信的神学意义。人的命运好坏如何,只是如自然规律的运行一样,是无可奈何的运行,或者说人生是不知其所以然而然的必然。人生的不自由,除了命运的决定外,还要受时运的决定。"我讳穷久矣而不免,命也;求通久矣而不得,时也"[③]。命是人与身俱来的内在必然性,时是外在社会各种因素所构成的必然性。命运和时运都是构成人生困境的必然性,人在这两种必然性面前无可奈何、无能为力，庄子就自感生不逢时，这也是人何以不自由的最深刻的本体层面。《庄子·山木》载：一次，庄子身穿粗布补丁衣服，脚着草绳系住的破鞋，去拜访魏王。魏王见了他，说："先生怎如此潦倒啊？"庄子纠正道："是贫穷，不是潦倒。士有道德而不能体现，才是潦倒；衣破鞋烂，是贫穷，不是潦倒，此所谓生不逢时也！大王您难道没见过那腾跃的猿猴吗？如在高大的楠木、樟树上，它们则攀缘其枝而往来其上，逍遥自在，即使善射的后羿、蓬蒙再世，也无可奈何。可要是在荆棘丛中，它们则只能危行侧视，怵惧而过了，这并非其筋骨变得僵硬不柔灵了，乃是处势不便，未足以逞其能也，现在我处在昏君乱相之间而欲不潦倒，怎么可能呢？"

第二，庄子认为，人生不自由的另一原因是，人要为功名利禄操劳而一刻不息。庄子在《庄子·齐物论》中一针见血地指出了人如何被功名利禄操纵而陷入不自由的境地，从而遭受"异化"的痛苦。

所以，庄子认为，人一来到尘世，就始终处在生死搏斗之中，可谓人在江湖，身不由己，或逆境，或顺境，终身忙碌不见其功，疲于奔命不知归宿何处。既然人生难以驾驭，不能自主，故人生的原则就应该是安时顺命，顺物而化，无所作为，这样人生才能从痛楚中解脱出来，超然世外，"安时而处顺，哀乐不能入"④。庄子还认为，安时处顺并不是每个人都能达到的境界，只有通过潜心修养，精神上达到逍遥自由的人才能做到，"知不可奈何，安之若命，唯有德者能之"⑤。那么如何才能实现精神上的逍遥自由呢？庄子提出了两种修养心性的方法：一叫"坐忘"，一叫"心斋"。何谓"坐忘"？"堕肢体，黜聪明，离形去知，同于大道，此谓坐忘"⑥，即忘掉形体外物，去掉聪明才智，忘掉肉体，摒弃知识，达到天人合一的境界，这叫坐忘。何谓"心斋"？"唯道集虚，虚者心斋也"⑦，即摈弃一切耳目聪明与心智，虚其心，摈除情欲，保持心的绝对虚静状态就是心斋。人如果做到了"坐忘"和"心斋"，就能超脱人世间的干扰，保持心的宁静而不被外物和自我所累，就能无好无恶，无心于万物的变化，无情于世事的盛衰荣枯，超然于尘世之外，什么名利、是非、生死，对一切就都会无动于心。不过，生活在现实中的一般凡夫俗子、芸芸众生是不容易达到心的绝对虚静状态的。庄子为我们描绘的能达到该境界的神人、至人、圣人都是不涉尘世而游乎尘垢之外的人。"藐姑射之山，有神人居焉，肌肤若冰雪，绰约若处子，不食五谷，吸风饮露。乘云气，御飞龙，而游乎四海之外"⑧，即在遥远的姑射山上，住着一位神人，皮肤润白像冰雪，体态柔美如处女，不食五谷，吸清风饮甘露，乘云气驾飞龙，遨游于四海之外。也只有这样的人才能做到一生优游自得，超然世外。

二、顺随自然的无所作为

人处"命"中而不自由。但庄子哲学的奇特之处就是变消极的"命"为积极的"命"。命不可改变，但可利用。只要顺命、安命，就可获得自由。"知其不可奈何，而安之若命，德之至也"⑨。而要顺命，就要顺天；要顺天，就要顺随自然，虚静无为。这犹如古代禅者智慧："春有百花秋有月，夏有凉风冬有雪。若无闲事挂心头，便是人生好时节。"因为禅者就懂得顺应，顺应自然和社会，顺应天地之变化，精神逍遥自在，所以每一个季节都是好季节。

庄子的"无为"有三个层次：

1. 绝对不违反天命的无所作为。

2. 与世无争，顺世主义的"与物俱化"。

3. 不为世用，以无用为大用的保身主义。

庄子"无为"观的实质是通过无为来消解人与物、人与人以及人与心的对抗关系。庄子认为，只要"有为"就会导致对立，就会破坏道的自由和人返其"本真"的天然状态，而人生的"有为"主要表现为对功名利禄的追求。"至人无己，神人无功，圣人无名"⑩，即道德修养高尚的"至人"能够达到忘我的境界，精神世界完全超脱物外的"神人"心目中没有功名和事业，思想修养臻于完美的"圣人"从不去追求名誉和地位。

从庄子哲学的顺命、无为、退隐、追求精神逍遥的表象上，我们能看出他内心深处对当时世态的悲凉与绝望。所以，在庄子哲学中，有顺命无为的悲观论调，他对人生的处境持悲态。"人生天地之间，若白驹过隙，忽然而已⑪，他不时感叹人生短暂如梦，所谓梦醒时分，已是黄昏。在《庄子·至乐》篇中有一则庄子与骷髅的对话，有人由此认为庄子在赞美死亡，实际上是庄子的"黑色幽默"。庄子看到了现实人生的悲苦，看到了人在命面前的无可奈何，但他并没有止于悲观主义，而是否定现实，超脱世俗，在安命无为的地基上营造了逍遥自在、自事其心的乐观主义奇境。庄子很善于化悲苦为逍遥。庄子思想中更多的是对生命与自由的强烈向往，也正因如此才会面对黑暗现实所采取与世俱化、安之若命的顺世哲学。庄子就是这样以"顺随自然"，以"逍遥游"的境界对待世事，把一切矛盾都化解为虚无，化解在庄生梦蝶、蝶梦庄生之中。

　　庄子的悲观论调与西方的悲观主义哲学家叔本华不同。叔本华在对现实的绝望中提出了消极厌世的悲观主义哲学，而庄子没有这样，他在严酷的现实和强大的命运间，寻觅他自以为可以解脱人生痛苦的道路，并对之抱着殷切的希望和满腔的热情。任何悲观主义哲学都不会提倡去追求什么，而只是要我们放弃什么；不会去肯定事物的意义，而只是会否定事物的意义。叔本华并因此最终就走向了虚无。而庄子要我们去执着追求精神的自由，回归自己的本心，他肯定精神自由给人生带来的深刻意义和巨大的价值。庄子的人生就是从"游心于淡"到"游刃有余"的潇洒人生。如果将庄子的精神自由仅仅理解为精神麻醉术，这是对庄子的简单化理解。庄子思想中有悲，是因为他对现实和人生看得更透，"窃钩者诛，窃国者为诸侯，诸侯之门而仁义存焉"⑫。庄子思想中有乐，是因为他对世界和人生还保留着信心和希望，庄子的乐观中有对精神逍遥的浪漫主义情怀。庄子就是这样以顺随自然、安之若命的代价，换来"游刃有余"、洒脱旷达的精神境界，并在那里"独与天地精神往来"。后来"竹林七贤"、"扬州八怪"，这些行为怪异的旷世奇才们的生活方式和人生态度，无不受庄子思想的影响。

三、内直外曲的"与时俱化"

　　"与时俱化"就是随事物的变化而变化，一切顺乎自然，不谴是非，随机应变，与世无争，处处委顺。庄子告诫生活在现实中的人不要标新立异，不要与潮流抗争，不要反对俗见故作高蹈，不要鄙视尘世而孤僻古怪，一定要顺世，要表现出无所作为。但同时，庄子又坚决反对在顺世中流俗，丧失自我，顺世中必须保持人格的独立。这样，庄子提出了外曲，内直，外化，内不化的处事原则。"外化"即表面随世俗的变化而变化；"内不化"即内心世界要保持原则，坚守立场，独立不羁，保持本心、本性、本真不被改变，在柔顺中独守心灵阵地。

　　庄子的"外化"处事原则有随波逐流、见风使舵、左右逢源、处世要很圆滑的倾向，这是不可取的。但庄子认为，"外化"只是手段，目的是"内不化"，是为了在纷乱的社会舞台上维护一片宁静本我的心灵天空。这应该是庄子顺世主义的更本质的一面。庄子式的精神自由最根本的意义在于无论在什么社会境遇下，我们都要保持人格的独立，不媚俗附贵，以不偏不倚的态度以保持内心的纯正，这也是庄子隐而不彰、含而不露的深厚的人格力度，后来发展为道家风骨。任何社会都需要一些独立不移、不被世利、不为物累、不被权威所支配的真正意义上的知识分子。如果这部分人消失，社会往往会出现奇异而浮躁的冲动甚至疯狂，会导致社会群体短视和功利主义泛滥。

四、韬光养晦的"于世无用"

庄子生逢乱世，所处时代正值"争地以战，杀人盈野；争城以战，杀人盈城"的战国中期。在生命得不到保证的时代，庄子的生存智慧就是"无用之用"。"山木自寇也，膏火自煎也，桂可食，故伐之；漆可用，故割之。人皆知有用之用，而莫知无用之用也"⑬，生长在山上的树木，因为自然的需要而被砍伐，膏脂因为能照明而被燃烧，桂树可以食用，所以被砍伐；漆树可以使用，因而被割皮。人人都知道有用的用处，而不知道无用的用处。

"无用之用"就是要"于世无用"，不追求任何世俗成功，不能"为世所用"。于世无用，于己就是大用，否则，山木有用，自讨砍伐；油膏可燃，自讨火烧。庄子举了个叫"支离疏"的故事来作比喻。支离疏因为肢体残缺而无所用，所以没有征战之忧，劳役之灾，足以养身以终天年。可见无用就是大用，这个大用就是确保个人生命。庄子认为，于世无用只是手段，保身养性才是目的，如果性命都得不到保证，谈何心性自由。所以，人在世间，应含而不露，韬光养晦，做到不露声色，不留痕迹，做一个不被注意的角色，躲在一个被人遗忘的角落，这样就可以安享天年，心灵也不被人世之各种利用惊扰牵累。

后来，庄子在《庄子·山木》中又说要保全自己也不能完全无用、完全不材，而是要处于材与不材之间。"材与不材之间"，意指：貌似无用，却不是真的无用，只是不为世所用。不过，庄子很快又发现，材与不材之间仍然未能合乎天道，只是近似而已，故仍然不能免于拘束与劳累。假如能完全顺应自然、因仍天道而自由地生活，就能完全保全。庄子一生一会儿要做一只曳尾于涂中的龟，一会儿又要做一棵不成才的树，其真正目的就是要在险恶的环境里保身养性。

庄子为了不被统治者利用和伤害，煞费苦心总结出一套生存智慧来。本来道家反对智慧，反对机巧之心，但老庄不得已而为之，这就是中国封建社会专制政治下知识分子身上必然发生的悲剧。

五、参破生死的达观人生

《齐物论》是庄子哲学中最具特色的部分，也是庄子哲学大放异彩的篇章。在《齐物论》里，庄子把物我、是非、生死、荣辱、得失、美丑、高下等都视为同一、没有差别，其意义有二：

一是使人的精神可以超越是非得失、生死荣辱等的限制，全面解脱出来。

二是铸就了庄子怀疑主义的批判武器，对社会人生、权威信条具有天生的否定力量。

庄子的《齐物论》集中地表述了他的怀疑论思想。庄子的怀疑论是系统的，他不仅怀疑主体的认识能力，而且怀疑认识客体以及主客体关系和认识标准。由此，庄子提出了以不知为知的怀疑论主张，并以怀疑论为武器批判各种权威和偏见。

"吾生也有涯，而知也无涯。以有涯随无涯，殆已；已而为知者，殆而已矣"⑭，即人的生命是有限的，而知识是无限的。要用有限的生命去追求无限的知识，很危险啊；既然如此还要不停地去追求知识，便更加危险啊。这是庄子对认识主体的怀疑。如时间的局限，必然会限制人的认识所达到的深度，就如"朝菌不知晦朔，蟪蛄不知春秋"⑮，即清晨的菌类不会懂得什么是晦朔，寒蝉也不会懂得什么是春秋。此外，空间的限制，也必然会限制人的认识所达到的广度，如"井蛙不可以语于海，夏虫不可以语于冰"⑯，即与井蛙谈论大海，它是无法理解的。

"昔者庄周梦为胡蝶，栩栩然胡蝶也。自喻适志与！不知周也。俄然觉，则蘧蘧然周也。不知周之梦为胡蝶？胡蝶之梦为周与？"⑰即过去庄周梦见自己变成蝴蝶，欣然自得地飞舞着的一只蝴蝶，感到多么愉快和惬意啊！不知道自己原本是庄周。突然间醒起来，惊惶不定之间方知原来是我庄周。不知是庄周梦中变成蝴蝶呢，还是蝴蝶梦见自己变成庄周呢？这是庄子对主客关系的怀疑。庄子提出庄周梦为蝴蝶还是蝴蝶梦为庄周，就是要打破主客体之间截然对分的界限，从而打破那些人们习以为常的"事实"。

"既使我与若辩矣，若胜我，我不若胜，若果是也，我果非也邪？我胜若，若不吾胜，我果是也，而果非也邪？其或是也，其或非也邪？其俱是也，其俱非也邪？我与若不能相知也，则人固受其黮，吾谁使正之？使同乎若者正之？既与若同矣，恶能正之！使同乎我者正之？既同乎我矣，恶能正之！使异乎我与若者正之？既异乎我与若矣，恶能正之！使同乎我与若者正之？既同乎我与若矣，恶能正之！然则我与若与人，俱不能相知也，而待彼也邪？化声之相待，若其不相待，和之以天倪，因之以曼衍，所以穷年也。"[18] 即倘使我和你展开辩论，你胜了我，我没有胜你，那么，你果真对，我果真错吗？我胜了你，你没有胜我，我果真对，你果真错吗？难道我们两人有谁是正确的，有谁是不正确的吗？难道我们两人都是正确的，或都是不正确的吗？我和你都无从知道，而世人原本也都承受着蒙昧与晦暗，我们又能让谁作出正确的裁定？让观点跟你相同的人来判定吗？既然看法跟你相同，怎么能作出公正的评判！让观点跟我相同的人来判定吗？既然看法跟我相同，怎么能作出公正的评判！让观点不同于我和你的人来判定吗？既然看法不同于我和你，怎么能作出公正的评判！让观点跟我和你都相同的人来判定吗？既然看法跟我和你都相同，又怎么能作出公正的评判！如此，那么我和你跟大家都无从知道这一点，还等待别的什么人呢？辩论中的不同言辞跟变化中的不同声音一样相互对立，就像没有相互对立一样，都不能相互作出公正的评判。用自然的分际来调和它，用无尽的变化来顺应它，还是用这样的办法来了此一生吧。这是庄子对认识标准的怀疑。总之，庄子的怀疑论内容很丰富。庄子怀疑论本质上是一种相对主义，它对打破绝对主义的思维方式是有深刻意义的。况且，庄子的怀疑论本身蕴涵有批判精神，是怀疑现实、批判现实的思维反映。在《庄子》一书中，他对现实、统治阶级、仁义礼乐、智巧等的批判之辞尖锐激烈，俯拾皆是。他认为最为纯正的人性就是人自然的本性，而虚伪的仁义道德则不但不合人性，而且还会伤性乱世。他在批判现实社会基础上，提出了他的理想社会："至德之世"。

庄子怀疑论的根据还有他的"道论"。道生万物又归于道，所以从道的角度看，事物的差别只是表面的而非本质的，"方生方死，方死方生；方可方不可，方不可方可；因是因非，因非因是。是以圣人不由而照之于天，亦因是也。是亦彼也，彼亦是也。彼亦一是非，此亦一是非"[19]。所以以道观之，"万物皆一"[20]。既然什么都没有差别，包括生死，我们为何还要执著那些身之外的功名利禄呢？

庄子一再强调注重追名逐利是实现人的精神宁静和解脱的最大障碍，人一生如果煞费苦心挣扎在功名利禄上，就会使心灵深负重压，精神痛苦焦虑，从而破坏人的真朴之性。在庄子看来，生死就如春夏秋冬的运行，是自然的事，无所谓悲，无所谓喜。也许，生可能是一个迷途的孩子不知所归，死可能是一种人生的解脱返真。《庄子·至乐》里记载，庄子妻死，惠施吊之，庄子却"鼓盆而歌"，十分洒脱。庄子自己死前，也一样将生死完全看破。《庄子·列御寇》中说庄子将死，弟子欲厚葬他，他说人死只是回归自然，葬与不葬没有区别。春秋战国时期，儒家主张厚葬，墨家主张薄葬，庄子就干脆主张不葬。可见庄子真的是一位参破生死的达士。

既然能将生死看破，那宠辱得失又怎能扰乱心境。庄子生前拒绝接受楚威王的"许以为相"，而宁愿像龟一样在泥水里拖着尾巴快乐的活着。而且，庄子认为追求功名利禄实际上并不快乐。"至乐无乐，至誉无誉"，即最大的快乐就是无所谓快乐，最大的荣誉就是无所谓荣誉。当今浮华之世，功利主义泛滥，我们更要学会宁静致远，淡泊明志，这样才不会为物所累，人的精神根基才不会隐没在喧哗浮躁之中。庄子一生就过着宠辱不惊，精神逍遥自在的遗世独立的达观生活。

庄子哲学中的参破生死与自我保全并不矛盾，因为这两者都是顺应自然的表现。

总之，庄子时代，痛感天下无道，却又无力与现实抗争，他所能做的仅仅是拒绝接受楚威王的"许以为相"，走隐遁一途，终身不仕，转向内心，寻求精神上的解脱。当然，这种解脱不可能是真正的解脱。因为真正的解脱办法只有一个，就是消除黑暗。但庄子备感无能为力，他只能避开黑暗，逃避到内心的精神自由中去。这种精神自由是对现实中"不自由"的曲折反映。庄子针对不自由的人生困境，提出了安命论，即安时处顺以解脱命的限制。庄子针对"功名利禄"，提出了齐物论，即齐物我、齐荣辱、齐得失、齐成败、齐是非等以解脱功名心的限制。庄子认为，人一旦把自我的精神修炼到一个神游乎尘世之外的逍遥自由之境，再来审视生死、时命、功名，以及一切世俗困扰，都可化成宁静心境，一切世俗烦恼都可成为过眼烟云。总体而言，庄子在行为上是顺命的，但在精神上却是高蹈的。

六、老庄智慧的总体评价

春秋战国是中国文化史上的轴心时代，当时诸子并起，百家争鸣，学术文化高度发展。老庄哲学，作为一种古老的文化遗存，仍在影响着现代人的生活，且很受西方人推崇。学习老庄智慧，并不要求我们要游离于世俗之外，而是应该对人生、对世俗有更清醒和深刻的认识。

在老子智慧中，诸如见素抱朴，少私寡欲，以柔克刚，谦下不争，贵柔守弱，无为而无不为，大智若愚，大巧若拙，大音希声，道法自然等仍然被当今人们津津乐道。庄子更是以丰富的想象力，创造了一个个栩栩如生的寓言故事，将道家的思想活灵活现、意味深长地表达出来，如无为淡泊、安时处顺、精神自由、逍遥自得、不为物役等等。像"庖丁解牛"、"呆若木鸡"、"井底之蛙"、"庄周梦蝶"、"朝三暮四"等等脍炙人口的寓言故事，无论品读多少遍都仿佛余音绕梁，三日不绝。

当今社会物欲横流，拜金主义、享乐主义泛滥，人格扭曲、精神沦丧成灾，"寻找精神家园"、"重建精神家园"的声音在膨胀的物欲中显得何其脆弱，基本上被淹没在觥筹交错、灯红酒绿的喧哗之中。所谓"物极必反"，西方开始率先转向东方哲学，试图找到治心良方，于是老庄哲学成为西方人的热门话题。在老庄看来，人的福、乐不是去贪求名利、财货，而是怎样保持从"道"那里禀得的一份真朴之性，以保持人的精神之恬适、心灵之放达。倘若人生在世把功名富贵视为生命的内涵，则是虚幻而不真实的，只会导致人性的丧失，给人带来莫大的悲剧。也正因如此，老子主张在功名利禄面前要"去甚，去奢，去泰"[20]；庄子则指斥那种"淫其性"、"伤其性"的纵情嗜欲行为，启导人们"无以人灭天，无以故灭命，无以得殉名"[22]。老庄呼唤人生从声名、物欲中超拔出来，过返朴归真、不掺杂任何人为造作的自然生活。在庄子哲学中，强烈地批判那些贪图功名利禄的人为寻求官能刺激而每时每刻都在劳苦身体、殚精竭虑，"与物相刃相靡，其行尽如驰而莫之能止"[23]，竟不知道这是"果乐邪？果不乐邪"[24]。的确，当今浮华之世，很多人为物所累，生命的过程被忽略了，人的精神根基隐没在沉沉的黑夜之中。

对于老庄哲学，因时代所限，我们不应过多挑剔，而应更多地去寻找对我们当代人有启迪的东西。也许，有人会把老庄的思想看成是失意者的避难所或精神的麻醉术，但为什么我们不把他们的思想看成是一座精神高台？它能让我们俯视那些目光短浅、纠缠于近利的劳碌众生。老庄智慧可以让我们突破平常思维，从不同的视角想一些不同的问题，这也是我们需要的思维。老庄的思想对中国人的文化心态、国民性格、价值取向、审美情趣、文学艺术等都有广泛而深刻的影响，起着十分独特和微妙的作用。

总之，老庄的智慧我们未必就应该遵从、效仿。但他们对人生所做的深刻透彻反省对我们思考人生是有启发的，特别是在物欲横流的当今世界更有其特殊价值。当然，老庄提倡自然无为、虚静不争、贵柔守雌、顺世保身等等有其片面性。当下世界，知足，知不足；有为，有不为，这也许才是我们人生真正的大智慧。

【注释】

①④⑥《庄子·大宗师》。

②《庄子·德充符》。

③㉒《庄子·秋水》。

⑤《庄子·德充符》。

⑦⑨⑬《庄子·人间世》。

⑧⑩⑮《庄子·逍遥游》。

⑪《庄子·知北游》。

⑫《庄子·胠箧》。

⑭《庄子·养生主》。

⑯《庄子·秋水》。

⑰⑱⑲㉓《庄子·齐物论》。

⑳《庄子·德充符》。

㉑《老子》第 29 章。

㉔《庄子·至乐》。

第四节　老庄名句诵读

一、《老子》名句诵读

第 1 章：道，可道，非恒道。名，可名，非恒名。无名，天地之始；有名，万物之母。

【译文】"道"如果可以用言语来表述，就不是恒常的"道"；"名"如果可以用文辞去命名，就不是恒常的"名"。"无"是天地混沌未开之际的原始；"有"是宇宙万物产生之根源。

第 2 章：天下皆知美之为美，斯恶已；皆知善之为善，斯不善矣。……是以圣人处无为之事，行不言之教，万物作而弗始，生而弗有，为而弗恃，功成而弗居。夫唯弗居，是以不去。

【译文】天下人都知道美之所以为美，那是由于有丑陋的存在。都知道善之所以为善，那是因为有恶的存在。……因此圣人用无为的观点处理世事，用不言的方式施行教化：听任万物自然兴起而不强加倡导，顺应自然本性生养万物而不据为己有，功成业就而不自居。正由于不居功，他的成功才不会泯灭。

第3章：不尚贤，使民不争；不贵难得之货，使民不为盗；不见可欲，使民心不乱。

【译文】不推崇有才德的人，导使老百姓不互相竞争；不珍爱稀有难得的财物，导使民心安宁而不去偷盗；不显耀引起贪心的东西，导使民心不被迷乱。

第4章：挫其锐，解其纷，和其光，同其尘。

【译文】挫磨它争胜的锋锐，解脱一切复杂纷乱的心志，含敛它的光耀，混同于尘垢。

第5章：天地不仁，以万物为刍狗。圣人不仁，以百姓为刍狗。

【译文】天地无所谓仁爱，对待万事万物就像对待刍狗一样，任凭其自生自灭。圣人也无所谓仁爱，同样像刍狗那样对待百姓，任凭人们自我发展。

第7章：圣人后其身而身先，外其身而身存。

【译文】圣人遇事谦退无争，反而能领先众人；将自己置于度外，反而能保全生命。

第8章：上善若水。水善利万物而不争，处众人之所恶，故几于道。

【译文】最高的善行就像水一样。水善于滋润万物而不与万物相争，停留在众人都不喜欢的地方。这种高尚的品质、德性最接近于"道"。

第9章：金玉满堂，莫之能守。富贵而骄，自遗其咎。功遂身退，天之道也。

【译文】凡是金玉满堂的，都无法守藏。如果富贵又骄横，那是自己留下祸根。所以功成名就，就要含藏收敛，这是符合顺应自然规律的道理。

第10章：生之，畜之，生而不有，长而不宰。是为玄德。

【译文】让万物生长繁殖而不占为己有，虽有所作为却不为己功，作万物之长而不主宰他们，这就叫做最深远的德。

第12章：五色令人目盲。五音令人耳聋。

【译文】五彩缤纷的物质，使人眼花缭乱；繁杂邪乱的音调，使人听觉不敏。

第12章：宠辱若惊，贵大患若身。

【译文】遇到宠爱或羞辱都好像受到惊恐，把荣辱这样的大患看得与自身生命一样珍贵。

第16章：致虚极，守静笃。

【译文】尽量使心灵的虚寂达到极点，使生活清静坚守不变。

第18章：大道废，有仁义；智慧出，有大伪。

【译文】大道被废弃了，才有提倡仁义的需要；聪明智巧出现后，才产生虚伪、欺诈。

第19章：绝圣弃智，民利百倍；绝仁弃义，民复孝慈；绝巧弃利，盗贼无有。

【译文】抛弃所谓的聪明智巧，人民才可以得到百倍的利益；抛弃所谓的仁义，人民才可以恢复孝慈的天性；抛弃那些巧诈和私利，社会才没有盗贼。

第19章：见素抱朴，少思寡欲，绝学无忧。

【译文】保持纯洁朴实的本性，减少私欲杂念，抛弃圣智礼法的学问，才能免于忧患。

第20章：俗人昭昭，我独昏昏。俗人察察，我独闷闷。

【译文】世上的人都很精明自炫，唯独我是糊涂无知的样子。世上的人都很严厉苛刻，唯独我是无所识别的样子。

第22章：曲则全，枉则直。

【译文】委曲便会保全，弯曲反而会伸直。

第22章：夫唯不争，故天下莫能与之争。

【译文】正因为不与人争，所以遍天下没有人能与他争。

第24章：自见者不明，自是者不彰。

【译文】自我表现的人反而得不到彰明；自以为是的人反而得不到彰扬。

第25章：人法地，地法天，天法道，道法自然。

【译文】人效法地，地效法天，天效法"道"，而道顺任自然。

第 28 章：知其雄，守其雌，为天下溪。

【译文】深知什么是雄强，却甘守柔顺，成为天下的溪涧。

第 29 章：是以圣人去甚，去奢，去泰。

【译文】因此，圣人并不强为，顺其自然，要除去那种极端、奢侈、过度的作为。

第 33 章：知人者智，自知者明。胜人者有力，自胜者强。

【译文】能了解别人叫做智慧，能认识自己才算高明。能战胜别人是有力量，能战胜自己才算坚强。

第 36 章：将欲废之，必故兴之；将欲取之，必故与之。

【译文】想要废去它，必先姑且振兴它；想要夺取它，必先姑且给予它。

第 37 章：道常无为而无不为。

【译文】道永远是顺任自然而无所作为，却又能无所不为。

第 39 章：故至誉无誉。

【译文】所以最高的荣誉无须赞誉。

第 41 章：上德若谷。

【译文】崇高的德好似低下的山谷。

第 42 章：道生一，一生二，二生三，三生万物。万物负阴而抱阳，冲气以为和。

【译文】道产生一个统一体（一），这个统一体产生阴阳二气（二），阴阳二气相交而形成一种调匀和谐状态（三），万物就是在这种状态中产生。万物背阴而向阳，阴阳二气的互相激荡又成新的和谐体。

第 43 章：天下之至柔，驰骋天下之至坚。

【译文】天下最柔弱的东西，能够驱使天下最坚硬的东西。

第 44 章：甚爱必大费，多藏必厚亡。故知足不辱，知止不殆，可以长久。

【译文】过分的爱惜名利就必定要付出更多的代价，过于积敛财富，必定会遭致更为惨重的损失。所以，知道满足，就不会受到屈辱，知道适可而止，就不会遇到危险，这样才可以保持长久的平安。

第 45 章：大巧若拙，大辩若讷。

【译文】最灵巧的好似最笨拙的；最卓越的辩才，好似不善言辞。

第46章：祸莫大于不知足；咎莫大于欲得。故知足之足，常足矣。

【译文】最大的祸害是不知足，最大的过失是贪得无厌。所以知道满足的人，永远是满足的。

第48章：为学日益，为道日损。损之又损，以至于无为。无为而无不为。

【译文】求学的人，知识一天比一天增加；求道的人，情欲一天比一天减少。减少又减少，到最后以至于"无为"的境地。如果能够做到无为，那就没有什么事做不成。

第49章：善者，吾善之；不善者，吾亦善之，德善。信者，吾信之；不信者，吾亦信之，德信。

【译文】善良的人，我善待于他；不善良的人，我也善待他，这样整个社会可以人人向善。守信的人，我信任他；不守信的人，我也信任他，这样整个社会可以人人守信。

第56章：知者不言，言者不知。塞其兑，闭其门；挫其锐，解其纷；和其光，同其尘，是谓玄同。

【译文】聪明的智者不多说话，到处说长论短的人就没有智慧。塞住嗜欲的孔窍，闭住嗜欲的门径；磨去人们的锋芒，化解他们的纷争，含敛他们的光耀，混同其尘世，这就达到了深奥的玄同境界。

第57章：故圣人云："我无为，而民自化；我好静，而民自正；我无事，而民自富；我无欲，而民自朴。"

【译文】所以有道的圣人说，我无为，人民就自我化育；我好静，人民就自然安定；我无欲，而人民就自然淳朴。

第58章：祸兮，福之所倚；福兮，祸之所伏。

【译文】灾祸啊，幸福依傍在它的里面；幸福啊，灾祸藏伏在其中。

第63章：图难于其易；为大于其细。天下难事，必作于易；天下大事，必作于细。是以圣人终不为大，故能成其大。

【译文】图谋难事要从容易的地方入手，实现远大要从细微的地方入手。天下的难事，一定从简易的地方做起；天下的大事，一定从微细的部分开端。因此，有"道"的圣人对待天下的事，不等待它大了才去办，所以都能做成大事。

第64章：合抱之木，生于毫末；九层之台，起于累土；千里之行，始于足下。

【译文】合抱的大树，生长于细小的萌芽；九层的高台，筑起于每一堆泥土；千里的远行，是从脚下第一步迈出。

第65章：古之善为道者，非以明民，将以愚之。民之难治，以其智多。

【译文】古代善于为道的人，不是使人民知晓智巧伪诈，而是使人民淳厚朴实。人们之所以难于统治，乃是因为他们使用太多的智巧心机。

第66章：江海之所以能为百谷王者，以其善下之，故能为百谷王。

【译文】江海所以能够成为百川河流所汇聚的地方，乃是由于它善于处在低下的地位，所以能够成为百川之王。

第66章：以其不争，故天下莫能与之争。

【译文】因为他不与人相争，所以天下没有人能和他相争。

第72章：民不畏威，则大威至。

【译文】当人民不畏惧统治者的威压时，那么，可怕的祸乱就要到来了。

第73章：天网恢恢，疏而不失。

【译文】自然所布下的罗网，宽广无边，虽然宽疏但并不漏失。

第74章：民不畏死，奈何以死惧之。

【译文】人民不畏惧死亡，为什么用死来吓唬他们呢？

第76章：强大处下，柔弱处上。

【译文】凡是强大的，总是处于下位，凡是柔弱的，反而居于上升地位。

第78章：天下莫柔弱于水，而攻坚强者莫之能胜。

【译文】天下再没有什么东西比水更柔弱了，而攻坚克强却没有什么东西可以胜过它。

第79章：天道无亲，常与善人。

【译文】自然规律对任何人都没有偏爱，永远帮助有德的善人。

第80章：至治之极：甘美食，美其服，安其居，乐其俗，邻国相望，鸡犬之声相闻，民至老死不相往来。

【译文】国家治理得好极了，使人民吃得香甜，穿得漂亮，住得安适，过得快乐。国与国之间互相望得见，鸡犬的叫声都可以听得见，但人民从生到死，都不相往来。

第81章：信言不美，美言不信。善者不辩，辩者不善。知者不博，博者不知。

【译文】诚实的语言不华美，华美的语言不真实。善良的人不巧说，巧说的人不善良。真正有知识的人不卖弄，卖弄自己的人不是真有知识。

第81章：天之道，利而不害；圣人之道，为而不争。

【译文】自然的规律是让万事万物都有利，而不伤害它们。圣人的行为准则是，帮助别人，而不与之相争。

二、《庄子》名句诵读

1.《庄子·逍遥游》：且举世而誉之而不加劝，举世而非之而不加沮，定乎内外之分，辩乎荣辱之境，斯已矣。

【译文】世上的人们都赞誉他，他不会因此越发努力，世上的人们都非难他，他也不会因此而更加沮丧。他清楚地划定自身与物外的区别，辨别荣誉与耻辱的界限，不过如此而已呀！

2.《庄子·齐物论》：道隐于小成，言隐于荣华。

【译文】大道被小小的成功所隐蔽，言论被浮华的词藻所掩盖。

3.《庄子·齐物论》：大知闲闲，小知间间；大言炎炎，小言詹詹。

【译文】最有智慧的人，总会表现出豁达大度之态；小有才气的人，总爱为微小的是非而斤斤计较。合乎大道的言论，其势如燎原烈火，既美好又盛大，让人听了心悦诚服。那些耍小聪明的言论，琐琐碎碎，废话连篇。

4.《庄子·养生主》：吾生也有涯，而知也无涯。以在涯随无涯，殆已；已而为知者，殆而已矣。

【译文】人的生命有限，而知识无限。要想用有限的生命去追求无限的知识，便会感到很疲倦；既然如此还要不停地去追求知识，便会弄得更加疲困不堪！

5.《庄子·逍遥游》：庖人虽不治庖，尸祝不越樽俎而代之矣。

【译文】厨师虽然不做祭品，主持祭祀的司仪是不会越过摆设祭品的几案，代替厨师去做的。

6.《庄子·人间世》：以火救火，以水救水，名之曰益多。

【译文】用火来救火，用水来救水，这样做不但不能匡正，反而会增加（卫君的）过错。

7.《庄子·齐物论》物无非彼，物无非是；自彼则不见，自知则知之。故曰：彼出于是，是亦因彼。

【译文】世上一切事物，无不存在对立的另一面，无不存在对立的这一面。从另一面看不明白的，从这一面就可以看得明白些。所以说，彼出于此，此也离不开彼。即事物对立的两面，谁也离不开谁。

8.《庄子·大宗师》：泉涸，鱼相与处于陆，相呴以湿，相濡以沫，不如相忘乎江湖。

【译文】天久旱无雨，河水干涸了。许多鱼被困在河中滩地上，它们亲密地互相依靠着，嘴巴一张一合地吐着唾沫，来润湿它们的身体（藉以延缓生命，等待大雨降临），倒不如在江湖里彼此相忘。

9.《庄子·骈拇》：夫小惑易方，大惑易性。

【译文】小的迷惑可以使人弄错方向，大的迷惑能够使人丧失本性。

10.《庄子·天地》：孝子不谀其亲，忠臣不谄其君，臣、子之盛也。

【译文】孝顺的儿子不去巴结父母，贤良的忠臣不去奉承君主，这就是作贤臣、作孝子的最高境界了。

11.《庄子·天道》：无为也，则用天下而有余；有为也，则为天下用而不足。

【译文】无为，就能够利用天下，而感到闲暇有余；有为，就被天下所利用，而感到急迫不足。

12.《庄子·田子方》：夫哀莫大于心死，而人死亦次之。

【译文】最大的悲哀莫过于心如死灰，精神毁灭，而人的身体的死亡还是次要的。

13.《庄子·知北游》：天地有大美而不言，四时有明法而不议，万物有成理而不说。

【译文】天地有伟大的造化和功德而不言语，春夏秋冬四季有分明的规律而不议论，万物有自然形成的道理而不解说。

14.《庄子·外物》：荃者所以在鱼，得鱼而忘荃；蹄者所以在兔，得兔而忘蹄；言者所以在意，得意而忘言。

【译文】竹笼是用来捕鱼的，捕到了鱼就忘了竹笼；兔网是用来捕兔的，捕到兔子就忘了兔网；语言是用来表达思想的，领会了思想就忘了语言。

15.《庄子·让王》：知足者不以利自累也，审自得者失之而不惧，行修于内者无位而不怍。

【译文】知足的人，不为利禄而去奔波劳累；明白自得其乐的人，有所失也不感到忧惧；讲究内心道德修养的人，没有官位也不感到惭愧。

16.《庄子·让王》：大寒既至，霜雪既降，吾是以知松柏之茂也。

【译文】大寒季节到了，霜雪降临了，这时候更能显出松树和柏树的茂盛。

17.《庄子·天地》：有机械者必有机事，有机事者必有机心。机心存于胸中，则纯白不备，纯白不备，则神生不定；神生不定者，道之所不载也。

【译文】有了机械，就会产生机巧之事；有了机巧之事，就会产生机巧之心；机巧之心放在胸中，就会破坏纯白的品质。不具备纯白的品质，就会心神不定，心神不定的人，就会被道所抛弃。

18.《庄子·养生主》：指穷于为薪，火传也，不知其尽也。

【译文】脂膏烧完了，火种却流传下去，无穷无尽。

19.《庄子·骈拇》：凫胫虽短，续之则忧；鹤胫虽长，断之则悲。

【译文】野鸭的腿虽短，如果给它接上一段，它就会痛苦；仙鹤的腿虽然长，如果给他截去一段，它就会悲伤。

20.《庄子·山木》：君子之交淡若水，小人之交甘若醴。

【译文】君子之间的交情，淡薄如水，而小人之间的交情，看上去甘甜如酒。

21.《庄子·知北游》：人生天地之间，若白驹过隙，忽然而已。

【译文】人生在天地之间，就像透过缝隙看到白马飞驰而过，不过一瞬间罢了。

22.《庄子·逍遥游》：至人无己，神人无功，圣人无名。

【译文】至人泯灭了物我的对立与区别，不再有"我"；神人听应自然，完全抛弃了"功业"的概念；圣人深明事理，完全抛弃了"声名"的桎梏。

23.《庄子·人间世》：名也者，相轧也；知也者，争之器。二者凶器，非所以尽行也。

【译文】名是相互倾轧的原因；智是相互斗争的手段。两者是凶器，是不可以倚仗的。

24.《庄子·人间世》：天下有道，圣人成焉；天下无道，圣人生也。方今之时，仅免刑焉。

【译文】天下有道，圣人便可成就事业；天下无道，圣人只能保全生命。现在这个时代，仅仅可以避开刑戮。

25.《庄子·大宗师》：夫大块载我以形，劳我以生，佚我以老，息我以死。

【译文】大自然给我形体，用生使我操劳，用老使我清闲，用死使我安息。

26.《庄子·胠箧》：子独不知至德之世乎？当是时也，民结绳而用之，甘其食，美其服，乐其俗，安其居，邻国相望，鸡狗之音相闻，民至老死而不相往来。若此之时，则至治已。

【译文】你唯独不知道盛德的时代吗？在那个时代，人民用结绳来记事，有甜美的饮食，好看的衣服，欢快的习俗，安适的居所，邻国之间可以互相看得见，鸡鸣狗叫的声音可以相互听得到到，人民从生直到死也互不往来。像那样的时代，就是治理得最好的了。

27.《庄子·刻意》：故曰，夫恬淡寂寞，虚无无为，此天地之平，而道德之质也。

【译文】所以说，恬淡、寂寞、虚无、无为，这是天地的本性和道德修养的极高境界。

28.《庄子·刻意》：众人重利，廉士重名，贤人尚志，圣人贵精。

【译文】多数人看重利，廉洁之士注重名声，贤人君子崇尚志向，圣人看重精神。

29.《庄子·山木》：士有道德不能行，惫也；衣弊履穿，贫也，非惫也，此所谓非遭时也。

【译文】 士有道德而不能体现，是潦倒；衣破鞋烂，是贫穷，不是潦倒，此所谓生不逢时也。

30.《庄子·胠箧》：窃钩者诛，窃国者为诸侯，诸侯之门而仁义存焉。

【译文】 偷窃腰带环钩之类小东西的人受到刑戮和杀害，而窃夺了整个国家的人却成为诸侯，诸侯之门方才存在仁义。

第五节　老庄原著选读

一、《老子》选读

第1章

道，可道，非恒道。名，可名，非恒名。无名，天地之始；有名，万物之母。故常无欲，以观其妙；常有欲，以观其徼。此两者同出而异名，同谓之玄。玄之又玄，众妙之门。

第2章

天下皆知美之为美，斯恶已；皆知善之为善，斯不善矣。有无相生，难易相成，长短相形，高下相盈，音声相和，前后相随，恒也。是以圣人处无为之事，行不言之教，万物作而弗始，生而弗有，为而弗恃，功成而弗居。夫唯弗居，是以不去。

第4章

道冲，而用之或不盈。渊兮，似万物之宗。挫其锐，解其纷，和其光，同其尘。湛兮，似或存。吾不知谁之子，象帝之先。

第5章

天地不仁，以万物为刍狗；圣人不仁，以百姓为刍狗。天地之间，其犹橐籥乎？虚而不屈，动而俞出。多闻数穷，不若守于中。

第6章

谷神不死，是谓玄牝。玄牝之门，是谓天地之根。绵绵呵！其若存！用之不堇。

第7章

天长地久。天地所以能长且久者，以其不自生，故能长生。是以圣人后其身而身先，外其身而身存。不以其无私邪？故能成其私。

第8章

上善若水。水善利万物而不争，居众人之所恶，故几于道。居善地，心善渊，与善仁，言善信，政善治，事善能，动善时。夫唯不争，故无忧。

第9章

持而盈之，不如其已。揣而锐之，不可长保。金玉满堂，莫之能守。富贵而骄，自遗其咎。功遂身退，天下之道。

第10章

载营魄抱一，能无离乎？专气致柔，能如婴儿乎？修除玄览，能无疵乎？爱民治国，能无智乎？天门开阖，能为雌乎？明白四达，能无知乎？生之，畜之，生而不有，长而不宰。是为玄德。

第12章

五色令人目盲；五音令人耳聋；五味令人口爽；驰骋畋猎，令人心发狂；难得之货，令人行妨。是以圣人为腹不为目，故去彼取此。

第13章

宠辱若惊，贵大患若身。何谓宠辱若惊？宠为下，得之若惊，失之若惊，是谓宠辱若惊。何谓贵大患若身？吾所以有大患者，为吾有身，及吾无身，吾有何患？故贵以身为天下，若可寄天下；爱以身为天下，若可托天下。

第17章

太上，不知有之；其次，亲而誉之；其次，畏之；其次，侮之。信不足焉，有不信焉。悠兮，其贵言。功成事遂，百姓皆谓："我自然"。

第19章

绝圣弃智，民利百倍；绝仁弃义，民复孝慈；绝巧弃利，盗贼无有。此三者以为文，不足。故令有所属：见素抱朴，少思寡欲，绝学无忧。

第22章

曲则全，枉则直，洼则盈，敝则新，少则得，多则惑。是以圣人抱一为天下式。不自见，故明；不自是，故彰；不自伐，故有功；不自矜，故长。夫唯不争，故天下莫能与之争。古之所谓"曲则全"者，岂虚言哉！诚全而归之。

第24章

企者不立；跨者不行；自见者不明；自是者不彰；自伐者无功；自矜者不长。其在道也，曰馀食赘形，物或恶之，故有道者不居。

第 25 章

有物混成，先天地生。寂兮寥兮，独立而不改，周行而不殆，可以为天地母。吾不知其名，字之曰道，强为之名曰大。大曰逝，逝曰远，远曰反。故道大，天大，地大，人亦大。域中有四大，而人居其一焉。人法地，地法天，天法道，道法自然。

第 29 章

将欲取天下而为之，吾见其不得已。天下神器，不可为也。为者败之，执者失之。物，或行或随，或嘘或吹，或强或羸，或挫或隳。是以圣人去甚，去奢，去泰。

第 32 章

道常无名，朴。虽小，天下莫能臣。侯王若能守之，万物将自宾。天地相合，以降甘露，民莫之令而自均。始制有名，名亦既有，夫亦将知止，知止可以不殆。譬道之在天下，犹川谷之于江海。

第 33 章

知人者智，自知者明。胜人者有力，自胜者强。知足者富，强行者有志，不失其所者久，死而不亡者寿。

第 36 章

将欲歙之，必故张之；将欲弱之，必故强之；将欲废之，必故兴之；将欲取之，必故与之。是谓微明。柔弱胜刚强。鱼不可脱于渊，国之利器不可以示人。

第 37 章

道恒无名，侯王若能守之，万物将自化。化而欲作，吾将镇之以无名之朴。无名之朴，夫亦将不欲。不欲以静，天地将自正。

第 40 章

反者道之动；弱者道之用。天下万物生于有，有生于无。

第 41 章

上士闻道，勤而行之；中士闻道，若存若亡；下士闻道，大笑之。不笑不足以为道。故建言有之：明道若昧，进道若退，夷道若纇。上德若谷；大白若辱；广德若不足；建德若偷；质真若渝。大方无隅；大器晚成；大音希声；大象无形；道隐无名。夫唯道，善贷且成。

第 42 章

道生一，一生二，二生三，三生万物。万物负阴而抱阳，冲气以为和。人之所恶，唯"孤"、"寡"、"不谷"。而王公以为称。故，物或损之而益，或益之而损。人之所教，我亦教之："强梁者不得其死"，吾将以为教父。

第44章

名与身孰亲？身与货孰多？得与亡孰病？甚爱必大费，多藏必厚亡。故知足不辱，知止不殆，可以长久。

第45章

大成若缺，其用不弊。大盈若冲，其用不穷。大直若屈，大巧若拙，大辩若讷。躁胜寒，静胜热，清静为天下正。

第48章

为学日益，为道日损。损之又损，以至于无为。无为而无不为。取天下常以无事。及其有事，不足以取天下。

第49章

圣人常无心，以百姓之心为心。善者，吾善之；不善者，吾亦善之，德善。信者，吾信之；不信者，吾亦信之，德信。圣人在天下，歙歙焉为天下浑其心，百姓皆注其耳目，圣人皆孩之。

第55章

含德之厚，比于赤子。毒虫不螫，猛兽不据，攫鸟不搏。骨弱筋柔而握固。未知牝牡之合而朘作，精之至也。终日号而不嗄，和之至也。知和曰常，知常曰明，益生曰祥，心使气曰强。物壮则老，谓之不道，不道早已。

第57章

以正治国，以奇用兵，以无事取天下。吾何以知其然哉？以此：天下多忌讳，而民弥贫；人多利器，国家滋昏；人多伎巧，奇物滋起；法令滋彰，盗贼多有。故圣人云："我无为，而民自化；我好静，而民自正；我无事，而民自富；我无欲，而民自朴。"

第58章

其政闷闷，其民淳淳；其政察察，其民缺缺。祸兮，福之所倚，福兮，祸之所伏。孰知其极？其无正。正复为奇，善复为妖。人之迷，其日固久！是以圣人方而不割，廉而不刿，直而不肆，光而不耀。

第60章

治大国若烹小鲜。以道莅天下，其鬼不神。非其鬼不神，其神不伤人。非其神不伤人，圣人亦不伤人。夫两不相伤，故德交归焉。

第 63 章

为无为，事无事，味无味。大小多少，报怨以德。图难于其易；为大于其细。天下难事，必作于易；天下大事，必作于细。是以圣人终不为大，故能成其大。夫轻诺必寡信，多易必多难。是以圣人犹难之，故终无难矣。

第 64 章

其安易持；其未兆易谋；其脆易泮；其微易散。为之于未有，治之于未乱。合抱之木，生于毫末；九层之台，起于累土；千里之行，始于足下。为者败之；持者失之。是以，圣人无为，故无败；无持，故无失。民之从事，常于几成而败之。慎终如始，则无败事。是以圣人欲不欲，不贵难得之货，学不学，复众人之所过。以辅万物自然而不敢为。

第 65 章

古之善为道者，非以明民，将以愚之。民之难治，以其智多。故以智治国，国之贼；不以智治国，国之福。知此两者亦稽式。常知稽式，是谓玄德。玄德深矣，远矣，与物反矣，然后乃至大顺。

第 66 章

江海所以能为百谷王者，以其善下之，故能为百谷王。是以圣人欲上民，必以言下之；欲先民，必以身后之。是以圣人居上而民不重，居前而民不害。是以天下乐推而不厌。以其不争，故天下莫能与之争。

第 67 章

天下皆谓我道大，似不肖。夫唯大，故似不肖。若肖，久矣其细也夫！我有三宝，持而保之：一曰慈，二曰俭，三曰不敢为天下先。慈，故能勇；俭，故能广；不敢为天下先，故能成器长。今舍慈且勇，舍俭且广，舍后且先，死矣。夫慈，以战则胜，以守则固。天将救之，以慈卫之。

第 72 章

民不畏威，则大威至。无狎其所居，无厌其所生。夫唯不厌，是以不厌。是以圣人自知不自见，自爱不自贵。故去彼取此。

第 75 章

民之饥，以其上食税之多，是以饥。民之不治，以其上之有为，是以不治。民之轻死，以其上求生之厚，是以轻死。夫唯无以生为者，是贤于贵生。

第 76 章

人之生也柔弱，其死也坚强。草木之生也柔脆，其死也枯槁。故坚强者死之徒，柔弱者生之徒。是以兵强则灭，木强则折，强大居下，柔弱居上。

第 77 章

天之道，其犹张弓欤？高者抑之，下者举之，有余者损之，不足者补之。天之道，损有余而补不足。人之道，则不然：损不足以奉有余。孰能有余以奉天下？唯有道者。是以圣人为而不恃，功成而不居，其不欲见贤。

第 78 章

天下莫柔弱于水，而攻坚强者莫之能胜，以其无以易之。弱之胜强，柔之胜刚，天下莫不知，莫能行。是以圣人云："受国之垢，是谓社稷主；受国不祥，是为天下王。"正言若反。

第 80 章

小国寡民，使有什伯之器而不用；使民重死而不远徙；虽有舟舆，无所乘之；虽有甲兵，无所陈之。使人复结绳而用之。至治之极，甘美食，美其服，安其居，乐其俗，邻国相望，鸡犬之声相闻，民至老死不相往来。

第 81 章

信言不美，美言不信。善者不辩，辩者不善。知者不博，博者不知。圣人不积，既以为人己愈有，既以与人己愈多。天之道，利而不害；圣人之道，为而不争。

二、《庄子》选读

1.《逍遥游》（节选）

北冥有鱼①，其名曰鲲②。鲲之大，不知其几千里也；化而为鸟，其名为鹏③。鹏之背，不知其几千里也；怒而飞④，其翼若垂天之云⑤。是鸟也，海运则将徙于南冥⑥。南冥者，天池也⑦。齐谐者⑧，志怪者也⑨。谐之言曰："鹏之徙于南冥也，水击三千里⑩，抟扶摇而上者九万里⑪，去以六月息者也⑫。"野马也⑬，尘埃也⑭，生物之以息相吹也⑮。天之苍苍，其正色邪？其远而无所至极邪⑯？其视下也，亦若是则已矣。且夫水之积也不厚，则其负大舟也无力。覆杯水于坳堂之上⑰，则芥为之舟⑱；置杯焉则胶，水浅而舟大也。风之积也不厚，则其负大翼也无力，故九万里则风斯在下矣⑲。而后乃今培风⑳，背负青天而莫之夭阏者㉑，而后乃今将图南。蜩与学鸠笑之曰㉒："我决起而飞㉓，抢榆枋㉔，时则不至，而控于地而已矣㉕；奚以之九万里而南为㉖？"适莽苍者㉗，三飡而反㉘，腹犹果然㉙；适百里者，宿舂粮㉚；适千里者，三月聚粮。之二虫又何知①？小知不及大知②，小年不及大年。奚以知其然也？朝菌不知晦朔③，蟪蛄不知春秋㉞，此小年也。楚之南有冥灵者㉟，以五百岁为春，五百岁为秋；上古有大椿者㊱，以八千岁为春，八千岁为秋㊲。而彭祖乃今以久特闻㊳，众人匹之㊴，不亦悲乎？

　　汤之问棘也是已㊵："穷发之北有冥海者㊶，天池也。有鱼焉，其广数千里，未有知其修者㊷，其名曰鲲。有鸟焉，其名为鹏，背若太山㊸，翼若垂天之云；抟扶摇、羊角而上者九万里㊹，绝云气㊺，负青天，然后图南，且适南冥也。斥鴳笑之曰㊻：'彼且奚适也？我腾跃而上，不过数仞而下㊼，翱翔蓬蒿之间，此亦飞之至也㊽。而彼且奚适也？'"此小大之辩也㊾。

　　故夫知效一官㊿、行比一乡51、德合一君、而徵一国者52，其自视也亦若此矣。而宋荣子犹然笑之53。且举世而誉之而不加劝54，举世而非之而不加沮55，定乎内外之分56，辩乎荣辱之境57，斯已矣。彼其于世，未数数然也58。虽然，犹有未树也。夫列子御风而行59，泠然善也60，旬有五日而后反61。彼于致福者62，未数数然也。此虽免乎行，犹有所待者也63。若夫乘天地之正64，而御六气之辩65，以游无穷者，彼且恶乎待哉66？故曰：至人无己67，神人无功68，圣人无名69。

【注释】

①冥：亦作溟，海之意。"北冥"，就是北方的大海。下文的"南冥"仿此。传说北海无边无际，水深而黑。

②鲲（kūn）：本指鱼卵，这里借表大鱼之名。

③鹏：本为古"凤"字，这里用表大鸟之名。

④怒：奋起。

⑤垂：边远；这个意义后代写作"陲"。一说遮，遮天。

⑥海运：海水运动，这里指汹涌的海涛；一说指鹏鸟在海面飞行。徙：迁移。

⑦天池：天然的大池。

⑧齐谐：书名。一说人名。

⑨志：记载。

⑩击：拍打，这里指鹏鸟奋飞而起双翼拍打水面。

⑪抟（tuán）：环绕而上。一说"抟"当作"搏"（bó），拍击的意思。扶摇：又名叫飙，由地面急剧盘旋而上的暴风。

⑫去：离，这里指离开北海。息：停歇。

⑬野马：春天林泽中的雾气。雾气浮动状如奔马，故名"野马"。

⑭尘埃：扬在空中的土叫"尘"，细碎的尘粒叫"埃"。

⑮生物：概指各种有生命的东西。息：这里指有生命的东西呼吸所产生的气息。

⑯极：尽。

⑰覆：倾倒。坳（ào）：坑凹处，"坳堂"指厅堂地面上的坑凹处。

⑱芥：小草。

⑲斯：则，就。

⑳而后乃今：意思是这之后方才；以下同此解。培：通作"凭"，凭借。

㉑莫：这里作没有什么力量讲。夭阏（è）：又写作"夭遏"，意思是遏阻、阻拦。"莫之夭阏"即"莫夭阏之"的倒装。

㉒蜩（tiáo）：蝉。学鸠：一种小灰雀，这里泛指小鸟。

㉓决（xuè）：通作"翅"，迅疾的样子。

㉔抢（qiāng）：突过。榆枋：两种树名。

㉕控：投下，落下来。

㉖奚以：何以。之：去到。为：句末疑问语气词。

㉗适：往，去到。莽苍：指迷茫看不真切的郊野。

㉘飧（cān）：同"餐"。反：返回。

㉙犹：还。果然：饱的样子。

㉚宿：这里指一夜。

㉛之：这。二虫：指上述的蜩与学鸠。

㉜知（zhì）：通"智"，智慧。

㉝朝：清晨。晦朔：一个月的最后一天和最初天。一说"晦"指黑夜，"朔"指清晨。

㉞蟪蛄（huìgū）：即寒蝉，春生夏死或夏生秋死。

㉟冥灵：传说中的大龟，一说树名。

㊱大椿：传说中的古树名。

㊲根据前后用语结构的特点，此句之下当有"此大年也"一句，但传统本子均无此句。

㊳彭祖：古代传说中年寿最长的人。乃今：而今。以：凭。特：独。闻：闻名于世。

㊴匹：配，比。

㊵汤：商汤。棘：汤时的贤大夫。已：矣。

㊶穷发：不长草木的地方。

㊷修：长。

㊸太山：大山。一说即泰山。

㊹羊角：旋风，回旋向上如羊角状。

㊺绝：穿过。

㊻斥鴳（yàn）：一种小鸟。

㊼仞：古代长度单位，周制为八尺，汉制为七尺；这里应从周制。

㊽至：极点。

㊾辩：通作"辨"，辨别、区分的意思。

㊿效：功效；这里含有胜任的意思。官：官职。

51行（xìng）：品行。比：比并。

52而：通作"能"，能力。微：取信。

53宋荣子：一名宋钘，宋国人，战国时期的思想家。犹然：讥笑的样子。

54举：全。劝：劝勉，努力。

55非：责难，批评。沮（jǔ）：沮丧。

56内外：这里分别指自身和身外之物。在庄子看来，自主的精神是内在的，荣誉和非难都是外在的，而只有自主的精神才是重要的、可贵的。

57境：界限。

58数数（shuò）然：急急忙忙的样子。

59列子：郑国人，名叫列御寇，战国时代思想家。御：驾驭。

60泠（líng）然：轻盈美好的样子。

61旬：十天。有：又。

62致：罗致，这里有寻求的意思。

63待：凭借，依靠。

64乘：遵循，凭借。天地：这里指万物，指整个自然线。正：本，这里指自然的本性。

65御：含有因循、顺着的意思。六气：指阴、阳、风、雨、晦、明。辩：通作"变"，变化的意思。

66恶（wū）：何，什么。

67至人：这里指道德修养最高尚的人。无己：清除外物与自我的界限，达到忘掉自己的境界。

68神人：这里指精神世界完全能超脱于物外的人。无功：不建树功业。

69圣人：这里指思想修养臻于完美的人。无名：不追求名誉地位。

2.《齐物论》（节选）

物无非彼，物无非是。自彼则不见，自知则知之①。故曰：彼出于是，是亦因彼。彼是，方生之说也②。虽然，方生方死，方死方生；方可方不可，方不可方可③ "自知"疑为"自是"之误，与上句之"自彼"互文；若按"自知"讲，语义亦不通达；因是因非，因非因是④。是以圣人不由而照之于天⑤，亦因是⑥也。是亦彼也，彼亦是也。彼亦一是非，此亦一是非⑦。果且有彼是乎哉？果且无彼是乎哉⑧？彼是莫得其偶⑨，谓之道枢⑩。枢始得其环中⑪，以应无穷⑫。是亦一无穷，非亦一无穷也。故曰莫若以明。

以指喻指之非指，不若以非指喻指之非指也⑬；以马喻马之非马⑭，不若以非马喻马之非马也。天地一指也，万物一马也。

可乎可，不可乎不可。道行之而成，物谓之而然⑮。恶乎然？然于然。恶乎不然？不然于不然⑯。恶乎可？可于可。恶乎不可？不可于不可⑰。物固有所然，物固有所可；无物不然，无物不可。故为是举莛与楹⑱、厉与西施⑲、恢恑憰怪⑳，道通为一㉑。其分也㉒，成也㉓；其成也，毁也㉔。凡物无成与毁，复通为一。唯达者知通为一㉕，为是不用而寓诸庸㉖。庸也者，用也㉗；用也者，通也；通也者，得也㉘；适得而几矣㉙。因是已㉚，已而不知其然㉛，谓之道。劳神明为一而不知其同也㉜，谓之朝三㉝。何谓朝三？狙公赋芧曰㉞："朝三而暮四"。众狙皆怒。曰："然则朝四而暮三"。众狙皆悦。名实未亏而喜怒为用㉟，亦因是也。是以圣人和之以是非而休乎天钧㊱，是之谓两行㊲。

【注释】

①"自知"疑为"自是"之误，与上句之"自彼"互文；若按"自知"讲，语义亦不通达。

②方生：并存。一说"方"通作"旁"，依的意思。

③方：始，随即。

④因：遵循，依托。

⑤由：自，经过。一说用，"不由"就是不用。照：观察。天：这里指事物的自然，即本然。

⑥因：顺着。

⑦一：同一，同样。

⑧果：果真。

⑨偶：对，对立面。

⑩枢：枢要。道枢：大道的关键之处；庄子认为，彼和此是事物对立的两个方面，如果彼和此都失去了相对立的一面，那么这就是道的枢要，即齐物以至齐论的关键。一切都出自虚无、一切都归于虚无，还有不"齐物"和"齐论"的吗？

⑪环中：环的中心；"得其环中"喻指抓住要害。

⑫应：适应，顺应。穷：尽。

⑬指：不宜讲作手指之指，战国名家学派公孙龙子著《指物论》，这里应是针对该篇内容而言，所谓"指"，即组成事物的要素。联系下一句，事物的要素并非事物本身，而事物的要素只有在事物内才有它的存在，故有"指之非指"的说法。喻：说明。

⑭马：跟上句的"指"一样，同是当时论辩的主要论题。名家公孙龙子就曾作《白马篇》，阐述了"白马非马"的观点。

⑮谓：称谓、称呼。然：这样。

⑯然：对的、正确的。

⑰以上十二句历来认为有错简或脱落现象，句子序列暂取较通行的校勘意见。

⑱莛（tíng）：草茎。楹（yíng）：厅堂前的木柱。"莛"、"楹"对文，代指物之细小者和巨大者。

⑲厉：通作"疠"，指皮肤溃烂，这里用表丑陋的人。西施：吴王的美姬，古代著名的美人。

⑳恢：宽大。恑（guǐ）：奇变。憰（jué）：诡诈。怪：怪异。恢恑憰怪四字连在一起，概指千奇百怪的各种事态。

㉑一：浑一，一体。联系上文，庄子认为世上一切小与大、丑与美、千差万别的各种情态或各种事物，都是相通而又处在对立统一体内，从这一观点出发，世上一切事物就不会不"齐"，不会不具有某种共同性。

㉒分：分开、分解。

㉓成：生成、形成。"成"和"分"也是相对立的，一个事物被分解了，这就意味生成一新的事物。

㉔毁：毁灭，指失去了原有的状态。"毁"与"成"也是相对立的，一个新事物通过分解而生成了，这就意味原事物的本有状态必定走向毁灭。

㉕达：通达，"达者"这里指通晓事理的人。

㉖为是不用：为了这个缘故不用固执己见；"不用"之后有所省略，即一定把物"分"而"成"的观点，也就是不"齐"的观点。寓：寄托。诸：讲作"之于"。庸：指平常之理。一说讲作"用"，含有功用的意思。

㉗以下四句至"适得而几矣"，有人认为是衍文，是前人作注的语言，并非庄子的原文。姑备一说。

㉘得：中，合乎常理的意思。一说自得。

㉙适：恰。几：接近。

㉚因：顺应。是：此，这里指上述"为一"的观点，即物之本然而不要去加以分别的观点。

㉛已：这里是一种特殊的省略，实指前面整个一句话，"已"当讲作"因是已"。

㉜劳：操劳、耗费。神明：心思，指精神和才智。为一：了解、认识事物浑然一体、不可分割的道理。言外之意，事物本来就是浑然一体，并不需要去辨求。同：具有同一的性状和特点。

㉝朝三："朝三"、"暮四"的故事《列子·黄帝篇》亦有记载。朝是早晨，暮是夜晚，三和四表示数量，即三升、四升。"朝三"、"暮四"或者"朝四"、"暮三"，其总和皆为"七"，这里借此譬喻名虽不一，实却无损，总都归结为"一"。

㉞狙（jū）：猴子。狙公：养猴子的人。赋：给予。芧（xù）：橡子。

㉟亏：亏损。为用：为之所用，意思是喜怒因此而有所变化。

㊱和：调和、混用。"和之以是非"即"以是非和之"，把是和非混同起来。休：本指休息，这里含有优游自得地生活的意思。钧：通作"均"；"天钧"即自然而又均衡。

㊲两行：物与我，即自然界与自我的精神世界都能各得其所，自行发展。

3.《养生主》（节选）

吾生也有涯①，而知也无涯①。以有涯随无涯③，殆已④；已而为知者⑤，殆而已矣！为善无近名⑥，为恶无近刑。缘督以为经⑦，可以保身，可以全生⑧，可以养亲⑨，可以尽年⑩。

【注释】

①涯：边际，极限。

②知（zhì）：知识，才智。

③随：追随，索求。

④殆：危险，这里指疲困不堪，神伤体乏。

⑤已：此，如此；这里指上句所说的用有限的生命索求无尽的知识的情况。

⑥近：接近，这里含有追求、贪图的意思。

⑦缘：顺着，遵循。督：中，正道。中医有奇经八脉之说，所谓督脉即身背之中脉，具有总督诸阳经之作用；"缘督"就是顺从自然之中道的含意。经：常。

⑧生：通作"性"，"全生"意思是保全天性。

⑨养亲：从字面上讲，上下文意不能衔接，旧说称不为父母留下忧患，亦觉牵强。姑备参考。

⑩尽年：终享天年，不使夭折。

4.《人间世》（节选）

且若亦知夫德之所荡而知之所为出乎哉①？德荡乎名，知出乎争。名也者，相轧也②；知也者，争之器也。二者凶器，非所以尽行也。

且德厚信矼③，未达人气④，名闻不争，未达人心。而强以仁义绳墨之言术暴人之前者⑤，是以人恶有其美也⑥，命之曰菑人⑦。菑人者，人必反菑之，若殆为人菑夫？且苟为悦贤而恶不肖⑧，恶用而求有以异⑨？若唯无诏⑩，王公必将乘人而斗其捷⑪。而目将荧之⑫，而色将平之⑬，口将营之⑭，容将形之⑮，心且成之⑯。是以火救火，以水救水，名之曰益多。顺始无穷，若殆以不信厚言，必死于暴人之前矣！

且昔者桀杀关龙逢⑰，纣杀王子比干⑱，是皆修其身以下伛拊人之民⑲，以下拂其上者也⑳，故其君因其修以挤之㉑。是好名者也。昔者尧攻丛枝、胥敖㉒，禹攻有扈^㉓，国为虚厉^㉔，身为刑戮；其用兵不止，其求实无已^㉕。是皆求名实者也，而独不闻之乎？名实者，圣人之所不能胜也，而况若乎！虽然，若必有以也^㉖，尝以语我来^㉗！

【注释】

①荡：丧失，毁坏。所为：讲作"……的原因"。

②轧：倾轧。

③矼（qiāng）：坚实、笃厚。

④人气：犹言民情、民心，与下句的"人心"意思相近。"未达人气"、"未达人心"，意思是未能得到人们广泛的理解。

⑤绳墨：喻指规矩、规范。术（術）：通作"述"。一说"術"字是"衒"字之误，卖弄的意思。

⑥此句就上下文意看很难串通。一说"有"字乃是"育"字之误，讲作"卖"，即"鬻"的意思。其：己；三人称代词变用为己称。

⑦命之：名之，称谓它。菑（zāi）："災"字的异体，"災"字今简化为"灾"。

⑧悦：喜好。不肖：不像，这里指不学好。

⑨而：汝，你。

⑩唯：只。诏：告，这里指向卫君进言。

⑪王公：指卫君。乘：趁；"乘人"就是抓住说话人说漏了嘴的机会。一说讲作借助国君的威势。捷：形容言语快捷善辩，不让说话对方有喘息思考的机会。

⑫荧（yíng）：眩，迷惑。

⑬色：脸色。平：平和。

⑭营：营救，这里指用言语自我解脱。

⑮容：容颜、态度。形：显露，表现。

⑯成之：以之为成，把对方的作为加以认可。

⑰桀：夏代最后一个国君，素以暴虐称著于史。关龙逢：夏桀时代的贤臣，因直言劝谏而被夏桀杀害。

⑱纣：商代最后一个国君，史传又一个暴君。比干：商纣王的庶出叔叔，也因力谏而被纣王杀害。

⑲下：下位，居于臣下之位。伛（yǔ）拊（fǔ）：怜爱抚育。人：人君的省称。

⑳拂：违反。上：居于上位的人，这里指国君。

㉑修：美好，这里专指很有道德修养。挤：排斥。

㉒丛枝、胥敖：帝尧时代的两个部落小国的国名。《齐物论》中有宗、脍、胥敖之称，"丛枝"疑即"宗"、"脍"，姑备参考。

㉓有扈：古国名。

㉔虚：墟所，这个意义后代写作"墟"。厉：人死而无后代。

㉕实：实利。已：止。

㉖有以：有所依凭。

㉗以语我：把它告诉给我。来：句末语气词，表示感叹。

5.《大宗师》（节选）

何谓真人？古之真人不逆寡①，不雄成②，不谟士③。若然者，过而弗悔，当而不自得也④。若然者，登高不栗，入水不濡⑤，入火不热。是知之能登假于道者也若此⑥。古之真人，其寝不梦，其觉无忧，其食不甘，其息深深。真人之息以踵⑦，众人之息以喉。屈服者，其嗌言若哇⑧。其耆欲深者⑨，其天机浅⑩。古之真人，不知说生，不知恶死；其出不䜣⑪，其入不距⑫；翛然而往⑬，翛然而来而已矣。不忘其所始，不求其所终；受而喜之，忘而复之，是之谓不以心捐道⑭，不以人助天。是之谓真人。若然者，其心志⑮，其容寂，其颡⑯；凄然似秋，煗然似春⑰，喜怒通四时，与物有宜而莫知其极⑱。

【注释】

①逆：针对，对付。

②雄成：雄踞自己的成绩，即凭借自己取得的成绩而傲视他人、凌驾他人。

③谟：图谋、算计。士：通作"事"。一说"士"当就字面讲，"谟士"则讲作采用不正当手段谋取士人的信赖。

④当：恰巧、正好。自得：自以为得意。

⑤濡（rú）：沾湿。

⑥假：通作"格"，至、达到的意思。

⑦踵：脚跟。"息以踵"言气息深沉，发自根本。

⑧嗌（ài）：咽喉闭塞。"嗌言"是说言语吞吐像堵在喉头似的。哇（wā）：象声词，形容声音靡曼。

⑨耆：嗜好；这个意思后代写作"嗜"。

⑩天机：天生的神智。

⑪"出"这里指出生于世，与下句"入"指死亡相对为文。以下的"往"和"来"也是指人的死和生。䜣："欣"字的异体，高兴的意思。

⑫距：通作"拒"，拒绝、回避的意思。

⑬翛（xiāo）然：无拘束，自由自在的样子。

⑭捐：当为"损"字之讹，损害的意思。

⑮志：疑为"忘"字之误；"心忘"意思是心里空灵，忘掉自己的周围。

⑯颡（sāng）：额。

⑰煖（xuān）：同"煊"，温暖的意思。

⑱宜：合适、相称。

死生，命也①，其有夜旦之常②，天也。人之有所不得与③，皆物之情也。彼特以天为父，而身犹爱之，而况其卓乎④！人特以有君为愈乎己⑤，而身犹死之，而况其真乎⑥！

泉涸⑦，鱼相与处于陆，相呴以湿⑧，相濡以沫⑨，不如相忘于江湖。与其誉尧而非桀也，不如两忘而化其道⑩。

【注释】

①命：这里指不可避免的、非人为的作用。

②常：常规，恒久不易或变化的规律。

③与：参与，干预。

④卓：特立，高超；这里实指"道"。

⑤愈：胜，超过。

⑥死之：这里讲作"为之而死"，即为国君而献身。真：这里指的是"道"。一说即上段之"真人"。姑备参考。

⑦涸（hé）：水干。

⑧呴（xū）：张口出气。

⑨濡（rú）：沾湿的意思。沫：唾沫，即口水。

⑩化：这里是熔解、混同的意思。

夫道，有情有信①，无为无形；可传而不可受②，可得而不可见③；自本自根，未有天地，自古以固存；神鬼神帝④，生天生地；在太极之先而不为高⑤，在六极之下而不为深⑥，先天地生而不为久，长于上古而不为老。

【注释】

①情、信：真实、确凿可信。

②传：传递、感染、感受的意思。

③得：这里是体会、领悟的意思。

④神：这里是引出、产生的意思。

⑤太极：派生万物的本原，即宇宙的初始。先：据上下文理和用词对应的情况看，"先"字当作"上"字，这样"太极之上"对应下句"六极之下"，且不与"先天地"一句重复。

⑥六极：即六合。

6.《应帝王》（节选）

天根游于殷阳①，至蓼水之上②，适遭无名人而问焉③，曰："请问为天下④。"无名人曰："去⑤！汝鄙人也，何问之不豫也⑥！予方将与造物者为人⑦，厌，则又乘夫莽眇之鸟⑧，以出六极之外，而游无何有之乡⑨，以处圹埌之野⑩。汝又何帠以治天下感予之心为⑪?"又复问。无名人曰："汝游心于淡⑫，合气于漠⑬，顺物自然而无容私焉，而天下治矣。"

【注释】

①天根：虚构的人名。殷：山名。"殷阳"即殷山的南面。

②蓼（liǎo）水：水名。

③遭：逢，遇上。无名人：杜撰的人名。

④为：这里是治理的意思。

⑤去：离开、走开，这里有呵斥、不屑多言之意。

⑥豫：悦，愉快。一说讲作"厌"。

⑦人：偶。"为人"即结为伴侣。

⑧莽眇（miǎo）之鸟：状如飞鸟的清虚之气。

⑨无何有之乡：什么都不存在的地方。

⑩圹（kuàng）埌（làng）：无边无际的样子。

⑪帠：字书未录此字，旧注读 yì，疑为"臬"字之误。"臬"当是"癔"的借字，说梦话的意思，无名人认为天根的问话像是梦呓。

⑫淡：这里指听任自然，保持本性而无所饰的心境。

⑬漠：这里指清静无为，居处漠然。

无为名尸①，无为谋府②；无为事任③，无为知主。体尽无穷④，而游无朕⑤；尽其所受乎天，而无见得⑥，亦虚而已⑦。至人之用心若镜，不将不迎⑧，应而不藏，故能胜物而不伤⑨。

【注释】

①名：名誉。尸：主，引申指寄托的场所。

②谋府：出谋划策的地方。

③任：负担。

④体：体验、体会，这里指潜心学道。

⑤朕（zhèn）：迹。"无朕"即不留下踪迹。

⑥见（xiàn）：表露，这个意义后代写作"现"。

⑦虚：指心境清虚淡泊，忘却自我。

⑧将：送。"不将不迎"指照物之影听之任之，来的即照，去的不留。

⑨胜物：指足以反映事物。

附：

【参考书目】

1. 杨鸿儒：《无为自化——重读老子》，四川人民出版社 1997 年版。

2. 李牧恒、郭道荣：《自事其心——重读庄子》，四川人民出版社 1996 年版。

3. 陆玉林、彭永捷、李振纲：《中国道家》，宗教文化出版社 1996 年版。

4. 张立文、张绪通、刘大春：《玄境——道学与中国文化》，人民出版社 1996 年版。

5. 葛兆光：《道教与中国文化》，上海人民出版社 1997 年版。

6. 黄山文化书院：《庄子与中国文化》，安徽人民出版社 1990 年版。

7. 南怀瑾：《老子他说》，复旦大学出版社 2000 年版。

8. 李申：《老子与道家》，商务印书馆 1996 年版。

9. 李锦全、曹智频：《庄子与中国文化》，贵州人民出版社 2000 年版。

10. 崔宜明：《生存与智慧庄子哲学的现代阐释》，上海人民出版社 1996 年版。

11. 张起钧：《道家智慧与现代文明》，商务印书馆 1984 年版。

12. 赵明、薛敏珠：《道家文化及其艺术精神》，吉林文史出版社 1991 年版。

13. 陈鼓应：《庄子浅说》，生活·读书·新知三联书店 1998 年版。

14. 刘仲宇：《道家与道教》，上海古籍出版社 1996 年版。

（本章撰稿：郭道荣）

第五章　佛教与中国文化

　　佛教自传入中国以后，已历经一千九百多年的风雨洗礼，不仅发展成为与中国传统文化主干儒、道二家相提并论的释家文化，并与中国文化全面融会在一起，极大地丰富了国学的内涵，对中国学术文化的发展，起到了不可估量的作用。故此，认识佛教，将有助于我们更好地了解中国传统的思想文化。

第一节　佛教的起源与发展

一、佛教在古印度的起源

　　佛教起源于古印度（天竺），相传创立于公元前六世纪，由北天竺迦毗罗卫国（今尼泊尔境内）净饭王的长子乔达摩·悉达多所创，距今已有两千五百多年的历史。传说悉达多生于公元前 565 年，死于公元前 485 年，活了大约八十一岁，大致与我国的孔子同时。因他是释迦族人，所以后来他的弟子又尊称他为释迦牟尼，意思为"释迦族的圣人"。

　　公元前六世纪，古印度正处于奴隶制度下。由于地理位置的便利，当时的政治、经济、文化等方面，都有一定程度的发展。因为已经普遍使用铁器，此时印度的社会生产力有了较大提高，就连手工业与商业也发达起来，一批城镇小邦也随之兴起，迦毗罗卫国就是当时的一个小邦。但城镇小邦之间因为相互侵并而经常发生冲突。同时，不平等的种姓制度也使得此时的社会极为动荡不安。

　　通常来说，野蛮与矛盾激化的社会容易导致宗教的萌芽。而种姓制度在古印度的实施则加剧了矛盾的尖锐。雅利安人自中亚细亚进入印度河流域，征服了当地土著民族后，为了提高自己的地位，创立了野蛮的种姓制度。种姓制度把人分为四等：婆罗门、刹帝利、吠舍、首陀罗。

　　当时的古印度因为生产力发达，物产较为丰富，加上没有从事大规模生产的奴隶人群，所以大规模的奴隶暴动也未发生。但严格与苛刻的种姓制度却促使了社会矛盾的激化。婆罗门，是掌管宗教祭祀的僧侣，也是社会的最高阶层；刹帝利，属于第二等级，主要掌握政治与军事事务；吠舍，属于第三等级，主要操持经济与工商业；首陀罗，是最下贱的阶层，指的是从事工农业生产劳动的人，也就是奴隶。首陀罗是非雅利安人，受着极残酷的阶级和民族压迫，被婆罗门随意驱逐甚至残害。除了婆罗门外，其他三个种姓都是被统治被压迫阶级，而这种不平等的制度，不仅被订在法律中，还神圣不可动摇地规定在当时占统治地位的婆罗门教义中。婆罗门认为，人类是梵天所生，梵是造物主。梵从口生婆罗门，从胸生刹帝利，从腹生吠舍，从足生首陀罗。而四种姓的高低，也就是由他们的生处所区别的。正是这样的一种特权，使得整个社会都对婆罗门产生了极度的不满，而因为种姓划分的不平等，整个社会的矛盾都集中反映在种姓制度问题上，形成了尖锐复杂的斗争，导致社会动荡不安，生产急剧下降，人民生活水深火热，根本得不到温饱和安定。而痛苦、失意、无望、颓废成为弥漫当时的社会情绪，悲观绝望也日益笼罩在人们心头。

消极的社会情绪就像瘟疫一样在整个社会漫延，就连一直生活在王宫的王子悉达多也受到了感染。早在悉达多出生时，就有修炼之人对其父净饭王说过，此子将来必会出家，并成为救世之主。净饭王为了打消儿子的出家念头，想尽各种办法，如为他布置豪华的宫殿，为他娶妻生子，尽量不让他出宫，避免使他看到宫外人民的真实生活。但却依然打消不了悉达多日甚一日的苦闷，他甚至产生了消极厌世的念头。他不明白人生为什么要经历生、老、病、死等苦痛，不知道该用什么办法才能获得解脱。因此他不愿继承王位，他想以寻道的方法找到解脱之道，最终在二十九岁那年离开皇宫外出修行。在佛教产生之前，古印度的宗教主要是以婆罗门教为主，起初，他也想从婆罗门教中悟出解除苦难的方法，但却始终不合心意，后来他便舍弃了婆罗门教，闭居山林静坐。经过长达六年的冥思苦想，最终他坐在一棵毕钵罗树，也就是后来所称的菩提树下悟出了解脱苦难之道，并宣布自己成了佛。后来他便到天竺各地进行传教活动，组成僧侣集团，逐渐形成了佛教。释迦牟尼从事传教活动四十五年，八十一岁那年，释迦牟尼在拘尸那揭罗两棵菩提树下"大涅槃"（又称"大入灭"）。而此时此刻，经过他的努力，佛教已经在社会上有了一定的影响。

二、佛教在印度的发展

释迦牟尼，即佛陀在悟道后，即开始广招弟子并宣扬佛教，他最早招收的弟子是当时自己离家修行的五位侍从，被称为"五比丘"。比丘意译为"乞士"，也就是跟随佛陀出家，以乞食维生的人。而后来所出现的女性出家者，就称为"比丘尼"，相传自幼抚养释迦的姨母摩诃波阇波提成为第一个比丘尼。后来比丘、比丘尼就成为佛教徒的简称。而随着佛陀四处传教，门下的弟子也越来越多，佛教也随之发展起来。但在释迦逝世百年后，佛教内部则因学说观点的不同而发生分歧。而许多佛教徒以及阿育王等人则对教派内部的团结与发展作出了贡献。

公元前 3 世纪，摩揭陀国王孔雀王朝阿育王统一印度，大力弘扬佛法，使佛教达到极盛时期，成为世界大宗教。

孔雀王朝时期（约公元前 324 年—公元前 187 年），佛教被定为印度的国教。

阿育王是古代印度摩揭陀国的第三代国王。据说，约公元前 273 年在其父死后，他谋杀兄弟姐妹九十九人，夺取了王位，四年后正式登基。阿育王继位后，向南扩张，在公元前 262 年向孟加拉湾沿岸的羯陵伽国大举进攻，不仅占领其国土，杀死十万人，掳走十五万人。到这时，摩揭陀国的领土达到极盛，成为幅员辽阔的大帝国。在羯陵伽战后不久，阿育王在佛教高僧的感召下皈依佛门，他从此不再实行暴力统治，也不再发动征服战争，废除了斗兽之类的血腥娱乐，同时还把佛教奉为国教，大力宣扬佛法，大兴土木，修建宫殿、寺宇和佛塔。不仅如此，阿育王还开始向国内边远地区和邻国派遣使团，使得佛教由此逐渐向亚洲其他各国传播。

佛教向外传播可分两条路线，一条是向南从印度传到斯里兰卡、缅甸、泰国、柬埔寨、老挝等国；另一条则是向北经帕米尔高原，在公元前后传入我国，再由我国传入朝鲜、日本、越南等国。南传佛教以小乘佛教为主，北传佛教以大乘佛教为主，自此佛教便一步步地发展成了世界性的宗教。

佛教传入各国各地区后，又与当地的思想意识、宗教派别、传统文化结合在一起，形成了不同的流派，在一些国家和地区发展得相当活跃。但在印度，情况却不一样了。阿育王死后，印度分裂，后来的统治者普士亚米多罗建立了巽伽王朝（约公元前 180 年—公元前 75 年），他本人信奉婆罗门教，故开始了大举毁佛、灭佛的举动，使得佛教遭到重创，婆罗门教在竞争之中占了优势。

此后的时间，佛教在印度的发展也是历尽波折。公元2—3世纪，南印度龙树大师重振大乘学说；公元4—5世纪，大乘学说发展，又分为中观、瑜伽两大派系；公元6—7世纪，婆罗门教与佛教互相消长；公元7—11世纪，只有东印度信奉佛教，并逐渐产生了大乘佛教的另一个宗派——密宗。同时，因为受突厥族入侵，所到之处，佛教都受到了毁灭性打击，到12世纪末，佛教在印度全境基本被消灭。

19世纪90年代，印度才有了新的佛教的传播。近几十年，佛教在印度飞速发展，教徒已达数千万。

三、佛教的主要派别

1. 大乘佛教和小乘佛教

释迦牟尼涅槃后百余年间，佛教内部因为对教义理解的不同发生了分裂：一派称为"上座部"，主要由一些长老组成；另一派则称为"大众部"，拥有广大的僧侣。公元前1世纪前后又由大众部的一些支派组成"大乘佛教"，并且称呼非大乘佛教的教派为"小乘"。

何谓"乘"？"乘"就是运载的意思。大乘、小乘也有范围大小的意思。大乘宣称自己这个教派是"普度众生"的，说小乘是只管自己修行得道，得了道就当"罗汉"，不管别人。他们把罗汉称之为"自了汉"，是带有一点轻蔑的意思的。大乘普度众生，宣称自己宁愿入地狱，也不愿自己先解脱。相传龙树是大乘佛教的祖师。

大乘佛教中又有"空宗"和"有宗"的不同派别。

空宗，又称"中观宗"，是公元3世纪，由龙树、提婆创立的一个派别。空宗宣扬"一切皆空"的教义，很有导致把佛自身也否定掉了的嫌疑，所以遭到了另一些佛教徒的反对。后来世亲、无着才创立了"有宗"。

有宗又称"瑜珈宗"，是针对空宗而来的，认为不能像空宗那样讲一切皆空，佛还是真的存在的。有宗宣扬"万法唯识"的教义，认为一切客观事物都是佛性的表现，最终也都要归到佛性来，主张的是唯心主义的主观意识论。

2. 密宗

公元7世纪左右，随着印度佛教的衰落，神秘化的密教出现，它是大乘佛教一些派别同婆罗门教混合而成。在8世纪以后，传入中国西藏，成为喇嘛教之骨干，并成为中国佛教八大宗派之一。

之所以被称为密宗，是因为在实践上它以高度组织化了的咒术、仪礼、本尊信仰崇拜为基本特征。密教的修行需要"三密"修持，即宣传口诵真言咒语（"语密"）、手结契印（手式或身体姿式，"身密"）、心作观想（"意密"），也就是从传教、如何传、意思何谓都搞得非常神秘，有着烦琐的宗教仪式，故被称为密宗。

密宗的兴起不仅使佛教更加神秘化，同时还使佛教在印度的发展陷入了绝境，但在中国、朝鲜等国却意外发展了起来。

3. 藏传佛教

据较为可靠的历史文献记载，佛教最初传入西藏始于松赞干布（约617—650年）执政期间。

佛教传入之前，西藏盛行一种土著信仰——苯教。苯教是一种较为原始的信仰，崇拜日月星辰、山川草木等自然物，相信部落神与地方神，主要是祭祀、诅誓和占卜。松赞干布在执政期间，非常注意吸收外来文化，因此引进了佛教，主要是印度密教和汉地的大乘佛教。后以佛教教义为基础，又吸收苯教的一些神祇和仪式，形成西藏地方宗教——喇嘛教。

4. 南传佛教和北传佛教

佛教分为南传佛教与北传佛教，是根据它的向外传播的两条路线而形成：

以斯里兰卡为基地并向东南亚传播的，称作南传佛教。南传佛教以上座部为主，逐渐形成较多地保持早期佛教特色的所谓小乘佛教。

以克什米尔、白沙瓦为中心，继续向大月氏、康居、大夏、安息和我国的于阗、龟兹传播，再从中国传入日本、朝鲜、越南等国的，称作北传佛教，这派则以大乘佛教为主。

第二节　中国佛教发展史略

公历纪元前后，佛教开始由印度传入中国，经长期传播发展，而形成具有中国文化特色的中国佛教。

由于传入的时间、途径、地区和民族文化、社会历史背景的不同，中国佛教形成三大派系，即汉传佛教（汉语系）、藏传佛教（藏语系）、云南地区上座部佛教（巴利语系）。

一、汉传佛教的发展

1. 汉传佛教在中国的起源与流传

佛教传入中国汉族地区，历来均以东汉明帝永平年间（公元58—75年），派遣使者去西域取回《四十二章经》为佛法传入中国之始。

传说明帝夜梦顶放白色霞光的金甲神人在殿中飞来飞去，面带笑容，频频颔首。次日早朝时明帝问于群臣。太史傅毅说这是佛显圣托梦于君主，乃是国家昌隆之征兆。明帝遂遣人出使印度求佛，并迎来摄摩腾与竺法兰两位高僧，皇帝命人修建寺院为其住处，这就是中国内地营建的第一座寺院，洛阳市东十公里处的白马寺。相传是有匹白马驮经而来，故而建白马寺纪念。东汉时绝大部分佛经都是在洛阳白马寺翻译的。高僧在里面翻译了《四十二章经》，故而出现了汉译的佛经和传教的沙门。传播地区以长安、洛阳为中心。

佛教发展到三国、魏、西晋各朝代时，主要传播活动仍是佛典翻译，魏都洛阳和吴国的都城建业是传播活动的中心。这阶段的译经工作和对佛教教义的宣传、研究，为以后佛教发展打下了初步基础。到了东晋南北朝时期，佛教得到了进一步发展，各阶层人普遍信仰佛教，到处建有佛塔、寺院。举世闻名的佛教石窟艺术，如敦煌、云冈、龙门等古代的雕塑、壁画，都是这一时期开始修建的。这时有成就的佛经翻译家鸠摩罗什（公元344—413年）所译的佛典有三百八十四卷，内容精准，语言优美，对佛教发展贡献极大。还有西行取经最有成就的法显（公元337—422年），他游历了印度、斯里兰卡等南亚三十余国，所取回的佛典和撰写的见闻，为佛教发展和研究古代中、南亚诸国史地，提供了宝贵的资料。

南北朝时期，佛教与中国文化进一步融合，随着佛教的普及，佛教也越发深入到社会各个阶层。特别是南朝各代统治者都笃信佛教，这对佛教的进一步发展产生了极大影响。其中声名卓著、贡献较大的就不得不提梁武帝萧衍了。

梁武帝笃信佛教，他曾自称"三宝（佛法僧）之奴"，他在位四十八年中，四次舍身入寺院为寺奴，都由朝廷与群臣出巨额资金把他从庙里赎回来，这些钱财对于寺庙的修建起了很大作用。梁武帝亲自讲经说法，撰写经文。故在梁朝，中国佛教的发展达到了第一个高峰时期，梁朝有寺院二千八百四十六所，僧尼八万二千七百余人。到了北魏末期，江北地区有寺院三万余所，僧尼高达二百万人。

梁武帝笃信佛教已经达到一种疯狂的地步，为了提高佛教的地位，他采用各种手段提倡佛教，他想效仿古印度的阿育王，故以其君王之力推广佛教，并倾全国之力造了八万四千座佛塔，而舍身入寺也是他惯用的也是最为有效的方式。

梁武帝为了表示自己对佛教的虔诚，也为了方便自己修行，命人在皇宫旁边建了一座寺庙，取名同泰寺，而在其舍身时，不仅剃了头发，还住进了同泰寺。按照佛教的说法，所谓舍身，一是舍资财，即把个人所有的身资服用舍给寺院；二是舍自身，即自愿入寺，为僧众执役。据《梁书·武帝纪》记载，梁武帝第一次舍身是大通元年（527），当时梁武帝六十四岁，第二次是中大通元年（529），第三次是太清元年（547），那时梁武帝已经八十四岁高龄了。

梁武帝舍身时，住的是便房，睡的是素床，用的是寻常的葛帐，连茶具和碗也都是土瓦器，并且每天晨钟暮鼓念经，还打扫佛殿，和其他和尚一般无二。国不可一日无主，满朝文武自是非常着急，百般央求武帝回宫执政，梁武帝却怎么也不肯答应，直到群臣们用一亿万钱（古时一亿是十万）向同泰寺奉赎，才换得梁武帝勉强答应，重新回朝执政。

但过了两年后，梁武帝犯和尚瘾又重，故伎重演，重新住到了同泰寺，过着僧众一般的生活。大臣们在无计可施的情况下，只好用老办法，再出一亿万钱奉赎，直到梁武帝最后一次舍身，而此时的他已是八十四岁高龄了。正是梁武帝这种三番五次惊人的表演，使得佛教的地位得到极大提升，成为和中国本土的儒、道两派相提并论的教派。唐朝诗人杜牧的诗句"南朝四百八十寺，多少楼台烟雨中"可以恰当地说明这一盛况，而这与当时佛教真正的发展实力相比，还只是其中的冰山一角。

除梁武帝之外，这一时期的竺道生也非常有名，他是鸠摩罗什的弟子。他所大力提倡和弘扬的"一切众生悉有佛性"理论和"顿悟成佛"的思想，成为后来中国佛学的主流思想。

竺道生，河北钜鹿人，家世显赫，祖先世代都是官宦人家。道生从小聪明超群，神悟非凡。八岁出家，十五便登台讲座，宣扬佛法。相传竺道生建立了"顿悟成佛"的理论，宣称一切众生都有佛性，将来都有成佛的可能，"一阐提"也不例外。而这和当时法显所译的《泥洹经》的说法是相反的。

在《泥洹经》中，"一阐提"就是断绝善根的极恶众生，没有成佛的菩提种子。因此竺道生的这种说法，在当时可谓是闻所未闻，无异轩然大波，遭到当时旧学大众的摈斥，认为他违背佛经原旨，邪说惑众，并把他逐出僧团。

竺道生黯然离开了建康，来到虎丘山（位于苏州），传说他曾聚石为徒，讲说《涅槃经》。当他讲解"一阐提"的经句时，就言明"一阐提也有佛性"，并问石头："如我所说，契合佛心吗？"奇妙的是，一粒粒石头竟然都点头了。这就是流传千载的"生公说法，顽石点头"佳话。

2. 佛教在民间的普及

如果说佛教只是一种统治者与寺院僧人喜爱与研究的东西，没有坚实的民间基础，也会影响并阻碍佛教在中国的传播。因此，佛教在民间的普及也非常重要。这其中，也离不开佛教里的菩萨在百姓中深入人心的力量与作用。其中名声最大的要属四位菩萨，即观世音、文殊、普贤、地藏王。

"菩萨"的梵文 Bodhisattva，音译为"菩提萨埵"，简称为"菩萨"。意思是"觉有情"、"道众生"、"道心众生"等意。菩萨在佛教中是仅次于佛一等的。据说释迦牟尼未成佛时，就曾以菩萨为称号。一般来说，"佛"在佛教中地位非常高，具有世俗信徒难以接近的特质，而菩萨则有度众生到彼岸的责任，故使信徒们感到亲切并对之有迫切需求之感，因此以他们为原型的故事就不断发生在菩萨身上，经过中国佛信徒们的附会之后，逐渐形成了在百姓之间流传广泛并有中国佛教特色的四大菩萨。

（1）观世音菩萨

观世音是梵文 Avalokites' vara 的意译，也有译成"光世音"、"观自在"、"观世自在"的。传说唐代人为了避李世民名讳，略去"世"字简称观音。

在佛教中，观世音是大慈大悲的菩萨，遇难众生只要念诵他的名号"菩萨即观其音声"，他即前往拯救解难，故叫观世音。因他在求苦求难时，不分卑贱一视同仁，故他也被称为"大慈大悲救苦救难观世音菩萨"。据说观音可以应机以种种化身救苦救难，所以有各种不同名称和形象的观音，如白衣观音、送子观音、鱼篮观音、水月观音、千手千眼观音等。观世音菩萨在印度原为男像，自传入中国后，逐渐被汉化，大约从南北朝起，他的塑像也由男转女，成为大受我国俗众欢迎的女菩萨，以至千百年来，一直有"家家观世音，户户阿弥陀"之称，相传其显灵说法的道场在浙江省普陀山。

（2）文殊菩萨

文殊，全称文殊师利，是梵文 Manjusri 的音译，意思是"妙德"、"妙吉祥"等。在佛教寺院中，他常塑在释迦牟尼佛的左边，为释迦牟尼的左胁侍，因他在诸大菩萨中智慧辩才第一，所以专司"智慧"，并常与司"理"的右胁侍普贤并称。文殊菩萨的塑像常是顶结五髻，手持宝剑，表示智慧锐利，而他另一个特点是骑着一头青狮，表示智慧威猛，相传他显灵说法的道场在山西五台山。"唐代开元年间臻于极盛，也是'文殊信仰'以此山为中心的极盛时代。"①

（3）普贤菩萨

普贤，是梵文 Samantabhadra 的意译，亦译为"遍吉"。他是释迦牟尼佛的右胁侍，掌管一切诸佛的理德、行德，专司"理"德，与文殊相对。相传他曾发过弘愿要为佛教弘法工作，故其职责是把佛门所倡导的"善"普及到一切地方。他的塑像最大的特点是骑着一头六牙白象。普贤菩萨显灵说法的道场在四川峨眉山，现峨眉山万年寺有宋代铜铸普贤骑白象的造像。

（4）地藏菩萨

地藏，是梵文 Ksitigarbha 的意译。佛经说这位菩萨"安忍不动犹如大地，静虑深密犹如地藏"，故此得名。据佛教说，释迦牟尼嘱咐他，在释迦入灭弥勒佛未生之前，救助六道众生。因此，他即发下誓愿"众生度尽，方证菩提，地狱未空，誓不成佛"。因他所发下的大愿中与百姓生活息息相关，如孝道、祛除疾病、令大地草木花果生长等，所以"除了观音以外，地藏菩萨在旧中国下层的信徒最多"②。根据《宋高僧传》记载，他转世为新罗（今朝鲜半岛）王子，自幼出家，唐高宗时来华入九华山，建寺收徒，年九十九岁圆寂，肉身不坏，以全身入塔。现九华山神光岭有肉身殿，相传即为地藏菩萨的成道处。

3. 佛教在唐代的中国本土性转化

佛教发展到唐代时达到了鼎盛，唐太宗在平定天下的过程中，因为清除割据、平息战乱等曾得到僧兵的援助，故在他即位后就下诏在全国建造寺院，设置释经处，并培养了大批佛教高僧、学者。这时最著名的僧人之一就是玄奘（公元 600—664 年），也是《西游记》中唐僧的原型。他曾历时十九年，长途跋涉五万余里，来到印度求取佛经，回到中国后，他翻译了佛经七十五部，共计一千三百三十五卷，因此他与鸠摩罗什、真谛并称为中国佛教三大翻译家，他还写出了《大唐西域记》见闻录。唐太宗推崇玄奘为"法门之领袖"，"千古而无对"。

唐朝之所以被认为是中国佛教发展的鼎盛时期，是因为佛教在中国经过长达几百年的发展后，与中国的文化真正融合在一起，并且这一段时间也是中国国力强盛、文化巩固的时期，因此对佛教的理解也有了自己的认知方式，形成了具有中国特色的佛教派别，我国佛教史上一些比较有影响的教派，如天台宗、华严宗、禅宗、密宗等大多数是在隋唐时期形成的。而对中国文化影响较大的则是禅宗。

　　禅，就是"禅那"的简称，汉语译为静虑，即静中思虑，一般叫做禅定。意谓一心一意参禅，以期证悟本自心性，这就是参禅，故名为禅宗。说起禅宗，则不能不提一个人，那就是六祖慧能。在慧能之前，禅宗是由菩提达摩在南北朝时从印度带到中国来的。因此达摩被认为是中国禅宗的始祖。

　　达摩从海道抵中国，在现今广州的华林寺附近登陆，那条小街上有个叫"西来初地"的地方，是广州重要的历史遗迹。达摩到南京见过梁武帝之后，因为话不投机，遂北上河南，在少林寺面壁九年，并在此地收了徒弟慧可。

　　相传慧可学习了儒家和道家的知识之后，觉得还不够，听说菩提达摩的道行很高，就想跟随他学习，但达摩却不肯收他为徒。当天晚上天降大雪，慧可为了显示自己的诚心，在雪地里站了一个通宵。但达摩依然认为他毅力不够，并说修禅学佛并非易事，而是非常艰难的过程，他未必有那个毅力。慧可为了证明自己的决心，竟然抽出大刀，自断一臂以证明自己，最终达摩为之感动，收他为徒。这就是禅宗史上的非常著名的"立雪断臂"的故事。

　　菩提达摩后来将自己的衣钵传给了弟子慧可，而慧可之下又继续传僧璨、道信，至五祖弘忍后就分成北宗神秀、南宗慧能，时称"南能北秀"。北宗主张"佛尘看净"的渐修，数传后即衰微；南宗传承很广，成为禅宗正统，以《楞伽经》、《金刚经》、《大乘起信论》为主要教义，代表作是《六祖坛经》。

　　六祖慧能是中国式禅宗的真正创立者，主张教外别传、不立文字，提倡心性本净、佛性本有、见性成佛、顿悟成佛。这是世界佛教史尤其是中国佛教史上的一次重大改革。正是因为他主张佛性本有并可以通过顿悟的方式成佛，而无需经过长时间的渐修，所以赢得众多的信众，并受到了社会上的知识分子文人才士们的青睐，在社会上影响极大，故慧能以后，禅宗广为流传，于唐末五代时达到极盛。而这一切都和慧能对禅宗的发展做出的贡献不无关系。

　　相传慧能在出家前，俗姓卢，自幼家境贫寒，因早年丧父靠打柴养母，因一日偶听别人诵读《金刚经》而有悟，故来到寺院找到弘忍请求出家。弘忍并未为其剃度而是将其安置于碓房春米。

　　一天，弘忍为选嗣法弟子，命大家各作一偈，当时他的大弟子神秀是公认的悟性最好，最有前途的接班人。神秀就作一偈：

　　　　身是菩提树，心如明镜台；时时勤拂拭，勿使惹尘埃。

　　神秀此偈意思，人的身体就像菩提树，心像镜子，需要天天保养、修炼，不能使之沾染半点灰尘。弘忍认为"未见本性"。因神秀是最为聪慧的大弟子，故无人敢与争锋，正当弘忍感觉失望时，从未引人注意的慧能竟然口出一偈：

　　菩提本无树，明镜亦非台；本来无一物，何处惹尘埃。

　　慧能之意是，菩提本身是智慧而非树，明镜也不是眼中所见之台，世界上所有的东西都是空的，所以神秀所说的尘埃根本就沾染不到。此偈一出，弘忍认为慧能的悟性在神秀之上，因此将衣钵秘密传付给他，是为第六代祖。但当时神秀势力已经壮大，为避免遭人追杀，慧能得法之后就南归，隐居了十五年，直到神秀一派认为他已经彻底消失之后才现身。

　　慧能的复出与重振禅宗同样充满传奇色彩，而这也显示了六祖慧能对佛性的领悟与超人智慧。传说有一天，广州法性寺在开一个很大的辩法法会，几百个和尚都在为究竟是旗子（经幡）在动，还是风在动而争得不可开交，忽然有人出来说，其实大家都错了，既不是风动，也不是幡动，而是你们的心动，如果没有看见和感觉到，根本就不会知道有东西在动，心才是根本的根本。

　　此语一出，令人惊讶，有着如此高妙理论的人，自然悟性在大家之上。方丈询问之后得知，此人就是传承五祖衣钵之人，因慧能一直未能剃度，方丈就为他补办了剃度的手续，此后慧能就到韶关创办南华寺，并授徒讲学，因他地处南方，故后人称之为"南禅"，与神秀的"北宗"相区别，而随着北宗的发展越来越衰退，最终确定了"南禅"为正宗的禅宗。

　　慧能去世之后，为了避免引起权力纷争，衣钵不再续传，而他的弟子们则各自自立山头，开宗立派，传教授徒，终于形成"一花五叶"五大宗派，即沩仰宗、临济宗、曹洞宗、法眼宗、云门宗和外加黄龙、杨歧两个支系的"五宗七家"的繁荣局面。

　　之所以说禅宗在中国佛教发展史上影响极大，是因为禅宗最大的贡献之一是使佛教简易化，成为人们易于并乐于接受的宗教。主要表现在其教义：

　　第一，明心见性，见性成佛。即认为佛性是人的本性，人人都具有先天智慧，因此都能觉悟而成佛，而众生之所以没有成佛，是因为受到迷惑，一旦真智显露，内外彻悟，就能见性成佛。

　　第二，顿悟成佛。提出一念觉悟，刹那成佛，这也给了许多想成佛但又怕经受长年修行之苦的人以极大希望，既然人人都可以经过顿悟成佛，那么只要自己相信有佛，经过一朝开悟都可成佛。这也为佛教的普及与弘扬提供了很大的方便。

4. 佛教在唐朝之后的发展

佛教发展到宋代，宋太祖吸取周世宗毁佛的教训，对佛教持支持态度，总体而言，北宋朝廷对佛教采取的是保护政策，并曾有意识地发展佛教文化事业，因此，在北宋时期，中国和印度的僧人间传法交往络绎不绝。天禧五年（1021），北宋佛教发展到顶峰，全国僧尼近四十六万人，寺院近四万座。到了南宋，虽然朝廷偏安江南，但佛教仍保持一定的发展盛况。

元朝时期，因蒙古民族崇尚藏传佛教，所以对于喇嘛教在藏、蒙和北方汉民地区的传播起了推动作用，但对于汉地佛教也采取了保护政策。

而明朝以降，因开国皇帝朱元璋出身僧侣，即位后就自封为"大慈法王"，并亲自讲佛法，度僧道，还利用佛教帮助他巩固初建立的明朝政权。所以明朝的佛教政策，基本沿袭前两代，而无太多变化。教派上依然以禅宗和净土宗最为流行，理论上无甚创新。

清朝的每位皇帝基本上都崇信佛教，皇室崇奉藏传佛教，民间则主要流行的是汉语系佛教。到了清朝末年时，中国出现了一批著名的佛学研究学者，如杨文会、欧阳竟无等。而近代思想家，如康有为、谭嗣同、章太炎、梁启超等人，则都受过佛学的影响，并对佛教思想提出了新的见解，对于佛学思想研究的发展起到了一定的作用。

二、藏传佛教的发展概况

藏传佛教在中国佛教发展史上占据着重要位置，它是佛教三大体系之一。藏传佛教，又称藏语系佛教，俗称"喇嘛"教。喇嘛藏语意为"上师"，就是善知识之意。

藏传佛教是我国西藏、内蒙古等地区流行的一种宗教，它源于7世纪所传入的密教和当地的苯教融合而成，同时加上松赞干布对佛教的推动，都使得藏传佛教迅速发展起来。7世纪中叶时，当时的藏王松赞干布迎娶尼泊尔尺尊公主和唐朝文成公主时，两位公主都带去了佛像和大量佛经。同时，在两位公主影响下松赞干布皈依了佛教，并建造了大昭寺和小昭寺。到8世纪中叶，佛教又直接从印度传入西藏地区。10世纪后半期藏传佛教正式形成。到13世纪中开始流传于蒙古地区。此后的三百多年间，形成了各具特色的教派，普遍信奉佛法中的密宗。随着佛教在西藏的发展，上层喇嘛逐步掌握地方政权，最后形成了独特的政教合一的藏传佛教。

西藏最著名的佛教建筑布达拉宫，始建于 7 世纪文成公主入藏时为公主建的宫室，但建成现在的规模，是到 17 世纪才完成的。

三、巴利语系佛教的概况

巴利语系佛教（上座部佛教）属于南传佛教，主要流传于我国云南省傣族、布朗族等地区，那里人民的佛教传统信仰与南亚佛教国（泰国、缅甸等）大致相同。大约是在 7 世纪中叶，佛教从缅甸传入中国云南傣族地区。那里若干世纪以来，都能保持依照原始佛教的佛法、戒律和进修学的优良传统。傣族男童到了入学年龄必须出家为僧，在寺院学习文化知识，接近成年再还俗。

【注释】

①文史知识编辑室编：《佛教与中国文化》，中华书局 1988 年版，第 220 页。

②文史知识编辑室编：《佛教与中国文化》，中华书局 1988 年版，第 223 页。

第三节　佛教的教义

佛教在释迦牟尼与众教徒的努力下，发展成为一个支系庞大、教义精细的体系，而在后来的不断传播中，又构成了许多不同的流派，因此教义就显得更为庞杂了，但总起来说，则以人生解脱为主要目标，因此其教义也集中在人的本质与人生解脱等方面。

一、四谛

"四谛"是佛教的基本教义之一。据称是释迦牟尼最初悟道的核心与他说教的内容。"谛"就是"真理"或"实在"的意思，"四谛"亦即是佛教"四大真理"之意。"四谛"分为苦谛、集谛、灭谛、道谛。

1. 苦谛

什么是"苦谛"？苦谛就是把人生本质定义为"苦"。释迦认为人从出生一直到死，都在"八苦"的之中煎熬，毫无幸福可言。而这也成为佛教教义的出发点。《增一阿含经·四谛品》说：

彼云何名为苦谛？所谓苦谛者，生苦、老苦、病苦、死苦、忧悲恼苦、怨憎会苦、恩爱别离苦、所欲不得苦，取要言之，五盛阴苦。是谓名为苦谛。

所以人生"八苦"乃指：生苦、老苦、病苦、死苦、忧悲恼苦、怨憎会苦、恩爱别离苦、所欲不得苦，其范围包含了人生的过程与人生愿望的不能实现，故"苦谛"就是说人世间一切都是苦的，没有丝毫欢乐之处。"五阴"指的是佛教对人的一种特殊称谓，"五盛阴"则把对人身的爱恋与追求也看成是苦的，故此人本身的存在也是苦。而这也可以看出佛教教义所具有的消极悲观的一面，他们积极宣扬人生苦的一面，倡导人们出家修行，寻求解脱之道，属于唯心主义体系。

2. 集谛

所谓"集谛"，指造成人生苦痛与烦恼的原因。

"集"就是"原因"的意思。人生之所以苦痛，主要有两条原因：一条叫"业"，这是致苦的正因；一条是"惑"，即烦恼，这是致苦的助因。归结起来，主要分为"五阴聚合"说、"十二因缘"说和"业报轮回"说。而其中的"业报轮回"说在民间老百姓中流行甚广，也成为约束百姓行为，防止行恶的重要理论来源之一。

3. 灭谛

业和惑产生出无数苦果，如果断绝业和惑，苦果自然随之断绝，就可以达到"寂灭为乐"的境界，这就叫"灭谛"。

灭谛是佛教徒毕生所追求的理想境界，就是指人修道成功后，脱离生死轮回的境界，进入"涅槃"。"涅槃"是梵文的音译，可译作"灭度"、"圆寂"之意。"圆寂"也即是人们通常所理解的死亡。但对佛教徒来说，涅槃并非是死亡，而是一种超脱死亡、超越轮回的精神境界，因为佛教称，世间一切生物都要堕入轮回之中，而佛教徒们又惧怕生生死死的轮回，因此，涅槃就是一个没有再生再死的地方。

《杂阿含经》卷一八说："贪欲永尽，瞋恚永尽，愚痴永尽，一切烦恼永尽，是名涅槃。"故"涅槃"也意味着超越轮回，勿需再生，也就勿需经历人世的苦难，这也是佛教出世间的一个最高理想。

4. 道谛

如何才能达到涅槃？早期佛家经典不断地在陈述涅槃的重要性与解脱之道，这自然要经历一个漫长而又全面的修习过程，其中所需要的方法与途径，即通向涅槃之路，被称为"道谛"。

　　释迦主张以"八正道"的修行，来脱离十二因缘的轮回之苦，其中最主要的八正道分别为：正见，正思维，正语，正业，正命，正精进，正念，正定。

　　正见，指对佛教要有正确的认识；正思维，则是化正见为求道的理想；正语，即不妄言；正业，则要求做到不杀、不盗、不邪淫；正命，要求过有规律的佛教修行生活；正精进，则要做到断恶念、生善法；正念，就是要立志修道；正定，要求虔修禅定。

　　佛教修行的终极目标是涅槃，在他们看来，人生最苦而涅槃最乐，这也是佛教的基本思想。虽然修行是一个艰难的过程，并且要持久的恒心与毅力，但比起生生世世的轮回之苦，坚定的信念与严格的清规戒律就算不上什么了。所以早期的佛教徒为了让自己早日得成正果，不惜以十分苛刻的修行来虐待自己的身体，以致形成一种反常、甚至是病态的现象。

　　在佛教徒看来，生老病死是人生之中最大的苦难，而任何人都不可能脱离这些苦难，穷人也罢，富人也好，都是如此，唯有修行才能获得解脱。但在无法剃度时富人也会遇到生老病死等问题，但他们有解决问题的办法。只要在纵情享受的同时，分出一部分财物施给寺庙，就可以得到极大的福报。"施佛塔庙，得千倍报；布施沙门，得百倍报。"这也反映了古代社会的一种不平等现象。

二、五蕴

　　"五蕴"也称之为"五阴"，意指"积聚"或"覆盖"，实为类别之意。故"五阴"指的是色、受、想、行、识五类现象。

　　1. 色蕴，主要指物质现象，包括地、水、火、风四大元素和由此四大元素所组成的眼、耳、鼻、舌、身等感觉器官及感知到的对象色、声、香、味、触。

　　2. 受蕴，即是感觉，是对外界感受而引起的苦或乐等感觉内容。

　　3. 想蕴，相当于知觉或表象，亦或是思维活动。

　　4. 行蕴，类似支配人行动或达到目标的意志。

　　5. 识蕴，相当于意识，即认识活动发生所需要的主体。佛教中就把眼、耳、鼻、舌、身、意称为"六识"。

三、十二因缘

　　佛教在对苦难和造成苦难的原因作进一步分析时，提出了"十二因缘"说。认为世界上各种现象的存在都是依赖于某种条件的，这个条件也就是佛教中所讲的"缘起"。离开了条件，也就无所谓存在。《杂阿含经》卷二载："有因有缘集世间，有因有缘世间集；有因有缘灭世间，有因有缘世间灭。"

这也可以看出佛教经义中辩证的一面，世界是一个普遍联系的现象，任何现象都必须依靠一定的条件才能存在，失去了条件，其他与此相关的事物也会幻灭。人同样也是如此，人生命的起源和过程也离不开所依赖的条件，这就是十二因缘。

十二因缘主要包括无明、行、识、名色、六入、触、爱、取、有、生、老、死。

佛教认为一切现象都存在于缘起中，都形成一定的因果关系，故十二因缘构成了一条因果链，世界上所有的事物，包括人都存在于这条因果链上。而按照顺序，一切则缘于"无明"。

人类世界应该由无知（即无明）开始，引发了意志（行），而由意志则引起了精神统一体的"识"，也就是因行缘而引起的过程或力量的"识缘"，并由"识"，引起身体的灵魂和肉体（名色），有了名和色，就形成了眼、耳、鼻、舌、身、意等感觉器官的"六入"，有了感官就可引发与外界的接触，这就是所说的触，故曰"六入是触缘。"而由精神和肉体与外界的接触，就可得知感受（受），有了感受，则可引起心理与生理上的享受，这就引发了爱（爱），"爱"主要指性爱与食欲，并可引申为一切贪欲，故而由爱引发出对人生、对外界事物的强烈索取（取），正是因为人们有了"取"的欲望，积聚在一起就形成了"惑"和"业"，这也就是有（有），由有又引起人生的开端（生），接着由生引起了人的"老和死"，所以才说"生是老死缘。"

从上可以看出，前因皆会造成后果，有因必有果，有果必有因，人生之所以痛苦，缘头就在于"无明"，只有消除无明，才能获得解脱。

佛教经典还把"十二因缘说"解释为"三世因果报应"说，即它涉历过去、现在和未来三世的因果。现世的果必有过去的因，今天的因又会导致未来的果。具体分为：无明、行是过去因，感现在果；识、名色、六入、触、受是现在的五果；爱、取、有则是现在的三因，感未来果；生、老死属于未来二果。人们在现代社会中所处的地位和各种遭遇，都是自己前世所造之业而为，作什么性质的业，就会得什么性质的报，而"业"属于一种不导致报应不会消失的力，又称为"业力"，正所谓善有善报，恶有恶报，不是不报，时候未到。至于是"善业"还是"恶业"，要看种下的是什么因，而"因果相报，循环不爽"则在百姓中甚有影响，既有其宿命论的一面，同时成为约束恶人恶习的法宝。

四、六道轮回

根据"因果报应"论，佛教又提出"轮回"之说。何谓"轮回"？"轮回"就是"流转"之意。

佛教宣称一切有生命的东西会永远在所谓"六道"之中生死相续，犹如车轮一样的不停旋转。根据佛教经典，所谓"六道"是指：天、人、阿修罗（一类与天神作战的魔神）、地狱、饿鬼、畜生。

六道之中，作业善恶，善恶之大小，都会影响到下一次的轮回。天、人、阿修罗属三"善道"，而地狱、饿鬼、畜生则属三"恶道"。天道是福报最厚，乐多苦少之地，系修上品十善所感之果。人道苦乐参半，系修中品十善所感之果。修罗道福报如天，而嗔恚心重，斗争不止，系修下品十善所感之果。下三道之畜生道，愚痴无知，吞噬虐杀，系造下品十恶所感之果。饿鬼道常受饥饿，故曰饿鬼，其痛苦甚于畜生，系造中品十恶所感之果。最下者为地狱道，系造上品十恶，此乃极端痛苦的果报。但在此六道之中，各道之中的苦乐福报亦差别甚大。如人之有富贵贫贱，穷达寿夭；畜之有飞禽走兽，虫蚁鱼虾。即使鬼道之亦中有无财、少财、多财诸类；所以即使同属一道，也可看出善恶之业力的区别，总之所有的一切皆是业力之感召，善升恶堕，理所固然也！

第四节　佛教对中国文化的影响

自从佛教进入中国并在中国传播以来，它以自身强大的渗透力与中国传统文化结合在一起，形成对中国文化的多方面、多角度的影响，如果没有佛教，中国的文化发展就不会是今天这个样子，中国在文学与艺术上的魅力也会大打折扣，而中国人的伦理道德观也不会增加如此多的"因果报应"等理论，同时中国文化也以自身坚固的根本吸收与包容了佛教，它以自身为主，在受到佛教这种外来文化的冲击时，能立足根本，吸取佛教中的精华部分，使之融入到中国各类具体文化形态之中，充实与丰富了中国文化。

一、佛教与哲学

佛教作为一种信仰文化，说到底也是以哲学为理论基础的。如佛教中的世界观和人生观也是其整个思想体系的核心。佛教在其发展过程中，它的哲学观与中国古代哲学合流在一起，使得中国古代的哲学内容也变得更加丰满。具体情况表现在：

1. 人生论上，佛教宣扬"一切皆空"，那么人生的本质也空，而苦谛又说人生即是痛苦，并以因果报应说作为支配人生的法则，都成为了对儒、道人生哲学的补充。

2. 心性论上，佛教对于人的本性、欲望、烦恼等问题，都作了细致的说明与阐发，这也极大地影响了隋唐以后的中国哲学发展方向，也被认定为是佛教对古代哲学的最大发展。

3. 宇宙论上，佛教的思想与教条属于唯心主义，而它所提出的一切皆空，现象和本质都空的学说，也对中国古代唯心主义具有丰富的价值。

4. 认识论上，佛教中所具有的神秘直觉思维、主体与客体的关系学说，以及强调主体、自我意识和主观能动性的学说，丰富了中国古代的认识论，并在伦理道德和文学艺术领域产生了深刻影响。

同时，佛教对玄学和理学的思想内容、思维方式和学说取向都有着深刻的影响。魏晋玄学家曾经探讨过有无、言意和动静等问题，因大家都各执一词，难分胜负，后来佛教学者僧肇著文，阐述了非有非无、不知即知、动静相即的观点，客观上对玄学的基本问题作了总结，对玄学理论的发展起了推动作用。东晋以来，张湛《列子注》明显受到佛学影响，他在文中认为玄学与佛学趋于合流，玄学的显要地位也为佛学所取代。

而佛教对于理学的影响应当说是全面、深刻的，也是为大家所公认的。从学术的角度来看，主要是隋唐佛教大讲心性之学，大谈修持方法，对儒道产生了强烈的刺激，推动了儒学形态诸方面的变化，禅宗与理学是唐宋时代儒、道、佛三教融合而成的两大思想文化成果。

二、佛教与伦理道德

伦理道德观在中国文化中一直占据着重要位置，长期以来，中国封建社会的等级制度与伦理纲常制度都是封建统治者拿来维持社会礼教的法宝，但在遇到佛教伦理道德后，二者却存在着严重的对立，这也成为儒家学者们指责的对象。为了维护儒家礼仪和中国传统习俗，他们指责佛教僧侣的剃发出家、不结婚生子、见人君不行跪起之礼、施舍家庭财产等，是不孝、不忠、不仁、不义的表现，而佛教对此却一直采取调和的立场，以协调两者的关系。

　　佛教为了缓和与儒家的对立关系，真正使老百姓认可，采取种种办法来宣扬佛教经义与儒家学说的相通之处，如他们以比附融合、撰文论证等方法确定有关宗教仪式，以突出忠孝等儒家观念。宋代名僧契嵩说："夫不杀，仁也；不盗，义也；不邪淫，礼也；不饮酒，智也；不妄言，信也。"把佛教中的"五戒"比作儒家的"五常"。契嵩还大力阐扬孝道，称："夫教，天之经也，地之义也，民之行也。至哉大矣，孝之为道也夫！"①强调孝是天经地义的大道。契嵩还崇扬中庸之道，说："中庸之道也，静与天地同其理，动与四时合其运。"即中庸与天地同理，与四时合运，是宇宙的真理与法则。

　　佛教传入中国后，随着因果报应、业报轮回思想的深入人心，对父母生前逝后尽孝都成了民间众百姓的普遍做法，如在父母逝后为其追荐冥福、诵经做法事等活动在社会上广泛流传。可见，佛教对于百姓们孝道观念的强化、社会伦理制度的维持，都起了重要作用。

　　不仅如此，佛教的基本道德标准，如去恶从善、慈悲平等、利人利己等观念，不仅充实了中国的伦理道德学说，而且也发挥了稳定社会的作用。在佛教看来，一切众生都是平等的，无卑贱尊贵之分，在封建社会等级森严的时代，这样的倡议无疑对下层百姓起到强大的心理慰藉作用，在以此为标准对社会诸多不平等现象进行改良时，它作为改造社会道德乃至改造社会的工具，其中体现出的积极作用是不能被忽视的。这些道德观对于与现实社会相协调，并推动社会向前发展是非常有利的，即使今天我们也不能否认。

三、佛教与文学

　　无论在西方还是在东方，宗教对文学产生的影响都是巨大的，宗教文学中那奇诡怪异的神话传说、自由奔放的联想、丰富奇特的想象都为文学的创作带来了巨大的发展空间。而佛教传入中国后，它对于中国文学的影响同样是全面与长期的。一方面，佛教典籍中丰富的知识内容，本身就是瑰丽多彩的文学作品，如《维摩经》、《法华经》、《楞严经》和《百喻经》等，向来就为文人所喜爱。如《本生经》是叙述佛陀生前的传记文学，《佛所行赞》是长篇叙事诗。另一方面，以佛教人物故事或佛教因果报应、六道轮回为原型与题材进行创作的作品也不在少数，特别是中国晋唐以后的小说创作，在吸收了佛经里面的故事情节和思想内容后，变得更加丰富与引人入胜，成为老百姓与上流阶层乐于接受的作品，并成为文学经典流传下来，如《西游记》、《三国演义》、《金瓶梅》和《红楼梦》等。而佛教中的俗讲、变文也直接推动了后来的平话、宝卷、弹词、鼓词、戏曲等通俗文学艺术的形成。佛教禅宗语录则对后来的民间文学作品发生了影响。

除此之外，因为佛教在中国影响极大，一些知识分子特别是一些文人士子，在仕途中遭遇挫折与打击时，就会在佛经中寻求安慰。因为知识水平较高，他们对于佛经的理解也更为深刻，因此在创作时不可避免地会沾染到佛教里的空灵气息与禅宗意味。如唐代诗人王维、韩愈，宋代诗人欧阳修、苏轼等人，不仅与佛门中人交往甚深，创作时随处受到佛教意境的影响，令他们的诗歌作品更加深刻，境界得以升华。

不仅如此，佛教对中国文学的贡献除了对文学的创作产生过重大影响外，还深刻地影响我国古代文学理论批评的发展。被誉为"体大虑周"的文学理论批评巨著《文心雕龙》的作者刘勰就长期生活在寺庙中，佛经中条理分明的逻辑对他影响较大。而中国文学理论中的术语许多也可看出与佛教的关系，如"顿悟"说、"妙悟"说、"境界"说，以及宋代严羽的"以禅喻诗"，都是用禅宗的一套禅理来论述诗歌的创作、欣赏和评论，可以说，假如没有佛教的传入中国，汉代以后的古代文学创作断然不会是今天这番面貌。

四、佛教与语言

佛教对中国语言的影响，最为明显的是佛经梵声发间下，使得汉字有了声调之高低。佛教文化是汉语文化源之一，它推动了汉语语言方法论的变化。

汉字基本的特点是以音节为单位的象形文字、表意文字。在南朝时，人们在佛教梵声的影响下，把字音的声调高低分为平、上、去、入四声，不仅使诗有了格律美，还对于音韵学与律诗产生起了推动作用。

在注音方式上，较为显著的影响是梵文拼音的出现使东汉以来盛行的直音改变成了反切。而拼音字母的增多，更是梵语语音体系汉语化的产物。原本唐末僧人守温制定了三十个字母，到了宋代则形成了"三十六个字母"——汉语语音的三十六个声母，以及分析汉语发音原理及发音方法的学科"音韵学"。还有佛教音义之书，由于保存了大量久已失传的古代字韵和其他文史典籍，因此，又为古籍的辑佚、校勘、训诂提供了宝贵的资料。

在语法学方面，佛教对汉语的句法结构也产生了影响，如古汉语中原来是在句末用"矣"、"焉"、"也"、"耳"等语气语来表示判断，但佛教著作中的判断句用"是"来承接主谓宾语，这都和我们现在的语言习惯一样。

在增加词语方面，佛教还为中国文学语言宝库增添了新的词汇。佛教成语占中国汉语史外来成语的十分之九。我们今天所使用的许多日常用语，如世界、实际、方便、平等、知识、相对、绝对等，都是从佛教用语中演化而来的。而许多姓氏、人名、地名的佛教化，也反映出佛教对中国文化心理意识的渗透。

五、佛教与艺术

汉魏以来，佛教在建筑、美术和音乐等方面都取得了辉煌的成就，使得中国艺术大放异彩，同时也展示了佛教与中国艺术的密切关系。

建筑方面，佛教建筑主要是寺塔，今天坐落在中国各地的佛教寺院，如洛阳白马寺、登封少林寺、苏州寒山寺等著名寺院，都显示了佛教与中国建筑文化相糅合的特点，而这也与基督教教堂那尖耸入云的哥特式建筑有着极大的区别。寺院显现的中国阁楼形式，与可供远眺的楼阁式建筑，具有浓厚中国古代建筑特色。而拥有庞大建筑群的藏传佛教寺庙，则体现了藏族古建筑艺术的特色和汉藏文化交流的风格。

而艺术气息体现明显的石窟寺，如举世闻名的如敦煌、云岗、龙门三大石窟，更是将印度佛教的造型艺术体现得淋漓尽致，显示了印度佛教建筑观与中国建筑艺术的完美体现。

美术方面，受佛教影响较大的主要是绘画、雕塑，这是随佛教的传入而发展成为具有中国民族特色的美术风格。如对于佛像的描绘，则体现出不同时代的不同欣赏口味。如梁代以善画佛像名世的张僧繇，创立了笔法简练的"张家样"，在南北朝后期影响很大。而北齐佛画家曹仲达所创立的"曹家样"，特点则是衣服紧窄，与印度笈多王朝的雕刻风格相近。由唐代吴道子创立的"吴家样"，则是衣带宽博，飘飘欲仙，具有浓重的唐代风格，这些以绘佛像而闻名的画家们，不仅在绘画技巧上吸取前人所长，同时又有着自己独特的风格，同时也反映出他们所处时代的兴趣爱好，对于中国绘画水平的提高作用极大。

音乐方面，佛教音乐也是佛教艺术的重要方面。在举行宗教仪式时，音乐包括的声乐与器乐都是不可或缺的。佛教音乐传入中国内地称为梵呗。为了使汉语的语音适应梵音，大约在三国时对佛教音乐进行了改造，用中国的音调来配唱经文，形成了中国式佛教音乐。到了唐代时，佛教音乐的发展则进入一个鼎盛时期，在创作、演唱、演奏上都达到了很高水平。而佛教音乐对中国民间说唱音乐等的发展，都产生了重大影响。

六、佛教与科学

对于社会普通大众来说，佛教徒的寺院生活显得神秘与独立，它们属于社会上独特的个体，因此，为了自身的生存与发展，佛教徒不得不在一些与之相关的方面进行学习与创造，这在无形中形成了对医学、天文学、印刷术等自然科学方面的贡献。

医学方面，因佛教的寺院多处于远离市区的山区，生病求医有诸多不便，为寺内僧人的身体健康着想，让一些僧人学习医术则是十分有必要的。同时佛教讲乐善好施、普度众生，因此如能济世治病也是寺院的一大功德。

中国佛教寺院有的就开设专科为患者治病。较为著名的有浙江萧山竹林寺女科，历史悠久，遐迩闻名。宋代政府的安济坊（救济机关）在设置官医时，还曾经请僧人担任。现在有的藏传佛教寺庙还设有专门学习医学的经学院。而我国敦煌石窟壁画和藏经洞遗书中，则保存了大量的医学史料，这些遗书中还有近百件医药文书，反映出佛教在医术方面的发达与其所总结的宝贵经验。相传唐代名僧鉴真，也是一位名医，著有《鉴真上人秘方》，在对日文化交流时就把自己的习医心得介绍到了日本。

天文学方面，人类生产与生活都与季节变化密切相关，而季节变化则和天象直接相联，所以古代很重视对日、月、星等天体现象的观察，佛教徒们也不乏精通此道之人。唐代高僧一行，就是精通历法和天文的天文学家。他还曾被英国李约瑟在《中国科技史》中赞誉为"是中国历史上最伟大的天文学家和数学家"。他与人同制黄道游仪，用以测定恒星的位置和研究月球的运动。还在世界上第一次测量出子午线一度的长度。他还编订了《大衍历》，这是一部当时非常先进的历法，施行了二十九年，对后来历法家的编历产生过很大的影响。

印刷术，被称为"文明之母"，其中最著名的雕版印刷和活字印刷都属我国首创，而这也与佛教在中国的传播有很大关系。为了印刷与传播佛经，佛教与印刷术不得不结下密切缘分，而且在印经的过程中，为了印刷得更为迅捷与精美，佛教徒们也不断地用自己的聪明智慧对其进行改良。佛教不仅推动了印刷术的进步，而且它还保存了大量古代印刷品，他们在这方面的精良印术，也为后人研究印刷术的演变提供了宝贵的例证。例如现存世界上第一部标有年代的雕版印刷品，就是唐懿宗咸通九年（868）王介为父母祈福所刻的《金刚经》，经卷完整无缺，雕刻精美，印刷清晰，表明绝非雕版印刷初期的印本。自宋太祖最初雕印大藏经而后一千年，先后有二十余次刻本，都完整地体现了宋以来印刷术的演进历程。

传播佛经不仅要用到印刷术，同时还需要有纸张，因此，佛教对造纸也是有贡献的。例如有的寺院种植楮树，采取树皮，浸以香料所泡之水，制造经纸，用以抄写佛经。同时，他们还将自己的造纸技术记录下来，以供传承，唐代法藏在《华严经传记》卷五《书写》中就有僧人造纸的明确记载。

七、佛教与道教

在中国历史上，儒家作为中国文化的根本，统治者治理国家的法宝，它的尊贵地位是毋庸置疑的，随着佛教在中国的势力与影响越来越大，产自中国本土的道教就感觉到地位受到威胁。因此，道教仿照佛经编造大量的道教经典，以此宣传道教教义。如《洞玄灵宝太上真人问疾经》就源于《法华经》，《太上灵宝元阳妙经》是据《涅槃经》改编而成，《太玄真一本际经》则是深受《涅槃经》空论影响的产物。除此之外，在《道藏》中还有一些题属佛教的著作，如《昙鸾法师服气法》、《达摩大师住世留形内真妙用诀》等，也可看其出包含了鲜明的佛教内容。

不仅是编写经书，在对道教进行改革时，有一些著名道士也是借鉴了佛教的内容与形式，吸收佛教的思想和方法来进行的。例如北魏著名道士寇谦之，改革天师道，就主张引佛教六道轮回入道，还摹仿佛教仪节和修行方式，提倡设立坛宇、积累功德、持戒修行、诵经成仙等。南朝齐梁时著名道士陶弘景，开道教茅山宗，是南朝道教上清派的代表人物。他也主张佛道双收，亲受佛戒，建佛、道二堂，轮番朝礼。金初王重阳创立的全真道，主张三教合一，以《道德经》、《般若波罗密多心经》、《孝经》为主要经典。他还主张学习佛教的规定，创立道教的出家受戒制度；又要求学习佛教的参禅，止观法门，发展内丹修炼，不搞外丹。如果说，宋明理学是儒道佛融合的产物，那么道教全真派虽也受儒家思想影响，但主要是道佛融合的产物。经过这些改革后，中国的道教基本上成为道佛杂糅的产物。

八、佛教与民间宗教

中国宗教文化中除了影响最大的佛教、道教外，在民间还有一些教派组织，不管这些组织是出于什么目的创立的，但它们形成的方式、教派的仪式、教义等却无一不受佛教的影响，可以说宋代以来的重要民间宗教几乎都与佛教有关。

中国民间宗教中最大的教派是白莲教，它的创立就渊源于佛教净土宗，并混合明教等教义而成。白莲教是由南宋僧人慈昭（茅子元），在当时流行的净土结社的基础上创立的新教门，该教"谨葱乳，不杀不饮酒"，又称白莲宗。此教也崇奉阿弥陀佛，以往生西方极乐世界为目标。此教派师徒传授，宗门相属，并形成了一大批有家室的职业教徒，称白莲道人。白莲教在元代时势力极盛，一度被视为"事魔邪党"，后来又发生分化，以致宗派林立，迄至清代，白莲教的支派竟多达百余种。白莲教的重要支派有大乘教、弘阳教、黄天教、龙天教和无为教（罗祖教、罗教）等。白莲教各派的成分复杂，有的攀附上层，取悦朝廷，有的与下层群众结合，发动武装起义反对朝廷，如清入关进主中原后，白莲教举起"反清复明"的大旗，遭到清廷严酷镇压。从宋至清，白莲教不仅影响了民间信仰，而且在社会生活中也发生了重大的作用。

九、佛教与民间习俗

佛教的传入，不仅对中国人的思想产生了影响，同时对中国民间习俗的影响也是十分广泛和深远的。无论是从饮食、饮茶还是节日习俗，亦或是死后葬仪中，都可看出佛教所带来的变化，可以说其影响已经渗入到百姓生活的方方面面。

首先在饮食文化方面，我们都知道，佛教徒规定是不能茹荤的，殊不知，印度佛教戒律规定僧尼不准吃荤，不是指禁食肉食，而是指禁食葱、蒜等气味浓烈的刺激性较强的食物。而真正提倡吃素，不吃鱼肉等荤食，则是从南朝佛教信徒梁武帝萧衍开始的，他根据佛教禁戒杀生和《大般涅槃经》等的教义，提倡茹素，并在汉族僧尼中普遍实行。

其实提倡素食不仅对人们身体健康有很大好处，而且也促进了蔬菜、水果和食用菌的栽培和加工，包括豆制品、面筋制品业和制糖业的发展，并形成了净素烹饪流派。素食对人们的饮食和健康影响很大，今天依然有许多注重养生之人在提倡吃素食。

中国人饮茶成习也是受佛教影响的。参禅打坐时保持清醒的头脑是很重要的，喝茶恰好可以使人提神，故寺院饮茶成风。因此，每天参禅打坐之外，种茶、制茶、品茶、饮茶也成了山寺僧人的重要生活内容。而寺院的饮茶风气，又极大地带动了民间饮茶习俗的普及。

其次，在节日习俗方面，中国老百姓日常生活中所过的节日有许多是与佛教有关的，如腊月初八民间百姓喜过的腊八节，实际上是佛教以农历十二月初八为佛祖释迦牟尼的成道日。自宋代开始，佛寺就日供应腊八粥，后来就演变为百姓自己在家做腊八粥的习俗。另外，民间元宵灯节也是从佛教法会演变而来。灯火在佛教中意义重大，佛教视火光为佛陀的神威，灯火象征着光明，象征着佛陀的智能，而灯火的照耀，又能打破人世的黑暗，摧众生的烦恼。所以寺庙中我们常见在佛像、菩萨像前供奉灯具。相传，佛祖示现神变、降伏神魔是在东土正月十五日。为纪念佛祖神变，是日举行燃灯法会，以表佛法大明。故在佛教的影响下，从唐代起，元宵节张灯结彩渐成民间习俗。

又，汉地佛教每逢农历七月十五日都会举行盂兰盆会，以超度先灵，而这也和佛陀弟子目犍连救母有关，后演成民间的中元节，以各种形式祭拜祖先。还有佛教纪念佛、菩萨的诞生日、成道日，都演化为庙会和民间信仰节日。如按照佛教传说，农历二月十九日是观音菩萨诞生日，汉族、满族地区普遍举行盛大的观音庙会，十分热闹。至于藏族和傣族地区，佛教节日和民间节日更是融为一体了。

再次，在葬仪方面，现在已经成为明文规定的死后火化制度也是受佛教影响而来的。相传释迦牟尼逝世后实行火葬，其舍利安置在塔中。佛教沿袭了这种做法，僧尼们在逝世后一般都实行火葬。虽然中国火葬的做法起源很早，但因中国人向来有"入土为安"的观念，故并未真正流行下来，火葬习俗的流行应该说是受到了佛教的影响，时至今日，也有在家佛教徒死后送到佛寺火葬和安置骨灰的。另外，人死后举行葬仪，要请和尚诵经修福、超度亡灵也与佛教关系甚大。

十、佛教与社会心理

佛教对中国文化的影响，还表现在对于整个社会心理的巨大影响，它对于人们的心理暗示与人们日常行为的规范都起到一种约束作用。可以说，社会心理是一种普遍存在的潜意识，是不见文字著作表述的内在观念，有时候它的强大效力甚至超出了法律条文的明文规定。

　　佛教对中国社会心理所产生最大影响的是"报应"观念，佛教宣传因果报应理论，强调"未作业不起，已作业不失"，它的那种"不是不报，时候未到"的强大"业力"效应，如同永不消失的魔咒，使得现实生活中人们有了许多忌惮。它不断告诫人们，现实社会中的一切遭遇都是自身前世作善恶业的结果，今世所作之业则将决定来世的命运。因此，它既会让人们产生认命的宿命心态，同时为了下一世获得更好的回报，也会在现实中有不断行善的举动。这种理论和中国固有的报应观念融合一起，形成了善有善报，恶有恶报的观念，为社会奠定"去恶扬善"的道德准则打下了深厚的思想基础。

　　此外，佛教还提倡忍辱负重以求得好报，这使得百姓养成了容忍、宽容、忍辱、忍受、忍让的心态，对社会的平稳发展还是很有促进作用的，并成了中国老百姓的一项传统美德。佛教还讲普度众生，乐善好施，让人多生发同情心理、助人精神，用自己的能力去帮助他人，佛教也在平常之中实践着这种行为，并潜移默化地影响了老百姓，如佛门中的布施行为和他们的化缘行为，既有帮助别人的心态同时又有让老百姓生发同情之心的心态，这些心态和做法对于维护社会的稳定和人际关系的和谐都是有积极作用的。

【注释】

　　①契嵩：《镡津集》，文渊阁《四库全书》本。

第五节　禅与禅宗
——具有中国特色的佛教

　　什么是禅？禅是禅宗、禅那的简称，是梵语 Dhyāna 的音译，意思是"思维修"或"思虑"，也就是用深入思考的办法来改造思想。强调"禅定"，追求"顿悟"——安安静静地坐着思索，是一种修行方法。胡适曾说："中国禅并不来自于印度的瑜珈或禅那，相反的，却是对瑜珈或禅那的一种革命。"

一、禅宗的内容

　　禅宗到底是什么？这是一个很微妙的问题，也是一个不容易说清楚的问题，而这也是禅宗的特点。

《五灯会元·七佛·释迦牟尼佛》记载："世尊在灵山会上，拈花示众，是时众皆默然，唯迦叶尊者破颜微笑。世尊云：'吾有正法眼藏，涅槃妙心，实相无相，微妙法门，不立文字，教外别传，付嘱摩诃迦叶。'"据说，这就是禅宗的起始。南怀瑾先生说："佛拿一枝花那么看一下，到底是什么意思？这正表示说法者无法可说，没有一个固定的形态来表达。真正佛法到了最后是不可说，不可思议；说出来都非第一义，都是第二义。"①可见，释迦拈花，拈起的是最高法门，而这种法门却是不能用语言来表达的，而迦叶微笑，显示出他明白了释迦之意，二者之间并无文字的交流，都是靠心在感应，后来也以此喻为心心相印，从此，禅宗的内容就概括为不立文字，教外别传，直指人心，见性成佛。据此，我们也可看出，禅宗的特色就是：传道授学，讲求心领神会，强调顿悟，无需文字言语表达。

因此，对于禅到底是什么，不同的人有着不同的看法。

少林十八罗汉潘国静就说，"禅乃悟也，静也。即'悟''静'生慧。禅是无，禅是有，禅是实，禅是虚，禅是天地万物！"范围可谓是包罗万象。但他也说出了，禅实际上就是一种开悟、顿悟。当你悟到后，禅就无处不在，无所不包。

还有人认为，禅者心也，心中有禅，坐亦禅，立亦禅，行亦禅，睡亦禅，时时处处莫非禅也。禅也是顿生的，特定的时间，特定的空间，人顿悟，得禅意。而这也与禅宗的内容与宗旨相扣，禅既属于心，也属于你在某一时刻突然领悟到的意，现实生活中无处不有禅，就看你什么时候能到领悟到它。

禅宗的内容一方面说出了它与内容无关，因为它包罗万象，一切皆属禅，另一方面它与人性相联系，希望人们不要执迷于表面的现象，而是要用心感受，去领悟其中所蕴含的深刻人生哲理。所以在禅宗发展史上，关于领悟开禅，关于对经书文字的理解、诠释，总是有着很多的公案。下面简举其中几例，让我们领略一下它是如何让人开悟的。

第一则：

有人问大龙智洪禅师："什么是微妙的禅？"

智洪禅师回答："风送水声来枕畔，月移山影到窗前。"

空中，梧桐落叶飘零；眼前，萧瑟秋花凝霜。一位秀才问赵州禅师："此情此景，如何感悟人生？"

赵州禅师淡淡地说："不雨花犹落，无风絮自飞。"

投子大同禅师与嵇山章禅师在室外品茶。大同禅师指着茶杯中倒映的青山绿树、蓝天白云说："森罗万象，都在里边。"

章禅师将茶水泼在地上，然后问："森罗万象，在什么地方？"

大同禅师说："可惜了一杯茶。"

这就是禅，禅者的态度，禅者的智慧。

一位禅僧向赵州请教："怎样参禅才能开悟？"

百岁高龄的老赵州像是有什么急事，匆匆忙忙站立起来，边向外边走去边说："对不起，我现在不能告诉你，因为我内急。"

刚走到门口，赵州忽然又停止了脚步，扭头对禅僧说："你看，老僧一把年纪了，又被人称为古佛，可是，撒尿这么一点小事，还必须亲自去，无法找到任何人代替。"

禅僧恍然大悟：禅是一种境界，一种体验，如人饮水，冷暖自知。禅的感悟，是别人无法替代的——想要知道梨子的滋味，你必须自己亲口尝一尝。②

可见，禅是一种很奇妙的东西，它是不能用落入俗套的语言来解释的，只有亲自去体验它，用心感悟，才能获得妙不可言，犹如醍醐灌顶的智慧。但现实生活中，不是人人都有悟性开悟，因此，如能遇到好的导师，稍微点拨一下就会使人豁然开朗，领悟其中真谛。

再看一个著名的公案——磨砖成镜：

开元中，马祖习定于衡岳。

禅宗六祖的得法大弟子南岳山怀让禅师，知道他是佛法的大器，便去问他说：大德坐禅，冀图个什么？

马祖便说：欲求作佛，怀让禅师乃拿一块砖，日日在他坐禅的庵前去磨。

祖有一天问师，你磨砖作什么？

师曰：磨作镜。

马祖曰：磨砖岂得成镜？

师曰：磨砖既不成镜，坐禅岂得作佛？

马祖听了，便发生疑问了？就问，如何才是？

师曰：如牛驾车，车若不行，打车即是？打牛即是？

祖被他问得无言可对。

师又曰：你学坐禅？或是学作佛？若学坐禅，禅不在坐卧之间。若学作佛，佛并非有个定相，本来是无住的法门，其中不应该有个取舍之心。你若认为打坐是佛，等于杀佛。你若执著长坐不动的定相便是佛法，实在未明其理。

马祖听后，就如喝了甘露醍醐一样清凉畅快，便向师礼拜，再问：那么！如何用心？才合于无相三昧？

师曰：你学心地法门，如下种子，我说法要，譬如天降雨露，你的因缘凑合了，自然应当见道。

马祖又问：道，并非有色相可见，怎样才能见呢？

师曰：心地的法眼，自能见道，无相三昧，也便是这个道理。

马祖又说：这个有成有坏吗？

师曰：若以成坏聚散而见道者，就并非道了，我说个偈语给你吧！"心地含诸种，遇泽悉皆萌，三昧华无相，何坏复何成？"

马祖听了师的开示而悟入，心意便超然解脱。从此便追随怀让大师，侍奉九年，日日进步而透彻佛学心法的堂奥。

其实这正应了禅宗所提倡的，人人都具有佛性，只要你心有所悟，一旦悟入便能成佛，只不过有的人智商高，领悟得快一些，有的人愚顿，领悟得要慢一些，因此，在人生的旅途中才需要有导师的存在，而好的导师，他能看透你的内心，并因人而宜，根据每个人的特点与领悟能力，采用不同的方法，带领大家尽快开悟。因此，在大学里，遇到好的老师，是每一个同学的幸运，而在研究生阶段，也要尽量跟随那些对待学术与学生非常有责任心的人，只有这样，我们的人生才会增加更多的色彩，我们也会从中领悟学习到许多人生的真理。

正是禅宗所提出的直指人心，见性成佛的道理，才使得禅宗在中国的发展越来越顺利，并受到越来越多人崇信。中国人喜欢成佛，但佛也是无相法门，因此开启人的心灵，使之成为一个有智慧、超脱世俗世务的人，则是大家学禅习禅的目的。禅宗的宗旨与内容正是契合人们的心理，它既融合了儒家用心学习的思想，同时还加上了道家放任自然的洒脱，因此，才能满足国人的内心需求，获得长远发展。

二、禅宗中国化的形成

佛教发展出禅宗，基本上已经成为中国式佛教，它其中所蕴含的内容与精神已经具有显著的中国本土特色，它是在遵循印度佛教原则的基础上，发掘了释迦牟尼佛的根本精神，同时加上了中国本土儒、道两家文化的若干成分，变成了普遍受到中国人所乐于接受的佛教。

佛教从传入中国，到被进行中国化的改造，形成中国化的佛教，这其中经历了漫长的时间。最初佛教东来进入中国时，因它是一种外来的文化，加上它所使用的语言也是我们中国人所不通晓的，因此，最初我们对它的理解只能依赖于一些译经者。而这一段时期，佛教在中国的发展属于原汁原味的印度本土佛教。而佛图澄（公元232—348年）及鸠摩罗什（公元344—413年）等高僧到达中国，不仅为中国造就了许多杰出的佛教人士，例如道安（公元314—358年），慧远（公元334—416年），道生（公元369？—434年），僧肇（公元384—414年）。同时也为佛教与中国文化相融合，并以中国式的话语方式传播打下了一个良好的基础。但此时，距离佛教传入中国已经有三百年时间了。

我们可以把佛教在中国的发展分成两个阶段：第一阶段属于全盘接受阶段，此阶段中国人对从西域传入的佛教教义是全盘地吸收，因为它是一个全新外来文化，因此我们需要将它翻译成汉语，并明白其中的教义。到了第二阶段，此时人们对佛经已经译得差不多了，并且有了大致的了解，为了使它更适应中国人的阅读习惯与欣赏趣味，一些被培养出来的高僧，开始直面佛教教义，用中国人自己的话语方式对之进行重新的解读，赋予它以崭新的解释，这是一个中国化的阶段，而其获得的成果便是我们所熟悉的禅宗的形成。

当然，中国为吸收印度佛教所做的翻译工作，是一直在进行的，它并没有因为佛教在逐渐中国化而停止它的进程，因为佛经也在源源不断地输入到中国来，不仅佛教在中国在发展，在印度与其他国家，也一直没停下它前进的脚步，因此，译经工作做到8世纪时，便有了很大的成就，甚至达到圆熟阶段。同时也在陆续地将发生于印度当时的各种佛教典籍，翻译成中国文字。

其实，佛教中国化的形成，到唐代时已经基本完成，并形成了中国化的佛教派别不止禅宗一家，如还有净土宗、天台宗、华严宗等，但这些宗派都没有形成禅宗那么大的影响，有些发展到后来就渐渐式微，到了宋朝以后的净土与华严，事实上已和禅宗合流，像天台宗都没有特定的教团。所以，禅宗代表中国佛教发展的成果，这一点是毋庸置疑的。并且禅宗在形成之后，又根据中国的社会现实进行了改革，无论是从修行方式上，还是生活方式上，都和印度本土佛教的方式大不相同。如百丈怀海大师根据中国人生活的方式，修改了印度僧侣们以乞讨为生的生活方式，创立了从事农耕生产的生活方式，这也被看成是佛教的中国化的一种圆满成熟。

一般而言，不论任何一派的僧侣，都得遵照佛陀所制订的戒律如法奉行，直到百丈怀海（公元720—814年）时代，禅僧也多住在律寺。不过，他们可以自由选择适宜他们自己所修行的方法和经论。对于禅僧自成一个教团的情况，那是从百丈怀海树立了禅宗生活规范的丛林清规之后。

百丈怀海大师的丛林制度建立之后，佛教的中国化，才算圆满成熟。可是，从对教义的自由发挥，到僧侣生活方式的大胆改革，已经经过了四百年的时间，在这期间经过许多高僧大德的努力，而最后的集大成者，是禅宗的人物。然而在取得禅宗大成就的四百年前，道生法师就已经主张顿悟成佛及众生皆有佛性，结果被当时的众僧认为是邪说，而遭受驱逐的命运，那时距离禅宗初祖菩提达摩到中国，尚早了一百年。四百年之后，怀海创立从事农耕生产的生活方式时，也被时人骂为破戒比丘。对于这两个突破传统旧观念的例子，正代表了佛教中国化的特色，禅宗的人物可谓是集结佛教中国化的大成，所以禅宗也就代表了超越性的中国佛教。

三、禅宗的中国化特色

不管怎么样变化，禅宗都属于佛教，它都是从印度佛教演变而来，只不过传入中国社会后，为了更好地立足于中国本土，佛教高僧们不得不对之作出相应的改造，使之能与中国这个以儒家文化、道家文化为主导的社会相适应，成为老百姓乐于接受的东西。因此中国化的元素在佛教身上产生了效力，就构成了具有中国文化特色的禅宗。

禅的本义实际上就是一种修行方式，是通过思维或静虑而来的，是用来统一身心的修行方法，释迦牟尼在成佛之前，是通过苦行——"日食一麦或一麻"的严苛身体的方式来修行的。他们所生存的环境，也是山林、泉谷等地，终日与野兽、草木为伍。即使是今天，寺庙也多建在远离人群的高山之上，一方面可见修行僧侣的决心，远离繁华的红尘之世；另一方面，他们也可排除外界干扰，心无杂念地进行修行。

从修行方式而言，佛教从印度初传到中国时，基本上采用的是渐修与渐悟的方式，他们认为修行者的功力有强弱，时间有长短，所悟的自性空理，必然也有深浅的不同。因此，只有经过长期的修行才能最终修得悟果。但在中国，发展到了第五世纪，即竺道生时期，他大胆地提出了"顿悟"成佛的主张，虽然因此主张与他所提出的众生皆有佛性一起被认为是歪门邪说，被加以驱除，但却因此成为禅宗的宗旨教条。

"顿悟"一词的提出，可以看出禅宗在修行方式上已经与印度佛教有所不同了，禅宗倡导的并非是长期的渐修，而是短时间内即可开悟并领会到的佛性，这不仅给许多想成佛但又畏惧长期苦修的人以希望，同时也增加了更多的受众面，令禅宗在中国普及开来。

在教义的解释上，禅宗也深刻地体现出受中国文化背景的影响之深。中国文化的背景，总体而言，是以儒家及道家的思想为两条主流，儒家注重人与人之间的伦理关系和社会关系，道家重视个人与自然界之间的调和与统一。佛教虽然重视的与之都不同，但为了获得中国人的认可，他们也不得不根据中国文化的走向而作出调整，如前面我们所讲到的宋代名僧契嵩以佛家的"五戒"比照儒家的"五常"所作的解释，实际上就是佛教对中国文化的一种妥协，只有在这种跟随在主流文化之后进行微调整，才能使佛教获得认可，并在中国立足与发展下去。而道、释两家也是一个相互学习，相互融合的过程，道家学习佛教的传播经书的做法，佛教学习道家洒脱的人生态度，正是在这样一个互相吸收的过程中，才形成了中国儒、道、释文化三者并重的局面。

禅宗中国化过程中，僧徒的生活方式发生了相当大的改变。在释迦成佛之前，它采用的是极端的苦行方式，最终瘦弱不堪但并未奏效，后来是他在沐浴并接受了牧女的牛奶后，才豁然开朗，悟道成佛的。这是因为在释迦牟尼之前，古印度所流行的宗教，就倡导极端的苦行主义及极端的享乐主义。释迦牟尼综合了这两种极端而倡导不苦不乐的思想。但不管怎样，佛门中弟子为了修行而不能过享乐奢华的生活，却是肯定的。

中国古代社会是典型的农业社会制度，以农耕为生，百姓过着躬耕于山野的生活，即使是那些隐居的隐士，也都是找一高山，自己耕种为生，如陶渊明从官场上退下来之后，就过着"开荒南野际"的生活。所以若非灾荒，或懒怠懒散之徒，绝不会沦为乞丐。但传统上，印度僧侣们过的却是依靠沿门乞食为生的修行方式。这是一种不太保险的生存方式，一旦遇到政府政策变化时，寺庙的僧侣们极有可能讨不到饭，难以存活。所以僧徒们只能靠改变修行方式来适应中国社会的情况，而传统的农耕制度也给了中国佛教以启发，自食其力的山林佛教，便应运而兴，那便是百丈怀海所倡导的丛林制度的农耕生活。

据历史文献记载，早在禅宗的四祖道信（公元 580—651 年）、五祖弘忍（公元 602—675 年）时，禅僧的生活已经由散居独处，变成群聚。他们齐集在大师座下，跟随大师们共住并修行，最多的时候人数可达上千人，有的人甚至在同一道场修行长达六十余年之久。这么多人住在一起，吃和住都是一个需要解决的大问题。如果单靠化缘的话，是很难满足大家的口腹之需的。因此，他们养成了自给自足的生活方式。踏碓舂米，田园种植，农地耕耘以及采薪破柴等工作，均由寺庙大众共同执役，同时还有一套僧众共同生活需要遵守的规约。由此可见，百丈所在订立丛林清规时，早在禅宗四祖及五祖时代，即具有了雏形。

唐末五代时，为了能让佛教在中国绵延发展下去，应中国社会现实之情与佛教发展的需要，怀海禅师创立了丛林制度的农禅生活。

所谓丛林制度的农禅生活，是僧徒们过着自己垦植山林农田为生的生活方式，而信徒们的布施只是寺院生活的次要部分，而在寺院中参禅、习禅的人，更是打破了以往佛教咬文嚼字的经教研究，他们同住于禅堂，没有私人的禅房，就连住持的方丈室，也只是个办公与个别施教的场所。丛林寺院生活方式还允许有人在家住，只要有心参禅一心向道即可。他们没有什么上级优厚下级薄劣之分，而且在服装上，也没有要求天天穿和尚的衣服，袈裟只有在上殿说法时才披起，而在劳动与禅堂修行时，都穿随俗的唐服，仅从外表来分的话，如不是显著的光头的象征，与世俗之人无甚区别。

当然，寺庙之中还是有着严格的戒律，每个人都必须遵守，这也是僧侣们的一种修行。如寺院中的每个人，包括住在寺院的信众，都必须进行生产劳动，而在饮食上，也要严守中国佛教不吃荤腥、不喝酒的规定，并且日中之后，不再进食，除非有意外之事，如生病或有公事要做。这种农禅生活还规定，一天不工作则不得进食。同时，寺中如有财产，也不属于任何私人，除了大家日常生活所用之外，如有剩余，则要用于社会的慈善救济事业，而且在戒律面前，人人平等，若有人触犯生活规范，一律按规定来惩处，如有情节严重者，则可能将之驱除出寺。

这样的修行生活，既与中国现实的农业生活环境有很大关系，同时也没有违背释迦牟尼创立佛教的精神，并且与佛教所要求的过着清规戒律的生活也是相符合的。但在怀海禅师初创这种生活方式时，还是遭到当时的一些守旧之徒的责骂，骂为破戒比丘，因为在他们看来，和尚就应该过着乞食的生活，只有这种生活方式才是高尚的。其他任何的改变，都是对佛陀最初的宗旨相违背，因此他们不主张以任何的其他方式去谋取衣食之需。

事实上，这种自给自足的修行生活方式，反而更能有效地体现佛陀教化世人的根本精神，一方面可以让弟子们都过着清净、少俗、知足、平等的生活方式，另一面也为世人做出一个榜样，凡事不要只注重形式，应该因缘施教。

禅宗能够从中国社会现实情况出发，适应社会的基本特点，不断地修正自己，这本身就是一个很大的进步，同时也可看出佛教发展到禅宗后，已经被彻底的中国化，并成为与中国文化紧密结合在一起的佛教文化。

【注释】

①李志军：《南怀瑾说佛》，湖南人民出版社 2007 年版，第 182 页。

②参考百度百科 http：//baike. baidu. com/view/134954. htm? fr＝ala0

附：

【参考书目】

1. 杜继文：《佛教史》，江苏人民出版社 2008 年版。
2. 郭朋：《坛经导读》，中国国际广播出版社 2006 年版。
3. 文史知识编辑部编：《佛教与中国文化》，中华书局 1988 年版。
4. 蒋维乔：《中国佛教史》，上海古籍出版社 2007 年版。
5. 薛克翘：《佛教与中国文化》，昆仑出版社 2006 年版。
6. 汤一介：《佛教与中国文化》，宗教文化出版社 1999 年版。
7. 李志军：《南怀瑾说佛》，湖南人民出版社 2007 年版。
8. 苏渊雷：《佛教与中国传统文化》，湖南教育出版社 1988 年版。

（本章撰稿：殷晓燕）

第六章　中国古代文学鉴赏

　　文学鉴赏是读者阅读文学作品时的一种审美认识活动。读者通过语言的媒介，获得对文学作品塑造的艺术形象的具体感受和体验，引起思想感情上的强烈反应，得到审美的享受，从而领会文学作品所包含的思想内容，这就是在进行文学鉴赏。文学鉴赏是文学发挥和实现其社会作用的重要环节。

　　文学鉴赏是一种感觉与理解、感情与认识相统一的精神活动。人们欣赏文学作品，是从形象感受开始的，形象作用于读者的感觉和感情，使读者受到艺术感染，于潜移默化中逐步体会到包含于其中的思想。读者对文学作品所揭示的生活本质的认识，或是对作家创作的评价的接受，始终是和读者对作品所反映的具体生活现象的直接感受和情感反应分不开的。脱离了具体感受的抽象思维和逻辑判断，不能称为文学鉴赏。但是单有感觉没有理解，单有情感没有认识，也不可能深切领会文学作品的意义，同样不是真正的文学鉴赏。夸大感觉与感情在文学鉴赏中的作用，把文学鉴赏归结为脱离理性认识的"形象直觉"活动是片面的。无视文学鉴赏过程中感觉和感情的作用，不懂得文学作品所反映的生活必须被读者在感觉和感情上肯定和接受才能在理性上肯定和接受，也是片面的。在文学鉴赏中，感觉与理解、情感与认识是不可分割地统一在一起的。这是文学鉴赏活动的基本特点。

第一节　中国古代文学的传统功用

　　辉煌灿烂的中国古代文学与中华文明的发展同步进行，大量优秀的文学作品以及文学思潮、文学理论、文学现象本身就反映着中华民族精神，同时又传扬、汇聚和强化着中华民族精神。以孔子为代表的儒家诗论就特别注重文学的社会教育作用，因此，"载道"成为中国文学传统功用的首旨。

一、文以载道

1. 何谓"道"

所谓"道"，其意是规律，事理，其实就是真理。中国古代各派思想家都非常重视对"道"的阐释。《易经》说："立天之道曰阴与阳，立地之道曰柔与刚，立人之道曰仁与义。"孔子说："天下有道，则礼乐征伐自天子出。"又说："吾道一以贯之。"孟子说："得道多助，失道寡助。"其中的"道"都是指一种真理。老子所著《道德经》的"道"，所说的"道可道，非常道"的"道"，指的就是一种终极真理。先秦时文士们著书立说，无非是在阐扬自己所倡导的"道"。那时还没有定于一尊的统一的被各方面都接受的"道"。百家争鸣，各家各派鸣的都是自己认为最正确的"道"，即自己一派的思想学说。孔子论"诗"，就特别强调"诗教"，即强调诗歌与政治教化之间的联系，肯定文艺的社会作用，强调文艺应该为人的道德修养服务："兴于诗，立于礼，成于乐。"①他认为在君子修身、立身、成性的过程中，学诗是首要的第一步。而"《诗》三百，一言以蔽之，曰：思无邪。"②在孔子看来，《诗》的思想内容具有雅正的特点。

汉武帝"罢黜百家，独尊儒术"，儒家定为一尊。儒家的社会政治理想和伦理道德规范几乎就成了"道"的基本内容。唐代韩愈提出"文以明道"，主张文道合一，他认为，"道"就是儒家的社会政治、伦理道德，并说"师者，所以传道授业解惑也"，把明道和传道放在首要地位。因此后人说韩愈以传承道统为己任。宋代周敦颐提出"文以载道"，使这个词成为一个意义固定的概念，也成为古代文人著述的一条重要的原则。一直到清代，文学作品一直承载并延续着文以载道的传统。古代诗词除具有言志抒情的功能外，也常作为揭示哲理、传扬道法的工具；诗歌小说也总是含有微言大义，表现作者的所谓"道心"。明代戏曲家汤显祖也认为："道心之人必具智骨，具智骨者，必有深情"③，强调道心和深情都是进行文学创作不可缺少的因素。

2. 古代文学作品中"道"的主要内容

（1）关注民生疾苦

中国传统文化中的一个重要内容是民本思想，在文学上的表现就是文艺理论界常论及的人民性、进步性。儒家学说中的民本思想是其最可贵的部分。孔子提倡仁政，认为应当"节用而爱人，使民以时"④，反对横征暴敛的苛政。孟子明确提出"民为贵，社稷次之，君为轻"的见解，认为统治者得民心则得天下，失民心则失天下。不仅儒家有民本思想。屈原在《离骚》中，更是直接吟唱出"长太息以掩涕兮，哀民生之多艰"。杜甫在《自京赴奉先县咏怀五百字》中吟咏的"穷年忧黎元，叹息肠内热"，"朱门酒肉臭，路有冻死骨"已成千古绝唱。而白居易在他的《新乐府》、《秦中吟》等诗中表现出来的关心民生疾苦，抨击时政弊端的激情，更是为后世所激赏。

历代文学家受传统文化思想的支配，其作品中必然表现这样的思想感情。关注民生疾苦的文学作品，其内容大致可以概括为：一是对民众疾苦的同情和怜悯。民众的疾苦有来自自然的天灾、洪水、瘟疫等，也有来自社会的官府搜刮、豪强侵夺和战乱蹂躏等，历代作家的作品中常写到这些内容，表现出深切的关注，如以"三曹"、"七子"和女诗人蔡琰为代表的建安诗人关心民生疾苦的诗歌，元代散曲家张养浩作为官员在赈灾途中发出的"兴，百姓苦；亡，百姓苦"的感叹。二是表现民众的社会理想和生活要求，如减轻赋税、政治清明、社会安宁等，典型代表作就是白居易的新乐府，秦中吟里面的如《卖炭翁》、《红线毯》、《卖花》等作品。三是对民众中一些落后、愚昧、丑恶的东西的揭露和批评，如对某些不良习俗、野蛮现象、残暴行为等的揭露与批评。历代的许多优秀作品，往往是那些人民性强的作品。《诗经》里的名作如《硕鼠》、《七月》等；唐代杜甫的"三吏"、"三别"等；还有宋元明清的大量诗作，以及小说戏曲中那些反映民众疾苦的内容。

（2）达则兼济天下

儒家思想体系，其基本的人生态度是积极用世，或称为经世致用。对于一个文人来说，平生的生活内容和意义就在于立德、立功、立言。士人往往是立功不成而转为立言，或者先求立功而后求立言。曹丕在其《典论·论文》中更是明确提出："盖文章，经国之大业，不朽之盛事。"因此，在中国古代文化的大背景下，许多文学家首先不是文学家，而是政治家，他们在政治上难有建树，而后则成为思想家或哲学家、教育家等，因其有了著述成就而成了文学家。唐诗巨匠李白坚信"天生我材必有用"，"长风破浪会有时，直挂云帆济沧海"，杜甫"穷年忧黎元，叹息肠内热"，以及唐宋八大家，还有辛弃疾、陆游等，都不仅仅以文学名世。苏东坡进呈《上神宗皇帝万言书》的时候，恐怕他的志向并不仅仅在于文学。辛弃疾吟唱着"醉里挑灯看剑"，因为他太想有所作为，而且他还有能力大有作为，故其心头难以泯灭的志向还是报国，"忍将万字平戎策，换得东邻种树书"。由于中国古代儒家思想占据主流地位的文化背景，中国古代文学作家几乎都是浸润着孔孟之道成长起来的人物群体，他们的作品中表现出强烈的积极入世、经世致用的意识就是必然的。古代文学家们这种积极入世的意识，一直影响到现当代，鲁迅先生就曾直言"我以我血荐轩辕"。

（3）舍生取义

在中国古代的传统文化中，作为传统道德观念"仁义礼智信"框架中的一个重要组成部分，"义"是非常重要的一项内容。在封建社会的思想体系中，"义"表现为一种社会理念和道德原则。在很多情况下，"义"还是判断是非与善恶的标准。"义"的含义非常复杂，不同的时代有不同的理解，而且同一时代不同阶层中的人们也会有不同的理解，甚至各取所需。在儒家的思想体系中，"义"占有重要的地位。孔子主张的核心是仁，但他对"义"也有论述，如"君子义以为上"、"君子喻于义，小人喻于利"等。孟子思想的核心是义，他的著名的观点就是"舍生取义"。值得注意的是，封建时代上层统治者和下层普通民众对于义的理解有很大差异。统治者最热衷宣扬的理想道德是忠，因为他们要求普通百姓、芸芸众生俯首帖耳，当好顺民，所以把"义"往"忠"方面倾斜。而普通民众最崇尚的理想道德的"义"，更多是江湖义气。《史记》中像鲁仲连、荆轲那样的替人排忧解难的士就是"义士"。历代民众造反称为起义或举大义，英雄好汉称为义士，做好事称为见义勇为。对那些舍己救人、抑强扶弱、路见不平拔刀相助的种种行为以及那些奇人奇事等，都加上一个"义"字。《三国演义》中的关羽，就因为其义薄云天，而被人民大众所景仰。直至近代，江湖帮会供奉的几乎都是"关帝君"。

二、教化养性

1. 教育感化

文学艺术本身具有教化的功能，这一点在先秦时期的文献中已有明确的认识。教化一词最早见于《诗大序》："风，风也，风以动之，教以化之"，"故正得失，动天地，感鬼神，莫近乎诗，先王以是经夫妇，成孝敬，厚人伦，美教化，移风俗。"孔子谈到诗的教化作用，特别强调诗的社会作用，提出所谓兴观群怨四点，他说："小子何莫学夫诗，诗可以兴，可以观，可以群，可以怨，迩之事亲，远之事君，多识于鸟兽草木之名。"[5]在孔子看来，学《诗》可以激发志气，可以观察天地万物及人间的盛衰与得失，可以使人懂得人际交往的必要，可以使人懂得怎样去讽谏上级。往近的方面说，可以用来事奉父母；往远的方面看，可以事奉君主；还可以多知道一些鸟兽草木的名字。

后世的诗文小说也都有这样的功能，其作者也总是明确地以自觉推行教化相标榜。到了元明清时代，由于城市经济的繁荣，市民阶层的壮大，文学作品也要满足他们日益增长的精神需要。小说和戏曲开始发挥出重要的教育感化作用，尤其是戏曲最为突出，因为戏曲通过现场表演，可以使识字与不识字的人一同观看，将教化的范围扩大化。

2. 涵养德性

中国古代文学涵养德性的这一传统，也与中国传统文化中的儒家思想观点交融在一起。封建时代占统治地位的意识形态，从儒家开始，所肯定的人生理想是修身、齐家、治国、平天下，其中首要的和基本的是修身。这种观念反映在文学方面，则使文学创作活动不可能不带有修身养性的功能。历代许多作家进行文学创作活动，多有以实现涵养德性为目的。如陶渊明的田园诗、饮酒诗，谢灵运等作家的山水诗，盛唐以王维、孟浩然为代表的山水田园诗派的作品，就是这方面的典型代表。唐以后许多作家写作诗词、小说、戏曲，常常自我标榜为"自娱"，有些文人在半生仕宦、退归林下之后，便开始从事文学写作或学术研究，自谓是"以著述自乐"。文学作家在自娱、自乐的时候，在经历了世间的大悲苦、体验了人生的大烦恼之后，转而在吟咏山水、叙写故事的时候，寻求个人和社会、个人和他人、个人和自然的融洽与和谐。这样的作品的内容，有作者对自己为人处世的自我约束，也有作者对自己心态与情感的自我调适，并在这种自我约束、自我调适中获得快乐与满足。

三、抒情言志

追溯中国文化的渊源，历史上很早就有言情的传统。先秦诸子的著作中，情更多的是指人的情感、情绪。《荀子·正名》篇云："性之好恶喜怒哀乐谓之情。"《礼记·乐记》中说："情动于中，故形于声，声成又谓之音。"孔子编定《诗经》，最早肯定诗歌的抒情特征。《毛诗序》说："诗者，志之所之也，在心为志，发言为诗。情动于中而形于言，言之不足故嗟叹之，嗟叹之不足故永歌之，永歌之不足，不知手之舞之，足之蹈之也。"从先秦到两汉时期，对于情的认识出现了将情与理对立的观点。从司马迁的"发愤著书说"，到韩愈的"不平则鸣"论，都表现出著书立说、诗文创作时作家的强烈的感情抒发的需要。屈原、李白、苏轼、陆游、辛弃疾大量的直抒胸臆的诗、词，固然是抒情言志，而阮籍、陶渊明、陈子昂、杜甫、柳永、李清照的大量的咏史、咏怀作品，又何尝不是抒情言志之作呢？由于占统治地位的儒家思想体系的影响，中国古代文艺美学思想也就必然出现教化和言情并存或对立的状态。中国古代文论常常论及情，主张文学作品应当表现人的真情，应当以情感人，作品中的人物应当是富有真情实感的艺术形象。明代李贽在其《杂说》中直言："世之真能文者，比其初皆非有意于文也。其胸中有如许无状可怪之事，其喉间有如许欲吐而不敢吐之物，蓄极积久，势不可遏。一旦见景生情，触目兴叹，夺他人之酒杯，浇自己之垒块，诉心中之不平，感数奇于千载。"尽管各个时期不同的文学思潮在文学艺术的一些基本观点上有明显分歧，但在言情这个问上则表现得大同小异。

同时，中国古代文学作品也是非常崇尚美的。根据中国传统文化的特色，中国古代文学作品的美被分为了阳刚之美与阴柔之美。先秦时期的那些历史著作如《尚书》、《左传》、《国语》、《战国策》等，理论与哲学著作如孔、孟、老、庄诸子文献等本来不是现代意义上的文学作品。但是，先秦时期的历史著作及两汉《史记》那样的历史著作中塑造的鲜明的人物形象，这和后来戏曲、小说、文艺散文那样的文学作品中的人物形象具有普遍的共性。如《左传》中的郑子产、宋襄公、流亡于列国的晋公子重耳及其随从狐偃、介子推等，《国语》中的吴王夫差、越王勾践及范蠡、文种等，《战国策》中的苏秦、邹忌、冯谖、荆轲等，《史记》中的陈胜、吴广、刘邦、项羽、廉颇、蔺相如等。先秦史传著作以及《史记》、《汉书》那样的历史著作中的许多情节展现的鲜明生动的人物形象，在一定程度上具有典型人物的典型性格，因此当代的文学史著作称这些历史著作为"史传文学"，是有道理的。先秦诸子的政论类著作中穿插的一些小故事里面，也有不少生动的形象。能够把理论著作或文章能写得有趣而不枯燥，这就更能显示出文学性。

中国古代作品的语言整齐，简练，节奏感强，生动传神，尤其是古代的诗、词、曲作品，既具有形式之美，又具有意境之美，还具有神韵之美、音乐之美等。总之，中国古代文化中具有一种尚美精神，反映在文学艺术方面则形成一种贯穿古今的尚美传统。⑥

【注释】：

　　① 《论语·泰伯》。

　　② 《论语·为政》。

　　③ 《睡庵文集序》，见《汤显祖诗文集》下卷，上海古籍出版社 1982 年版，第 1015 页。

④⑤《论语·阳货》。

⑥本节可参阅王永宽《中国古代文学传统的宏观考察》相关内容。王文载《中州学刊》
2003 年第 4 期。

第二节　中国古代文学鉴赏的历史发展

自有文学作品的诞生，就有了对于文学作品的鉴赏和理论批评。中国古代文学鉴赏也是伴随着古代文学作品的繁荣发展而根深叶茂的。

一、先秦：古代文学鉴赏的萌芽期

先秦时期，我国古代文学鉴赏还处于萌芽期。诗歌还没有完全从音乐、舞蹈的原始综合体中独立出来，散文还附庸于史学与哲学之中。所以，所谓的文学鉴赏往往只能是就事论事，人们的有关文学鉴赏的观点也只能以片言只语的形态散见于各种文化典籍及文学作品本身，像先秦诸子散文、历史散文中，就零零星星地记载了一些原始形态的古代文学鉴赏观念。

由于"诸子横议、百家争鸣"，学术思想非常活跃，以孔子为首的儒家学派和以老庄为首的道家学派是先秦时期最有代表性的两个学派，他们共同奠定了我国古代文学理论批评鉴赏的基础。

1. 诗言志

《尚书·尧典》用"诗言志"概括了诗歌表情达意的基本特征，认为诗要表现人的内心思想感情活动。同时还提出了诗歌具有教育作用的要求和理论，即诗所言之志，必须符合当时统治阶级的道德规范。朱自清先生在其《诗言志辨序》中，将"诗言志"高度评价为中国古代诗论"开山的纲领"。

2. 孔子的文学鉴赏理论

孔子论"诗"，特别强调"诗教"，即强调诗歌与政治教化之间的联系，肯定文艺的社会作用，强调文艺应该为人的道德修养服务："兴于诗，立于礼，成于乐。"①他认为在君子修身、立身、成性的过程中，学诗是首要的第一步。而"《诗》三百，一言以蔽之，曰：思无邪。"②认为《诗》的思想内容具有雅正的特点，音乐方面则"哀而不淫，乐而不伤"。③《关雎》诗，好就好在它所传达的是一种快乐而不放荡，忧愁而不哀伤的情怀。这也是孔子中庸思想在其文学鉴赏方面的具体体现。孔子还主张文章要达到内容与形式的统一："质胜文则野，文胜质则史。文质彬彬，然后君子。"④

3. 孟子的文学鉴赏理论

（1）提出了以意逆志说

孟子认为"故说诗者，不以文害辞，不以辞害意，以意逆志，是为得之"。⑤即说诗者（读者）要根据自己的历练、思想意志去体验、理解作者的作品，不要死抠字眼，也不要拘泥于词句，曲解甚至歪曲全篇的主旨。

（2）提出了知人论世说

"颂其诗，读其书，不知其人，可乎？是以论其世也，是尚友也。"⑥孟子认为，要把文学作品看作是一定时代的产物，结合作家的生平来进行考察，才能比较准确地把握住作者的写作意图和正确理解作品的思想内涵。

（3）提出了知言养气说

"我知言，我善养吾浩然之气"⑦。孟子的"浩然正气"是指人的道德修养达到极高水平时所具有的一种正气凛然的精神状态。作者必须具有内在的精神品格之美，具有高尚的人格，即养成"浩然之气"后，才能写出好作品。

4. 庄子的文学鉴赏理论

庄子主张"虚静"，"物化"，以自然朴素为美。当人进入"虚静"状态以后，就抛弃了一切，达到物我两忘的境界。"虚静"是认识"道"的途径和方法，是进入"道"的境界时所必须具备的一种精神状态。此外，庄子还论述了"言"与"意"的关系，提出了"得意忘言"说。

二、两汉：古代文学鉴赏的演进期

两汉时期是我国古代文学鉴赏理论的演进期，文学理论批评和鉴赏主要集中于对《诗经》、屈赋和汉赋的研究和讨论，取得了一定的成果，促进了文学理论鉴赏的发展。

1. 司马迁的文学鉴赏主张："怨"与"愤"

司马迁在其《史记·屈原贾生列传》中，给屈原作品以高度的评价，指出了《离骚》的创作动因和基本精神是"怨"。这个"怨"不是个人的愁闷与怨怒，而是屈原对楚国的忠诚、忧国忧民的思想受到邪恶势力打击压抑后的怨愤，是一种坚持真理，"虽体解其尤未悔"的激情。

同时，司马迁在其《史记·太史公自序》和《报任安书》中，历数周文王、屈原、韩非等人的人身遭际后，总结了他们的创作"大抵贤圣发愤之所作也"，提出了著名的"发愤著书说"。这种"愤"，固然包含了个人怨愤的情绪，但更主要的是包含了一种穷且弥坚的毅力和面对逆境的奋斗精神。

2.《毛诗序》的文学鉴赏主张

《毛诗序》又称"诗大序"，涉及诗歌的本质，诗与社会生活的关系及其表现形式等内容，集中代表了汉儒的论诗主张。

（1）提出了诗歌"吟咏情性"的著名理论

《毛诗序》继承先秦"诗言志"的理论，提出了诗歌"吟咏情性"的著名理论，指出"诗者，志之所之也，在心为志，发言为诗，情动于中而形于言，言之不足，故嗟叹之，嗟叹之不足，故咏歌之，咏歌之不足，不知手之舞之足之蹈之也。"

（2）强调诗歌为政治教化服务的主张

关于诗歌与社会生活的关系，《毛诗序》强调诗歌为政治教化服务的主张，进一步阐述了诗歌的内容、风格变化及其演变与政治、道德、风俗之间的密切关系："情发于声，声成文谓之音，治世之音安以乐，其政和；乱世之音怨以怒，其政乖；亡国之音哀以思，其民困。故正得失，动天地，感鬼神，莫近于诗。先王以是经夫妇，成孝敬，厚人伦，美教化，移风俗。"

（3）提出了诗的"六义"说

《毛诗序》提出："故诗有六义焉：一曰风，二曰赋，三曰比，四曰兴，五曰雅，六曰颂"，首次对《诗经》的体裁分类和艺术表现手法做出比较科学的分类。

3. 王充的文学鉴赏主张

王充在其《论衡》中，提倡真实，反对"虚妄"，认为一切文章和著作都必须是真实的，坚决反对"奇怪之语"、"虚妄之文"[⑧]。主张"文为世用"[⑨]，文章有为而作，应当有益于世。针对汉代保守复古的文风，王充提倡文章的语言应当清楚明白，主张言文合一。在评价作家作品的问题上，反对崇古非今的倾向。

三、魏晋南北朝：古代文学鉴赏的自觉期

随着人们的思想解放，文学创作也获得了新生。魏晋南北朝的文学理论鉴赏家们开始对诸多文学现象进行比较广泛而深入的研究总结，写出了一批文学理论批评专著。文学观念的"自觉"，玄学思潮的兴起和文学创作的繁荣互相影响，

互相推进，共同构成了魏晋南北朝文学批评理论长足进步并取得丰硕成果的客观基础。

1. 曹丕的文学鉴赏主张

（1）充分肯定文学的独立价值和地位

曹丕的《典论·论文》肯定了文学的独立价值和地位，强调"盖文章，经国之大业，不朽之盛事。"把立言与立德、立功并列为"三不朽"，这种文章价值观是对传统思想的突破，是文学进入自觉时代的典型表现。

（2）提出了"文以气为主"的主张

曹丕认为："文以气为主，气之清浊有体，不可力强而致。譬诸音乐，曲度虽均，节奏同检，至于引气不齐，巧拙有素，虽在父兄，不能以移子弟"。强调了作品应当体现作家的特殊个性，要求文章必须有鲜明的创作个性。

（3）区分了四种不同文体的特点

曹丕指出了"文本同而末异"的文体分类观点，认为文章的本质是一样的，但文章的具体表现形态则有所不同。而"诗赋欲丽"的说法，已经看到了诗赋作为文学艺术的美学特征。

（4）提出了文学批评应有的态度

针对当时文坛存在的"文人相轻，自古而然"恶习，曹丕认为不同的作家各有所长，文体也各有特点，应当"审己以度人"，才能客观公允地得出结论。对于"常人贵远贱近，向声背实，又患暗于自见，谓己为贤"的偏颇也提出了批评。

2. 陆机的文学鉴赏主张

《文赋》提出作文之由一是有感于物，一是有赖于学："伫中区以玄览，颐情志于典坟"，文学创作必须深刻地观察万事万物，有感于心；同时通过对古代文化典籍的学习提高艺术修养，培养高尚的情操。

陆机还对艺术想象在创作活动中的关键作用及其特征作了形象化的描述；而他所提出的"诗缘情而绮靡"的理论主张，更是突出了诗歌的感情因素和美感要求。

3. 刘勰的文学鉴赏主张

刘勰的《文心雕龙》博大精深，体例完备。全书包括四个重要方面：总论、文体论、创作论和自序。重点研究有关创作过程中各个方面的问题。而《时序》、《才略》、《知音》、《程器》等四篇，则主要是文学史论和批评鉴赏论。

（1）归纳了神思（艺术构思）的特征

刘勰认为"神思"即艺术想象的特征有三：一是形象性，即"神与物游"；二是情感性，即"登山则情满于山，观海则意溢于海"；三是神思也不排斥抽象思维的参与，所以需要"积学以储宝，酌理以富才"。

（2）总结了神思的功能

神思的功能也有三方面：首先，它能使作家摆脱身观局限，让思维自由驰骋，才情充分发挥"故寂然凝虑，思接千载；悄焉动容，视通万里"；其次，它是整个创作活动的中心和关键："窥意象而运斤。此盖驭文之首术，谋篇之大端"；最后，神思与语言的表达密切相关，"辞令管其枢机"。⑩

（3）分析了文学发展与社会生活发展的关系

首先，刘勰指出社会现实的影响，决定了文学的发展："时运交移，质文代变"，"歌谣文理，与世推移"；其次，刘勰认为各种社会因素对文学发展兴衰演变有着深刻的影响："文变染乎世情，兴废系乎时序"；最后，刘勰指出了文学自身内在发展的规律，那就是文学自身的继承与发展。⑪

4. 钟嵘的文学鉴赏主张

钟嵘的《诗品序》明确地提出了诗歌创作动机的激发，有赖于客观事物的感召，主张诗歌创作要运用比兴的手法，塑造生动感人的艺术形象，才能使"味之者无极，闻之者动心"；钟嵘反对过分地强调音调，"但令清浊流通，口吻调利，斯为足矣。"他反对声病，主张自然和谐的音律；也反对作诗过多地用典，推崇那些产生于"直寻"的抒情佳作。

四、唐宋：古代文学鉴赏的发展期

唐宋时是我国古代文学鉴赏的发展期。此期的诗人、作家既有丰富的创作实践，又有比较先进的文学理论主张，对后世文学理论产生了较大的影响。

1. 陈子昂的文学鉴赏主张

初唐时期的文学鉴赏，以倡导复古革新的陈子昂为代表。陈子昂在其《与东方左史虬修竹篇序》中，旗帜鲜明地肯定了风雅、汉魏诗歌的现实主义传统，并明确要求诗歌应该恢复这个进步传统；具体分析了晋宋以来诗歌创作的弊端所在，就是缺乏关键的"兴寄"和"风骨"。认为"齐梁间诗，彩丽竞繁，而兴寄都绝。"

2. 白居易的文学鉴赏主张

作为新乐府运动的领导者，白居易在其《与元九书》中，旗帜鲜明地提倡诗歌应该和当前的政治斗争联系，积极干预生活："文章合为时而著，歌诗合为事而作"；强调继承"风"、"雅"反映现实的优良传统，批判了唯美主义和形式主义的不良倾向，把美刺和讽喻、比兴看作一个紧密联系的问题来提倡，对于齐梁间的诗作，白居易极为鄙夷："率不过嘲风雪、弄花草而已……丽则丽矣，吾不知其所讽焉"；他也主张诗歌内容和形式的有机统一："诗者：根情、苗言、华声、实义。"

3. 韩愈的文学鉴赏主张

作为古文运动的旗手，韩愈在其《答李翊书》中比较集中地表达了古文运动的理论主张。

首先，韩愈力倡学古文应以立行为本，立言为表："仁义之人，其言蔼如也"。

其次，韩愈认为，学文的途径要文道合一，要善于学习前人的作品，并且有所创新，"惟陈言之务去"。在提高道德修养的同时，提高自己的写作能力。

再次，鼓励后学学文要有坚定的信心，不以时人的毁誉为转移。

最后，提出了写古文要以气为先的观点："气盛言宜"。

4. 司空图的文学鉴赏主张

司空图的诗歌鉴赏理论遵循老庄思想，以佛禅说诗，注重文学的审美特征。其诗歌鉴赏理论主要表现在《二十四诗品》和《与李生论诗书》中。司空图提出并阐述了"韵味说"的主张。所谓"韵味"，就是诗歌意境创造的审美内涵，即"韵外之旨"。诗歌创作和欣赏必须"辨味"，辨别、评价诗歌高下优劣的标准在于作品是否有"韵味。"

5. 欧阳修的文学鉴赏主张

宋金元文学理论，是在继承唐代诗文革新运动和总结以往创作经验基础上，在反对西昆体形式主义文风和反对江西诗派的文学思潮中发展的。

欧阳修作为宋初诗文革新运动的倡导者，在其《答吴充秀才书》中提出，在文与道的关系上，主张重道以充文，学文必先学道；论文而推原于道，论学道而归于关心现实生活中的"百事"，指明文学是不可能脱离现实的。在其《六一诗话中》，提出来"诗穷而后工"的观点。

6. 王安石的文学鉴赏主张

王安石既是一位著名的文学家，又是一位锐意改革的政治家。他的文学鉴赏主张自然带上了浓烈的政治色彩。他在《上人书》中，强调了文章直接为礼教政治服务，文学必须以"适用为本"、要"有补于世"。主张作文以内容为主，同时也不忽视形式的价值，辩证地论述了内容和形式的关系。

7. 苏轼的文学鉴赏主张

苏轼论文，注重艺术创作，强调审美情趣。他的《答谢民师书》则显示了苏轼对于散文创作的基本观点。东坡论文崇尚自然，提倡"文理自然，姿态横生"的审美要求；同时还对孔子的"辞达"说作了新的解释，强调文章要充分表达作者的思想和展现客观事物的特征，首先要"了然于心"，然后要"了然于口与手"，方能做到"辞达"。

8. 黄庭坚的文学鉴赏主张

黄庭坚作为江西诗派的代表，在《答洪驹父书》中比较集中地阐述了江西诗派的理论主张。他主张多读书，学习前人的法度；语言上主张"点铁成金"；内容上主张"夺胎换骨"。过分强调语言形式与写作技巧。

9. 李清照的文学鉴赏主张

作为南宋婉约词的正宗代表，女词人李清照的《论词》从词的特点出发，回顾了词的发展过程，说明词是与娱乐和音乐结合而产生的；强调婉约为词之正宗，反对苏轼的豪放词风；提倡词应该：高雅、浑成、协乐、典重、铺叙、故实。

10. 严羽的文学鉴赏主张

严羽所著的《沧浪诗话》，在宋代众多的诗话中，是一部系统性较强的诗歌鉴赏批评著作。这部诗话，总结了汉魏以来五七言诗的发展经验，树立盛唐的榜样，以矫宋诗之弊。他在诗话中首先提倡"妙悟"说。他继承了司空图的"韵味说"，提倡"以禅喻诗"、"以悟论诗"，反对宋以来以文字、以议论、以才学为诗的倾向。他提倡"别裁别趣"说，认为"诗有别材，非关书也；诗有别趣，非关理也"。严羽从妙悟、别材别趣出发，提倡"兴趣"说。他所说的"兴趣"是一种可望而不可即的"羚羊挂角，无迹可求"的，只可意会不可言传的东西。

五、明清：古代文学鉴赏的成熟期

明清是我国古代文学鉴赏的成熟期，各种文学流派之间的论战尖锐复杂，其主流是复古与反复古的斗争。同时，自宋元以来逐渐兴起的市民阶层的通俗文学小说、戏曲与正统的诗文争夺领地，出现了许多有关的文学理论专著。清代的文学理论更是显示了我国古代文学理论批评集大成的气象。

1. 何景明的文学鉴赏主张

何景明与李梦阳同为明代文学"前七子"的主要代表，其总的理论主张是复古：文必秦汉，诗必盛唐。但是在如何取法古人问题上存在分歧。何景明的《与李空同论诗书》就是回复李梦阳的指责的。在此信中，何景明提出：学习古人主要是领会其作品的精神实质，创作时，应该从实际出发，"临景结构"；阐明了自己对古法的认识以及学习古法的正确态度，学习古法不是目的而是手段；应当用意象的"应合"来要求诗。

2. 王世贞的文学鉴赏主张

王世贞是明代文学"后七子"的主要代表。一方面他也坚持文必秦汉，诗必盛唐的复古主张，另一方面他对于前七子的理论主张做出了一些修正。其《艺苑卮言》坚持以秦汉、盛唐诗文为最高标准，基本上遵循前七子的主张，但在学古范围上已经有所放宽，提出"代不能废人，人不能废篇，篇不能废句"的观点；王世贞还提出了学古而不泥于古的主张；要重视诗歌的意境问题，提出"才生思，思生调，调生格；思即才之用，调即思之境，格即调之界"的观点。

3. 李贽的文学鉴赏主张

李贽是明代杰出的思想家、文学家和文学评论家，作为明代思想和文学领域里开启一代新思想和新文风的主将，其"童心"说有着极大影响。他认为"天下之至文，未有不出于童心者"，所谓童心，就是赤子之心，真情实感。李贽坚决反对以"闻见道理"为心，用童心说抨击假道学，建立了新的文学价值观。

4. 汤显祖的文学鉴赏主张

汤显祖是明代伟大的戏剧家。他的戏剧鉴赏理论主要表现在《答吕姜山》一文中。他强调戏剧创作不能单纯强调作曲的格律，"按字模声"会损害戏剧家思想感情的表现；提出了"凡文以意、趣、神、色"为主的命题，此四者才是戏剧作品的完整个性和风格。

5. 金圣叹的文学鉴赏主张

金圣叹是明末清初著名的文学家和文学鉴赏评论家。他在三十岁左右着手评点《庄子》、《离骚》、《史记》、杜诗、《水浒》、《西厢》，合称六才子书，列《水浒》为第五才子书。他明确指出艺术虚构是小说创作的一个重要原则，与写历史有其不同之处："其实《史记》是以文运事,《水浒》是因文生事。以文运事,是先有事生成如此如此,却要算计出一篇文字来,虽是史公高才,也毕竟是吃苦事。因文生事即不然,只是顺着笔性去,削高补低都由我。"他十分重视典型形象的塑造,"别一部书,看过一遍即休。独有《水浒传》,只是看不厌,无非为他把一百八个人性格,都写出来";他非常重视语言的性格化:"《水浒传》并无之乎者也等字,一样人,便还他一样说话,真是绝奇本事"。⑫

6. 李渔的文学鉴赏主张

李渔是清初著名的戏曲作家和理论家,其《闲情偶寄》内容包括戏曲、烹饪、建筑、园艺各方面。其中的戏曲理论部分分为"填词部"和"演习部",明确提出了"结构第一",强调戏曲创作艺术构思的重要性;把"立主脑"作为戏曲创作进行总体构思的最重要的一环:"立脑非他,即作者立言之本意也";李渔也十分重视戏曲语言的明白晓畅,通俗易懂,并且"要说一人肖一人,勿使雷同"。

7. 刘大櫆的文学鉴赏主张

刘大櫆上承方苞,下启姚鼐,是桐城派承上启下的关键人物。其《论文偶记》主要强调了散文艺术本身的相对独立性;提出了神气音节说,对散文的艺术特征作了详细全面的论述;还提出了"因声求气"说,较好地把文学作品的内容与形式统一起来。

【注释】

① 《论语·泰伯》。

② 《论语·为政》。

③ 《论语·八佾》。

④ 《论语·雍也》。

⑤ 《孟子·万章上》。

⑥ 《孟子·万章下》。

⑦ 《孟子·公孙丑上》。

⑧ 《论衡·佚文》。

⑨ 《论衡·自纪》。

⑩ 《文心雕龙·神思》。

⑪ 《文心雕龙·时序》。

⑫ 《读第五才子书》。

第三节　中国古代文学鉴赏的审美批评标准

　　文学鉴赏的审美批评标准是衡量文学作品审美价值的尺度。人们进行文学欣赏和批评，无论自觉与否，都持有一定的标准。一般是从社会评价和艺术评价两个方面进行的。社会评价是对作品的社会内容的评价，特别是政治的、道德的评价；艺术评价是对作品艺术创作成败得失的评价。这种社会评价和艺术评价，实际上是对体现艺术与现实关系中的真、善、美分别进行评价。在中国古代文论中，很早就提出了真、善、美的审美批评标准。

　　在中国古代最早将"美"和"善"分开，将真、善、美标准用来评论文学艺术的是孔子，他在《论语·八佾》中评论《韶》和《武》两种乐舞时说："《韶》，尽美矣，又尽善也"；"《武》，尽美矣，未尽善也。"孟子继其后，说："可欲之谓善，有诸己之谓信，充实之谓美。"①这是孟子在评论人格美时说的话，后来移用于文艺。同时，庄子说的"真"和"美"，亦被移用于文艺。用当今的文艺观点来看，"真"是指作品内容和情感的真实性，即内容能表现出客观事物自身的规律性；"善"是指作品内容的倾向性，即作品内容能表现出进步的思想倾向、正确的政治伦理观念和美好情操；"美"是指作品内容和形式的审美性，包括艺术形象的可感性、情感性、典型性，艺术形式的完整性、精练性、多样性、独创性等等。真、善、美三者密切联系又有区别，历代不同的文论家，对三者内涵的理解有所不同，对三者或有所偏重或坚持统一，也有差别。

一、真——作品内容和情感的真实性

　　作品内容和情感的真实性是"美"、"善"的基础，没有真实也就没有"美"、"善"。"真"在中国古代文论中常用"诚"、"信"、"实"、"核"来表达，含义很广，包括言辞、事物、景象、感情的真实和艺术真实。如"修辞立其诚"②，"信言不美，美言不信"③，"情欲信，辞欲巧"④，"真者，精诚之至也。不精不诚，不能动人"⑤等。王充作《论衡》开始在文学上明确使用"真"这个概念，指出"文有真伪，无有故新"，阐明写《论衡》的目的是反对"虚妄之语"，"立真伪之不平"。这里的"真"，主要是"实录"性质的真，还不能完全说是艺术真实。

　　艺术真实是指形象地反映了事物本质特征的真实，用现代的文学理论观点来看，所谓的艺术真实，是文学家通过对客观社会生活的本质性、规律性的认识与感悟，在其作品中营构的假定性环境中表现出来的对于社会生活内蕴的如实反映。不必是生活中一定会、但却是逻辑上可能会发生的事情。南朝的刘勰在《文心雕龙·情采》中提出："为情者要约而写真；为文者淫丽而烦滥。"所说的"写真"，是指通过真景物的描写来抒发真情实感。生活真实和艺术真实都是美的，而艺术真实来源于生活真实，并且融入了作家、诗人们的审美情趣和艺术体验，因而常常比生活真实更典型，更集中，更概括，因而更感人。

二、善——作品表现出的倾向性

　　作品表现出的倾向性，与政治功利、道德情操密切相关。"善"是"美"的不可缺少的条件，因此，先秦时期往往"美"、"善"不分，即使区分开来，也是偏重于"善"。这从"伍举论美"可以窥见一斑：楚国的伍举同楚灵王争论"何为美"的问题，伍举说："夫美者也，上下、内外、小大、远近皆无害焉，故曰美。若于目观则美，缩于财用则匮，是聚民利以自封而瘠民也，胡美之为？"⑥伍举认为"无害即是美"，无害就是对"上下、内外、小大、远近"各方面都要有分寸，都无害，也就是要善，那么，善就是美。这是"善"与"美"一致的观点，以善代替美。伍举说："聚民利以自封而瘠民也，胡美之为？"意谓统治者重赋厚敛，供自己享受，使民众贫困，就不是美。这实际上赋予美以强烈的政治功利、伦理道德意义，在政治上是有意义的。其不足之处是，不承认"目观"之美，否定了美的相对独立性，否定了"善"与"美"的差别。这种善即是美的观点，在先秦美学中具有代表性。

　　在中国美学史上，孔子首先把"善"和"美"区别开来，作为两个不同的标准来使用。如他在评论《韶》和《武》两种乐舞时说："《韶》，尽美矣，又尽善也"；"《武》，尽美矣，未尽善也。"⑦这里，"善"指思想内容而言，"美"指艺术形式而言。就艺术形式说，两种乐舞都"尽美"，就思想内容说，则有"尽善"与"未尽善"之别。因为，《韶》乐表现的是舜接受尧的"禅让"而继承王位的内容，这符合孔子的"礼让"思想，故称之为"尽善"；《武》乐表现的则是周武王以武力征伐商纣王而取天下的内容，故称之为"未尽善"。从孔子的评论来看，他对"善"的要求是很高的，"尽善尽美"的提法，应该说是美善统一，但实际上，他还是偏重于善。这种美善结合，以善为主导的思想，在文学批评中，影响深远。

"善"这个功利性标准，包含着政治思想、伦理道德的内容，在中国古代常常通过与文相对的"道"来体现，如所谓"明道"、"载道"等，主张一切言谈论说必须合乎"道"，宣扬"道"。"道"泛指作品思想内容，但不同时代不同学派的所谓"道"，其具体内容有所不同，但倡导者都认为必须有助于社会教化，有益于世道人生。尤其是从汉武帝"罢黜百家，独尊儒术"之后，儒家定为一尊。儒家的社会政治理想和伦理道德规范几乎就成了"道"的基本内容。尽管唐宋古文家所说的"文以明道"和宋明理学家所讲的"文以载道"有其各自的特定内涵，但万变不离其宗。我们应当遵循历史唯物主义的观点，具体情况作具体分析。要判断其文所明之道、所载之道是否善，关键是看其能否体现历史发展的进步趋势和人民的要求。

三、美——作品内容和形式的审美性

"美"以"真"为基础，又与"善"密不可分，而且在中国古代常常是"美"、"善"不分，以"善"代"美"。但是，文艺作品有它自身特征和符合美的规律，否则它就不成为文艺作品。文艺作品体现其自身特征和美的规律的程度，就是判断其艺术性高低的标准。其实，一切优秀的文艺作品都应该具有审美的价值。"美"作为文艺作品的审美特性，有它相对的独立性。中国古代文艺审美理论中，涉及"美"的标准很多，其中比较重要的带有普遍性意义的，有如下这些：

1. 内容的审美性

（1）意象

"意"是抽象的，可以是作者的思想、情感、认识、思维……要将它表达出来，需要由一个表象来承载。这个"象"就具有可感性，能将抽象的思想感情、哲学道理具象化。艾青《诗论》中提到"意象是具体化了的感觉，意象是诗人从感觉向他所采取的材料的拥抱，是诗人使人唤醒感官向材料的逼近。"例如"愁"是一种情感，具有抽象性，但在李白有"白发三千丈，缘愁似个长"，在李煜有"问君能有几多愁，恰似一江春水向东流"，在贺铸有"试问闲愁都几许？一川烟草，满城风絮，梅子黄时雨。"……这些诗词中它是如此具体形象、感人心扉，都是因为成功地塑造了意象，传达了情感，引起共鸣，完成审美目标。中国古代诗歌中有太多我们熟悉不过的立"象"来传情达意的典例，如芭

蕉、丁香、杨柳、流水等等。因此在古典诗文的鉴赏中抓住意象的审美特征是最为关键的一步。当我们抓住了意象特征后也就基本上抓住了作者的思想情感的核心，达成共鸣也就是水到渠成的事了。

意象或意象群是构成意境的重要元素，因此在鉴赏中也只有理解了意象，才可能全面了解意境内涵。

（2）意境

意境是文学作品中，特别是偏重于抒情的作品中呈现出的那种情景交融、虚实相生的形象系统及其所诱发和开拓的审美想象空间。意境美则是中国这个诗的国度用以评价诗词曲等抒情作品的一个重要尺度。最通俗的解释就是情景交融，情与景谐。王国维在《人间词话》中说："词以境界为最上。有境界则自成高格，自有名句"，"境界有大小，不以是而分优劣"。由于"能写真景物、真感情者，谓之有境界"，因此便要求诗词曲情景交融、意境浑成。但是作者的创作能力是不同的，因而所创造的意境，就表现出不同的层次："上焉者意与境浑，其次或以境胜，或以意胜"。经过王国维的阐释，意境美的标准被广泛地运用，甚至用于评论叙事性的作品，因其"妙皆从诗词中泛出"⑧。这个标准的特点是突出了"情"与"景"、"意"与"象"、"形"与"神"这些具有审美意义的要素以及由这些要素而构成的艺术世界。

在具体表现方法上，作者可以把浓郁的感情潜藏起来，只通过逼真的画面来表达。像李白的《黄鹤楼送孟浩然之广陵》："孤帆远影碧空尽，唯见长江天际流"。也可以直抒胸臆，虽不写景，但景却历历在目。如陈子昂的《登幽州台歌》："前不见古人，后不见来者。念天地之悠悠，独怆然而涕下"。或情景并茂，抒情与写景浑然一体，如杜甫的《闻官军收河南河北》："剑外忽传收蓟北，初闻涕泪满衣裳。却看妻子愁何在，漫卷诗书喜欲狂。白日放歌须纵酒，青春作伴好还乡。即从巴峡穿巫峡，便下襄阳向洛阳。"也可以虚实相生，状难写之景，如在目前；含不尽之意，见于言外，如纳兰性德《长相思》："山一程，水一程，身向榆关那畔行，夜深千帐灯。风一更，雪一更，聒碎乡心梦不成，故园无此声。"王国维曾经非常看好"夜深千帐灯"这一词句，在其《人间词话》中评曰："'明月照积雪'、'大江流日夜'、'澄江静如练'、'山气日夕佳'、'落日大旗中'、'中天悬明月'、'大漠孤烟直'、'长河落日圆'，此等境界可谓千古奇观。求之于词，则纳兰容若塞上之作，如《长相思》夜深千帐灯……差近之。"

（3）人物性格的个性化

在中国古代小说鉴赏中，特别赞赏英雄人物性格的成功刻画，如李贽称赞《水浒传》"描画鲁智深，千古若活，真是传神妙手"；金圣叹也特别赞赏对众多人物的鲜明个性的成功刻画，如说"《水浒传》写一百八人性格，真是一百八样"，而且"任凭提起一个，都似旧时熟识"，这实际上就提出了人物性格的典型化和个性化相统一的最高要求。同时，还强调人物性格的真实性和丰富性，避免概念化、简单化、平面化等毛病。

（4）惊险曲折的情节结构

情节作为刻画人物的主要手段，其惊险性和传奇性，既有助于人物性格的刻画，又可紧扣读者的心弦，让读者在精神上得到更强烈的审美愉悦和享受；追求情节曲折多姿，妙趣横生，清代毛宗岗评《三国演义》第三十八回刘备三顾茅庐访孔明的情节说："文之曲折至此，虽九曲武夷，不足拟之"，若"径直没趣矣"。而《水浒传》中林冲逼上梁山的整个过程，可以说是充满惊险性和传奇性。

2. 形式的审美性

（1）简洁与繁丰

这主要是对散文的一种审美要求，即力求语辞简明扼要。先有刘勰提出"辞约而旨丰"⑨，后有唐代刘知几提倡"文约而事丰"⑩，宋代欧阳修提倡"文简而意深"，所谓文辞简约，是包括剪裁得当和语言精练的；文辞虽简约，但所描述的事物和蕴含的情意却非常丰富。这样，文章在总体上就给人以简洁的美感。清代桐城派代表刘大櫆概括论述代表了历代对文章的简洁精粹的审美要求："文贵简。凡文笔老则简，意真则简，辞切则简，理当则简，味淡则简，气蕴则简，品贵则简，神远而含藏不尽则简，故简为文章尽境。"⑪

繁丰则是不节约辞句，任意铺陈，大肆铺排，以气势取胜。像《战国策》里的纵横家游说人君时的巧舌如簧，气势如虹；又如司马相如《子虚》、《上林》为代表的汉代散体大赋的铺排描写，极尽重笔浓彩之能事。

（2）清新与绚丽

清新本是评论一切文学艺术的标准，源于老庄道家美学中的"自然之道"，如"淡然无极而众美从之"⑫，"朴素而天下莫能与之争美"；形成于魏晋南北朝，如钟嵘《诗品》称谢灵运诗为"初发芙蓉"；弘扬于唐代，如李白赞此类作品道："清水出芙蓉，天然去雕饰。"而后诗人、作家和文艺理论批评家多有论述。所谓清新，是指清纯高雅，具有独创性，新颖别致而不雷同于他人；所谓自然，是指经过艰苦的艺术加工而创造出来的浑然天成的艺术品，即所谓"既雕既琢，复归于朴"⑬，并非指未经雕饰加工的自然形态的东西。创作清新自然的艺术品，是古今中外一切艺术大家所追求的最高的艺术境界，因而也就成了一个带有普遍性的艺术标准。

绚丽则是浓烈繁华，绚烂多彩。绚丽也内极才情，外周物理的表现，是铺锦列绣，错彩镂金的铺陈。这种绚丽的风格，也是与作品所描绘的生活内容和作者抒发感情性质密切相关的。文采的富丽，出于生活的富丽和感情的充沛。更富于夸饰，意在畅人之情，极物之貌。

（3）生动传神

生动传神也是独具中国民族特征的审美范畴，讲求以形传神，形神兼备，这是从文学本质特征的角度而提出的要求。文学艺术地反映现实的本质特征，决定了它必然会反映出现实生活的千变万化、生气勃勃的特色，自然具有动态之美和传神之美，正如皎然所说的"状飞动之趣"⑭，也就是说文学意象要有动态美。但是，意象中的景物不能是静态的，自然美不论静态或动态，当它们进入意象时，都必须"状飞动之趣"，成为"气腾势飞"的动态美。即使在他所列举的十九种风格之一的"静"，也认为这个"静"，"非如松风不动，林狖未鸣，乃谓意中之静"⑮，这个"意中之静"，应当是"静中见动意"的，这就表现为动态美。例如"蝉噪林愈静，鸟鸣山更幽"，"月出惊山鸟，时鸣春涧中"等。动态美还表现在即使是描写静态的事物也要使之具有动态感。例如"曲径通幽处，禅房花木深"，本是对寂静的禅院的静物写生，但是给人一种花草树木在无人处蓬勃生长之感。岑参的"一川碎石大如斗，随风满地石乱走"写出了走马川的特异景色，动感十足；"忽如一夜春风来，千树万树梨花开"将胡天八月即飞雪的奇异景观写得瑰丽多彩。柳宗元的"千山鸟飞绝，万径人踪灭"也是将动静结合，生动传神。

（4）含蓄与含混

这也是我国富有民族特色的审美要求和审美批评标准。含蓄是把似乎无限的意味隐含或蕴蓄在有限的语言中，真实的意义被字面意义有所掩隐，使读者从有限中体味无限。含蓄突出的是表达上的"小"中蓄"大"，力求暗示。这一标准的形成，受到老子说的"大音希声"和庄子说的"至乐无乐"即"无言之美"的影响，也受到儒家诗论"主文而谲谏"的影响。刘勰《文心雕龙·隐秀》所说的"隐以复意为工"，就揭示了含蓄美的特点。钟嵘《诗品序》说的"文已尽而意有余，兴也”，也揭示了含蓄美的特征。唐代皎然《诗式·重意诗例》说的"两重意已上，皆文外之旨"，则进一步触及含蓄问题；司空图《诗品》中有"含蓄"一品，并指明其特点是"不著一字，尽得风流"，还指明其艺术表现是"象外之象，景外之景"[16]。宋人又特别推崇含蓄美，称道："语贵含蓄。东坡云：'言已尽而意有余者，天下之至言也'。"[17]于是追求含蓄美，蔚然成风。具有含蓄美的优秀作品，其特点是具有两重以上的意思，其主要的意思均在言外（亦即在象外、景外），因而便产生了"象外之象"、"景外之景"、"言外之意"、"言有尽而意无穷"的艺术效果。有的诗论家由此而非常强调"诗贵含蓄忌浅露"[18]，"诗犹文也，忌直贵曲"[19]，刘禹锡的"东边日出西边雨，道是无晴却有晴"和李商隐的"春蚕到死丝方尽，蜡炬成灰泪始干"都是巧妙地运用双关语，婉转含蓄，意味深长。

含混，也称歧义或多义，是指看似单义而确定的语言却蕴蓄着多重而不确定的意味，令读者回味无穷。含混偏重的是阐释上的"一"中生"多"，同中含异。含混使读者在鉴赏文学作品时，可能会感到其中含蕴着多重意义，有多种"读法"。王之涣的《登鹳雀楼》写到："白日依山尽，黄河入海流。欲穷千里目，更上一层楼。"描绘了诗人登临鹳雀楼的体验。从全诗看，"更"字至少可以表达出如下三层（重）意义：一是再次登楼，指登楼动作在数量上由一向多地重复增加，引申地比喻人生行为的重复出现；二是继续登楼，指登楼动作在质量上由低到高地逐层增加，比喻人生境界继续提升；三是永远不断地继续向上登楼，指登楼动作无论在数量上还是在质量上都连续不断和永不停止，比喻人生境界永远不断地向上继续提升，始终不渝，至死方休。正是"更"字在阐释上的"一中生多"，"同中含异"，聚合了登楼可能体现的所有三重意义，使得这一平常动作竟能同至高的人生境界追求紧紧地联系起来，从而使诗人的登楼体验能越出平常的同类体验而生发、开拓出远为丰富而深长的意义空间。这三层意义确实只有"更"字才能完满地承担。[20]

（5）韵律

这主要是对诗、词、曲等抒情作品的一种评论标准。中国古代诗词讲究声韵格律美，这是因为中国古代诗歌和音乐关系紧密。《诗经》三百篇全部可以合乐歌唱，汉代乐府也是配乐歌唱的，唐诗、宋词、元曲也大多可以演唱，后世诗乐分家，但只不过以朗诵代替配乐，仍然追求声韵格律美。而词曲与音乐的关系仍然十分密切。作词仍然叫做"倚声填词"。声韵格律不仅能使诗歌具有抑扬顿挫、回环跌宕的音乐美，而且声韵本身也具有表意作用，对于艺术意境的形成有很大意义。

自觉的声律论开始于齐梁时期。声律之说，一般以永明体为标志划分为两个阶段，永明以前的音声，大都指音乐上的"宫、商、角、征、羽"，不是指语言文字上的平上去入。齐梁时期沈约、周颙等吸取了前人成果，归纳出了"四声八病"之说，创立了声律论，并把它运用到文学创作中去，这就是当时富有特色的永明体，在文学史上是一个创举。它使声韵格律美成为中国文学独特的范畴，对中国文学，特别对诗歌的形式美、音乐美产生了巨大的影响。初唐的沈佺期、宋之问对于律师、绝句的定型做出了很大贡献。

唐宋以后，声韵格律的研究更为兴盛，不仅自觉地把它运用于诗歌创作，使诗歌自由体发展为格律体，而且词、曲、赋等文体也受其极大的影响。

【注释】:

① 《孟子·尽心章句下》。

② 《易·乾·文言》。

③ 《老子》八十一章。

④ 《礼记·表记》。

⑤ 《庄子·渔父》。

⑥ 《国语·楚语》。

⑦ 《论语·八佾》。

⑧ 脂砚斋《红楼梦》第二十五回。

⑨ 《文心雕龙·宗经》。

⑩ 《史通·叙事》。

⑪ 《论文偶记》。

⑫ 《庄子·刻意》。

⑬ 《庄子·山木》。

⑭ 《诗评》。

⑮ 《诗式》。

⑯ 《与极浦书》。

⑰ 姜夔《白石道人诗说》。

⑱ （清）贺裳《载酒园诗话》。

⑲ （清）施补华《岘佣说诗》。

⑳ 王一川：《文学语言组织》，载童庆炳主编《文学概论》，武汉大学出版社 2000 年版，第 157—158 页。

第四节 古代文学鉴赏原著选读

一、《论语》

1. 《论语·为政》

子曰："《诗》三百，一言以蔽之，曰：思无邪。"

【译文】孔子说："《诗经》三百篇，可以用一句话来概括它，就是思想纯正。"

2. 《论语·八佾》

子曰："《关雎》，乐而不淫，哀而不伤。"

【译文】孔子说："《关雎》这篇诗，快乐而不放荡，忧愁而不哀伤。"

3. 《论语·八佾》

子谓韶："尽美矣，又尽善也；"谓武："尽美矣，未尽美也。"

【译文】孔子讲到"韶"这一乐舞时说："艺术形式美极了，内容也很好。"谈到"武"这一乐舞时说："艺术形式很美，但内容却差一些。"

4. 《论语·雍也》

子曰："质胜文则野，文胜质则史。文质彬彬，然后君子。"

【译文】孔子说："质朴多于文采，流于粗俗；文采多于质朴，就流于虚伪、浮夸。只有质朴和文采配合恰当，才是个君子。"

5. 《论语·泰伯》

子曰："兴于《诗》，立于礼，成于乐。"

【译文】孔子说："（人的修养）开始于学《诗》，自立于学礼，完成于学乐。"

6. 《论语·子路》

子曰："诵《诗》三百，授之以政，不达；使于四方，不能专对。虽多，亦奚以为？"

【译文】孔子说："把《诗》三百篇背得很熟，让他处理政务，却不会办事；

让他当外交使节，不能独立地办交涉；背得很多，又有什么用呢？"

7.《论语·卫灵公》

颜渊问为邦。子曰："行夏之时，乘殷之辂，服周之冕，乐则韶舞。放郑声，远佞人。郑声淫，佞人殆。"

【译文】颜渊问怎样治理国家。孔子说："用夏代的历法，乘殷代的车子，戴周代的礼帽，奏《韶》乐。禁绝郑国的乐曲，疏远能言善辩的人，郑国的乐曲浮靡不正派，佞人太危险。"

8.《论语·阳货》

子曰："小子何莫学夫《诗》。《诗》，可以兴，可以观，可以群，可以怨。迩之事父，远之事君；多识于鸟兽草木之名。"

【译文】孔子说："学生们为什么不学习《诗》呢？学《诗》可以激发志气，可以观察天地万物及人间的盛衰与得失，可以使人懂得融入群体的必要，可以使人懂得怎样去讽谏上级。近可以用来事奉父母，远可以事奉君主；还可以多知道一些鸟兽草木的名字。"

9.《论语·阳货》

子谓伯鱼曰："女为《周南》、《召南》矣乎？人而不为《周南》、《召南》，其犹正墙面而立也与？"

【译文】孔子对伯鱼说："你学习《周南》、《召南》了吗？一个人如果不学习《周南》、《召南》，那就像面对墙壁而站着吧？"

二、《孟子》

1.《孟子·公孙丑》

"敢问夫子恶乎长？"曰："我知言，我善养吾浩然之气。""敢问何谓浩然之气？"曰："难言也。其为气也，至大至刚，以直养而元害，则塞于天地之间。其为气也，配义与道；无是，馁也。"

【译文】公孙丑说："请问老师您长于哪一方面呢？"孟子说："我善于分析别人的言语，我善于培养自己的浩然之气。"公孙丑说："请问什么叫浩然之气呢？"孟子说："这很难用一两句话说清楚。这种气，极端浩大，极端有力量，用正直去培养它而不加以伤害，就会充满天地之间。不过，这种气必须与仁义道德相配，否则就会缺乏力量。"

2.《孟子·万章》

故说诗者，不以文害辞，不以辞害志。以意逆志，是为得之。如以辞而已矣，《云汉》之诗曰："周余黎民，靡有孑遗。"信斯言也，是周无遗民也。

【译文】所以解说诗的人，不要拘于文字而误解词句，也不要拘于词句而误解诗人的本意。要通过自己读作品的感受去推测诗人的本意，这样才能真正读懂诗。如果拘于词句，那《云汉》这首诗说："周朝剩余的百姓，没有一个留存。"相信这句话，那就会认为周朝真是一个人也没有了。

3.《孟子·万章》

孟子谓万章曰："一乡之善士斯友一乡之善士，一国之善士斯友一国之善士，天下之善士斯友天下之善士。以友天下之善士为未足，又尚论古之人。颂其诗，读其书，不知其人，可乎？是以论其世也。是尚友也。"

【译文】孟子对万章说："一个乡的优秀人物就和一个乡的优秀人物交朋友，一个国家的优秀人物就和一个国家的优秀人物交朋友，天下的优秀人物就和天下的优秀人物交朋友。如果认为和天下的优秀人物交朋友还不够，便又上溯古代的优秀人物。吟咏他们的诗，读他们的书，不知道他们到底是什么人，可以吗？所以要研究他们所处的社会时代。这就是上溯历史与古人交朋友。"

三、《老子》

1.《老子·第二章》

天下皆知美之为美，斯恶已；皆知善之为善，斯不善矣。有无相生，难易相成，长短相形，高下相盈，音声相和，前后相随，恒也。

【译文】天下人都知道美何以是美，也就知道了什么是丑恶。都知道善何以是善，也就知道了什么是不善。所以有与无相并而生，难与易互相成就，长与短互相对比，高与低互相映衬，音节与旋律互相配和，前与后互相追随，这是恒定的道理。

2.《老子·第八十一章》

信言不美，美言不信。善者不辩，辩者不善。知者不博，博者不知。

【译文】真理并不华美，美言未必真实。行善者不巧辩，巧辩者不良善。真知者不求广博，求广博者不能真知。

四、《庄子》

1.《庄子·外物》

荃者所以在鱼，得鱼而忘荃；蹄者所以在兔，得兔而忘蹄；言者所以在意，得意而忘言。吾安得夫忘言之人而与之言哉！

2.《庄子·让王》

形在江海之上，心存魏阙之下，故寂然凝虑，思接千载，悄然动容，视通万里。

五、《毛诗序》

诗者，志之所之也，在心为志，发言为诗，情动于中而形于言，言之不足，故嗟叹之，嗟叹之不足，故咏歌之，咏歌之不足，不知手之舞之足之蹈之也。

情发于声，声成文谓之音，治世之音安以乐，其政和；乱世之音怨以怒，其政乖；亡国之音哀以思，其民困。故正得失，动天地，感鬼神，莫近于诗。先王以是经夫妇，成孝敬，厚人伦，美教化，移风俗。

六、曹丕《典论·论文》

文人相轻[①]，自古而然[②]。傅毅[③]之[④]于班固[⑤]，伯仲之间耳；而固小[⑥]之，与弟超[⑦]书曰：武仲[⑧]以能属[⑨]文为兰台令史，下笔不能自休。夫[⑩]人善于自见[⑪]，而文非一体[⑫]，鲜能备善[⑬]，是以各以所长，相轻所短。里语曰：家有敝帚，享之千金[⑭]。斯[⑮]不自见[⑯]之患[⑰]也。今之文人：鲁国孔融文举，广陵陈琳孔璋，山阳王粲仲宣，北海徐干伟长，陈留阮瑀元瑜，汝南应玚德琏，东平刘桢公干，斯七者，于学无所遗，于辞[⑱]无所假[⑲]，咸[⑳]以自骋骥騄[㉑]千里，仰齐足而并驰[㉒]。以此相服，亦良难[㉓]矣！君子审己以度人[㉔]，故能免于斯累[㉕]，而作论文。

王粲长于辞赋，徐干时有齐气[㉖]，然[㉗]粲之匹[㉘]也。如粲之初征，登楼，槐赋，征思，干之玄猿，漏卮，圆扇，橘赋，虽张[㉙]、蔡[㉚]不过也。然于他文，未能称是[㉛]。琳、瑀之章表书记，今之隽[㉜]也。应玚和而不壮；刘桢壮而不密。孔融体气[㉝]高妙，有过人者；然不能持论[㉞]，理不胜辞；以至[㉟]乎杂以嘲戏[㊱]；及[㊲]其所善，扬、班俦[㊳]也。

常人贵远贱近[㊴]，向声背实[㊵]，又患暗于自见[㊶]，谓己为贤[㊷]。夫文本同而末[㊸]异，盖[㊹]奏议[㊺]宜雅，书论宜理，铭[㊻]诔[㊼]尚实，诗赋欲丽。此四科[㊽]不同，故能之者偏⁴⁹也；唯通才能备其体。

文以气⁵⁰为主，气之清浊⁵¹有体，不可力强而致⁵²。譬诸音乐，曲度虽均⁵³，节奏同检⁵⁴，至于⁵⁵引气⁵⁶不齐，巧拙有素，虽在父兄，不能以移⁵⁷子弟。

盖文章，经国之大业，不朽之盛事。年寿有时而尽，荣乐止乎其身，二者必至之常期⁵⁸，未若文章之无穷。是⁵⁹以古之作者，寄身于翰墨⁶⁰，见意⁶¹于篇籍，不假良史之辞⁶²，不托飞驰之势⁶³，而声名自传于后。故西伯⁶⁴幽⁶⁵而演易，周旦⁶⁶显⁶⁷而制礼，不以隐约⁶⁸而弗务⁶⁹，不以康乐而加思⁷⁰。夫然，则古人贱尺璧而重寸阴，惧乎时之过已。而人多不强力⁷¹；贫贱则慑⁷²于饥寒，富贵则流于逸乐，营遂目前之务⁷³，而遗千载之功。日月逝于上，体貌衰于下，忽然⁷⁴与万物迁化⁷⁵，斯志士之大痛也！融等已逝，唯干著论⁷⁶，成一家言。

【注释】

①轻：轻蔑、轻视。

②自古而然：从古代就是如此。

③傅毅，字仲武，汉章帝时为兰台令史，拜郎中。

④之：跟、与。

⑤班固：（公元32—92年），字孟坚，东汉史学家班彪之子，东汉史学家、文学家，《汉书》的作者。

⑥小：轻视。

⑦超：班超（公元32—102年），字仲升，东汉著名的军事家和外交家，著名史学家班彪的幼子，其长兄班固、妹妹班昭也是著名的史学家。

⑧武仲：傅毅。

⑨属：缀辑、写作。属文，连缀字句而成文，指写文章。

⑩夫：发语词，表提示作用。

⑪善于自见：喜欢自我炫耀、表现。善，喜爱；见，表现。

⑫体：体裁，指文学的类别。依作品所表现的结构与性质上之差异加以区分，如诗、散文、小说、戏剧等。

⑬备善：都很好。善，好的、美妙的。备，尽、皆，完全的意思。

⑭家有敝帚，享之千金：自家的破扫帚，却视如千金之宝。比喻极为珍惜自己的事物。

⑮斯：此、这。

⑯自见：自己看见自己的缺点。

⑰患：弊病。

⑱辞：文字，引申为文章。

⑲假，借用、抄袭的意义。

⑳咸：都、皆。

㉑骥騄：古代二骏马名，并为周穆王八骏之一。

㉒仰齐足而并驰：自恃其才而并驾齐驱、互不相让。仰，抬头、昂首；齐足，并脚。

㉓良难：实在很不容易。良，表示很、甚。

㉔审己以度人：先省察自己，再度量他人。

㉕累：弊病、过失。

㉖齐气：指文章风格舒缓。

㉗然：但是、可是。

㉘匹：比较、相比。实力相当的。

㉙张：张衡。

㉚蔡：蔡邕。

㉛称是：与此相称。是，此，指示代名词。

㉜隽：杰出、出众。

㉝体气：作者的精神本体及其所表现的气质、文章的格调。

㉞持论：对问题提出议论、看法，发表自己的主张。

㉟以至：导致。

㊱杂以嘲戏：掺杂着嘲笑、戏谑。

㊲及：至于。

㊳俦：匹敌、相比。

㊴贵远贱近：推崇古代的事物，而轻贱当今的。贵，注重、重视；远，本指时间的距离大，故引申为古代；贱，轻视、看不起。近，本指时间的距离小，故引申为现代。

㊵向声背实：注重虚名而不求实学。向，崇尚、景仰。

㊶患暗于自见：得到看不见自己短处的毛病。患，得病；暗，不了解。

㊷贤：良好、美丽而完善的。

㊸末：本指非根本、基础的事物，这里指写作方式。

㊹盖：发语词，提起下文，无意义。

㊺奏议：古代臣子向君王进奏的章疏。

㊻铭：文体名。刻在器物或石碑上，警惕自己或赞颂他人的文字。

㊼诔：文体名。一种哀祭文，是叙述死者生前德行、功业的韵文。

㊽科：类别、项目。

㊾能之者偏：写文章的人各有所长。能，做，这里指写文章。

㊿气：指作者的才性、气质形成的作品风格。

51清浊：本指音乐上指清亮或重浊的声音。引申为作品风格有阴阳不同性质。

52力强而致：勉强达到。

㊼均：一样。

㊼检：法度、法式。

㊼至于：由于。

㊼引气：吹的力气（吹笙、笛等）。

㊼移：移动、搬迁，引申为传授、传承。

㊼常期：一定、规律的时间、期限。

㊼是：于是，表示前后相关。

㊼翰墨：翰，制笔的鸟毛。本指笔墨，比喻文章。

㊼见意：表现思想。

㊼假良史之辞：借着优秀的史官的文章好评。假，借。

㊼托飞驰之势：依靠权贵的势力。飞驰，本指飞快奔驰，引申为富贵人家。

㊼西伯：本指西方诸侯之长。因商王任命周文王为西伯，后专指周文王。

㊼幽：囚禁。

㊼周旦：就是周公。

㊼显：有名望、有地位的。

㊼隐约：穷困不得志。

㊼弗务：不努力。弗，不；务，致力、从事。

㊼加思：更改想法。加，本意把本来没有的添上去，引申为转移、更动。

㊼强力：努力。强，竭力、勉力。

㊼慑：害怕、恐惧。

㊼营遂目前之务：只图眼前的事务。营：谋虑；思虑。遂，顺应。

㊼忽然：很快的。

㊼迁化：死亡。

㊼干著论：徐干写了《中论》一书。

七、刘勰《文心雕龙·神思》

【原文】古人云①："形在江海之上，心存魏阙之下。"②神思之谓也③。文之思也，其神远矣。故寂然凝虑，思接千载；悄焉动容④，视通万里。吟咏之间⑤，吐纳珠玉之声；眉睫之前⑥，卷舒风云之色：其思理之致乎⑦！故思理为妙，神与物游⑧。神居胸臆⑨，而志气⑩统其关键；物沿耳目，而辞令⑪管其枢机。枢机方通⑫，则物无隐貌；关键将塞⑬，则神有遁心⑭。是以陶钧文思⑮，贵在虚静，疏瀹五藏⑯，澡雪精神⑰。积学以储宝⑱，酌理以富才⑲，研阅以穷照⑳，驯致以怿辞㉑。然后使玄解之宰㉒，寻声律而定墨；独照之匠㉔，窥意象而运斤㉕。此盖驭文之首术㉖，谋篇之大端㉗。夫神思方运，万涂竞萌㉘；规矩虚位㉙，刻镂无形㉚。登山则情满于山㉛，观海则意溢于海；我才之多少，将与风云而并驱矣。方其搦翰㉜，气倍辞前㉝；暨乎篇成㉞，半折心始㉟。何则？意翻空而易奇㊱，言征实而难巧也㊲。是以意授于思，言授于意；密则无际㊳，疏则千里㊴。或理在方寸㊵，而求之域表㊶；或义在咫尺㊷，而思隔山河。是以秉心养术㊸，无务苦虑㊹；含章司契㊺，不必劳情也㊻。

【注释】

①古人指战国时魏国的公子牟。他的话载《庄子·让王》："中山公子牟谓瞻子曰：'身在江海之上，心居乎魏阙之下，奈何！'"

②"形在"二句：原指身在江湖，心在朝廷。这里借喻文学创作的构思活动。魏阙：指朝廷。魏：高大。

③神思：宗炳《画山水序》："圣贤映于绝代，万趣融其神思。"

④悄：静寂。

⑤"吟咏"二句：指作家刚沉吟构思，文章尚未写成，可是在作家心目中，好像已听到那篇未来作品的音节铿锵了。吐纳：发出。

⑥睫：眼毛。

⑦致：达到。

⑧神与物游：指作者的精神与外物的形象密切结合，一起活动。

⑨胸臆：指内心。臆：胸。

⑩志气：作者主观的情志、气质。统：率领，管理。

⑪辞令：动听的言语。枢机：指主要部分。《周易·系辞上》："言行，君子之枢机，枢机之发，荣辱之主也。"孔颖达疏："枢，谓户枢；机，谓弩牙。言户枢之转，或明或暗；弩牙之发，或中或否，犹言行之动，从身而发，以及于物，或是或非也。"

⑫枢机：这里指"辞令"。

⑬关键：这里指"志气"。

⑭遁：隐避。

⑮陶，制瓦器。钧：造瓦器的转轮。这里以"陶钧"指文思的掌握和酝酿。

⑯瀹：疏通。藏：同"脏"，内脏。

⑰雪：洗涤。《庄子·知北游》："老聃曰：'汝齐（斋）戒疏瀹而（你）心，澡雪而精神。'"

⑱宝：这里指人的知识。

⑲酌：斟酌，有考虑、思辨的意思。

⑳阅：阅历、经验。穷：探索到底。照：察看，引申为理解。

㉑致：情致。怿：一作"绎"，译文据"绎"字。"绎"是整理、运用。

㉒玄：指深奥难懂的事物或道理。宰：主宰，这里指作家的心灵。

㉓声律：指作品的音节。安排音节本来只是写作的技巧之一，这里用以代表一切写作技巧。墨：绳墨。"墨"与下句"斤"相对，和《文选·琴赋》中的"离子督墨，匠石奋斤"用法同。

㉔独照：独到的理解。

㉕窥：视。意象：意中之象，指构思过程中客观事物在作者头脑中构成的形象。斤：斧。

㉖驭文：就是写作。驭：驾驭，控制。术：方法。

㉗大端：重大的端绪，也就是要点。

㉘万涂：即万途，指思绪很多。

㉙规：画圆形的器具。矩：画方形的器具。这里是用"规矩"指赋予事物以一定的形态。虚位：指抽象的东西。

㉚镂：也是刻。无形：和上句"虚位"意同，这两句和陆机《文赋》中说的"课虚无以责有，叩寂寞而求音"意义相近，都指通过艺术构思而赋予抽象的东西以生动具体的形象。

㉛登山：指构思中想到登山的情景。下句"观海"同。

㉜搦：握，持。翰：笔。

㉝辞：指写成了的作品。"辞前"是未写成以前。

㉞暨：及。

㉟心始：心中开始考虑写作时的想象。

㊱翻空：指动笔写作以前构思的情形。

㊲征实：指把作者所想象的具体写下来。

㊳际：这里指空隙。

㊴疏：远，指语言不能准确地表达思想。

㊵方寸：心。《三国志·蜀书·诸葛亮传》："（徐）庶辞先主而指其心曰：'本欲与将军共图王霸之业者，以此方寸之地也。今已失老母，方寸乱矣。'"

㊶域表：疆界之外，指很远的地方。

㊷咫尺：指距离很近。咫：八寸。

㊸秉：操持，掌握。

㊹务：专力。

㊺章：文采。契：约券，引申为规则。

㊻不必劳情：不必过分劳累自己的心情。

【译文】古人曾说："有的人身在江湖，心神却系念着朝廷。"这里说的就是精神上的活动。作家写作时的构思，他的精神活动也是无边无际的。所以当作家静静地思考的时候，他可以联想到千年之前；而在他的容颜隐隐地有所变化的时候，他已观察到万里之外去了。作家在吟哦推敲之中，就像听到了珠玉般悦耳的声音；当他注目凝思，眼前就出现了风云般变幻的景色：这就是构思的效果啊！由此可见，构思的妙处，是在使作家的精神与物象融会贯通。精神蕴藏在内心，却为人的情志和气质所支配；外物接触到作者的耳目，主要是靠优美的语言来表达。如果语言运用得好，那么事物的形貌就可完全刻画出来；若是支配精神的关键有了阻塞，那么精神就不能集中了。因此，在进行构思的时候，必须做到沉寂宁静，思考专一，使内心通畅，精神净化。为了做好构思工作，首先要认真学习来积累自己的知识，其次要辨明事理来丰富自己的才华，再次要参考自己的生活经验来获得对事物的彻底理解，最后要训练自己的情致来恰切地运用文辞。这样才能使懂得深奥道理的心灵，探索写作技巧来定绳墨；正如一个有独到见解的工匠，根据想象中的样子来运用工具一样。这是写作的主要手法，也是考虑全篇布局时必须注意的要点。在作家开始构思时，无数的意念都涌上心头；作家要对这些抽象的意念给以具体的形态，把尚未定形的事物都精雕细刻起来。作家一想到登山，脑中便充满着山的秀色；一想到观海，心里便洋溢着海的奇景。不管作者才华的多少，他的构思都可以随着流风浮云而任意驰骋。在刚拿起笔来的时候，旺盛的气势大大超过文辞本身；等到文章写成的时候，比起开始所想的要打个对折。为什么呢？因为文意出于想象，所以容易出色；但语言比较实在，所以不易见巧。由此可见，文章的内容来自作者的思想，而语言又受内容的支配。如果结合得密切，就如天衣无缝，否则就会远隔千里。有时某些道理就在自己心里，却反而到天涯去搜求；有时某些意思本来就在跟前，却又像隔着山河似的。所以要驾驭好自己的心灵，锻炼好写作的方法，而无须苦思焦虑；应掌握好写作的规则，而不必过分劳累自己的心情。

【原文】人之禀才①，迟速异分②；文之制体③，大小殊功④。相如含笔而腐毫⑤，扬雄辍翰而惊梦⑥，桓谭疾感于苦思⑦，王充气竭于思虑⑧，张衡研《京》以十年⑨，左思练《都》以一纪⑩：虽有巨文，亦思之缓也。淮南崇朝而赋《骚》⑪，枚皋应诏而成赋⑫，子建援牍如口诵⑬，仲宣举笔似宿构⑭，阮瑀据案而制书⑮，祢衡当食而草奏⑯：虽有短篇，亦思之速也。若夫骏发之士⑰，心总要术；敏在虑前，应机立断。覃思之人⑱，情饶歧路⑲；鉴在疑后⑳，研虑方定。机敏故造次而成功㉑，虑疑故愈久而致绩㉒；难易虽殊，并资博练㉓。若学浅而空迟，才疏而徒速；以斯成器㉔，未之前闻。是以临篇缀虑㉕，必有二患：理郁者苦贫㉖，辞溺者伤乱㉗。然则博见为馈贫之粮㉘，贯一为拯乱之药㉙；博而能一㉚，亦有助乎心力矣。

【注释】

①禀：接受。

②分：本分。

③制体：指文章的体裁、篇幅等。

④殊：不同。功：成效、功用。

⑤相如：指司马相如，字长卿，西汉著名作家，相传他的文思较慢。《汉书·枚乘（附皋）传》："司马相如善为文而迟。"王先谦补注引沈钦韩曰："《西京杂记》：'皋文章敏疾，长卿制作淹迟，皆尽一时之誉。'"含笔腐毫：古人写作前常以口润笔，兼行构思。毫：即毛，指毛笔。腐毫：形容构思时间之长。

⑥扬雄：西汉著名作家。辍翰惊梦：桓谭《新论·祛蔽》中说，扬雄写完了《甘泉赋》，因用心过度，困倦而卧，"梦其五脏出在地，以手收而内之"。辍：停止。

⑦桓谭：东汉初年著名学者。疾感：《新论·祛蔽》中说，桓谭想学习扬雄的赋，因用心太苦而生病："余少时见扬子云之丽文高论，不自量年少新进，而猥欲逮及。尝激一事而作小赋，用精思太剧，而立感动发病，弥日瘳（愈）。"

⑧王充：字仲任，东汉著名思想家。气竭：《后汉书·王充传》说，王充"著《论衡》八十五篇，二十余万言。年渐七十，志力衰耗"。

⑨张衡：字平子，东汉著名科学家、文学家。研《京》：写《二京赋》。十年：《后汉书·张衡传》："时天下承平日久，自王侯以下，莫不逾侈（过分奢侈）。衡乃拟班固《两都》，作《二京赋》，因以讽谏；精思傅会（即附会），十年乃成。"《二京赋》指《东京赋》和《西京赋》，载《文选》卷二、三。

⑩左思：字太冲，西晋文学家。练《都》：指写《三都赋》。练：煮缣（细绢）使洁白，这里指推敲文辞，构思作品。一纪：十二年。《文选·三都赋序》李善注引臧荣绪《晋书》说："左思。欲作《三都赋》，乃诣著作郎张华访岷邛之事。遂构思十稔（年），门庭藩溷，皆著纸笔，遇得一句，即疏之。赋成，张华见而咨嗟，都邑豪贵，竞相传写。"

⑪淮南：淮南王刘安，西汉前期的思想家和文学家。崇：终。赋《骚》：指刘安所写有关《离骚》的作品，现已失传。高诱《淮南子叙》："（刘）安为辨达，善属文。皇帝为从父，数上书召见，孝文皇帝甚重之。诏使为《离骚赋》，自旦受诏，日早食已（完成）。上爱而秘之。"

⑫枚皋：西汉辞赋家。应诏成赋：《汉书·枚乘（附皋）传》说，枚皋为文敏疾，"上有所感，辄使赋之。为文疾，受诏辄成，故所赋者多"。

⑬子建：曹植的字。他是三国时期魏国著名文学家。援：持。牍：木简，这里指纸。杨修《答临淄侯笺》说，曹植"握牍持笔，有所造作，若成诵在心"。

⑭仲宣：王粲的字。他是"建安七子"中最杰出的作家。宿构：早就写好的。《三国志·魏书·王粲传》说，王粲作文"举笔便成，无所改定，时人常以为宿构"。

⑮阮瑀：字元瑜，也是"建安七子"之一。案：当作"鞍"。《三国志·魏书·王粲传》注引《典略》说："太祖（曹操）尝使瑀作书与韩遂，时太祖适近出，瑀随从，因于马上具草，书成呈之。太祖揽笔欲有所定，而竟不能增损。"

⑯祢衡：字正平，汉魏间的作家。当食、草奏：《后汉书·祢衡传》说，祢衡在黄射的一次宴会上，"人有献鹦鹉者，（黄）射举卮于衡曰：'愿先生赋之以娱嘉宾，衡览（揽）笔而作，文无加点，辞采甚丽"。又说："（刘）表尝与诸文人共草章奏，并极其才思。时衡出，还见之，开省未周，因毁以抵（掷）地。表怅然（不乐）为骇。衡乃从求笔札，须臾立成，辞义可观。"

⑰骏发：指文思的敏捷。骏：速。

⑱覃思：深思，这里指化很长的时间来思考，也就是文思迟缓。

⑲饶：多。歧路：岔路。

⑳鉴：察看清楚。

㉑造次：仓促，不加细思。

㉒致绩：与上句"成功"意近。绩：功。

㉓博练：广泛的训练，兼指上文"积学"、"酌理"、"研阅"、"驯致"四个方面。

㉔成器：有所成就。器，才能。

㉕缀虑：即构思。缀：连结。

㉖理：思理。郁：不通畅。

㉗溺：沉迷，过分。

㉘馈：进食于人。

㉙贯一：指要求有一个中心，也就是要有重点的意思。拯：救助。

㉚博而能一：指上面所讲的"博见"和"贯一"的结合。

【译文】人们写作的才能，有快有慢；文章的篇幅，也有大有小。例如司马相如含笔构思，直到笔毛腐烂，文章始成；扬雄作赋太苦，一放下笔就做了怪梦；桓谭因作文苦思而生病；王充因著述用心过度而气力衰竭；张衡思考作《二京赋》费了十年的时光；左思推敲写《三都赋》达十年以上：这些虽说篇幅较长，但也由于构思的迟缓。又如淮南王刘安在一个早上就写成《离骚赋》；枚皋刚接到诏令就把赋写成了；曹植拿起纸来，就像背诵旧作似地迅速写成；王粲拿起笔来，就像早已做好了一般；阮瑀在马鞍上就能写成书信；祢衡在宴会上就草拟成奏章……这些虽说篇幅较短，但也由于构思的敏捷。那些构思较快的人，对写作的主要方法是心中有数的，他们机敏得好像未经考虑就能当机立断。而构思迟缓的人，心中充满了各式各样的思路，几经疑虑才能看清楚，细细推究才能决定。有些人因为思维敏捷，所以很快就能写成功；有些人因为多所疑虑，所以历时较久才能写好。两种人写作虽难易不同，但同样依靠多方面的训练。假如学问浅薄而只是写得慢，才能疏陋而只是写得快；这样的人要想在写作上有所成就，是从来没有听说过的。所以在创作构思时，必然出现两种毛病：思理不畅的人写出来的文章常常内容贫乏，文辞过滥的人又常常有杂乱的缺点。因此，增进见识可以补救内容的贫乏；突出重点可以纠正文辞的杂乱。如果见识广博而又有重点，对于创作构思就很有帮助了。

【原文】若情数诡杂①，体变迁贸②；拙辞或孕于巧义③，庸事或萌于新意④。视布于麻，虽云未费⑤；抒轴献功⑥，焕然乃珍⑦。至于思表纤旨⑧，文外曲致⑨；言所不追，笔固知止。至精而后阐其妙⑩，至变而后通其数⑪。伊挚不能言鼎⑫，轮扁不能语斤⑬，其微矣乎！

赞曰：神用象通⑭，情变所孕。物以貌求，心以理应⑮。刻镂声律，萌芽比兴⑯。结虑司契⑰，垂帷制胜⑱。

【注释】

①情：指作品中表达的思想情感。诡，不平常。

②体：风格。贸：变化。

③孕：怀胎，这里指蕴藏。

④萌：萌芽。

⑤费：一作"贵"，译文据"贵"字。

⑥抒轴：织机，这里作动词用，指加工。

⑦焕然：有光彩。

⑧表：外。纤：细。

⑨曲：曲折微妙。

⑩阐：说明。

⑪数：技巧、方法。

⑫伊挚：即伊尹，名挚，汤的臣子。鼎：古代烹煮用具。《吕氏春秋·本味》载伊尹借烹饪的道理比喻治国平天下的方法曾说："调和之事，必以甘酸苦辛咸，先后多少，其齐甚微，皆有自起。鼎中之变，精妙微纤，口弗能言，志不能喻。"

⑬轮扁：古代善于斫轮的工匠，名扁。斤：斧子。《庄子·天道》载轮扁讲运用斧子的巧

妙难于说明："斫轮徐则甘（缓）而不固，疾则苦（急）而不入；不徐不疾，得之于手，而应于心，口不能言，有数存焉于其间。"

⑭象：指物象。通：沟通，结合。

⑮"物以貌求"二句：讲构思活动中作者的心和物的关系，和本书《物色》篇中所说"物色之动，心亦摇焉"，"写气图貌，既随物以宛转；属采附声，亦与心而徘徊"等句的意思相通。

⑯比兴：文学创作中比兴方法的运用，和形象思维有着密切的关系。刘勰认识到比兴是在作者的心与物象的交融过程中产生的，这是他的卓见。

⑰结虑，与上文"缀虑"的意义相同，都指构思。

⑱垂帷制胜：这里是以军机比喻写作，认为写作和军事上的运筹帷幄之中，便可决胜千里之外一样，如能有卓越的艺术构思，便能创造出优秀的文学作品。垂帷：放下帷幕，指在军幕之中。《汉书·高帝纪》："夫运筹帷幄之中，决胜千里之外。"

【译文】作品的内容是非常复杂的，风格也各式各样。粗糙的文辞中会蕴藏着巧妙的道理，平凡的叙事中也可能产生新颖的意思。这就像布和麻一样，麻比布虽说并不更贵重些，但是麻经人工织成了布，就有光彩而值得珍贵了。此外有些为思考所不及的细微的意义，或者为文辞所难表达的曲折的情致，这是不易说清楚的，也就不必多谈了。必须有精细的文笔，才能阐明其中的微妙之处；也必须有懂得一切变化的头脑，才能理解各种写作方法。从前伊尹不能详述烹饪的奥妙，轮扁也难说明用斧的技巧，这的确是很微妙的。

总之，作家的精神活动和万物的形象相结合，从而构成作品的各种内容。外界事物以它们不同的形貌来打动作家，作家内心就根据一定的法则而产生相应的活动；然后推敲作品的音节，运用比兴的方法。倘能掌握构思的法则，创作一定能够成功。

八、陈子昂《与东方左史虬修竹篇序》

【原文】东方公足下：文章道弊五百年矣。汉、魏风骨，晋、宋莫传，然而文献有可征者。仆尝暇时观齐、梁间诗，彩丽竞繁，而兴寄都绝，每以永叹。思古人，常恐逶迤颓靡，风雅不作，以耿耿也。一昨于解三处，见明公《咏孤桐篇》，骨气端翔，音情顿挫，光英朗练，有金石声。遂用，发挥幽郁。不图正始之音复睹于兹，可使建安作者相视而笑。解君云："张茂先、何敬祖，东方生与其比肩。"仆以为知言也。故感叹雅制，作《修竹诗》一首，当有知音以传示之。

【译文】 东方公足下：文章的衰弊，已经有五百年了，汉魏时期刚健苍凉精要劲健的风骨传统，晋宋时期已经没能流传下来了，然而在流传下来的文献中还是可以找到证明的。我闲暇的时候曾经浏览齐梁间的诗歌，觉得那时的诗歌创作都过分追求华丽的词采，而缺乏内在的比兴寄托，总是长叹不已。追思古人（诗歌的"风骨"和"兴寄"），常常担心浮艳绮靡文风沿袭不断，而风雅的传统不能振作，因此总是耿耿于怀。昨日在解三处拜读了您的《咏孤桐篇》，真是感到大作透出一种端直飞动的风骨，声情抑扬起伏，语言鲜明精练，音韵铿锵动听。于是心胸为之一洗，耳目为之一新，抒发胸中的郁闷之气，涤荡了心中的沉闷之感。没想到又在您的大作中看到了"正始之音"，这真可以使建安诗人们发出会心的笑意。解君说："东方先生可以和晋代的张华、何劭相比美。"我认为这是真知灼见之言。所以我叹服您的风雅大作，写了这首《修竹诗》，应当有知音之人传布欣赏它。

九、白居易《与元九书》（节选）

【原文】 夫文尚矣①，"三才"各有文②：天之文"三光"③首之，地之文"五材"④首之，人之文"六经"⑤首之。就"六经"言，《诗》又首之⑥。何者⑦？圣人感人心而天下和平。感人心者，莫先乎情，莫始乎言，莫切乎声，莫深乎义⑧。诗者：根情，苗言，华声，实义⑨；上自贤圣，下至愚騃⑩，微及豚鱼⑪，幽⑫及鬼神，群分而气同，形异而情一⑬，未有声入而不应、情交而不感者⑭。

圣人知其然⑮。因其言，经之以"六义"⑯；缘其声，纬之以"五音"⑰。音有韵，义有类⑱。韵协则言顺⑲，言顺则声易入⑳；类举则情见㉑，情见则感易交㉒。于是乎孕㉓大含深，贯微洞㉔密，上下通而一气㉕泰，忧乐合而百志熙㉖。五帝三皇㉗所以直道而行、垂拱而理㉘者，揭此以为大柄㉙，决此以为大宝㉚也。

【注释】

①尚矣：很远了。

②三才：天、地、人。各有文：各有各的文章。

③三光：日、月、星。

④五材：金、木、水、火、土。

⑤六经：《诗》、《书》、《礼》、《乐》、《易》、《春秋》。"六经"都是孔子所删定的，其中《乐经》在汉朝以前就亡失了，现在流传下来的只有"五经"。

⑥《诗》又首之："六经"的名称最早见于《礼记·经解篇》和《庄子·天运篇》，都是

按照以上的次序排列的，所以《诗经》列在第一。

⑦何者：为什么？

⑧感动人心的东西没有比情感更首要的，没有此语言更原始的，没有比声音更亲切的，没有比思想更深刻的。

⑨诗这个东西，感情是它的根本，语言是它的苗叶，声音是它的花朵，思想是它的果实。这里的意思是：诗必须要以情为根，以言为花，以声为华，以义为实。所谓语言声韵，不过是苗叶和花朵，只有诗义才是诗歌最主要的部分。没有内容的诗歌，正好像没有果实的植物，虽好看而无用。

⑩愚駿：愚笨的人。

⑪微：渺小。豚；小猪。

⑫幽；神秘。

⑬群分而气同，形异而情：种类不同而精神相似，形状有异而情感相通。

⑭未有声入而不应、情交而不感者：没有听到声音而不起反应，接触情感而不受感动的。

⑮知其然；懂得这个道理。

⑯经：贯串。六义：《诗经》的风、雅、颂、赋、比、兴。风、雅、颂是《诗经》在音乐上的分类，赋、比、兴是诗的不同表现手法。

⑰纬：组织。五音：或称五声。在音乐上是：宫、商、角、徵、羽。在音韵上是：唇、齿、喉、舌、牙。

⑱义有类："义"是说"六义"，指不同的类别和表现手法。

⑲韵协则言顺；韵律协调了，语言就通顺。

⑳言顺则声易入；语言通顺了，诗歌就容易被人接受。

㉑类举则情见：义类分明，感情就容易突出。

㉒情见则感易交：感情突出，就容易使人感动。

㉓孕：包含。

㉔洞：透彻。

㉕一气：天地之气。《旧唐书》、《唐文粹》都作"二气"。

㉖熙：和悦。这句的意思说：诗歌可以包含广阔深远的内容，表达精微曲折的思想，使上下通气，感情交融。

㉗五帝：黄帝、颛顼、帝喾、唐尧、虞舜。三皇：燧人、伏羲、神农。

㉘垂拱而理：不费气力而能治理天下。垂拱，垂下衣裳，拱着两手，不作事情。理：治。

㉙揭：高举。柄：武器。

㉚决：抓住。宝：《旧唐书》作"窦"，疑误。"揭此以为大柄，决此以为大宝"，即是说：由于掌握了这个武器，抓住了这个法宝。

十、金圣叹《读第五才子书》（节选）

【原文】大凡读书，先要晓得作书之人是何心胸。如《史记》须是太史公一肚皮宿怨发挥出来，所以他于《海侠》，《货殖传》特地着精神。乃至其余诸记传中，凡遇挥金杀人之事，他便啧啧赏叹不置。一部《史记》，只是"缓急人所时有"六个字，是他一生著书旨意。《水浒传》却不然。施耐庵本无一肚皮宿怨要发挥出来，只是饱暖无事，又值心闲，不免伸纸弄笔，寻个题目，写出自家许多锦心绣口，故其是非皆不谬于圣人。后来人不知，却是《水浒》上加"忠义"字，遂并比于史分发愤著书一例，正是使不得……

《水浒传》方法，都从《史记》出来，却有许多胜似《史记》处。若《史记》妙处，《水浒》已是件件有。

凡人读一部书，须要把眼光放得长。如《水浒传》七十回，只用一目俱下，便知其二千余纸，只是一篇文字。中间许多事体，便是文字起承转合之法，若是拖长看去，却都不见。

《水浒传》不是轻易下笔，只看宋江出名，直在第十七回，便知他胸中已算过百十来遍。若使轻易下笔，必要第一回就写宋江，文字便一直帐，无擒放。

某尝道《水浒》胜似《史记》，人都不肯信，殊不知某却不是乱说。其实《史记》是以文运事，《水浒》是因文生事。以文运事，是先有事生成如此如此，却要算计出一篇文字来，虽是史公高才，也毕竟是吃苦事。因文生事即不然，只是顺着笔性去，削高补低都由我。

《水浒传》并无"之乎者也"等字，一样人，便还他一样说话，真是绝奇本事。……

别一部书，看过一遍即休。独有《水浒传》，只是看不厌，无非为他把一百八个人性格，都写出来。

《水浒传》写一百八个人性格，真是一百八样。若别一部书，任他写一千个人，也只是一样；便只写得两个人，也只是一样。

《水浒传》章有章法，句有句法，字有字法。人家子弟稍识字，便当教令反复细看，看得《水浒传》出时，他书便如破竹。

江州城劫法场一篇，奇绝了；后面却又有大名府劫法场一篇；一发奇绝。潘金莲偷汉一篇，奇绝了；后面却又有潘巧云偷汉一篇，一发奇绝。景阳冈打虎一篇，奇绝了；后面却又有沂水县杀虎一篇，一发奇绝。真正其才如海。劫法场，偷汉，打虎，都是极难题目，直是没有下笔处，他偏不怕，定要写出两篇。

《宣和遗事》具载三十六人姓名，可见三十六人是实有。只是七十回中许多事迹，须知都是作书人凭空造谎出来。如今却因读此七十回，反把三十六个人物都认得了，任凭提起一个，都似旧时熟识，文字有气力如此。

……

《水浒传》只是写人粗卤处，便有许多写法。如鲁达粗卤是性急，史进粗卤是少年任气，李逵粗卤是蛮，武松粗卤是豪杰不受羁靮，阮小七粗卤是悲愤无说处，焦挺粗卤是气质不好。

李逵是上上人物，写得真是一片天真烂漫到底。看他意思，便是山泊中一百七人，无一个入得他眼。《孟子》"富贵不能淫，贫贱不能移，威武不能屈"，正是他好批语。

看来作文，全要胸中先有缘故。若有缘故时，便随手所触，都成妙笔；若无缘故时，直是无动手处，便作得来，也是嚼蜡。

……

《水浒传》有许多文法，非他书所曾有，略点几则于后：

有倒插法。谓将后边要紧字，蓦地先插放前边。如五台山下铁匠间壁父子客店，又大相国寺岳庙间壁菜园，又武大娘子要同王干娘去看虎，又李逵去买枣糕，收得汤隆等是也。

有夹叙法。谓急切里两个人一齐说话，须不是一个说完了，又一个说，必要一笔夹写出来。如瓦官寺崔道成说"师兄息怒，听小僧说"，鲁智深说"你说你说"等是也。

有草蛇灰线法。如景阳冈勤叙许多"哨棒"字，紫石街连写若干"帘子"字等是也。骤看之，有如无物，及至细寻，其中便有一条线索，拽之通体俱动。

有大落墨法。如吴用说三阮，杨志北京斗武，王婆说风情，武松打虎，还道村捉宋江，二打祝家庄等是也。

有绵针泥刺法。如花荣要宋江开枷，宋江不肯；又晁盖番番要下山，宋江番番劝住，至最后一次便不劝是也。笔墨外，便有利刃直戳进来。

有背面铺粉法。如要衬宋江奸诈，不觉写作李逵真率；要衬石秀尖利，不觉写作杨雄糊涂是也。

有弄引法。谓有一段大文字，不好突然便起，且先作一段小文字在前引之。如索超前，先写周谨；十分光前，先说五事等是也。《庄子》云："始终青萍之末，盛于土囊之口"。《礼》云："鲁人有事于泰山，必先有事于配林。"

有獭尾法。谓一段大文字后，不好寂然便住，更作余波演漾之。如梁中书东郭演武归去后，如县时文彬升堂；武松打虎下冈来，遇着两个猎户；……潘金莲偷汉后，又写潘巧云偷汉；江州城劫法场后，又写大名府劫法场；何涛捕盗后，又写黄安捕盗；林冲起解后，又写卢俊义起解；朱仝，雷横放晁盖后，又写朱仝，雷横放宋江等。正是要故意把题目犯了，却有本事出落得无一点一尽相借，以为快乐是也。真是浑身都是方法。

有略犯法。如林冲买刀与杨志卖刀，唐牛儿与郓哥，郑屠肉铺与蒋门神快活林，瓦官寺试禅杖与蜈蚣岭试戒刀等是也。

有极不省法。如要写宋江犯罪，却先写招文袋金子，却又先写阎婆惜和张三有事，却又先写宋江讨阎婆借，却又先写宋江舍棺材等。凡有若干文字，都非正文是也。

有极省法。如武松迎入阳谷县，恰遇武大也搬来，正好撞着；又如宋江琵琶亭吃鱼汤后，连日破腹等是也。

有欲合故纵法。如白龙庙前，李俊，二张，二童，二穆等救船已到，却写李逵重要杀入城去；还有村玄女庙中，赵能，赵得都已出去，却有树根绊跌，士兵叫喊等，令人到临了又加倍吃吓是也。

有横云断山法。如两打祝家庄后，忽插出解珍，解宝争虎越狱事；又正打大名城时，忽插出截江鬼，抽襄鳅谋财倾命事等是也。只为文字太长了，便恐累坠，故从半腰间暂时闪出，以间隔之。

有鸾胶续弦法。如燕青往梁山泊报信，路遇杨雄，石秀，彼此须互不相识。且由梁山泊到大名府，彼此既同取小径，又岂有止一小径之理看他将顺手借如意子打鹊求卦，先斗出巧来，然后用一拳打倒石秀，逗出姓名来等是也。都是刻苦算得出来。

附：

【参考书目】

1. 《论语》。
2. 《孟子》。
3. 《庄子》。
4. 《毛诗序》。
5. 司马迁：《史记·太史公自序》。
6. 曹丕：《典论·论文》。
7. 陆机：《文赋》。
8. 刘勰：《文心雕龙·神思》、《文心雕龙·情采》、《文心雕龙·时序》。
9. 钟嵘：《诗品序》。
10. 陈子昂：《修竹篇序》。
11. 白居易：《与元九书》。
12. 司空图：《二十四诗品》。
13. 欧阳修：《六一诗话》。
14. 李清照：《论词》。
15. 严羽：《沧浪诗话·诗辩》。
16. 元好问：《论诗绝句三十首》。
17. 李贽：《童心说》。
18. 金圣叹：《读第五才子书法》。
19. 李渔：《闲情偶寄》选录。

（本章撰稿：万平）

第七章　中国地域文化举隅
——巴蜀文化精粹

第一节　中国文化的构成格局

　　中国文化是在漫长的历史演进过程中，逐渐化合与融会各地域文化而形成的，每一个地域文化，都为中国文化的建构做出了独特的贡献。早在中华民族的童年时代，荆楚的大溪文化遗址和屈家岭文化遗址，岭南的马坝文化遗址和柳江文化遗址，巴蜀的三星堆文化遗址和金沙文化遗址，江西的大洋洲文化遗址，内蒙古自治区赤峰市的红山文化遗址，陕西的蓝田文化遗址和半坡文化遗址等，都以丰富而精美的器物述说着自己的辉煌，呈现着华夏文明的的多元中心发展态势。费孝通先生在《中华民族的多元一体格局》中提出了"中华民族是一体"、"它所包括的五十多个民族单位是多元"的著名论点。他认为中华民族的主流"是由许许多多分散孤立存在的民族单位，经过接触、混杂、联合和融合，同时也有分裂和消亡，形成一个你来我去，我来你去，我中有你，你中有我，而又各具个性的多元统一体。"[1]华夏大地早期人类的活动遗迹，在云南元谋县、陕西蓝田县、北京周口店、湖北郧县、安徽和县等均有所发现。生活在十万至四万年以前的古人化石，在陕西大荔县、山西襄汾县丁村、山西阳高县许家窑、辽宁营口金牛山、湖北长阳县、安徽巢县及广东曲江县马坝等处都有发现。生活在距今四万至一万年以前的新人化石在北京周口店山顶洞、山西朔县峙峪、内蒙古乌审旗、辽宁建平县、吉林安图县、黑龙江哈尔滨市、广西柳江县、贵州兴义县、云南丽江县、台湾台南县左镇等地已有发现。在原始时代，这些散布在中华大地不同地域的人群，在所处特定的自然环境中适应自然和改造自然，在生存搏击中独立地创造和发展着自己的文化，并从不同方向、层面为中华文化的形成提供丰厚营养。

历经几千年的积累与沉淀，在中华文化的大家庭内逐渐成长起了吴越文化、荆（巫）楚文化、岭南文化、关东文化、齐鲁文化、秦晋文化、海派文化、京派文化、伊斯兰文化、藏传佛教文化及巴蜀文化等成员，它们一方面从总体上体现着中华文化的博大精深，另一方面又在不同侧面展示着丰富多彩的个性特征。本章将重点介绍独具特色的巴蜀文化。

第二节 巴蜀文化是中华文化的重要构成部分

巴蜀文化以四川大盆地为范围、主要流布于今天的四川、重庆遗迹云南、贵州部分地区，是人类所创造的物质形态和精神形态文化在一个地域的具体呈现。巴、蜀得名，源自巴蛇蜀蚕的长虫崇拜的记忆留存。东汉人许慎《说文解字》解释为："巴，虫也，或曰食象蛇，象形"；"蜀，葵中蚕也，从虫，上目象蜀失形，中象其身蠋蠋"。扬雄却另辟蹊径地提出："蜀"即"独"，"不与外方同"也，特别强调了大盆地封闭的特点和地域文化和人文风习的独特性。早在《尚书·禹贡》"天下分九州"时被界划为"梁州"，以成都平原和重庆、涪陵、巴中三角区为两大中心，后逐渐形成巴、蜀两个方国。秦统一时置巴、蜀二郡。

李学勤教授在《三星堆与长江文明·前言：巴蜀文化研究的期待》一文中指出：

> 中国自古以来是多民族、多地区的。灿烂的中国文明，系各民族、地区人民所共同缔造。文明起源的研究，是现代科学的重大问题之一。中国文明的起源及其早期发展历程的探讨，最近已经获得多学科学者的普遍重视。可以断言，如果没有巴蜀文化的深入研究，便不能构成中国文明起源和发展的完整图景。考虑到巴蜀文化本身的特色，以及其与中原、西部、南方各古代文化之间具有的种种关系，中国文明研究中的不少问题，恐怕必须由巴蜀文化求得解决。[13]

人类是在既有的自然条件下展开生存搏击的，辽阔的内陆平川使生息于其中的人群选择了农耕，亚热带多水气候又为稻作文明的出现提供了条件；高原地理气候和植物生长状况使人们只得以游牧的方式获取生存资源；辽阔的大海诱导着濒海居民去远航捕捞。特定的自然条件决定其居民的求食形式，人的生产方式决定着人的生活方式，在此基础上形成人们的生活习惯、风俗以及由之而来的价值心理和道德准则等，就构成了一种特有的文化。无论是内隐形态的精神层面，还是外显形态的物质层面，这种文化都带着其生存空间浓郁的自然印记——文化的地域特征就由兹而具。

华夏民族童年时期的社会构成和政治表现形式是方国，作为特定地域中的区域性政权形式，方国是人类由原始部落、氏族之间兼并、联合、汇聚并逐渐整合而形成的。一个方国，是在相应的地域范围中，因为大致相同的地理地貌、自然植被、气候物产以及相应的生存和生产劳作方式，还有在这些基础上形成的民俗风习、价值观念等同质性因素为基础形成的，并且有着该方国人文精神凝聚点的化合作用，《礼记·王制》篇说得很清楚："五方之民，皆有性也，不可推移"，其地域人文精神已经鲜明呈现。

《史记·货殖列传》的记载是："巴、蜀亦沃野，地饶巵姜、丹沙、石、铜、铁、竹、木之器。南御滇僰，僰僮。西近邛笮，笮马、牦牛。然四塞，栈道千里无所不通"。班固《汉书·地理志》也说："巴、蜀、广汉本南夷，秦并以为郡，土地肥美，有江水沃野，山林竹木疏食果实之饶。南贾滇、僰僮，西近邛、莋马牦牛。民食稻鱼，亡凶年忧，俗不愁苦，而轻易淫泆，柔弱褊阨。景、武间，文翁为蜀守，教民读书法令，未能笃信道德，反以好文刺讥，贵慕权势。及司马相如游宦京师诸侯，以文辞显于世。乡党慕循其迹。后有王褒、严遵，扬雄之徒，文章冠天下……武都（今甘肃的天水）地杂氐、羌，及犍为、牂柯、越巂，皆西南外夷，武帝初开置。民俗略与巴、蜀同"，这些都可以让我们更好地认识巴蜀文化形成、繁衍、运行流布和产生辉煌的背后原因。多元一体的中国文化格局中的"巴蜀文化"，作为地域文化的一个典型案例，主要成就体现在易学、史学、文学（包括戏剧）之中，是中国文化的重要组成部分。

一、巴蜀神话与远古传说

巴蜀神话与远古传说是大盆地原始初民对大自然各种现象的思考和揣想、解释，是原始时期哲学社会科学的综合版。以"原始思维"或者叫"神话思维"——最具有文学性特征的言说、最富于情感色彩和形象性的思考，应该被视为先秦诸子百家之一。巴蜀人很早就参与了北方中原重大事务，《淮南子》记载了周王朝时期一位杰出的巴蜀政治家的事迹："昔之苌弘，周室之执数者也，天地之气，日月之行，风雨之变，律历之数，无所不通"，他用"设射狸首"的襄镇之术，迫使诸侯听从周天子号令。《庄子》也记载着有关"苌宏逃蜀、碧血化珠"的故事，《庄子·外物》载："苌弘死于蜀，藏其血三年而化为碧"，成语"碧血化珠"、"碧血丹心"即由此而来。孔子在"入周学礼"期间，专程"问乐于弘"，向苌弘请教和探讨音乐和天文知识。唐朝韩愈《师说》曰："孔子之师郯子、苌弘……"。巴蜀神话与远古传说，主要集中于蜀人的《山海经·海内经》、巴人的《山海经·大荒经》，集大成于《华阳国志》。其中蕴含的哲学、史学内容主要有：

1. 对生命永恒的想象和具体实现办法的设计

蜀王蚕丛、柏灌、鱼凫三代"各数百岁，皆神化不死"，"民亦颇随王化去"，"杜宇化鸟"等传说，表现着人们对生命永恒的渴望，并以"羽化成仙"具体方式设计着实现的现实可行途径，中国文化把修仙练道者称为"羽士"，就是源自巴蜀神话"望帝化杜鹃"。这种白日飞升、肉身成仙的理想也积聚于"一人得道、鸡犬升天"传说中。巴蜀上古神话的基本意象，已成为后来中国神仙故事的基本模式，长生不老、白日飞升以及羽化成仙等内容，正是中国道教思想的主要框架。《史记·六国年表》具体指明："禹生于西羌"，在"北川石纽山"，大禹的儿子夏启"生于石"，北川县现留存有地名"剖儿坪"，这些就是大石崇拜意识的体现。著名神话故事"灵石生猴"，就有着"启生于石"传说的痕迹，这是古代巴蜀人把石头作为生命之源的图腾膜拜记忆。汉代成都的"石室精舍"是人类历史上首家国家办学机构，主要使用的建筑材料还是石头，在秦砖汉瓦已经普遍运用的当时，"石室"应该就是"大石崇拜"原始思维的再次外显。《华阳国志·蜀志》记载说：上古时期蜀中"每王薨，辄立大石，长三丈，重千钧，为墓志，今石笋是也"，其风习自蚕丛开始："（蚕丛）死，作石棺、石椁，国人从之"。明代曹学佺《蜀中名胜记》卷二载："成都风俗，岁以三月二十一日游城东海玄寺，摸石于池中，以为求子之祥"。清《龙安府志》载，当地民俗认为石头"能催生"，禹穴下有"石皮如血染，以滚水沃之，腥气能催生"，并且"孕妇握之利产"。在成都的街道地名中，至今还有"五块石"、"天涯石"、"支矶石"、"石马巷"、"石羊场"等存留。

2. 对创造美好生活的记录

创世纪神话是"人首蛇身"的创造女神女娲，炼"五彩石"补天，七天创造万物，这是对生命起源的揣想，传说女娲补天时力竭而逝，留下头顶上一块未补之处，是以四川省雅安市有"西蜀漏天处"之说。农耕文明的出现建立在对水资源的掌控基础上,《堤堰志》载:"自神禹导江,正源至石纽,出汶川而南",《楚辞·天问》王逸注:"有神龙,以尾画地,导水所注",王嘉《拾遗记》载:"蛇身人首"的伏羲曾赠禹以玉简"度量天地","禹即持此简以平水土",《太平御览》卷八六九说"黑蛇衔珠"为禹开山疏洪指点迷津等,这都是蛇形图腾的部族参与治水工程历史的神话版。人类社会发展集群规模的扩大,对外交流和进一步发展的需要,"金牛道"的开拓与"五丁开山"——古蜀人崇尚"五"——是为巴蜀众多部族进行的生活基本建设如交通工程建设等历史的记载。栈道、索桥(如世人熟知的"大渡桥横铁索寒")、火井技术等,都是古代巴蜀人在特定自然条件下创作的物质文明。盆地东部的古代巴人对白虎的图腾崇拜聚焦于"廪君化虎"以及后来虎图腾部族"白虎纵横,伤人数千"的史影,[14]"鱼盐女神"、"巫峡神女"等故事所寄予的是对美好人生的追求。

3. 大蛇崇拜

蚩、禹、蚕、蜀、巴等汉字,都与蛇形长"虫"有关。巴、蜀二字,是由原始先民的"长虫"图腾崇拜之"象"演变而来,中华民族始祖伏羲和女娲的人首蛇身,就体现着这种原始图腾的记忆。闻一多《端午考》用文化学观点重申着东汉《说文解字》的释义:"禹从虫","即蛇的初文",揣想"禹"就是一支以长虫作为图腾标志的氏族。巴蜀"长虫"图腾崇拜的影响是深远的,南方诸苗对自己的生命起源归结为"神父狗母"因而崇拜"盘瓠",将"白犬"作为图腾;北方简狄部族对自己的起源归结于其始祖母"吞燕卵而有娠",如《诗经》云:"天命玄鸟,降而生商",已经将这种图腾崇拜解释甚为清楚;还有"北溟之鱼"化为"其翼若垂天之云"的鲲鹏,有为昆仑山"人面虎身"西王母取食物的"三青鸟",有"人面鸟身"的禺强……《墨子间话》辑引的《随巢子》就把大禹描绘成"人面鸟身"。对比燕鸟、玄鸟、凤鸟、盘瓠等其他地域文化的图腾物,可以看到华夏民族的"龙"的基本身形构成,巴蜀的长虫崇拜贡献是明显的。例如,"人间天堂"西湖畔那美丽善良又法力广大的两位女性,就是来自蜀中白、青二蛇。[15]

二、先秦史料中缺乏对巴蜀文化的记载问题

由于地理阻隔"蜀道难"的自然原因,也有着中原人对"西僻之国"、"戎狄之长"的偏见,诸子百家争鸣、先秦典籍中缺失巴蜀声音,以致于人们长时期认为巴蜀盆地文明进程发展缓慢,直到二十世纪三十年代广汉三星堆遗址、八

十年代金沙遗址等的发现，大量的青铜器、玉器、石器、陶器等出土文物，述说着当时巴蜀文化的辉煌。中国文化的多元一体发展格局的确认，在某种程度上就是由于巴蜀远古遗址的发现而得到启示。

其实"上古之书"早有相关记载。《山海经·海内经》：

> 西南黑水、青广之间，有都广之野，后稷葬焉……爰有膏菽、膏稻、膏黍、膏稷，百谷自生，冬夏播种，鸾鸟自歌，凤鸟自舞，灵寿实华，草木所聚；爰有百兽，相群爰居，此草也，冬夏不死。

> 巴蛇食象，三岁而出其骨，君子服之，无心腹之疾。其为蛇青黄赤黑。一曰黑蛇青首，在犀牛西。西南有巴国。太昊生咸鸟，咸鸟生乘厘，乘厘生后照；后照是始为巴人。

魏晋时期的《华阳国志·巴志》也有追忆："川崖惟平，其稼多黍，旨酒嘉谷，可以养父；野为阜丘，彼稷多有，旨酒嘉谷，可以养母。"在这同时，北方民族追求"实发实秀、实坚实好"的极可能物质丰裕，荆楚民族"筚路蓝缕，以启山林"地艰辛开创着生活坦途[16]，吴越先民尚在"伐木而树谷，燔莱而播粟，火耕而水薅"（《盐铁论·通有》）草创幸福。大漠孤烟、长河落日、关塞平莽、风尘凝霜的苍茫、浑雄之景，孕育出的是粗犷、豪侠的燕赵义士和慷慨多气的汉唐风骨，而千岩竞秀、草木葱茏、清流飞湍、云兴霞蔚的清丽、秀美之景，可以孕育出浪漫柔美的江南儿女和飘逸超旷的"晋宋风韵"。巴蜀文学自汉代以来，常常在历代中国文坛上享有盛誉，丰裕的物产与自然风物的缤纷多姿，应该是一个极为重要的原因。

三、小结

中国神话的羽化成仙、白日飞升、女娲补天、大禹治水、廪君化虎、鱼盐女神等内容，都是巴蜀文化的独特贡献。著名神话故事的"石头生人"、"魅力蛇仙"所体现的都是巴蜀上古思维的原型记忆。以老庄学说为兴奋点的"巴蜀半道，尤重老子之术"，以历代文学家辈出并且常居全国一流地位为突出现象，天数、易学、史学"在蜀"地域学术特色等，成为中国文化一个独异的体现。"巴蛇吞象"、"蜀犬吠日"骄狂等都是对巴蜀人文性格的概括。谚谣称："天下未乱蜀先乱，天下已治蜀未治"，正是将巴蜀大盆地视为一个孕育危机的险境，《隋书·地理志》则干脆直截了当地说："蜀人好乱，易动难安"。晋代蜀人常璩的

《华阳国志》在追溯巴蜀大盆地人类历史初期时，也特地强调过巴蜀地域人文精神的表现特征："周失纲纪，蜀先称王，七国皆王，蜀又称帝。是以蚕丛自王，杜宇自帝"，以之说明巴蜀人文精神那喜好标新立异，敢于大胆反叛权威和勇于自作主张，不乏偏激骄狂之态等地域性格特征。著名的成都武侯祠楹联："能攻心则反侧自消从古知兵非好战，不审势即宽严皆误后来治蜀要深思"，更是成为治理四川的历代行政长官的座右铭。三星堆文明、金沙文明、秦的"西蜀丹青"、秦汉漆器、黄润细密的秦汉蜀布等，以及中国菜系之首的川菜，中国六大名酒中的"川酒五朵金花"等，都是巴蜀地域文化辉煌成就的物质证明。这些，都正如李学勤教授所说的："像三星堆以及巴蜀文化这样的发现，应该和历史上特洛伊、尼尼微等等一样，列入世界考古学的史册。"⑰

【注释】

①费孝通等著：《中华民族多元一体格局》，中央民族学院出版社1989年版，第1页。

②参见：《太平御览》卷四引《风俗通》："吴牛望见月则喘，彼之苦于日，见月怖喘矣。"李白《丁都护歌》："吴牛喘月时，拖船一何苦。"《送萧三十一之鲁中，兼问稚子伯禽》"六月南风吹白沙，吴牛喘月气成霞。水国郁蒸不可处，时炎道远无行车。夫子如何涉江路，云帆袅袅金陵去。高堂倚门望伯鱼，鲁中正是趋庭处。我家寄在沙丘傍，三年不归空断肠。君行既识伯禽子，应驾小车骑白羊。"

③中国四大名绣有：苏州的苏绣、湖南的湘绣、四川的蜀绣、广东的广绣。

④《左传·昭公十二年》载："昔我先王熊绎，辟在荆山，筚路蓝缕，以处草莽，跋涉山林，以事天子，唯是桃弧、棘矢，以共御王事"。"楚""荆"都是一种灌木的名称，许慎《说文解字》："楚，木也，从刑声"、"丛木也，一名荆也"。

⑤参见清嘉庆版《汉阳县志》；又《汉口丛谈》中收录的《汉口竹枝词》所云："石镇街道土镇坡，八码头临一带河；瓦屋竹楼千万户，本乡人少异乡多。"

⑥宣统《湖北通志·舆地志·风俗·夏口》卷二十一。

⑦《辽史》卷二十《营卫志》。

⑧《辽史》卷四十九《礼志》一。

⑨《大金国志》卷三十九《初兴风土》。

⑩《孟子·滕文公下》。

⑪《申报自由谈》1934年2月3日，《"京派"与"海派"》。

⑫苯教相信万物有灵，相信各种征兆，擅长巫术。因为苯教教徒常穿黑衣戴黑帽，所以又叫黑教。

⑬⑰李学勤：《三星堆与长江文明·前言：巴蜀文化研究的期待》，《中华文化论坛》，2004年第4期。

⑭《华阳国志·巴志》曰："白虎常从群虎，瞋恚，尽搏煞群虎"。《后汉书·南蛮传》曰："廪君死，魂魄世为白虎。巴氏以虎饮人血，遂以人祠焉。"说明白虎也是巴氏族的祖先图腾，廪君死后，其魂魄变成白虎，犹如杜宇死后化为杜鹃鸟。

⑮长虫图腾还包括"朐忍"，四川人称为曲鳝、或因为颜色而叫黄鳝。《尔雅》解释为蚯蚓。汉代巴郡置有朐忍县，即今重庆市云阳县西部的黄泥溪。《十三州志》曰："朐忍地下湿，多朐忍虫，故以为名。"

⑯参见《诗经·生民》、《左传·襄公十一年》。

第三节　巴蜀文化对中华文化大一统格局形成的贡献

一、巴蜀文化首次辉煌于汉代

1. 大汉声威与巴蜀

人类纪元开始，中华民族文化大一统形成之际，各方国各地域文化就在"汉朝"这样一个共时性"国家"平台上，尽情展现自我特色以求接受时代的挑选。在各地域文化相互之间的碰撞、交锋、化取和借鉴中，逐渐融会为能够体现大汉声威时代精神的时代主流文化。秦的"天下大一统"只是政治军事和社会制度方面，文化的真正融会还是从汉代开始的。大汉帝国激扬奋发的浪漫精神，体现于甘肃省武威市出土的汉代铜质雕塑"马踏飞燕"（当时众多命名中，最终人们认同了郭沫若为之的命名）——昂扬超越的精神形态和壮美恢弘的豪迈气势。

（1）汉代时代精神的文化言说代表

"汉赋四大家"王、扬、枚、马，除了吴越人枚乘外，王褒、扬雄、司马相如都是蜀人，这就形成了巴蜀"文章冠天下"的局面。魏晋时期的《文心雕龙·诠赋》将之概括为："相如上林，繁类以成艳，子渊洞箫，穷变于声貌，子云甘泉，构深玮之风"。鲁迅以另外的标准提出"汉代文章两司马"，把司马迁、司马相如并列为汉代文化的顶峰，原因就在于巴蜀文化恰好能够体现这种大气磅礴、冲决一切的创新追求。司马迁的"究天人之际，通古今之变，成一家之言"、司马相如《难蜀父老》的"盖世必有非常之人，然后有非常之事，有非常之事，然后有非常之功。非常者，固常之所异也"等，就是大汉时代精神的最强音。汉武帝将蜀郡太守文翁办学经验向全国推广，"令天下郡国皆立学校官"——"石室精舍"成为人类历史上首家帝国官办学校。以李冰为首的都江堰治水工程，标志着人类在水利事业上已经达到的空前辉煌。司马迁在《史记·六国年表序》中强调说："汉之兴自巴蜀!"《史记·陆贾列传》也说："汉王起巴蜀，鞭笞天下!"班固《西都赋》还给出了衡量汉代经济发达的标准：天下最富裕的京城长安已经是"太仓之粟，陈陈相因"，并且"竹林果园，芳草甘木，郊野之富，号为近蜀!"《华阳国志·公孙述刘二牧志》告诉我们：一直到东汉时，汉帝国的许多重要城市都是"府盈西南之货，朝多华岷之士"。

（2）巴蜀物质文化的发展盛况

在社会经济发展中，大汉盛世的五个特大型中心城市"五都"包括洛阳、邯郸、临淄、宛、成都，其中成都是中国南方唯一的特大型中心城市。扬雄《蜀都赋》、班固《西都赋》、产生"洛阳纸贵"阅读轰动效应的左思"三都赋"中的《蜀都赋》，都是对成都城市风貌的全面展示。《史记·货殖列传》记载的汉代"富豪排行榜"上，临邛（今四川邛崃县）卓王孙被列为首富。铜铁冶炼、黄润细密的蜀布、晶亮精美的漆器，都是蜀中行销全国乃至海外的商品。汉代漆器无论是数量还是质量皆居全国第一，广汉、成都被汉朝皇室指定为漆器生产基地并设专门机构进行管理，其基本色调为红、黄、黑、棕、绿等浓烈色调，且"花纹精致，色彩斑斓，华而不浮，缛而不艳，轻灵幻美，悦目怡心"，"奇制诡器，胥有所出，非中原燕赵三晋古墓中所有者"，因而受到世人广泛喜爱，甚至远销日本、朝鲜等国家①。刘邦身边常设的"巴俞鼓员三十六人"，以致于整个西汉时期，王公大臣的盛宴与聚会娱乐活动，巴渝歌舞都是必演节目。《华阳国志》所载"巴师勇锐，歌舞以凌殷人"、屈原时期楚国郢都流行歌曲"下里巴人"盛传等，都说明巴蜀歌舞因其悦耳的音律和较好的节奏感而易于传唱，成为流行的大众艺术，也必然因其自由热情的抒情性而令人喜爱，引起共鸣，或许还有那灵气飞动的浪漫和奇瑰斑斓的想像艺术博得民众的神往。成都出土的东汉说唱俑那神采飞扬、手舞足蹈的夸张造型，即是其例。

（3）中国本土宗教道教诞生的产床与摇篮

"老子西出函谷关"时曾经对函谷关最高长官"喜"说过"五百日后成都青羊肆寻吾"，这也许就是"巴蜀半道，尤重老庄之术"的道家学说盛行的原因，盛行的道家学说与"俗好巫鬼"的民间风习以及大禹治水传说留下的"禹步"等巴蜀民间驱鬼等程式，在巴蜀大地交互作用，从理论基础到具体程式和法式都具备道教创立的条件，中国本土宗教道教于是在这里诞生。因此可以说，巴蜀大地是中国本土宗教道教的产床和摇篮。道教创立时分布中国的二十八个教区，有二十四个教区在巴蜀，这里是道教运行的大本营。

（4）道家哲学的中继与整理

历史进程发展到汉代，各地域方国文化开始被整合，逐渐融会于大一统的中华文化洪流中。巴蜀学术在自己地域文化的制约下，有选择地对先秦诸子文化进行中继放大和创造性发展。严君平是道家思想的中继者和发扬光大者。严君平，四川成都人，本姓庄，名庄遵，字君平，后来《汉书》忌讳汉明帝刘庄的名，才将其改名为严遵。其为人方正，不作苟见，不为苟得，久而不改其节操，在成都街头上替人占卜预测吉凶，"因势导之以善"，每天得到百钱能够维持生活则闭门读《老子》、《易》，是"隐于市"的高人。《汉书·扬雄传》称其"自有大度，非圣哲之书，不好也；非其意，虽富贵不事也"。他精于《周易》、《老子》义理，著有以《老子道德真经指归》和《易经骨髓》，认为"道"的本质是虚无（道体虚无、以虚无为本），以其虚无本性而成为一切存在的最高本体。首次明确提出了"道性自然"，即"以无为为用"的命题，把自然视为"道"的本性，并将"道"的自然无为特性运用到人生观（无为处世、清静养生）和政治观（无为而治）当中，以此来指导宇宙万物的运行变化和发展，类似六百年后法国哲学家笛卡尔在《方法论》中提出的"我思故我在"主张。其基本理论是"无者生有，虚者生实"、"君者民之根"、"务在顺民"等。《老子指归》对《老子》哲学思想进行全面而富有新意的阐释和发挥，以其"处反得复"的逆向思维、"守之以和"的中和思维以及异类相比的类比思维等自由与多向发散方法，在汉代以至整个道家思想中有着重要的地位，对后来的中国佛教禅学也有极大的影响。

（5）"西道圣人"扬雄

扬雄四川郫县人，以《太玄》、《法言》等建立的哲学体系；解答了孟子等关于人性善恶的争论，强调"人之性也善恶混，修其善则为圣人，修其恶则为恶人"等。《太玄》的核心思想是建立一个以"玄"为宇宙万物的本源的哲学体系，因而他获得了"西道圣人"的美誉。其史学著作有《蜀王本纪》、语言学专著《方言》等都是文化领域的多种创新贡献。他对自己文化创造的价值是自信的："声之眇者不可同于众人之耳，形之美者不可混于世俗之目"。《汉书·扬雄传》介绍其家世和性格："有田一廛，有宅一区，世世以农桑为世"、"口吃不能剧谈，默而好深湛之思"，"自有大度，非圣哲之书，不好也；非其意，虽富贵不事也"，"不汲汲于富贵，不戚戚于贫贱"，"以为经莫大于《易》，故作《太玄》；传莫大于《论语》，作《法言》；史莫善于苍颉，作《训纂》；箴莫善于《虞箴》，作《州箴》；赋莫深于《离骚》，反而广之；辞莫丽于相如，作赋，皆斟酌其本，相与仿依而驰骋云"。班固在《汉书》中强调，从孔子以来至汉代的学者如林，但"博物洽闻，通达古今，其言有补于世"的六个圣人中，扬雄居其一。《汉书·扬雄传》中收录有桓谭的一段话，说明扬雄的历史地位：

> 凡人贱近而贵远，亲见扬子云禄位容貌不能动人，故轻其书。昔老聃著虚无之言两篇，薄仁义，非礼学，然后世好之者尚以为过于《五经》，自汉文、景之君及司马迁皆有是言。今诊子之书文义至深，而论不诡于圣人，若使遭遇时君，更阅贤知，为所称善，则必度越诸子矣。"诸儒或讥以为雄非圣人而作经，犹春秋吴楚之君僭号称王，盖诛绝之罪也。自雄之没至今四十余年，其《法言》大行，而《玄》终不显，然篇籍具存。

桓谭《新论》中也说："张子侯曰：扬子云，西道孔子也，乃贫如此。吾应曰：子云亦东道孔子也。昔仲尼岂独是鲁，孔子亦齐楚圣人也"，并且不无惋惜地感叹"《玄》终不显"，张衡却纠正道："汉家得天下二百岁之书也，汉四百岁《太玄》其兴矣"。宋代王安石推崇道："孟子没，能言大义而不仿于老庄者，扬子而已"，即所谓"儒者夷陵此道穷，千秋只有一扬雄"，宋代司马光，也将扬雄与孟子、荀子并列，因此蒙学读本《三字经》有："五子者，有荀、扬，文中子，及老、庄。"

2．蜀籍作家的辉煌崛起和对中国文化美学的新开拓

（1）司马相如的成就

司马相如，成都人，字长卿，因为仰慕战国著名政治家蔺相如而改名。其对中国文艺美学的贡献，李泽厚、刘纲纪的《中国美学史》对此说得很明白：

> 司马相如的赋区别于"诗"和楚辞的地方，在于它处处讲求文辞的华美富丽，以穷极文辞之美为重要特征。虽然它也有歌功颂德和所谓"讽喻"的政治作用，但构成汉赋最根本的特征的东西却在于它能给人充分的艺术美享受，并以给人这种享受为自觉追求的重要目的；汉赋的产生标志着中国文学开始了强调文学的审美价值，不再只强调它作为政教伦理宣传工具的价值了。这是文艺性的"文"从古代那种广义的

"文"明确分化出来的重要的第一步……因为汉赋同"诗"、"乐"不同，它既不被看作是一种严肃意义的古代政治历史文献，和祭祀典礼也没有必然联系。较之楚辞，它也和原始的巫术祭神的歌舞分离了。作为在楚辞基础上创造出来的一种新的文艺形式，汉赋一开始就以供人以艺术美的欣赏为重要特色，所以极大地发展了在楚辞中已经表现出来的那种对于辞藻描写的美的追求。

鲁迅指出："武帝时代，赋莫如司马相如，文莫如司马迁"；一个蓬勃向上的盛世王朝与充满激情和浪漫精神的巴蜀文化的结合，它对生命的热爱与探索和新王朝对世界的探索与开拓是一致的；"凤求凰"被历代正统文人诟病为"临邛窃妻"，还敢于公然地"奋笔大书"告诉世人。让我们知道其热恋的全过程："好逑"——"琴挑"——"夜奔"——"当垆"——"喜还"，这是司马相如向往的"非常之人，作非常之事"行为价值标准的体现。

司马相如的代表作《子虚赋》，主要写子虚对齐国的乌有夸耀、自己楚国云梦泽的阔大以及楚王畋猎盛况，后者不满于子虚的"奢言淫乐而显侈靡"，又自夸齐国之强盛。这两个虚构人物的设置是作者对两个大国否定性的描写。这是因为"楚"曾经是南方各方国与强秦相抗衡的"合纵"联盟集团的盟主，也是大汉帝国发祥地和国家文化"时代主旋律"源始地，而"齐"是北方强国和"泱泱大国"，"齐学"是汉帝国的统治思想学说，"两汉经学多半是齐学"。《上林赋》则站在国家的高度，假借一个虚构人物"亡是公"之口，大肆铺排皇家园林上林苑的繁复博大壮丽以及皇帝射猎的盛况："置酒乎昊天之台，张乐乎寥廓之宇，撞千石之钟，立万石之巨；建翠华之旗，树灵鼍之鼓。奏陶唐氏之舞，听葛天氏之歌，千人唱，万人和，山陵为之震动，川谷为之荡波"。在这里，我们看到的是雄浑的气势、华丽的文辞、天马行空般狂放不羁的想象，神话、历史、现实相融无间的文学意象，看到的是感性生命的极度张扬。因为司马相如的创造，"子虚乌有"已经积淀为中国汉语成语，活跃于国人口中至今。就结构安排而言，上下左右、东南西北，次第清楚，层次分明，运用充满色彩、声响的词语去穷形极相、摹状绘形；行文自由，骈散并用，多用虚字，句末常以虚字结尾，讲求句式的对仗和排比，形成一种强烈的气势和美感震撼力。空间的极度排比，繁细的铺叙、夸张的摹绘等，一个纯文学的范本开始出现于中国文坛。鲁迅在《汉文学史纲》中对他的创造价值评说甚确，是谓"不师故辙，自摅妙才，广博闳丽，卓绝汉代"。

出于大西南开发的宣传需要，司马相如写下了《喻巴蜀檄》、《难蜀老》，《文心雕龙·檄移》篇对这些实用文体的艺术特点，已说得很清楚："文晓而喻博，有移檄之骨焉"。

（2）扬雄

扬雄作品有《县邸铭》、《王佴颂》、《阶闼铭》、《成都四隅铭》、《蜀都赋》等。其代表作《甘泉赋》依次叙写汉成帝择日出祭的整个过程，在描写军队盛严整貌、甘泉宫之华美、泰台之高峻、宫中景物之繁美等处极铺排之能事。打破了西汉前期赋必设主客问答的陈式，开门见山交代内容。描写处多用骚体，语句舒缓而不急促，多奇字丽句，抒情性较强；《河东赋》是扬雄随成帝行幸河东祠后土所写，结构简洁，铺叙祭祀盛况和祭后成帝游观各地并登上西岳华山，末段歌颂大汉统一天下，四方宾服，劝谏成帝上追三皇五帝之至治，点出谏的用意；《羽猎赋》与《长扬赋》，在句式上不用抒情性较强的"兮"字长句，而是用类似相如《子虚赋》、《上林赋》的散体赋句式，便于直接发表议论。而《解嘲》、《解难》和《逐贫赋》等，是融说理、描写、抒情为一体的小赋，则是对赋体文学的发展开拓了新的道路，其意义在于体现一个文学发展的新思维：文学不完全是正襟危坐地讲道理，而可以成为讽刺幽默的游戏之作。《蜀都赋》中对蜀布和漆器的描写"筒中黄润，一端数金；雕镂笋器，百伎千工"等，成为人们熟知的名句。后来却"悔其少作"，认为文学是"雕虫小技，壮夫不为"，更多地着力于哲学思考②。其语言学专著《方言》（《輶轩使者绝代语释别国方言》）的写作持续了二十七年，葛洪《西京杂记》卷三载："扬子云好事。常怀铅提椠。从诸计吏访殊方绝域四方之语。以为裨补輶轩所载。亦洪意"，可见其严肃和执着的学术态度，这也是扬雄对中国语言文字和方言研究的巨大贡献。其《难盖天八事》是我国天文学上的重要文献。《汉书》为六位西汉文人单独立传的有贾谊、董仲舒、司马相如、司马迁、东方朔、扬雄，其中尤其以扬、马二人所占篇幅为大，存录的作品最多。《隋书·经籍志》有《扬雄集》五卷，已散佚。明代张溥辑有《扬侍郎集》，收入《汉魏六朝百三家集》。

（3）王褒。王褒，字子渊，四川资中人，《汉书》记载，他的赋有十六篇，今存《洞箫赋》、《九怀》、《甘泉宫颂》及《碧鸡颂》残文以及充满诙谐麻辣的游戏之作《僮约》、《责须髯奴辞》等。《洞箫赋》将汉赋发展到咏物抒情的新途上，描写竹的形态和箫的制成，吹箫者的感情、姿态和神态，箫声的高低变化及感染力，以及乐声的摹画，都极为生动形象，并在修辞上极下功夫，描写精巧细微，音调和美，形象鲜明。篇中多用骈偶的句子，开魏晋六朝骈文之端。艺术价值在于在壮阔宏大的汉赋中，添加了秀丽纤弱的抒情内容，在堆砌铺陈、排比夸张等汉赋表现手法之外，尝试着密巧细致的描写和叙述等创新。《圣主得贤臣颂》借骑手与千里马"人马相得"来"喻圣主得贤臣"，比喻非常贴切自然，语言也自然畅达，有可取之处。其《碧鸡颂》呼唤"金精神马"和"缥碧之鸡"从"南之荒""归来归来"，充盈着大汉时代思潮对新奇、宏大的向往。明代著名文人杨升庵谪居云南期间还曾把这篇颂辞刊刻在滇池西山的石壁上，可见影响之深远。云南昆明现有著名文化景点"金马坊"和碧鸡坊，成都文殊坊街区也有石马坊、碧鸡坊地名留存。《文心雕龙·才略》对其艺术特点的概括是："王褒构采，以密巧为致，附声测貌，泠然可观"。今人还强调了"王褒的《僮约》、《责须髯奴辞》是现存最早最典型的诙谐杂赋"。③

3. 魏晋时期文学状况

《北史·文苑传》概括为："汉自孝武之后，雅尚斯文，扬葩振藻者如林，而二马、王、扬为之杰"，"历选前英，于斯为盛"，成为本时期文学创作的范式。扬雄在玄学上的建构，影响着整个魏晋文学。该时期产生了凡是中国人必须阅读、阅读时不被感动掉泪就不是中国人的两篇"天地人间千古之至情文字"：李密《陈情表》、诸葛亮《前出师表》。历来有言曰："读《出师表》不流泪，此人不忠，读《陈情表》不流泪，此人不孝"。《陈情表》营造了一个感人至深的情境，倾述中逻辑严密、语音铿锵、情理并重，感人至深而又文采斐然，许多句子至今活跃在人们口中，如"日薄西山，气息奄奄，人命危浅，朝不虑夕"等。被诸葛亮称为"蜀中才子"的秦宓，绵竹人，大力张扬巴蜀华美文风："夫虎生而文炳，凤生而五色，岂以五彩自饰画哉？天性自然也。盖河、洛由文兴，六经由文起，君子懿文德，彩藻何其伤？"有关"难张温秦宓逞天辩"故事，不仅在《三国志》中得到详尽地叙述，更是被《三国演义》给予浓墨重彩地描写，这就是史学家所说的"蜀中多辩才"的由来，也是他被今人视为"辩论界元老"的原因。

4. 史学在蜀

巴蜀史学在两汉魏晋时期达到历史繁荣，其成就主要有汉代扬雄《蜀王本纪》，魏晋时期的《华阳国志》，在历史学领域获得"中国方志之祖"（梁启超语）崇高地位，以及"廿四史"中唯一出自巴蜀陈寿的《三国志》等。其他如来敏著《本蜀论》，谯周著《三巴记》、《古史考》、《蜀本纪》，陈寿著《益部耆旧传》，常宽著《续耆旧传》、《蜀后志》，李膺著《益州记》等，寻根问祖的乡土志撰写，一时蔚为大观。宋代是古代中国史学最繁荣的时期，而一些重要著作则多出自蜀人之手。成都府华阳人范镇、范祖禹、范冲分别参与或主持了《新唐书》、《资治通鉴》及神宗、哲宗两朝实录的纂修和重修，被誉为史学界"三范"。丹棱县人李焘则用近四十年时间撰成《续资治通鉴长编》一千零六十三卷（今存五百二十卷），为研究北宋历史保存了丰富的资料，井研县人李心传所撰《建炎以来系年要录》二百卷、《建炎以来朝野杂记》四十卷，则是研究南宋历史的重要资料，是以被誉为"宋史二李"。另有王称撰《东都事略》、史炤撰《资治通鉴释文》、杜天珪撰《名臣碑传琬琰集》、吴缜撰《新唐书纠谬》、李攸撰《宋朝事实》、张唐英撰《蜀梼杌》、彭叔融撰《太平治迹统类》、李植撰《皇宋十朝纲要》、郭允蹈撰《蜀鉴》等，其他如苏易简、三苏父子、张商英、郭居仁等的史著皆名震于世，都成为中国文化丰厚积淀。

5. 国家视野下的巴蜀

《史记》记载说：巴、蜀亦沃野，地饶卮姜、丹砂、石、铜、铁、竹、木之器。南御滇僰，僰僮。西近邛笮，笮马、牦牛。然四塞，栈道千里无所不通。

《汉书·地理志》说：巴、蜀、广汉本南夷，秦并以为郡，土地肥美，有江水沃野，山林竹木疏食果实之饶。南贾滇、僰僮，西近邛、笮马牦牛。民食稻鱼，亡凶年忧，俗不愁苦，而轻易淫泆，柔弱褊厄。景、武间，文翁为蜀守，教民读书法令，未能笃信道德，反以好文刺讥，贵慕权势。及司马相如游宦京师诸侯，以文辞显于世。乡党慕循其迹。后有王褒、严遵，扬雄之徒，文章冠天下。

王羲之著名书法作品"十七帖"，实际上是他写信给当时镇守巴蜀朋友的一组书信，其中如："要欲及卿在彼，登汶岭、峨嵋而旋，实不朽之盛事，心已驰彼矣"，并且还打听"严君平、司马相如、扬子云，皆有后否？""成都城门屋楼观，皆是秦时司马错所修，令人远想，为广异闻"等。他"十七帖"中涉及到蜀中的十三札《成都帖》（又称《成都城池帖》），可以说是名家中第一个为成都书写市名、并流传至今的墨宝。郦道元《水经注》对巴山蜀水社会与自然，作了较为全面地的展示。

左思《蜀都赋》对城市的城市风貌、街道格局、物产和市场经济等，进行淋漓尽致地铺排描绘，同时对汉代巴蜀作家群也给予极高评述："江汉炳灵，世载其英，蔚若相如，爵若君平，王褒华华而秀发，扬雄含章而挺生"。郭璞不仅对严君平"卖卜市井"的高风亮节崇慕不已，而且以《巫咸山赋》、《盐池赋》

的繁辞丽藻描绘巴蜀美景。前往蜀中探望父亲的张载，有《剑阁铭》、《登成都白菟楼诗》等作品，如描绘成都繁华的"芳茶冠六清，溢味播九区"之语。"建安七子"首领王粲，则把"巴渝舞"曲记录并改变为《矛渝》、《弩渝》、《安台》、《行辞》四首诗歌。魏晋人常景，写下追慕汉代巴蜀前贤的组诗：

> 长卿有艳才，直致不群性。郁若春烟举，皎如秋月映。
> 游梁虽好仁，仕汉常称病。清贞非我事，穷达委天命；
> 王子挺秀质，逸气干青云。明珠既绝俗，白鹄信惊群。
> 才世苟不合，遇否途自分。空枉碧鸡命，徒献金马文；
> 严公体沉静，立志明霜雪。味道综微言，端著演妙说。
> 才屈罗仲口，位结李强舌。素尚迈金贞，清标陵玉彻，
> 蜀江导清流；扬子把余休。含光绝后彦，覃思邈前修。
> 世轻久不赏，玄谈物无求。当途谢权宠，置酒独闲游。

【注释】

①参见商承祚：《楚漆器集·考释》，《文物》1993 年第 11 期。

②《酒箴》：子犹瓶矣。观瓶之居，居井之眉。处高临深，动而近危。酒醪不入口，臧水满怀。不得左右，牵于纆徽。一旦重礙，为瓨所轠。身提黄泉，骨肉为泥。自用如此，不如鸱夷。鸱夷滑稽，腹大如壶。尽日盛酒，人复借酤。常为国器，讬于属车。出入两宫，经营公家。由是言之，酒何过乎？

③伏俊琏：《敦煌俗赋的体制和审美价值》，《敦煌研究》1997 年第 3 期。

第四节　中化文化形象化的情感性言说：巴蜀文学

唐代魏颢《李翰林集序》："自盘古划天地，天地之气艮于西南。剑门上断，横江下绝，岷、峨之曲，别为锦川。蜀之人无闻则已，闻则杰出"。北魏时邢峦也曾赞叹巴蜀地区"文学篷启，往往可观，冠带风流，亦为不少"。明代何宇度《益部谈资·卷上》也说："蜀之文人才士，每出，皆表征一代，领袖百家，岂他方所能比拟"。文学是巴蜀对中华文化的杰出贡献。司马相如"含綦组以成文，列锦绣以为质"的唯美；郭沫若对"文艺的全与美"的强调和"为艺术而艺术"的追求，何其芳创作思维中浮现的那些"色彩、图案"的艳丽意象；对精美形制和艳秾华美的追求。

自成自然地理体系的"巴蜀大盆地",四周高山阻隔所形成的天然屏障,使外界的影响难以进入;域内相当于两个法国的辽阔面积,为一种文化的发生、繁衍、壮大提供了适当的空间;境内水系纵横交错,平原、浅丘、高山、岭谷等多种地形地貌及各种地表裸露色彩兼备,以及因为亚热带气候的温湿宜人所带来的四季变化分明、自然景观缤纷多姿,都直接陶冶熏染着巴蜀人对"美"的敏感心理机制。"喜艳秾"、"好华美"、"重色彩"以及味觉的"好辛香"、"美滋味"等地域文化美学的形成,就正是被这种"存在"的客观前提所决定的。自由和浪漫想象的激情,"巴蛇吞象"、"蜀犬吠日"的狂傲妄作,"未能笃信道德,反以好文讥刺"的人文精神传统,"俗好文刻"的地域话语习惯等,都是巴蜀文学辉煌各代的内在动因。

一、上古时期的巴蜀文学

1. 先秦至汉代

先秦时期巴蜀地区的远古神话传说与原始歌谣,散见于《山海经》、《庄子》等先秦诸子笔下,汇聚于《华阳国志》中。

"秦无文",严刑峻法的秦王朝压抑文学的发展,"蜀地僻陋"的偏见让世人忽略了巴蜀文学的存在,如楚地流行的"下里巴人"等未能进入国家视野。

汉代文学标志性文体"大赋",代表者是王、扬、枚、马四大家,"汉代文章两司马"(鲁迅),在公元之初人类精神审美文化创造领域的崇高地位。魏晋时期李密的《陈情表》、诸葛亮的《前出师表》两篇"天地人间千古之至情文字",对中国文化与民族性格形成,发挥着极其重要的作用。

2. 中国文学发展巅峰状态的唐代文学

李唐皇族的"膻腥"血统,崇尚儒学但并不"独尊",弘扬佛学却以不损害国家利益为限度,他们更喜欢道家,把老子奉为自己的始祖,老庄道家对完美人性和自由的追求,就成为李唐皇族及其所统治的社会时代精神。儿媳可以被提升为姜妃,牝鸡可以司晨称帝,内宫可以与外臣晤面⋯⋯这是一个充满着精神自由和恣意妄为的时代,甚至是一个权威消解的时代。唐代作家把文学引向更广袤的大地人生,呈现为昂扬奋发的盛唐气象和蓬勃的青春朝气。盛唐诗人多用"少年"做诗题和题材。少年时代爱憧憬,而追忆也是憧憬,而且是更有目的的憧憬。他们不再像汉代文人以出入宫廷为荣,也不模仿魏晋文人啸傲山林和退隐田园,宫廷和市井、山林与田园、大漠与三峡等,都可步履踏勘,一个全国大漫游的时代来临，他们全方位地审美化地审视社会人生，自由大胆地创新一切。自由昂扬的时代精神、繁复多姿的人生内容与表现技巧相适应，导致唐代文学进入巅峰状态。中华民族的青春时代，就通过唐代文学而展现着。

"天下诗人皆入蜀"，从初唐四杰在成都街头探寻文学新途开始，来巴蜀地区的文人骚客便络绎不绝。唐人卢求在其《成都记·序》中说到蜀中的盛况："大凡今之推名镇为天下第一者，曰扬、益。以扬为首，盖声势也。人物繁盛，皆系土著，江山之秀，罗锦之丽，管弦歌舞之多，伎巧百工之富，其人勇且让，其地腴以善熟。较其妙要，扬不足侔其半"。白居易、刘禹锡对夔州民歌"竹枝词"的接受和再创造，"青城道士"杜光庭的剑侠传奇小说《虬髯客传》的先锋意义，以及有"蜀戏冠天下"之称的巴蜀戏剧对中国戏剧发展的贡献等，莫不如是。

（1）陈子昂

陈子昂字伯玉，四川射洪县人，他对盛唐文学的开拓体现于三个方面：标举风骨、提倡兴寄，导引出唐代文学的健康发展；开创边塞诗派，将时代精神和大唐帝国的盛世状貌表现出来；诗体和文体的创新实验，为唐代文学的体裁形式多元化和繁荣奠定基础。现留存诗歌共一百多首，其中《感遇》诗三十八首、《蓟丘览古赠卢居士藏用》七首和《登幽州台歌》等代表作，就是艺术成就的体现。在理论和创作实践上，陈子昂都表现出鲜明的创造革新精神。一种全新的文学创造的开始，首先需要的是审美理性的自觉，在《与东方左史虬修竹篇序》一文中，他提出：

> 文章道弊，五百年矣。汉魏风骨，晋宋莫传，然而文献有可征者。仆尝暇时观齐梁间诗，彩丽竞繁，而兴寄都绝，每以永叹。思古人，常恐逦逶颓靡，风雅不作，以耿耿也。一昨于解三处，见明公咏孤桐篇，骨气端翔，音情顿挫，光英朗练，有金石声。遂用洗心饰视，发挥幽郁。不图正始之音，复睹于兹，可使建安作者，相视而笑。

《闻一多全集·唐诗杂论》对其巨大成就产生的原因解释为："陈子昂的复杂思想，可以说纵横家给了他飞翔之力，道家给了他飞翔之术，儒家给了他顾尘之累，佛家给了他终归人世而又能妙赏自然之趣；子昂和太白同出生于西蜀，受了当地风气的影响，所以形成与众不同的诗风"。他的《度荆门望楚》是为人称道的佳作："遥遥去巫峡，望望下章台。巴国山川尽，荆门烟雾开。城分苍野外，树断白云隈。今日狂歌客，谁知入楚来"。杜甫在《陈拾遗故宅》中评价他对唐诗的贡献为"公生扬马后，名与日月悬……终古立忠义，《感遇》有遗篇"。元代的元好问在《论诗绝句》中，这样评价陈子昂在中国文学史的地位："沈宋横驰翰墨场，风流初不废齐梁。论功若准平吴例，合著黄金铸子昂"。

（2）李白

李白在《新唐书·李白传》中被描述为："喜纵横术，击剑，为任侠，轻财重施"，游侠、隐士、道人、策士、酒徒、作家都是他的身份。青春少年般的好奇、大胆，什么都敢于去尝试、去探究，率性而为等，决定着他的艺术思维方式的醉态，即以"酒神精神"的非理性和非智性狂放与发散的思维方式，自信狂傲的独立人格，豪放洒脱的气度，以及自由奔放的艺术幻想和想象，为人放诞与为文狂放在他身上得到完美地统一。甚至连死亡的方式也充满着诗意：夜醉酒泛舟江上，"捉月"水中，以浪漫诗情方式告别人间。他就是一个唐代的"古惑仔"，在《春日山中》诗中，他也坦白过自己的不拘礼节放浪行为："懒摇白羽扇，裸袒青林中，脱巾挂石壁，露顶洒秋风"。"十五观奇书，作赋凌相如"正是他学习模摹并欲超越司马相如的创作学步记录，他还从扬雄的创作中学到了许多，是谓："因学扬子云，献赋甘泉宫"。他向往的是"扬马激颓波，开流荡无垠"般地刷新一切已有审美定势，汉代蜀籍作家那冲决一切、纵横恣肆的创作风范，使李白更喜欢采用自由的"古风"体和乐府歌行，去表现自己狂放不羁的情感和思想，即杜甫所称的"笔落惊风雨，诗成泣鬼神"。其"巴蜀情结"催生出如《蜀道难》、《峨眉山月歌》、《游子咏》、《朝发白帝城》、《送蜀僧晏入市》等数量颇丰的佳作，如《上皇西巡南京歌》对故乡的骄傲："九天开出一成都，万户千门入画图，草树云山如锦绣，秦间得及此间无"。李白对"鲁儒"、"鲁叟"、"鲁诸生"所代表的正统礼法规范的嘲弄，以及"揄扬九重万乘主，谑浪赤墀青琐贤"蔑视帝王权贵的傲然，还有对自由人格的颂扬等，在作品中占有极大比例。那磅礴激昂的想象甚至在感悟人生时的些许愁思，穿越了时空，弥漫在整个人间，历久弥新！唐代文学独具魅力的时代精神：博大，雄浑，深远，超逸，充沛的活力，浓郁的激情，不息的生命力，崭新的生活体验，以壮阔为美的审美情趣，积极进取的人生态度，都在他的作品中呈现出来。当今台湾诗人余光中在其《寻李白》中，准确感悟到了李白的独特："酒入豪肠，七分酿成了月光，剩下的三分啸成了剑气，绣口一吐就半个盛唐"。

雍陶、唐求以及"新乐府派"的李馀和刘猛等本土诗人，在唐代文学发展中都有各自的独特贡献。

（3）具有相等艺术成就的"蜀中诗"

唐代的一大批诗人都与巴蜀文化有着极深的渊源，他们在阐扬巴蜀文化的同时，也使自己的艺术成就达到了巅峰。

杜甫的蜀中诗占其全部创作的三分之二强，这使人们把他视为"半个蜀人"。为人称道的名作如《茅屋为秋风所破歌》、《闻官军收河南河北》、《秋兴八首》、《登高》、《又呈吴郎》，最具代表性的是《春望》、《剑门》等，长篇如《夔州书怀》、《往在》、《草堂》、《遣怀》等，都是写于蜀中。在"入乡随俗"原因的作用下，在巴蜀大地"种竹植树，纵酒啸咏"的生活中，由于"万里巴渝曲，三年实饱闻"低于文学艺术的作用，也因为"江山如巴蜀"、"全蜀多名土"、"蜀酒浓无敌"等地域人文风习的影响，其作品中的"狂"、"野"词汇和意象（如碧海掣鲸、百丈青松）开始多了起来，如《狂夫》："万里桥西一草堂，百花潭水即沧浪，风含翠筱娟娟净，雨裹红蕖冉冉香。厚禄故人书断绝，恒饥稚子色凄凉，欲填沟壑惟疏放，自笑狂夫老更狂"，又如《剑门》的"唯天以设险，剑门天下壮"和《阁夜》的"五更鼓角声悲壮，三峡星河影动摇"，再如《喜雨》的"安得鞭雷公，滂沱洗吴越"，以及千古传诵的"两个黄鹂鸣翠柳，一行白鹭上青天。窗含西岭千秋雪，门泊东吴万里船"等。

在蜀中忠州等三峡夔门（今属重庆市）做官的白居易、刘禹锡，对当地民歌"竹枝词"的接受和再创造，获得世人的热烈欢迎。白居易《长恨歌》中关于"蜀江水碧蜀山青"、"临邛道士鸿都客"、"峨眉山下少人行"等对巴蜀自然风景的描写和人文典故的运用，都体现着白居易对巴蜀地域文化的娴熟把握。李商隐的名诗《杜工部蜀中离席》："人生何处不离群？世路干戈惜暂分。雪岭未归天外使，松州犹驻殿前军。座中醉客延醒客，江上晴云杂雨云。美酒成都堪送老，当垆仍是卓文君"，以及《夜雨寄北》等也是对巴蜀文化的阐扬。元稹一生最值得一提的好诗和诗歌理论，大多是在通州（今四川达州市）司马这四年闲散中完成的，如《连昌宫词》等。边塞诗派的代表作家中，高适担任过四川最高行政长官，留下《赴彭州山行之作》、《寄宿田家》等蜀中诗歌；岑参出任过四川嘉州（今乐山市）最高长官，有《岑嘉州集》传世。诗以苦奇"险僻"著称的贾岛，最终埋骨于四川省安岳县。

3. 中国文学的首个地域流派——"花间词"

晚唐时期藩镇割据、互相攻伐的混乱现实，使人们体味到生命的短促和个体存在的柔弱无力，平民出身而登上高位的王建据蜀后，依托巴蜀大盆地的天然屏障，利用蜀中得天独厚的自然气候和物产条件，实施了一系列发展农耕、鼓励生产的政策而迅速提高着自己的实力。后蜀孟昶为政宽和，继续发展社会经济，使当时的巴蜀大盆地成为社会稳定安宁、经济繁荣的一方乐土。聚集在成都街头的一群文人，以强大的作者阵营、数量众多的创作作品，尽情赞美世俗人生享乐的思想内容和对文学创作艳秾华丽形式美的大胆建构，形成了中国文学的首个地域流派——花间词，为中国文学的发展树立了一种全新的范式。他们的美学主张是"镂玉雕琼，拟化工而迥巧；裁花剪叶，夺春艳以争鲜"，在他们笔下，画屏溢彩，弄妆敷粉，珠帘鸳被，与柳袅桃红，蜂舞花艳，艳阳皓月交相辉映，文学的形式之美，被表现到一种极致境界。而闺阁情深，床笫之欢，两情相悦，思恋至深的情爱生活颂赞，莺雀婉鸣、燕鸟呢喃的悦耳怡情，红花绿叶、芍肥梅瘦的色彩和粗密浓淡的线条，表达着对人生无常、生命短暂的惋惜和渴求超越的向往。宋代陆游称其艺术价值为"独精巧高丽，后世莫之及"。韦庄的《怨王孙》即是其代表：

> 锦里，蚕市，满街珠翠，千红成妆。玉禅金崖，宝髻花簇鸣珰，绣衣长。日斜归去人难见，青楼远，队队行云散。不知今夜，何处深锁兰房，隔仙乡，再如《清平乐》：何处游女？蜀国多云雨。云解有情花解语，宰地绣罗金缕。妆成不整金钿，含羞待月秋千。住在绿阴槐里，门临春水桥边。

后蜀皇帝孟昶，亲笔书写了中国第一幅春联"丰年纳余庆，嘉节号长春"，开启了中国特有的一种全新艺术体式。

4. "隆宋"是巴蜀文化发展的又一个巅峰

陈寅恪认为："华夏民族之文化，历数千年之演变，造极于赵宗之世"。邓广铭亦谓："两宋期内的物质文明和精神文明所建到的高度，在中国整个封建社会历史时期之内，可以说是空前绝后的"。

(1) "三苏"的文化成就

苏轼是宋代标志文体宋词"豪放派"开创者，又是散文领域"唐宋八大家"中"三苏"的代表。在诗歌与小品美文创作上的成就令人瞩目，如《猪头颂》、《黠鼠赋》、《艾子杂说》、《梁上君子》等，都是用生动俚俗的口语"大白话"形式，描写普通群众日常人生的游戏之作。在书法艺术领域是"米蔡苏黄"四大家之一。苏轼的美学理念是"以俗为雅"、"意之所到，则笔力曲折，无不尽意"，推崇"气象峥嵘，五色绚烂"的华美艳称，注重"作诗火急追亡逋，清景一失后难摹"的灵感。这些都很好地扣住了艺术创作的规律性问题。苏词最大的艺术特征是"波澜浩大，变化不测"，活泼多变，汪洋恣肆，具有鲜明的个性和独异的风格特征，在当时文坛纷扰于花间词派模式中，"出新意于法之外"地另创新体，开创了词的豪放一派，写景、叙事、抒怀，议论说理，以及村夫农妇，民俗乡习，皆可入词，从而扩大了词体的审美范围和艺术表现力，将词体发展到与诗、散文地位并重的高度。《水调歌头》（明月几时有）、《念奴娇》（大江东去）以及《前赤壁赋》等，已经成为千古传颂之作。在"江上之清风"、"山间之明月"中得到乐趣，在"东坡肉"、"居有竹"的自然人生中闲庭信步，以"日啖荔枝三百颗"来化解现实纷争的烦恼，他的通脱、达观、发达、率直和真诚，兼容并包的大家气度，既深情婉媚又雄浑阔大的艺术境界以及诙谐诡谲、化俗为雅的幽默机趣，为我们展现了可贵的生存方式和一种人生形态的辉煌。他笔下的"梁上君子"、"河东狮吼"等故事已经积淀为汉语成语，至今活跃在中国人的口头。苏轼《洗儿诗》："人家养子望聪明，我为聪明误一生。但愿生儿愚且鲁，无灾无病到公卿。"更是传诵至今。

苏洵、苏辙各以自己的艺术特色，屹立于中国文学史。"苏门四学士"文化群体，成为当时文坛的突出现象，"蜀学"旗帜的高扬，正是中华文化体系化和成熟化的标志之一。

（2）入蜀诗人的文学成就

寓蜀者如陆游、黄庭坚、范成大诸人，留下众多咏蜀物记蜀事的佳作，成为巴蜀文学的积淀内容。陆游创作，有早期的"奇巧"和晚期的"平淡"、入蜀后的"宏肆"、"雄浑沉著"等艺术特色三阶段，其蜀中创作，无论是叙事、怀人、摹景，还是抒怀，都是因为巴蜀大地缤纷多姿的审美客观对应物的陶冶，是大盆地独特人文风习的影响，是巴蜀地域文化浓郁积淀的模塑作用，正是"未尝一日忘蜀"的必然结果。

《苕溪渔隐丛话》引述《江西宗派图叙》说："山谷自黔州以后，句法尤高，笔势放纵，实天下之奇作。自宋兴以来，一人而已矣"，明确强调了入蜀对诗人创作的巨大影响，这也是巴蜀"涪翁"得名的由来。"苏门四学士"之一的黄庭坚，是"江西诗派"的开创者，在涪陵、彭水、宜宾等地多年，有大量描绘巴蜀风物人情的作品传世。担任四川行政首长的范成大，著有《石湖居士诗集》、

《石湖词》、《桂海虞衡志》和入蜀之旅的散文《吴船录》等。如《过青城题索桥》、《最高峰望雪山》、《万州》、《初入大峨》、《请佛阁》等作品，都是巴蜀题材。最富盛名的通俗歌手柳永也歌唱过成都的"地胜异，锦里风流，蚕市繁华，簇簇歌台舞榭。雅俗多游赏，轻裘俊，靓装艳冶"。

南宋时期编辑的《成都文类》，是收录有关成都的诗文进行分类编辑的作品集。邛州安仁人计有功，搜集唐代文献及口耳相传之诗歌轶事，汇成《唐诗纪事》八十一卷，收唐代诗人一千一百五十家。

《宋史》中蜀人有传者多达一百八十五人，有文章传世者达千人。著名人物有田锡、苏易简、苏舜卿祖孙、范镇、文同、"阆中三陈"（陈尧叟、陈尧佐、陈尧咨）、"眉山三苏"（苏洵、苏轼、苏辙）以及苏门之后苏过、"成都三范"（范镇、范祖禹、范百禄）、"蒲江三高"（高稼、高定子、高斯得）、"新津二张"（张唐英、张商英）、"资州二赵"（赵遽、赵雄）、"丹棱二李"（李焘、李璧）、"井研二李"（李心传、李舜臣）、"绵竹二张"（张浚、张栻）、韩驹、王灼、杨绘、王琪、张俞、李邦直、郭允蹈、魏了翁、计有功等，都是一时之俊杰。这就是"书中文人何其多"感叹的由来。这就是有学者论说的：

> 宋代地域文化大致可以分为四个区域：北方地区、东南地区、四川
> 地区、中南地区。从层次高低来看，前三者基本属文化发达地区，中南
> 地区则属文化落后地区。③

5. 元明清文学

（1）金元文学

《词史》云："论金人词，必首宇文虚中"，《金史·宇文虚中传》说："虚中恃才轻肆，好讥讪，凡见女真人则以旷野目之，贵人达官往往积不能平"。宇文虚中现存诗五十余首，词二首收入《中州集》和《全金诗》。产生于巴蜀西部甘孜的藏族史诗《格萨尔王传》，这是一部藏族民间说唱体的英雄史诗，在元代写定完型，并开始在全国广泛流传，为汉、藏、蒙等族所喜闻乐道。故事叙述在天灾人祸遍及藏区、妖魔鬼怪横行、黎民百姓遭受荼毒之际，大慈大悲的观世音菩萨为了普度众生出苦海，向阿弥陀佛请求派天神之子下凡降魔，神子推巴噶瓦发愿到藏区，做黑头发藏人的君王——即格萨尔王。降临人间格萨尔施展天威，东讨西伐，征战四方，降伏了入侵邻国的北方妖魔，战胜了霍尔国的白帐王、姜国的萨丹王、门域的赤王、大食的诺尔王、卡切松耳石的赤丹王、祝古的托桂王等，先后统一了十个"宗"（藏族古代的部落和小帮国家）。在降伏了妖魔和统

一藏区之后，格萨尔功德圆满，与母亲郭姆、王妃森姜珠牡等一同返回天界。史诗汇集了藏族古代神话、传说，集录了丰富的藏族诗歌和谚语，在华夏多民族的文学发展史上，乃至世界文学史上也极为珍贵。

虞集，被《元史》赞誉为"集虽博洽，而究极本原，研精探微，心解神契，其经纬弥纶之妙，一寓诸文，蔼然庆历、乾、淳风烈"，"一时大典成出其手"，元诗称大家"必曰虞、杨、范、揭"。其作品多收录于《词综》。虞集在《题晋阳罗氏族谱图》写道："昔者，吾蜀文献之懿，故家大族子孙之盛，自唐历五季至宋，大者著国史，次者州郡有载记，士大夫有文章可传，有见闻可征"，其尊崇乡邦之情，溢于言表。《全金元词》的收录作品还有眉山王学文等。朱彝尊《词综》收录有成都华阳景覃、江州（重庆）燕公楠的作品。青城县人杨朝英是元代巴蜀作家在散曲创作上致力最勤的，系统收集整理、完成了中国最早的一部散曲选集《太平乐府》以及《阳春白雪》，人称"杨氏二选"，体现着巴蜀作家对时代主流文学"元曲"的贡献，胡适将之列入《一个最低限度的国学书目》内。

（2）明代文学

南充任瀚、新都杨慎、富顺熊过、内江赵贞吉，合称明代文学"蜀中四大家"。"景泰十才子"中的晏铎，"嘉靖八才子"中的熊过、任瀚等，都是时代俊杰；巴县人江潮宗，著有两部专门介绍巴蜀的书籍《重庆郡志》和《蜀中人物记》，是研究巴蜀文化的有价值的参考资料；此外他还著有《紫轩集》。晚明重臣遂宁人吕大器，著述有《东川文集》、《抚甘督楚疏稿》，其子吕潜被誉为"诗书画三绝"。杨慎则在诗歌、散文、戏剧等诸多领域耕耘甚勤，著述达一百余种、涉及史、诗、文、音韵、词曲、戏剧、书画、医学、天文、地理、动植物等，十分浩瀚，有《升庵全集》，散曲有《陶情乐府》。故《明史·杨慎传》说："明世记诵之傅，著作之富，推慎为第一"。清代《四库全书总目提要》也说："慎赅博圆通，究在诸子之上"。清代《明诗别裁集》编者说其诗"过于浓丽"，却不得不承认："升庵以高明伉爽之才，宏博绝丽之学，随题赋形，一空依傍，于李、何诸子之外，拔戟自成一队"。其《廿一史弹词·临江仙》被《三国演义》借用，又被今天的影视艺术放大而家喻户晓：

　　滚滚长江东逝水，浪花淘尽英雄。是非成败转头空，青山依旧在，几度夕阳红。白发渔樵江渚上，惯看秋月春风。一壶浊酒喜相逢，古今多少事，都付笑谈中。

金陵"乐王"陈铎，有散曲《坐隐先生精订滑稽余韵·朝天子·川戏》、套曲《嘲川戏》两首，记录着明代川剧在南京的演出情况。

（3）清代文学

清初的新繁（今成都市新都区）"三费"、雍正时的"丹棱三彭"和继后的"罗江（今德阳市）三李"、乾嘉时的"遂宁三张"等，呈现着明显的家族群体特征。费经虞儿子费密有《燕峰文集》、《诗余》、《燕峰诗钞》，孙子费锡琮有《白雀楼诗集》、《阶庭咏叹集》传世，费锡璜有《掣鲸堂诗集》。"蜀中三才子"张问陶、李调元、彭端淑，都是当时文坛俊杰。绵阳人孙桐生编辑《国朝全蜀诗抄》，收录清代巴蜀诗人三百六十二人、五千九百余首，是一部清代四川文学诗歌总集。晚清荣县人赵熙，字香宋，是清末文坛名家，有《香宋词》、《香宋诗钞》流传，有川剧剧本《情探》、《渔父辞别》、《除三害》等川剧的经典之作，在川剧文学的典雅化、文学化方面，具有里程碑的作用。"戊戌变法"六君子中，绵竹县人杨锐有《说经堂诗章》、《随史补遗》四十卷、富顺县人刘光第有《衷圣斋文集》和《衷圣斋诗集》等作品留存于世。

【注释】

①李劼人先后创办过《蜀风》、《风土什物》、《华阳国志》等研究弘扬巴蜀文化的刊物，撰写过十五万字的《说成都》等。

②巴金：《写作生活的回顾》，见贾植芳等编《巴金写作生涯》，百花文艺出版社 1984 年版。

③程民生：《略论宋代地域文化》，《历史研究》1995 年第 1 期。

第五节　巴蜀哲学与史学

史学领域，现代著名学者刘咸炘曾评说为"隋前存书有二，唐后莫隆于蜀"，经学方面，更有程颐"《易》学在蜀"的感叹。以"三苏"父子、张栻、魏了翁为代表的"蜀学"，终与二程"洛学"（即理学）和王安石"新学"鼎足而三，其结果是"蜀学"成为中国三大学术主流（理学、新学、蜀学）之一。

一、先秦至汉魏时期

先秦汉魏时期巴蜀地区哲学和史学成就达到了一个高峰。其代表人物就是严君平和扬雄。

系统体现严君平哲学思想的著述是其代表《老子指归》。严君平在《老子指归》中着重讲述了人的认识的主体问题，详细地说明了世界与人的生命主体是相互作用的一组关系。《老子指归》继承老庄的哲学，讲由无生有的过程，但也受到儒家思想的一定影响，主张德刑并用，并提出顺民、重民的思想。《老子指归》在历史上，特别是在南北朝和隋唐时期有很大影响，其对中国禅学的产生也有相当大的作用。

扬雄是融合儒、道的思想家，在哲学上，他上承《易经》、《老子》，下启王充、张衡乃至魏晋玄学；在政治思想上，扬雄上继孔孟和董仲舒，提倡德治，主张以礼义教化人民，反对为政先杀后教，并影响了后来的思想家。扬雄提出以"玄"作为宇宙万物根源的学说，强调如实的认识自然现象，并认为"有生者必有死，有始者必有终，自然之道也。"在社会伦理方面，认定"人之性也善恶混，修其善则为善人，修其恶则为恶人"。

二、巴蜀哲学与史学的第二个高峰

1. "易学在蜀"与"蜀学"

宋代理学家程颐两次入蜀研究易学，朱熹在《周易本义》中就把宋代理学的源流解说得极为清楚："伏羲四图，其说皆出于邵氏。盖邵氏得之李之才挺之，挺之得之穆修伯长，伯长得之华山希夷先生陈抟图南者，所谓先天之学也"。宋初，普州崇龛（今安岳）人陈抟著有《无极图》（刻于华山石壁）和《先天图》，此外还著有《指玄篇》，言导养和还丹之事。他提出万物皆一体，只有超绝万有的"一大理法"存在，融儒、释、道为一体，开启宋代三教合一的潮流。三苏"蜀学"融合三教，既提倡儒家政治伦理思想，又对老子的道论加以吸取，并明显受到佛教思想的影响，具有较强的哲学思辨性。

2. "湖湘学宗"张栻

张栻在理学上承二程，推崇周敦颐《太极图说》，著有《南轩易说》、《孟子说》、《论语解》、《南轩文集》等。主张格物致知，知行互发。在知行关系上他认为"始则据其所知而行之，行之力则知愈进，知之深则行愈达，行有始终，必自始以及终。""盖致知以达其行"，主张"学思并进"，"周旋乎俎豆羽纶之间，优游于弦歌诵读之际"，曾创建湖南城南书院，主持岳麓书院。理学思想体现于《论语解》、《孟子说》、《南宣答问》，论证封建伦常这一权威原则的天然合理性。而他的"明义利"之辨、贵实用而耻空言，则是试图从伦理道德方面要求人们维护这一封建权威原则。张栻与朱熹、吕祖谦史称"东南三贤。朱熹称其"学之所就，足以名于一世"，并述他受其深刻影响说："余窃自悼其不敏，若穷人之无归。闻张钦夫（即张栻）得衡山胡氏学，则往而从问焉。"

3. 魏了翁

四川蒲江人，人称鹤山先生，辞官回乡后在白鹤山下筑屋讲学，有《鹤山集》、《九经要义》、《古今考》、《经史杂抄》等。他提出"心者人之太极，而人心已又为天地之太极"，强调人的主体精神"心"的作用。其经学思想兼采汉、宋，他在宋学内部对宋学加以扬弃，而对汉学加以吸取，批评"束书不观，游谈无根"的弊端，他主张义理从考据出，把义理与训诂考据的方法结合起来。

4. 在史学领域

华阳县（今属成都）人范镇、范祖禹、范冲分别参与或主持了《新唐书》、《资治通鉴》及神宗、哲宗两朝实录的纂修和重修，被誉为史学界"三范"。范祖禹还撰有《唐鉴》十二卷，被后人尊为"唐鉴公"。在司马光任总编《资治通鉴》撰写群体中最年轻的是二十四岁范祖禹，却担负着最为纷乱繁杂的五代十国的编修工作。丹棱县人李焘则用近四十年时间撰成《续资治通鉴长编》一千零六十三卷（今存五百二十卷），为研究北宋历史保存了丰富的资料，隆州井研县人李心传所撰《建炎以来系年要录》二百卷、《建炎以来朝野杂记》四十卷，则是研究南宋历史的重要资料，是以被誉为"宋史二李"。另有王称撰《东都事略》、史炤撰《资治通鉴释文》、杜天珪撰《名臣碑传琬琰集》、吴缜撰《新唐书纠谬》、李攸撰《宋朝事实》、张唐英撰《蜀梼杌》、彭叔融撰《太平治迹统类》、李植撰《皇宋十朝纲要》、郭允蹈的《蜀鉴》等，其他如苏易简、三苏父子、张商英、郭居仁等的史著皆名震于世，都成为中国文化丰厚积淀。"史学在蜀"之说，由之而来。

三、明清时期的巴蜀哲学

1. 杨慎的哲学思考

《明史·杨慎传》说："明世记诵之傅，著作之富，推慎为第一"，其传世著作有一百五十余种。《四库全书总目提要》也肯定："慎赅博圆通，究在诸子之上"。其哲学思想主张"元气者，天地之极"，反对程朱空谈心性，主张从事物本身去寻求自然发展的变化，认为客观事物无不相互联系，主张用发展演变眼光认识事物；其次是认为客观事物互相联系而又互相依存，认为事物存在矛盾斗争，其结果必然是"刚胜柔，实胜虚"；其三是主张用发展变化的观点看事物，即"世变如轮，无暂停也；人心如波，无少平也"。

2. 唐甄的启蒙主义思想家

唐甄二十九岁中举人，任过县官，后被革职。晚年穷困潦倒，流寓江南。著《潜书》九十七篇。唐甄的哲学思想具有鲜明的唯物主义特征，强调事物变化是"精"、"气"变化所导致。其政治思想具有鲜明的激进色彩和人民性。他的著作尖锐地揭露了封建君主专制的罪恶，充满了战斗的激情。首先，他坚持唯物主义，强调"万物皆有精，无精不生"，天地万物皆化生于之；其次，他能够用变化的眼光，看到"君长上下"等社会关系都处在变化之中，"皂人"、"丐人"、"蛮人"都可以成为"圣人"，从而对"天不变，道亦不变"、上下尊卑的纲常伦理统治思想进行彻底的批判，这与法兰西大革命诞生的《人权宣言》中提到的"人生来就是自由而平权的"可谓异曲同工。这种典型的人文主义思想，更表现在他对君主专制的彻底批判："人君之贱视其臣民，如犬马虫蚁之不类于我"，封建帝王"自尊则无臣，无臣则无民，无民则为独夫"实则为"民贼"，因此，他吹响了彻底反封建专制的号角："自秦以来，凡为帝王者，皆贼也！""乱天下者惟君。治乱非他人之所能也，君也"，"杀人者众手，天子实为大手"，将一切罪恶的总根源归结于封建统治和皇帝专制，把封建君主看作是杀人的刽子手和罪恶的渊薮。十八世纪中国启蒙主义思想，在唐甄的著述中得到鲜明体现。梁启超在《中国近三百年学术史》中，高度赞扬和推崇《潜书》的价值。

3. 清代学术的导引者

胡适的《费经虞与费密——清学的两个先驱者》，对新繁费氏父子在清代学术发展史的贡献进行论述："费氏父子一面提倡实事实功，开颜李学派的先声；一面尊崇汉儒，提倡古注疏的研究，开清朝二百余年'汉学'的风气"。清代学术大师章学诚"更吸取了清初学者费氏父子的学术史的意见。学诚读了费锡璜《贯道堂文集》，曾深加赏识，说：'纵横博辨，闳肆而有绳准，周秦诸子无以过之'"。费密对宋明理学的"道统论"进行深刻的批判，并提出"欲不可纵不可禁，道非虚行乃实用"的独特见解。

4. 影响近代中国变革的廖平

廖平极端"放肆"地任意阐说"六经"为我所用，从强调孔子"感时忧国，改制救弊"的入世精神，去联系社会需要变革的近代现实。出于"通经致用为归"的现实变革要求，廖平任意编造事实以重造孔子形象，将一些儒学思想从孔子身上剥离出来而划为"孔门的有组织有计划的通同作弊"。在廖平的描述下，"六经"中"人学"是孔子为全人类所制法典，"天学"是孔子为无限宇宙概括的法则，因此，万教归孔，人类崇经，就是世界发展的必然趋势。二十世纪以来的新儒家学派，就是沿着他的这种主张而发展着的，我们甚至可以在贯穿整个二十世纪的"新儒学"几次浪潮中，看到廖平的身影。他这种大翻成案、"放肆说经"的思想模式和学术思想也为后人所称道。廖平学说对康有为变法思想产生过直接影响。李学勤认为："中国历史至晚清，学术重心发生了转移，这个重心一是湘学，一是蜀学"。（蜀地学者）"以复古求解放"，将清代学人达到的最高点东汉"许郑之学"成功地向前推进到西汉"今古文学"，乃至回溯至先秦"诸子之学"，最终实现了传统学术的解放。同时也使"蜀学"得以与"湘学"共同成为这一时期中国传统学术的重心，构成中国经学的新阶段和新形态。①

四、二十世纪的巴蜀学术和政治思想

"中国资产阶级民主革命的第一部宣言书"，是邹容的洋洋宏文《革命军》，鲁迅赞誉说："倘说影响，则别的千言万语，大概都抵不过浅近直截的'革命军马前卒'邹容所做的《革命军》"。②四川旅日学生雷铁崖《警告蜀人》、"蜀人相如"的《四川革命书》和"望帝"的《四川讨满州檄》等革命战斗檄文，都是以激烈的言辞，高涨的革命热情和鲜明的巴蜀地域意识，鼓吹反封建建立共和的民主革命之作。

"五四"新文化运动中，对中国封建专制和封建伦理道德揭露最深、批判最力的是吴虞。吴虞学说的根本内容是对封建专制的猛烈攻击和对专制基础的深刻揭示。他剖析了阻碍中国社会进步和社会腐败黑暗的根本原因是封建专制，而基础则在"孔子之学说，二千年来贻祸"，即其在《辨孟子辟杨墨之作》中指出："君主之专制，钤束人之言论，教主之专制，禁锢人之思想"，因此，要建立自由民主社会，就必须推翻专制尤其是肃清封建正统儒学思想。吴虞对中国现代思想文化的建构贡献，在于对中国宗法制封建家族黑暗残酷的剖析和批判，有《吴虞集》传世③。他的学生巴金终身进行的反封建思考和集中描写封建家族制度的吃人本质，就是受到他的影响。二十世纪中国文化全才郭沫若，以辩证唯物主义的全新方法，在历史学、考古学、古文字学等方面做出了创新性贡献。新儒家浪潮中的金堂县人贺麟、宜宾县人唐君毅等在现代思潮盛行中重新审视传统儒学，为国学在新形势下的发展作出了突出的贡献。陈寅恪在成都期间，曾经四方搜求四川学者刘咸炘的学著《推十书》，认为刘咸炘是蜀中最有学问和成就的学者。

"川北圣人"张澜及其领导民盟的第三种道路的探索，是二十世纪中国政治思想史的重要构成内容。中共政治家中的"川籍群体"朱德、刘伯承、陈毅、聂荣臻、罗瑞卿、张爱萍等，为求得中华民族的独立和富强做出了重要贡献。邓小平作为中国特色社会主义的总设计师，为中国的腾飞和世界大国地位的形成，功不可没。

【注释】

①李学勤：《清代学术的几个问题》，《中国学术》2001 年第 2 期。

②鲁迅：《坟·杂忆》。

③陈独秀、胡适曾经赞誉吴虞为"中国思想界的清道夫"、"四川只手打倒孔家店的老英雄"。

第六节　诵读材料

1.《山海经·海内经》

西南黑水、青广之间，有都广之野，后稷葬焉……爰有膏菽、膏稻、膏黍、膏稷，百谷自生，冬夏播种，鸾鸟自歌，凤鸟自舞，灵寿实华，草木所聚；爰有百兽，相群爰居，此草也，冬夏不死。

2.《华阳国志·巴志》

川崖惟平，其稼多黍，旨酒嘉谷，可以养父；野为阜丘，彼稷多有，旨酒嘉谷，可以养母。

3.《史记·货殖列传》

巴、蜀亦沃野，地饶卮姜、丹沙、石、铜、铁、竹、木之器。南御滇僰，僰僮。西近邛笮，笮马、牦牛。然四塞，栈道千里无所不通。

4.《汉书·地理志》

巴、蜀、广汉本南夷，秦并以为郡，土地肥美，有江水沃野，山林竹木疏食果实之饶。南贾滇、僰僮，西近邛、莋马牦牛。民食稻鱼，亡凶年忧，俗不愁苦，而轻易淫泆，柔弱褊厄。景、武间，文翁为蜀守，教民读书法令，未能笃信道德，反以好文刺讥，贵慕权势。及司马相如游宦京师诸侯，以文辞显于世。乡党慕循其迹。后有王褒、严遵，扬雄之徒，文章冠天下。

5. 邛崃县《文君井联》

君不见豪富王孙，货殖传中添得几行香史；停车弄故迹，问何处美人芳草，空留断井斜阳；天崖知己本难逢；最堪怜，绿绮传情，白头兴怨。我亦是倦游司马，临邛道上惹来多少闲愁，把酒倚栏杆，叹当年名士风流，消尽茂林秋雨；从古文章憎命达；再休说长门卖赋，封禅遗书。

6. 郦道元《水经注·三峡》

自三峡七百里中，两岸连山，略无阙处；重岩叠嶂，隐天蔽日，自非亭午夜不见曦月。至于夏水襄陵，沿溯阻绝。或王命急宣，有时朝发白帝，暮到江陵，其间千二百里，虽乘奔御风不以疾也。春冬之时，则素湍绿潭，回清倒影。绝巘多生怪柏，悬泉瀑布，飞漱其间。清荣峻茂，良多趣味。每至晴初霜旦，林寒涧肃，常有高猿长啸，属引凄异，空谷传响，哀转久绝。故渔者歌曰："巴东三峡巫峡长，猿鸣三声泪沾裳！"

7. 李白《春日山中》

懒摇白羽扇，裸袒青林中，脱巾挂石壁，露顶洒秋风。

8.《上皇西巡南京歌》

九天开出一成都，万户千门入画图。草树云山如锦绣，秦川能及此间无。

9. 杜甫《石笋行》

君不见益州城西门陌上，石笋双高蹲。古来相传是海眼，苔藓蚀尽波涛痕。

10. 张籍《成都曲》

锦江近西烟水绿，新雨山头荔枝熟。万里桥边多酒家，游人爱向谁家宿。

11. 韦庄《怨王孙》

锦里，蚕市，满街珠翠，千红成妆。玉禅金崖，宝髻花簇鸣珰，绣衣长。日斜归去人难见，青楼远，队队行云散。不知今夜，何处深锁兰房，隔仙乡。

12. 韦庄《清平乐》

何处游女？蜀国多云雨。云解有情花解语，宰地绣罗金缕。妆成不整金钿，含羞待月秋千。住在绿阴槐里，门临春水桥边。

13. 张岱《自为墓志铭》

蜀人张岱，陶庵其号也。少为纨裤子弟，极爱繁华、好精舍、好美婢、好娈童、好鲜衣、好美食、好骏马灯、好烟火、好梨园、好鼓吹、好古董、好花鸟，兼以茶淫桔虐，书蠹诗魔，劳碌半世，皆成梦幻……任人呼之为败子，为废物，为顽民，为钝秀才，为渴睡汉，为死老魅也。

14. 苏轼《前赤壁赋》

壬戌之秋，七月既望，苏子与客泛舟游于赤壁之下。清风徐来，水波不兴。举酒属客，诵明月之诗，歌窈窕之章。少焉，月出于东山之上，徘徊于斗牛之间。白露横江，水光接天。纵一苇之所如，凌万顷之茫然。浩浩乎如冯虚御风，而不知其所止；飘飘乎如遗世独立，羽化而登仙。

于是饮酒乐甚，扣舷而歌之。歌曰："桂棹兮兰桨，击空明兮溯流光。渺渺兮予怀，望美人兮天一方。"客有吹洞箫者，倚歌而和之。其声呜呜然，如怨如慕，如泣如诉，余音袅袅，不绝如缕。舞幽壑之潜蛟，泣孤舟之嫠妇。

苏子愀然，正襟危坐而问客曰："何为其然也？"客曰："'月明星稀，乌鹊南飞'，此非曹孟德之诗乎？西望夏口，东望武昌，山川相缪，郁乎苍苍，此非孟德之困于周郎者乎？方其破荆州，下江陵，顺流而东也，舳舻千里，旌旗蔽空，酾酒临江，横槊赋诗，固一世之雄也，而今安在哉？况吾与子渔樵于江渚之上，侣鱼虾而友麋鹿，驾一叶之扁舟，举匏樽以相属。寄蜉蝣于天地，渺沧海之一粟。哀吾生之须臾，羡长江之无穷。挟飞仙以遨游，抱明月而长终。知不可乎骤得，托遗响于悲风。"

苏子曰："客亦知夫水与月乎？逝者如斯，而未尝往也；盈虚者如彼，而卒莫消长也。盖将自其变者而观之，则天地曾不能以一瞬；自其不变者而观之，则物与我皆无尽也。而又何羡乎！且夫天地之间，物各有主，苟非吾之所有，虽一毫而莫取。惟江上之清风，与山间之明月，耳得之而为声，目遇之而成色，取之无禁，用之不竭，是造物者之无尽藏也，而吾与子之所共适。"

客喜而笑，洗盏更酌。肴核既尽，杯盘狼藉。相与枕藉乎舟中，不知东方之既白。

附：

【参考书目】

1. 常璩：《华阳国志》，巴蜀书社 1984 年版。

2. 钱穆：《中国文化史导论》，三联书店 1988 年版。

3. 恩斯特·卡西尔：《神话思维》，中国社会科学出版社 1992 年版。

4. 蒙文通：《巴蜀古史论述》，四川人民出版社 1981 年版。

5. 童恩正：《古代的巴蜀》，四川人民出版社 1979 年版。

6. 杨世明：《巴蜀文学史》，巴蜀书社 2003 年版。

7. 邓经武：《大盆地生命的记忆——巴蜀文化与文学》，电子科技大学出版社 2005 年版。

（本章撰稿：邓经武　刘咏涛）

第八章　现代新儒学要义

第一节　现代新儒学释义

一、何谓"现代新儒学"

由孔子所创立，成为中国文化主干，绵延数千年之久的儒学，是以孔子为宗师，以《诗》、《书》、《易》、《礼》、《乐》、《春秋》为经典，以仁、义、礼、智为基本思想的学术体系。它在战国时期已经发展成为显学，是绵延时间最长，对中国文化与民族精神影响最为深远的一个学派。

所谓现代新儒学，是指五四以来，在强烈的民族危机刺激下，一部分以承续中国文化之慧命自任的知识分子，力图恢复儒家传统的本位和主导地位，在现时代新的生活方式之下对传统儒学进行重新诠释，并以此为基础来吸纳、融合、会通西学，建构起一种"继往开来"、"中体西用"式的思想体系，以谋求中国文化和中国社会的现实出路。它主要是一种哲学和文化思潮，同时也包含着社会政治的内容。

在"现代新儒学"这个称谓中，所谓的"现代"，一是为了与"宋明新儒学"相区别。宋明时期是儒学理学化的时期，被称为新儒学，是相对于先秦原始儒学而言的，最早使用这一说法的是冯友兰先生，后张君劢先生在《新儒学思想史》中正式使用"新儒学"来指称广义的"宋明理学"，包括程朱理学与陆王心学在内，其共识为"天道性命相贯通"。当然，儒学是常新的。进入现代以来，与先秦和宋明时期的儒学不同，儒学研究呈现出更新的面貌和发展趋势，学界将其命名为"现代新儒学"。二是为了特指这一时期的儒学主要应对"现代化"、"现代性"等问题，使得儒学具有了鲜明的"现代"特征。现代新儒家认为，现代性、现代化在制度层面上的确出现了很明显的趋同现象，这主要体现在制度及其功能层面上，如市场经济和科层组织等，但应该强调指出，由于制度层面存在趋同，就以为文化模式必然随着制度的变化而趋同，却是错误的。因为每一个民族和国家的文化适应"现代"的方式受制于自身的历史与传统,要使这些现代制度完成其"现代功能"(如国民经济增长和提升国家军事力量),文化层面必然会在继承传统的基础上做出适应与调整,出现多种形态的现代性。至于如何来定义"现代性"、"现代化",则在新儒学内部表现出许多不同的意见。因此也致使"现代新儒学"思潮出现多样化发展的复杂趋势。

现代新儒学思潮可以大致划分为三种类型:一种是狭义新儒家,以接续孔孟道统,复兴儒学为己任,以服膺宋明理学,特别是儒家心性之学为主要特征,代表人物为梁漱溟、熊十力、徐复观、唐君毅、牟宗三等。另一种是广义新儒家,以冯友兰、贺麟、钱穆为代表;还有一些不公然承认自己是新儒家,但其思想信仰已大部分认同儒家学说,力图以儒家思想为主体,吸收、融合西方哲学,谋求中国社会和哲学文化现代化的,也可宽泛地归入其中。再一种则是儒家解释学者,他们已放弃道统观念,从不同的视角诠释儒学的现代学术价值。①

二、现代新儒学的历史由来

考察现代新儒学的历史由来,可以从儒家思想自身的发生、转进与外部世界的互动中展开。

首先,从儒家思想自身的发生与转进历史来考察现代新儒学的产生。儒学的发生、发展,大致经历了六个时期:先秦为儒学的形成和初步发展时期;两汉为儒学经学化的时期;魏晋南北朝至隋唐为儒学的玄学化和儒释道三教融合的时期;宋明为儒学理学化的时期;清代为儒学的综汇期;五四以后为儒学的重构时期,亦即现代转型时期。②

先秦是儒学的草创时期。夏商周三代的诸侯邦国的地域性文化在历史发展中逐渐演变为春秋战国时期的百家争鸣。争鸣中儒、墨、道、名、法、阴阳都曾处于显学的地位,儒家仅是诸子百家之一。在整个先秦,面对当时"礼崩乐坏"的人伦现实,急切的救世情怀使得儒家必然要以"德治"传统中"德"(仁)与"礼"的互补作为对治"礼崩乐坏"的主要方法,以"文行忠信"作为其施教的主要内容,而将"孝弟"以至于"泛爱众"的日用伦常作为其基本的入手处。这样一来,儒学在其创立之初就表现为一种通过"人"的道德实践,自觉地不离人伦日用的道德追求,实现对"天意"的贯彻和落实,由人伦上达天道的超越诉求。

众所周知,秦统一六国用的是法家思想,"以法为教,以吏为师",焚书坑儒，实行严刑峻法，否定伦理道德的价值，很快就激化了社会矛盾，亦不利于调节统治阶级内部的伦常关系，结果至秦二世而亡。由此也暴露了法家思想的局限和弊病，表明单纯依靠法家来统一思想是行不通的。汉初尊奉黄老之道，以黄帝之名，行老子之学。黄老道家崇尚清静无为，基本适应了汉初社会恢复经济的需要，达到了让老百姓休养生息的目的，因而取得优势地位。但黄老道家崇尚自然，不讲社会人文伦理，故不能满足中国封建社会进一步发展的需要。因此，黄老思想亦不适应封建大一统的政治需要，它让位于新的思想是必然的。应该说，在诸子百家中，只有儒家学说能够最大限度地满足中国宗法制社会的客观需求，能够适应封建大一统政治。特别是董仲舒以孔、孟之道吸取道家、法家、阴阳家等各派学说而建立的天人感应的儒家思想，满足了建立大一统的需要，具有重要的历史价值。到了汉武帝"罢黜百家，独尊儒术"后，儒家思想便成了整个封建社会的统治思想，这是思想统一完成的标志。实际上，儒术独尊，是以儒家思想为本位，兼取诸家思想，并不是对诸子百家的绝对排斥，这体现了儒家思想很强的包容性和对社会变化的适应性。

汉代经学地位的稳固，一方面，使儒学在思想界的主体地位得以确立，但另一方面由汉至唐的传注之学遵循"注不违经，疏不破注"的原则，沿袭以往的章句注疏之学，学者拘于训诂，墨守"正义"，严重束缚了人们的思想和创造力，儒学退缩于注经一隅、发展停滞。之后以道家思想为代表的魏晋玄学的兴起和隋唐佛教的流行都在理论思维形式上超过了儒家。两汉以降，佛老二教之所以能够大行其道，主要是以其本体理论与形上境界为依托的。特别是在本体论的抽象思辨上，董仲舒、韩愈等人的性三品论望尘莫及，所以韩愈以儒家的道统来对抗佛教的法统，虽然表达了儒家坚持人性道德修养的善良愿望，但并没有在理论上真正消除佛教的影响。魏晋南北朝至隋唐为儒学的玄学化和儒释道三教融合的时期。

与佛老之说相较，儒学亟待完成的是提供超越性的追求和本体论建构。这个任务历史的落在了周敦颐、张载、二程、朱熹、陆九渊、王阳明等人的身上，他们终于改造了玄学的以无为本和佛教的自性空，把儒家的道德人性提升到宇宙本体的高度，实现了儒、释、道的三教合一。

儒学发展到宋明理学阶段，可以说是中外文化大融合的结果。印度文化的精华——佛教，先是由魏晋玄学以无为本的思维方式被中国文化吸收，产生了中国化的隋唐佛教，接着又被宋明理学所消化。在宋明理学中，朱熹的庞大思想体系是一个重要的标志，从孔孟之道到玄学佛教无所不包，被当时的统治者立为官方学说，证明了其地位的重要性与汉代董仲舒被立为官学一样。尽管现代新儒家牟宗三极力贬低董仲舒和朱熹的地位③，但是这两位思想家在儒家思想的大转折中仍然具有不容抹刹的重要地位。我们的国学课程中专门开设了董仲舒与朱熹两位思想家的专题介绍。

经学的理学化是儒学自身发展演变的结果，但更有其深刻的政治、经济和文化的背景。理学产生的政治和经济背景，主要与中国封建社会从前期向后期转折而引起的政治、经济方面的各种变化联系在一起。而理学产生的文化背景，则与外来文化的冲击，即佛教的刺激和挑战息息相关，理学的出现，实质上就是儒家学说针对佛教挑战而作出的一个创造性的回应。但随着历史的前进和时代的推移，随着产生它的历史条件的变化，其存在的必然性便逐步消失，从而使它转化为消极的、落后的事物，必然要退出历史舞台。因此，经学的理学化除具有必然性外，也存在着流弊。宋明理学作为儒学发展的一种高级形态，其根本特征主要在于对道德理性之本体化思考与本体论论证上，但其后学流弊也正在于此。明代后期，宋学末流把以己意说经，演成只祖述程朱，空谈心性，学风轻浮，不研究经典，不做学问，越来越空洞，凭空发挥自己的思想。

明清时期实学思潮的出现是与明清之际的思想家对理学（特别是晚明王学）的批判、与西方自然科学思想在中国的传播、与明中叶以来资本主义生产方式的产生分不开的。他们总结经验教训，彻底批判理学之空疏无用，其中顾炎武、黄宗羲、王夫之诸人反虚务实，注重博采考订，对清代实学的兴起功不可没，同时他们还关心国计民生和经世致用。清代学术被看作是儒学综汇发展的结果，上承明季，下启新文化运动，是传统文化走向现代化的关键时期，在中国学术史上占有十分重要的地位。

现代新儒家是儒家思想发展的第六个时期，也是本章我们要重点讲解的一个阶段。这一时期的儒学呈现的形态是在"五四"时期的文化论争中孕育产生的。近代西方文化传入中国后，由于封建社会已经开始解体，所以作为传统思想主体的儒家思想受到了强烈的冲击，而这次冲击不同于佛教对中国文化的冲击，因为这在很大程度上是近现代文化对传统文化的冲击。进入二十世纪二十年代之后，中国人特别深切地感受到中国文化和社会面临的严重危机。现代新儒学作为一种社会文化思潮，对于民族文化存亡、发展问题的忧虑和探索是这种思潮的缘起。可以说，现代新儒家对于所有学术问题的关注，都紧密地联系着他们对于民族文化——民族存亡问题的关注。现代新儒家理论的产生是与中国民族国家的形成过程相伴随的。现代性与民族性成为现代新儒家理论的焦点。

中华民族如何求得生存并且实现民族文化和社会的现代化？这个严峻问题，在思想文化领域集中通过"古今中西"之争表现出来。"古今之争"即传统文化与现代化的关系问题，"中西之争"即中国文化与西方文化的关系问题，而无论"古今"问题抑或"中西"问题，都紧密地关联着传统儒学的现代价值问题。在文化论争中，儒家思想作为中国封建社会的主流意识形态和传统文化的精神核心受到空前激烈的批判。但仍然有一批学者反对全盘否定传统儒学和中国传统文化，强调文化的民族性和历史继承性，主张以儒家思想为本位和主体，有选择地吸纳、融会现代西方文化，重建儒家价值系统作为民族精神的支柱，以谋求中国文化和社会的现代化，并且促进人类文化的健康发展。他们在认同、维护以儒家思想为主干的民族传统文化的前提下，主张接纳西方文化新潮以适应时代需要，从而寻求中国文化和社会的现实出路。以梁漱溟、张君劢、熊十力等人为主要代表的一批学者所创立的现代新儒家学派的形成与发展，一直与这种"持久的"文化论争紧密相关。

方克立先生对此曾作出概括：在"五四"时期的文化论争中"有一批热爱中国文化、执着地认为儒家思想包含着普遍的、永恒的价值、在现代必能有新开展并能有大贡献于世界未来文化的学者，和全盘否定中国文化传统的西化论者进行了激烈的持久的论战，他们被称为'现代新儒家'和'当代新儒家'，形成为'五四'以来中国现代化思想史上足以和马克思主义派、自由主义的西化派鼎足而三的一个重要的学术思想派别。"④

五四新文化运动后产生的马克思主义派，自由主义西化派和现代新儒家，在不同程度上接受了现代西方文化，力求改造传统文化，建立新的适应中国现代化要求的新文化。现代新儒家只是其中的一个派别，虽然不占主导地位，但它也在传统与现代的转化中扮演着重要角色。我们将在下一节，对现代新儒家的发展历程做一个回顾。

【注释】

①对于现代新儒家思潮的划分有多种说法。本文主要参照宋志明著《现代新儒学的走向》，北京师范大学出版社2009年版。

②关于儒学历史的分期有多种说法。现代新儒家牟宗三先生基于其对儒学历史的理解将其作黑格尔式"否定之否定"的三期划分：先秦儒学、宋明新儒学、现代新儒学。"第一期

之形态，孔孟荀为典型之铸造时期"；"第二期形态则为宋明儒之彰显绝对主体性时期"；现代新儒学为第三期，"此第三期，经过第二期之反显，将有类于第一期之形态"。钱穆先生则从史学的角度对儒学做六期的划分，大体以朝代为标识，细分为六期：Ⅰ先秦自孔子至孟、荀为儒学之"创始期"；Ⅱ两汉为"奠定期；"Ⅲ魏晋南北朝为"扩大期"；Ⅳ唐代为"转进期"；Ⅴ宋元明为"综汇期"，以欧阳修至朱子为综汇之儒之学脉，以濂、洛、关理学为别出之儒学，陆、王又为理学之别出；Ⅵ第六期清代仍为"儒学之综汇期与别出期"。并以为儒学演进六期以下必有新儒学之新途径。

③狭义新儒家多推崇心性儒学，因而忽略汉代以来政治儒学的成就。牟宗三先生在梳理宋明理学时批判朱熹"别子为宗"，不是孔孟心性之学的正宗嫡传。

④方克立：《现代新儒学与中国现代化》，天津人民出版社1997年版。

第二节　现代新儒学的发展历程

要讲现代新儒学，就离不开现代新儒家。前者是思想学说，后者是思想学说的主体、人物。从"五四"新文化运动至今，现代新儒家薪火相传九十年，这期间出现了一大批思想家，大致可分为四个发展阶段。第一个阶段是1921年至1949年，代表思想家为熊十力、梁漱溟、马一浮、张君劢、冯友兰、钱穆；1950年至1979年为第二阶段，代表思想家为方东美、唐君毅、牟宗三、徐复观；第三个阶段是1980年至2004年，代表思想家有成中英、刘述先、杜维明、余英时等。这前三代现代新儒家的共同点是，一方面致力对儒、释、道三家作出新的诠释及应用，另一方面把西方哲学思想融会在中国传统智慧之内，从而肯定中国传统哲学也可发展出民主与科学等现代思想。三代人的筚路蓝缕艰苦努力，已使儒学展现出一线生机，中华文化由"花果飘零"而"灵根再植"，出现了"走向世界"和"重返故土"的双向并进的趋势。自2004年至今现代新儒学进入了第四期的发展，以大陆新儒家为主，展现出对儒家传统更加多元的解释路向。下面，以时间为线索对现代新儒学的发展历程做概略的介绍。

一、1921—1949年：现代新儒学发展的第一阶段

鸦片战争以来，中华民族迭遭列强欺凌，面对着中西文明发展程度的巨大落差，先进知识分子以强烈的进取心，开始了向西方学习的历程。从洋务运动到戊戌变法、辛亥革命，国人先后在实业层面和政治层面谋求救国之道，但均以失败

而告终。辛亥革命后，沉痛的历史教训和冷酷的社会现实，催生了第一次真正的文化"大觉醒"，五四新型知识分子把向西方学习落实在思想文化层面，中国文化的现代性追求因五四新文化运动而迈进到了更深的层次。

现代新儒学就产生于二十世纪二十年代初，也就是作为中国现代史开端的五四时期。现代新儒家是在儒学遭到空前"厄运"，"儒门淡薄，收拾不住"的情况下力图"重建"和"复兴"儒学，使之在现代生活和世界文化对话中仍保持一定的地位。主要主张是"返本开新"，即通过保持孔子和儒家学说的真精神来接引现代科学民主。

在二十世纪二十年代至五十年代，有梁漱溟、张君劢、熊十力、马一浮、冯友兰、贺麟、钱穆等被认为是现代新儒家的第一代，特别是梁漱溟、熊十力，则被看作是狭义现代新儒家的开山宗师。

1922年，梁漱溟先生的代表作《东西文化及其哲学》出版，为现代新儒家在中西比较的视域下返本开新，重建儒家传统的开端引绪。在西学东渐、西风劲吹的形势下，他肯定了中国文化和东方文化的价值，特别是肯定了孔子儒家学说的生命和智慧，这就确立了现代新儒家学派尊孔崇儒的精神方向。[①]其实，依梁先生此书的宗旨来说，他所关心的不是哲学问题，而是文化问题，他所关注的焦点是"东西文化"的优劣比较。真正从哲学的角度，透过宋明理学而遥契孔孟先秦儒学精神的现代新儒家的奠基人则当数熊十力先生。熊先生早年投身辛亥革命和护法运动，中年脱离政界，潜心研究哲学，曾从欧阳竟无先生研习法相唯识之学。后不满于佛法，自创《新唯识论》，发挥中国传统文化的基本精神和基本价值，融会中、印、西思想，建构了以"仁心"为本体，以"体用不二"、"翕辟成变"、"生生不息"和"冥悟证会"为宗纲，融本体论、宇宙论、人生论、价值论、认识论、方法论于一体的哲学体系[②]。熊先生的书多涉及纯粹的哲理，在当时影响很小。直至1960年以后，熊先生的思想和著作在港台受到极高的推崇和赞誉。作为一位对儒家精神有独特的生命体悟的哲学家，其思想和著作极具感召力，对后继者影响极大，唐君毅、牟宗三等人在哲学上的建树，都是以熊先生为起点的。

发端于二十年代的现代新儒学，到了抗日战争时期有了新的重要发展，也可以说它自身发育到了比较成熟的阶段。这是因为民族危亡的严重局势，激发了那些主张发扬民族精神、复兴民族文化的思想学说的发展。从现代新儒学自身的发展来说，由于经过了较长时期的理论准备，包括对西学的学习、了解、消化和吸收，现代新儒家的代表人物已有可能创造出比较完整系统的理论体系，明确提出自己的纲领和口号。上述熊十力的"新唯识论"哲学体系，就是在抗战时期最后完成和传世的。

此外，这个时期，冯友兰先生写作和出版了《新理学》、《新事论》、《新世训》、《新原人》、《新原道》、《新知言》六本书，总称之为"贞元之际所著书"，后人称之为"贞元六书"，创造了一个庞大的新理学哲学体系③。贺麟先生也以新黑格尔主观唯心主义的立场来承接、发挥陆王心学，力图建立一个以西方苏格拉底、柏拉图、亚里士多德、康德、黑格尔之哲学，与中国孔、孟、程、朱、陆、王之哲学"会合贯通"的"理想的唯心论"哲学体系，来实现他对儒学的新开展④。钱穆先生于 1940 年，出版了《国史大纲》一书，对于振奋民族精神，团结一致抗战，产生了巨大的影响。该书不仅反映了作者对中国历史的系统见解，而且也反映了他对中国文化和儒学的见解，在国内外产生了广泛影响，是其一生的代表作，被称为现代新儒学的史学宣言。针对将中国今日之贫弱落后一切归罪于古人的偏向，钱先生提倡对本国已往的历史必须怀有"温情与敬意"，只有对已往历史有"真实之了解"和"深厚之爱情"，才能对现在有深刻认识和"真实之改进"⑤。他们在现代新儒学思潮发展史上都占有不可抹刹的重要地位。

经过二十多年的开创和苦心经营，现代新儒家学派虽然还只是在少数知识分子的圈内，由开创人物及其追随者以著述、讲学、办杂志等方式来宣传儒学，培养新人，但已经形成了一定的势力和影响。引人注目的是抗战时期新儒家在大后方开办的三大书院。1939 年，同梁漱溟、熊十力一并被称为"现代儒学三圣"的马一浮在四川乐山乌尤寺创办复性书院，马先生自幼饱读诗书、青年时代曾游学美国、欧洲、日本，学贯中西，亦精通老庄、佛法，然讲学以儒学六艺为主，重道德修养和心性体验，体现了宋明理学的精神⑥。1940 年，梁漱溟在重庆被北碚金刚碑创建勉仁中学和勉仁书院，后者以研究中国当前文化问题为旨趣，培养后继研究人才。1940 年 10 月，张君劢在云南大理创办民族文化书院，以宋儒张载"为天地立心，为生民立命，为往圣继绝学，为万世开太平"的名言为书院宗旨，沟通中西学术，致力身心存养，以期担负中国民族文化复兴之大任。

三大书院继承宋明儒者自由讲学之风，仿照中国古代书院的办学形式，也吸收现代大学、研究院办学方法之优点，强调知识学问与道德人格并进，这是现代新儒学为实现自己的理想而致力于人才培养的重要的教育实践。

抗战时期现代新儒家还没有自己独立的学术舆论阵地，但是他们已经很注意办杂志，或利用已有报刊宣传自己的主张。冯友兰在抗战前后一直主编《哲学评论》，张君劢先后创办《再生》、《自由钟》等杂志，唐君毅、周辅成等人在抗战中又在重庆创办《理想与文化》杂志。抗战胜利后，成长中的第二代新儒家也开始活跃于中国现代思想舞台。1947 年 1 月，牟宗三和钱穆弟子姚汉源在南京创办《历史与文化》杂志，明确提出要对中国近代特别是五四以来的全盘西化思潮和反传统思潮进行深刻的反省，认为今日国家政治问题实质上是一个文化问题，只有实现民族文化的自我觉醒才能从根本上解决。同年 4 月，已经成为熊十力信徒的退役陆军少将徐复观在南京创办《学原》月刊，大量发表熊十力、钱穆、唐君毅、牟宗三等人的文章，成为宣传现代新儒家的一个重要阵地。

1948 年，熊十力的弟子程兆熊接受牟宗三的建议，在当年朱陆之争的旧地江西铅山鹅湖重建鹅湖书院，同时创办了《理想·历史·文化》杂志。牟宗三等人亲自起草了《鹅湖书院缘起》，唐君毅也专程去鹅湖讲学。他们想在这个偏僻的山区恢复师友讲习和耕读之风，重振鹅湖所体现的儒家精神。

二、1950—1979 年：现代新儒学发展的第二阶段

1949 年以后，儒学的命运可谓一波三折，历尽磨难。从新中国成立至"文革"前十七年，受"五四"新文化运动的影响，这个阶段学术界一般将儒学当作封建主义的意识形态，并运用马克思主义的观点和方法加以批判。十年"文革"期间，儒学成了政治斗争的工具，受到猛烈批判，几乎谈不上什么研究。几位前期现代新儒家的主要代表人物，如梁漱溟、熊十力和马一浮，还有著名的冯友兰、贺麟等人，虽然都留在了大陆，但在研究成果上却一片空白。

与现代新儒学在大陆的际遇相反，1950 年代以后，特别是大陆"十年"浩劫期间，在港台和海外又掀起了一个大规模的儒学复兴运动。现代新儒学第二阶段的发展，中心已经转移到港台，起骨干作用的是从大陆去的一批新儒家学者，如钱穆、唐君毅、牟宗三、徐复观、方东美等人。他们以新亚书院为基地，"上溯宋明书院讲学精神，并旁采西欧导师制度，以人文主义教育为宗旨，沟通世界东西文化"。在"四顾苍茫，一无凭藉"的特殊心态下，第二代新儒家为中国文化和儒家精神的延续而艰苦卓绝砥砺奋进。

这一时期，新亚还创办了多份思想性的杂志，最有影响的是徐复观于 1949 年夏天创办的《民主评论》和五道于 1951 年初创办的《人生》杂志。二者都是半月刊，分别出刊到 1966 年和 1968 年，成为现代新儒家自由发言的舆论阵地。

钱穆、唐君毅、牟宗三、徐复观均是主要撰稿人，他们这个时期的论著大都在这两个杂志上刊载过。

1950 年代，牟宗三主要在台湾师范学院（今师大）和台中东海大学任教，1954 年他在师院发起成立"人文学会"，每两周举行一次"人文讲座"，他主讲和答疑，内容涉及中西文化而以阐明儒家思想为立国之本为主旨。"人文讲座"的记录稿按期在香港《人生》杂志连载。1956 年牟宗三转到东海大学任教，和徐复观共同推进中国文化研究和新儒学运动，也组织过类似的师友讲习和聚会。这种"以文会友，以友辅仁"的讲会，唐君毅在香港新亚书院也热心开办。1950 年他就开设文化讲座，除亲自主讲外，还邀请文化界名宿担任，先后共有一百多次。1956—1958 年在桂林街时有"人学讲会"，1959 年 7 月改为"哲学会"，共举办讲座 52 次，坚持四年半时间。从五十年代开始的人文讲会为现代新儒学的发展培育了一大批生力军。

这期间发生的一个标志性的事件就是，1958 年，张君劢、唐君毅、牟宗三、徐复观联合署名发表的《为中国文化敬告世界人士宣言》，宣言从中国历史文化一体相连、一脉相承的统绪上强调了道统之意义，认为儒家的内圣心性之学，或称之为内圣成德之教乃是中国文化之本体，在其中蕴含着民主与科学的"种子"，因而，民主与科学是出于中国文化自身方向上的要求，是一种内在必然的发展道路。这被看作是第二代新儒家的思想纲领。

1962 年，唐君毅、牟宗三等人在香港成立一个世界性的"东方人文学会"，得到在美国、南朝鲜、日本、欧洲、澳洲及台湾等国家和地区研究中国哲学的著名学者张君劢、梅贻宝、陈荣捷、徐复观、李相殷、宇野哲人等的支持。8 月 26 日（孔子 2513 年诞辰前夕）在香港正式注册成立。学会宗旨以尊崇孔子、发扬儒学精神为主，并谋求中国及东方文化在世界的发展，使孔子真正成为世界的孔子，以能够有力地影响世界人类文化之前途。

正是由于第二代新儒家的不懈努力，使得儒学思想得以深发，初具世界性的影响。其中最为杰出代表便是牟宗三先生。牟先生的哲学体系，是现代新儒学中最富有思辨工夫和原创性的思想。他以个人之力翻译康德的三大批判[7]，以儒家传统的心性义理之学为本，通过融合康德哲学与孔孟陆王的心学、吸取黑格尔的思辨形式，将中国哲学与西方哲学互相诠解，精心构造出自己缜密而庞大的哲学体系。1995 年出版的《剑桥哲学词典》称："牟先生是当代新儒一家他那一代中最富原创性与影响力的哲学家。"

　　牟先生自言其为学经历三个阶段：二十世纪三十至四十年代为第一阶段，主要从事逻辑学、知识论和康德知性哲学研究；五十年代为第二阶段，研究重心转移至中国历史文化及中国文化的出路问题；六十年代为第三阶段，又转而从头疏解中国传统的儒、佛、道三家之学，而尤重于宋明理学的研究。这以后，牟先生较多地着力于哲学理论方面的研究，其最显著的贡献就是借重于康德哲学赋予了中国哲学某种理性的、普遍的言说形式，建构了儒家的"道德的形上学"。

　　牟宗三先生把历史上的儒家思想作为中国传统文化的主干，在儒家中则又判定孔子、孟子、陆象山、王阳明为"嫡传正脉"，认为儒学就是心性之学。他对宋明理学有比较深入的研究，把宋明理学分为五峰蕺山、象山阳明与伊川朱子三系，并视五峰、蕺山与象山、阳明两系为儒学之正宗，而伊川、朱子系为儒学之歧出；合北宋的周敦颐、张载、程颢而为"宋明儒学之大宗"，其论学以《中庸》、《易传》、《论语》、《孟子》为主；至于程颐和朱熹则是"别子为宗"，其论学以《中庸》、《易传》与《大学》相结合。牟先生以上的创见在学界引起广泛的讨论，成为颇具影响的"一家之言"。

　　另外，牟先生还指出，历史上的中国文化有道统而无学统和政统，内圣强而外王弱。近代以来，中国文化面临西方文化的严峻挑战。对中国传统文化如何现代化的问题，牟先生提出了"良知坎陷"说，即"良知"通过自我"坎陷"，转出"知性主体"和"政治主体"，也就是从"道德主体"转出"民主"与"科学"。如此一来，儒家的"内圣之学"便可以开出"新外王"、由"道统"就可以开出"政统"和"学统"，完成中国传统的现代转化。牟先生的理论创设固然有其精妙之处，但事实上，在中国历史和现实的实践过程中，内圣并未能开出新外王。有些学者也指出，内圣根本不可能开出新外王，现代新儒家对道德主体性的执著混淆了个人内在的道德世界和外在的公共组织世界的差别，从而丧失了民主政道的精神实质。总之，"内圣外王"成为现代新儒学中争讼不断的焦点话题。

　　牟先生的哲学达到了中国哲学理性化的高峰，儒家道德形而上学被诠释到极致，但同时"以西解中"的思路、对民主与科学过强的认同意愿也暴露出不可避免的缺陷。傅伟勋先生曾讲："中国哲学的未来发展课题也就关涉到如何消化牟先生的论著，如何超越牟先生理路的艰巨任务。"⑧站在这座思想高峰之上，现代新儒家将何去何从？

三、1980—2004 年：现代新儒学发展的第三阶段

在二十世纪八十年代，港台和海外的一批中青年学者继续发扬现代新儒学的理论，其中香港的刘述先、台湾的蔡仁厚、侨居美国的杜维明、成中英、余英时较为著名，又被称为当代新儒家。

第三代新儒家思想的兴起有着特殊的历史背景。一方面，自七十年代以来，继承儒家传统文化的日本，以及亚洲其他国家和地区（如新加坡、韩国、台湾、香港等）急剧的经济增长和产业发展，进入了与欧美竞争的行列，冲破了西方思想界的欧洲中心论，特别是马克思·韦伯那种只有西方基督教新伦理的主宰精神才能开展出近代资本主义，东方儒家伦理的和谐精神无法开展出现代工业的理论受到了怀疑。⑨海内外的中国学者开始就儒家传统同急剧的经济增长之间的关系，即"传统"与"现代化"之间的关系，以及"儒家式资本主义"等问题展开讨论，其浪潮愈益高涨。

另一方面，欧美等西方国家的现代化进程在政治、经济、社会、教育、文化等方面出现了一些严重的问题，科技成果带给人类的并非都是幸福，同时带来了生态环境的破坏，核战争的威胁和能源的危机，特别是人的生存意义和价值有被极端的物质化、机械化、工具化取代或否定的倾向，人际关系变得冷漠而功利，吸毒和贩毒、色情和同性恋，抢劫和凶杀等社会问题日益严重。于是首先在西方，然后遍及全世界出现了一个批判、反思现代的运动，要求重估现代西方思想，特别是抨击实用主义、科学主义片面发展"工具理性"所带来的负面影响。因此要求在"工具理性"之外，也要寻求"价值理性"的合理发展，重新建构以人道为基础的新哲学。一些有识之士提出要重新认识传统，包括东方和其他民族国家的文化传统。二十世纪七十年代在欧美学术界重新提起的文化多元论，使中国的新儒家受到很大的鼓舞。他们以此为契机，宣扬肯定人性价值的中国传统哲学，特别是以孔子为代表的儒家哲学；批判并克服由西方中心、西方本位文化发展史观刻画出的"现代化就等于西欧化"的观点；研究别具一格的、体现儒家传统文化特点的（与"西欧式现代化"相区别的）"儒家式现代化"的内涵。因而受到国际哲学界的格外重视。

余英时、成中英、刘述先、杜维明都是六十年代在美国获得博士学位，八十年代活跃起来的中青年学者。他们运用了哲学人类学、社会心理学、文化心理学、现象学、解释学等西方最流行的新思潮对中国封建社会和传统文化进行分

析。第三代新儒家虽多为牟宗三先生的后学，但在继承先生思想的同时也尝试突破援佛入儒、以西解中的方法论和内圣开出新外王的思维模式。他们提出要超越"五四"以来的中西对立，"改组儒家理想"进行"批判继承"和"创造性的综合"。这种文化开放的精神、贯通中西、力求创新的气魄，预示了现代新儒学在未来发展中的新方向。

现代新儒家认为，当代西方最严重的问题是科学与人文不平衡，工具理性与价值理性不平衡造成的一系列矛盾。要克服后现代社会的异化现象，只有发扬中国儒家"内在生命的仁心"，使科学与人文、工具理性与价值理性平衡发展，以恢复人的价值尊严。在当代世界文化多元的背景下，厘清儒家传统的人文价值；以宋儒"理一分殊"的睿识，来解决既尊重差别又平等相待的问题，接通传统与现代、一元与多元；将"仁心托付"与"生生不息"的精神贯注在现代科学成果之内；调动儒家资源来参与新的环境伦理、生命伦理的建构，迎接西方后现代化的挑战。为此，要建立多元理性的本体诠释学和儒家的哲学人类学，一方面站在儒家"为仁由己"的基础上，另一方面要与西方的基督教、新马克思主义、心理分析思潮对话，并吸取现象学、解释学的新方法，以促进中国哲学的现代化与世界化。

第三代新儒家的突出特点在于强调儒学的开放性，这使他们的思想具有更加强烈的时代感和现实性。他们跳出传统文化与现代化二元对峙的模式，并由此反省现代性，提出了现代性的多元倾向和从民族自身资源中开发出自己的现代性的问题。同时，现代新儒家为跨文化比较、对话和融合做了大量的工作，积极促成世界各文明对话与沟通。但就新儒家学者个体而言，他们的理论关切也有区别。杜维明、刘述先关心儒家与基督教、伊斯兰教的对话。杜维明重视的是儒学作为世界文化的一种精神资源对于现代人生活和西方、全球可能发生的影响。刘述先认为，当代新儒家由道统的承担转移到学统的开拓、政统的关怀，应在这一背景下阐扬儒家的"为己之学"及"仁义礼智信"等核心价值观的现代意义。成中英则强调，应当以批判的理性而不是内在的体验为方法，在客观性的基础上建立知识而不是在主体体验的基础上印证价值，应以知识探讨为价值判断、选择或重建的基础，而不是先肯定价值，再寻求知识手段以实现价值理想。

1995年牟宗三先生的辞世，可以看作是现代新儒学发展历程中具有划时代意义的事件。这不仅是因为新儒家的前两代人由此都溶入了历史，而且也是因为在内因外缘的综合作用下，第三代新儒家在"后牟宗三时代"对儒学的多元开展仍有难以突破的瓶颈。他们所讲的"内圣"之学，作为师友劝善互勉、提撕人心的道德修养学说，或许还有一定的价值，但它在事实上开不出现代民主、科学等"外王"事业来，因此难免被讥为"袖手空谈心性"、"迂远不切事情"；他们继承着玄学派重视谈人生、谈精神价值、谈生命的学问的传统，而不满意于现代大学教育偏重知识的导向，分科结构又接近西方理念和组织的一套做法，使他们始终疏离于正规教育体制之外；他们在实际事功方面难有开展，其学问也只在小团体内受用，尽管他们热心布道传教，却对现实社会政治难以发生重要的影响。

新儒家的理想也许很好，他们对解决传统和现代化的关系问题也并非一无所见，但由于有上述无法回避的问题，现代新儒家阵营在分化、重组的过程中，首要的问题依然还是：儒家之"本"能否超越时空限制而具有永恒的价值，它如何可能"开新"。

四、2004 年至今：现代新儒学发展的第四阶段

新儒学归根到底是要解决中国的发展前途问题，中国文化的发展前途问题，考虑问题不能不以日渐强盛的中国大陆为主体，为中心。现代生产方式和市场体系带来和推动的个人权利、民主宪政、理性化或驱魅、文化认同等问题凸显，人们普遍感受到社会存在与文化系统处于紧张之中。特别是对中国来说现代性和全球化带有"外生"和"被动"的性质以及比较特殊的意识形态的背景，情况因此显得更加复杂。

自二十世纪末，现代新儒学的发展中心已逐渐由港台转向大陆。1978 年至八十年代末，大陆的儒学研究开始排除政治的干扰，学术研究走向正常。学者们除了运用马克思主义以外，还运用多种观点和方法对儒学进行再探讨和再评价，对儒学的价值判断由基本否定逐渐趋于肯定。经过 1980 年代文化热之后，在上个世纪九十年代以来极其宽松的思想环境下，经港台新儒学"反哺"和十多年酝酿准备，大陆新儒学已渐成气候，一些中青年学人自觉或不自觉地认同现代新儒学的价值，进入现代新儒学的阵营。九十年代初至今，充分肯定儒学的态度已成为主流，自觉标举新儒学旗帜的代表人物有蒋庆、康晓光、盛洪、陈明等。另外，一些不公然承认自己是新儒家，但其思想信仰已大部分认同现代新儒家学说的也很多，如武汉大学的郭齐勇，北京的陈来等。他们的思想学术活动在海内外已产生一定的影响。学者们讨论的主要话题是儒学的现代价值以及对儒学的现代

阐释。最值得注意的是，发展儒学的时代课题已经提上日程，很多学者提出了自己关于儒学创新的设想和方案。

2004 年被称为"文化保守主义年"。在这一年中发生的文化事件有：4 月陈明在天津南开大学作题为《文化保守主义在当代思想版图上的位置与意义》的演讲，鼓吹"文化保守主义"，对该校历史系刘泽华教授的某些观点表示了异议，因而与刘泽华的学生发生了言语上的冲突，引发了刘门弟子与"原道"派的一场争论；5 月高等教育出版社出版中华孔子学会组编、蒋庆选编的《中华文化经典基础教育诵本》一套 12 册，并由此引发了持续数月的读经之争；7 月蒋庆邀请陈明、盛洪、康晓光等大陆新儒家代表人物，以"儒学的当代命运"为题会讲于贵阳阳明精舍，又称为"中国文化保守主义峰会"；9 月许嘉璐、季羡林、杨振宁、任继愈、王蒙等七十余位文化名人签署并发表《甲申文化宣言》，引发了一场如何看待全球化时代的民族文化的思想论争；11 月 24 日康晓光在中国社会科学院研究生院作题为《我为什么主张"儒化"——关于中国未来政治的保守主义思考》的演讲，继续宣传其"立儒教为国教"的观点外；12 月号称"中国文化保守主义旗舰"的《原道》辑刊，以《共同的传统——"新左派"、"自由派"和"保守派"视域中的儒学》为题举办创刊十周年纪念座谈会，并将其舆论阵地扩展到"原道"文丛、"原道"译丛和"儒学联合论坛"网站。

2005 年方克立先生曾指出："中国的现代新儒学运动，从'五四'至今已有三代人薪火相传，大体上经历了三个发展阶段。我认为以甲申（2004）年 7 月贵阳阳明精舍儒学会讲（或谓'中国文化保守主义峰会'）为标志，它已进入以蒋庆、康晓光、盛洪、陈明等人为代表的大陆新生代新儒家唱主角的阶段，或者说进入了整个现代新儒学运动的第四个阶段。"[10]

这里需要指出的是，前三代新儒家多具有一定的师承关系，以熊十力、牟宗三及其弟子一系为主，力倡儒家心性之学的复兴。现代新儒家第四阶段的发展，即大陆新儒学的出现虽然与港台、海外新儒学有一定的承接关系[11]。但却是在更广泛的意义复兴儒学传统，他们普遍反对熊、牟一系新儒家仅将儒学局限于心性之学，由"内圣"开出"外王"来接纳西方的民主与科学的做法。他们提出了一整套"儒化中国"的理论、方针、原则和策略，认为儒学应在政治制度、社会生活、宗教信仰等各个方面全面复兴。比起港台新儒学大陆新儒家显得更有创造性，也具有更强的意识形态性和现实针对性，实已成为当今中国保守主义的中心话语，成为一面政治和文化旗帜。

【注释】

①梁漱溟：《东西文化及其哲学》，商务印书馆 2005 年版。

②熊十力：《熊十力全集》，湖北教育出版社 2001 年版。

③冯友兰：《冯友兰文集》，第四卷、第五卷《贞元六书》，长春出版社 2007 年版。

④贺麟：《文化与人生》，商务印书馆 1988 年版。

⑤钱穆：《国史大纲》，商务印书馆 2005 年版。

⑥马一浮：《复性书院讲演录》江苏教育出版社 2005 年版。

⑦康德的"三大批判"构成了他伟大的哲学体系，即《纯粹理性批判》（1781 年）、《实践理性批判》（1788 年）和《判断力批判》（1790 年），被公认为是哲学史上最难读的书。

⑧傅伟勋：《从西方哲学到禅佛教》，生活·读书·新知三联书店 1989 年版，第 25 页。

⑨［德］马克思·韦伯著，彭强，黄晓京译：《新教伦理与资本主义精神》，陕西师范大学出版社 2002 年版。

⑩方克立：《关于当前大陆新儒学问题的三封信》，《学术探索》2006 年第 2 期。

⑪蒋庆在《中国大陆复兴儒学的现实意义及其面临的问题》一文中指出，儒学发展会经过港台、海外新儒家的"传播反哺期"，而"返乡复位"在大陆重新取得正统地位。在一定意义上说，大陆新儒学的出现正是港台、海外新儒家进行"反哺"的结果。陈明主办的《新原道》第 1 辑（《原道》第 8 辑）"编后"中说："港台新儒学是《新原道》同人从正面走近传统的接引者。"

第三节　现代新儒学的基本思想

现代新儒学的思想理论颇为丰富，就其根本观念而言，不外乎"儒学复兴"、"返本开新"、"儒家资本主义"、"民族复兴"四个命题。从这四个命题，大体可以反映出新儒学四代人的思想轨迹和新儒学的基本内容。

一、复兴儒学

复兴儒学，可以算作做现代新儒家的共同理想。所谓"复兴儒学"，其宗旨就是认为儒家思想不仅没有过时，而且还代表着中国乃至世界文化发展的未来方向，因而通过弘扬、复兴儒学，不仅可以解救中国，甚至可以解救世界。

新儒学第一代开山祖师梁漱溟先生首先提出"儒学复兴"的命题。在梁漱溟看来，中、西、印三大文化系统表现了三种不同的人生态度或人生路向，西方文化的根本精神是以意欲纯粹向前要求伸展，中国文化的根本精神是以意欲自为调合持中，印度文化的根本精神是以意欲反身向后要求。中国文化和印度文化都属早熟型的，与西洋文化之间均不可作高低优劣的价值评判。梁先生指出："以后世界是要以礼乐换过法律的，全符合了孔家宗旨而后已。因为舍掉礼乐绝无第二办法。""世界上只有两个先觉：佛是走逆着去解脱本能路的先觉；孔子是走顺着调理本能路的先觉。以后局面不能不走以理智调理本能的路，已经是铁案如山，那就不得不请教这先觉的孔子。"因此，他断言"世界未来文化就是中国文化（实指儒家文化）的复兴"，并主张"把中国原来态度（实指孔子儒家态度）重新拿出来"。① "复兴儒学"的主张奠定了现代新儒学的总基调和总方向。大陆新儒家蒋庆也提倡复兴儒学，曾概括儒学在当今中国问题上的七大功用：通过儒学安顿中国人的个体生命、重建中国人的社会道德、重塑中华民族的民族精神、重建中国人的希望、建立具有中国文化特色的政治制度以及奠定中国现代化的道德基础等。

二、返本开新

既然中国之发展有赖于儒学的复兴，那么作为历史传统的儒学，如何可能在当下重新勃兴起来呢？现代新儒家选择了"返本开新"的道路。

所谓"返本开新"，即是返传统儒学之本，开民主、科学之新。换句话说，也就是由所谓"内圣"之学（儒家心性论）——开出"外王"之功（现代民主和科学）。"返本开新"的命题主要是由现代新儒家第二代提出并加以着力阐发的。

用牟宗三先生的说法，儒学在新时期发展的使命就在于："道统之肯定、学统之开出、政统之继续。"即所谓"一、道统之肯定，此即肯定道德宗教之价值，护住孔孟所开辟之人生宇宙之本源。二、学统之开出，此即转出'知性主体'以融纳希腊传统，开出学术之独立性。三、政统之继续，此即由认识政体之发展而肯定民主政治为必然。"② 牟先生又将这种"三统并建"说归结为"内圣开出新外王"。所谓"内圣"，即传统儒家的心性之学，用牟先生的话说就是"道德良知"，相当于"道统之肯定"。所谓"新外王"，就是科学和民主，分别相当于"学统之开出"和"政统之继续"。至于"内圣"何以开出"新外王"，牟先生又创"道德良知自我坎陷"之说，谓道德良知经过自我限制、自我否定，自觉地从德性主体转出知性主体，即从道德良知（内圣）开出科学和民主（新外王）。不过，此说隐晦曲折，甚为牵强，为已不少学者所诟病。

新儒家第二代"返本开新"命题的提出是以对传统儒学内在价值与精神生命的认同为其前提的。他们声称中国文化并未死亡，指出"须肯定承认中国文化之活的生命之存在"，"此过去之历史文化之本身，那是无数代的人，以其生命心血，一页一页的写成的；……这中间有血，有汗，有泪，有笑，有一贯的理想与精神在贯注。……客观上的历史文化，本来自始即是人类之客观精神生命之表现。……我们必须先能超越我们个人自己之主观的生命心灵，而有一肯定尊重客观的人类生命心灵之敬意。此敬意是一导引我们之智慧的光辉，去照察了解其他生命心灵之内部之一引线。"③因此，对历史文化传统须怀抱"同情"和"敬意"，而此历史文化传统又正是以儒家思想为其本源大流的。

然则，如何本着儒家的生命智慧以成就民主科学的外王事业呢？新儒家承认民主科学作为外王的学问为中国文化传统所欠缺，又为现实中国社会所必需；同时承认作为西方外王传统的民主科学是建立在基督的传统之上的。而为了科学民主的"外王"全盘接纳作为其基础的基督教，新儒家认为是不可能的。于是，新儒家致力于中国学术文化的核心———儒家心性之学的研究，发现在儒家的思想信仰中有一"宗教性的安身立命之所"，亦即发现儒家的伦理道德与宗教精神的一本性。他们进而肯认儒家的心性之学亦谓之人文教与现代民主和科学并不矛盾，民主科学和现代化实是出自中国传统文化的内在自觉的要求，出自儒家生命智慧之自然展现："中国文化依其本身之要求，应当舒畅展出之文化理想"，是要"使中国人在自觉成为——道德的主体之外，兼自觉为——政治的主体、认识的主体，及实用技术活动的主体，而使中国人之人格有更高的完成，中国民族之客观的精神生命有更高的发展。"④

现代新儒学主要是从直觉与理智的关系探讨中国传统的道德理想主义与现代科学民主的关系。他们认为道德是直觉的，科学是理智的，中国传统的道德理想主义高于西方的科学民主，因此提出了直觉为体、理智为用的本体论，由此进一步展开了内圣开出科学民主新外王的社会理想。也就是说，现代新儒家哲学的理论基础是以直觉和理智为逻辑起点，宣扬儒家的心性论，然后由道德、科学、民主三个基本范畴展开了他们的哲学思想。儒学之"老树"发出"民主、科学"的新枝，从第一代新儒家梁漱溟、熊十力、贺麟到第二代新儒家唐君毅、牟宗三基本上是沿着这个思路进行的，并且在牟宗三的哲学体系中得到了最富思辨性的论证。第三代新儒家对此也未能有实质性的改变。

三、儒家资本主义

"儒家资本主义"这个名词似乎有点怪异，是否真有其事学者众说纷纭。从历史的考察来看，事实是，近代中国社会经历了两个转型。第一个转型是从传统的农业经济转向现代工业经济。这个转型从清末改良主义运动时期开始，通过兴实业的过程，在外来资本主义的刺激下，到二十世纪三十年代已经形成了中国的民族资本，中国工业的真正发展是二十世纪五十年代之后，八十年代已经初具规模，九十年代更是有大规模的发展。但是九十年代世界上的先进国家已经开始了"后现代化"——"新经济"，所谓"传统经济与现代经济"的关系，实际上是工业经济与新经济的关系。因此当我国从传统的农业经济向现代工业经济的转型还没有完成，第二个转型从还没有完成的工业经济向新经济转型，这两个转型重叠，也是当前世界经济一体化的要求，这就是中国社会的特殊性。那么现代新儒家所谓的"儒家资本主义"指的是什么呢？

所谓"儒家资本主义"，不是一个简单的经济学概念，针对东亚经济发展过程中的思想文化特征，是指中国传统儒学的家族主义对经济的影响。其实是对与欧美资本主义相比具有种种不同特征的东亚地区工业文明体系包括日本、韩国、新加坡和香港、台湾等国家和地区的总称和概括。"儒家资本主义"的概念乃是由一段时期以来一些对现代新儒学思想持认同态度的海外学者首先提出来的，如米切欧·莫里西认为，正是"儒家价值观念决定了日本资本主义制度中集体主义伦理道德体系的确立"。"西方社会中，道德上的个人主义与经济个人主义无意识地结合在一起，而日本传统文化的集体主义则会导致'儒家资本主义社会'"。弗兰克·吉伯尼所著《设计中的奇迹》中认为，古老的儒家劳动道德传统是日本经济腾飞的决定性因素，因而他提出日本是"儒家资本主义"以区别于西方资本主义。另外，日本森岛道雄教授1975年在伦敦经济学院讲学时，也曾就儒家资本主义的集体主义特性问题做过学理的和历史的阐释。

由于"儒家资本主义"的提法非常切合当代海外新儒家即新儒家第三代的思想实际和理想追求，因而一经提出，即为之所肯认和接受。在他们看来，工业东亚的崛起，毋宁就是对西方著名思想家马克思·韦伯理论的一种挑战。马克思·韦伯通过对儒教与中国社会发展的关系的历史考察而写成的《儒教与道教》一书所得出的结论是，儒教过于重视家庭关系、血缘关系和人身依附的思想，正是阻碍资本主义在中国发展的首要因素⑤。新儒家认为，从工业东亚现代化成功的情况来看，韦伯论断的真理性是很值得怀疑的，因为日本和亚洲四小龙均在儒学文化圈内。他们断言，不是别的，正是儒家伦理的积极作用，导致了这些国家和地区经济现代化的发展，并据此推而广之，认定儒家传统与现代中国社会的进步和发展并非扦格两立，儒家文化价值体系的创造性转换同样也能促成中国本土的现代化的成功。许多新儒家都有所谓"儒学现代化"的提法，这一命题固然含藏有对儒学的创造性转换的意思，但更主要的是在于揭示一种现代化的儒家模式。

但事实上，以家族式企业和管理方法上的中庸之道以及过多的政府干预为特征的"儒家资本主义"并没有新儒家学者们想象的那么完美。应该说，在亚洲经济起飞的过程中，家族式的管理模式曾经起了积极作用，它体现了一种团结奋斗的忧患意识，使许多企业甚至整个国家都有一种迎头赶上西方国家的奋起直追的精神。正靠这种精神使东亚地区在第二次世界大战后迅速发展起来。这可以说是中国传统文化中家族仁爱精神与现代化的融合。但是这种传统与现代化的奇异结合，终于在八十年代，现代化达到一定程度之后暴露出它的弊病，官商勾结成为不可避免的事实，损害了制度的有效性，影响了一个国家的法制化。特别是九十年代后期，家族式的管理模式受到了严峻的挑战。1998年的亚洲金融危机，使儒家资本主义理想几乎破灭。

其实，新儒家对中国几时能够出现儒家的现代化模式，并不十分乐观。回应现代化和全球化的时代挑战，以儒学的基本精神为本位，回归先秦原典，整合程朱、陆王、张王三派，贯通儒、释、道三教，容纳东西方文明，建构一套新的哲学体系和社会学说，以解决当今社会面临的种种问题，并为未来世界开出大同盛世。这将是一项长期的和艰巨的任务。

结语

儒学内通心性，外透天道，旁彻物情，合内外，一天人，是天人性命一贯之学，是内圣外王之道，是中国传统文化的主干，也是中华民族精神的主要培养基，在中华民族精神的形成过程中曾经起了非常重要的作用。

当今世界全球化的发展并不是一个同质化的过程，也不是一个西化的过程，我们必须特别突出现代性中传统的价值，从民族自身资源中开发出自己的现代性的问题。现代性必须基于每个民族自身的历史境遇，反映各民族不同的生存状态。由此看来，近年呈现的儒学复兴势头，绝非眼下的偶然性事件，而是具有历史必然性的事情。这是当今中国"现代性诉求的民族性表达"⑪。当然，民族性是一个动态的概念，是与时代性相统一的。在当今时代，我们培育和弘扬伟大的中华民族精神，不仅需要从传统儒学中吸收精神营养，还特别要有现代新儒家与时俱进的创造转化传统的能力。

我们研究现代新儒家的思想发展，正是为了捕捉他们提出的具有普适性的问题意识，并且针对这些问题提出自己的看法，理解自己的生存状态，形成超越现代新儒家的新结论。

【注释】

①梁漱溟：《东西文化及其哲学》，商务印书馆 2005 年版，第 196 页。

②牟宗三：《道德的理想主义》，台湾学生书局 1985 年版，第 1—2 页。

③④牟宗三、张君劢、徐复观、唐君毅：《为中国文化敬告世界人士宣言》，香港《民主评论》第 9 卷第 1 期，1958 年 1 月。

⑤［德］马克思·韦伯著，王容芬译：《儒教与道教》，商务印书馆 1995 年版。

⑥蒋庆：《政治儒学——当代儒学的转向、特质与发展》，生活·读书·新知三联书店 2003 版，第 39—40 页。

⑦盛洪：《为万世开太平》，北京大学出版社 1999 年版。

⑧⑨蒋庆：《政治儒学——当代儒学的转向、特质与发展》，第 125 页、第 23 页。

⑩康晓光：《仁政——权威主义国家的合法性理论》，《战略与管理》2004 年第 2 期。

⑪黄玉顺：《现代新儒学研究中的思想视域问题》，（《现代新儒学的现代性言说》导论）：见《中国传统哲学与现代化》，中国文史出版社 2007 年版。

附：

【参考书目】

1. 梁漱溟：《东西文化及其哲学》，商务印书馆 2005 年版。

2. 熊十力：《熊十力全集》，湖北教育出版社 2001 年版。

3. 冯友兰：《冯友兰文集》，长春出版社 2007 年版。

4. 贺麟：《文化与人生》，商务印书馆 1988 年版。

5. 钱穆：《国史大纲》，商务印书馆 2005 年版。

6. 马一浮：《复性书院讲演录》，江苏教育出版社 2005 年版。

7. 牟宗三：《中国哲学的特质》，上海古籍出版社 1997 年版。

8. 蒋庆：《政治儒学——当代儒学的转向、特质与发展》，三联书店 2003 年版。

（本章撰稿：杜霞）

后 记

　　《国学经典导论》是成都大学利用综合性大学的资源条件，探索高素质人才培养途径，面向全校所有大学一年级新生开设的公共必修课。这是从中国文化不仅要应对西方文化的冲击，而且要成功适应中国经济和社会现代化的需要的视野，介绍中国传统文化中的核心典籍及其主要思想，使学生了解中国传统思想文化的主要价值观、人生观、审美观，了解阅读方向和阅读价值，切实丰富和提高他们的人文素养的重要尝试。本书已经被四川省教育厅正式立项为四川省2009—2012 年高等教育人才培养质量和教学改革项目（项目编号：P09399，项目名："国学经典进大学课堂的探索与实践"）。

　　本着边建设、边充实、边完善的精神，我们率先推出了这本《国学经典导论》。本书是在《国学经典导论》（试用稿）的基础上，通过一个学期的教学实践，吸收了有关专家、学者、学生意见的基础上充实、完善、修改而成的。国学博大精深，源远流长，我们不可能在一本薄薄的著述中将其完全囊括入内。为避免课程泛泛而论，避免与其他课程内容的简单重复，保证教学质量，使教学具有一定的深度和针对性，突出地方特色，本课程改革采用专题讲座方式，共分八个专题。

　　为了充分发挥集体智慧和学术民主，主编在搭建好全书各专题框架结构、提出写作目标和要求以后，本书各章的具体内容是由各专题教师自定，体例大体一致，基本体例为：专题基本概况介绍，专题论述（重点），原著导读。

　　本书撰写的具体分工如下：

第一章　孔子与《论语》，万平

第二章　孟子与《孟子》，程建忠

第三章　董仲舒与朱熹的主要思想，谭平

第四章　老庄的智慧，郭道荣

第五章　佛教与中国文化，殷晓燕

第六章　中国古代文学鉴赏，万平

第七章　巴蜀文化精粹，邓经武、刘咏涛

第八章　现代新儒学要义，杜霞

　　谭平、万平作为主编，统筹、策划了全书的编写工作，通阅审读了全书，做了一些体例的统一和技术性修改。

　　本书的编写工作得到了成都大学相关校领导和有关职能部门的大力支持。原四川省人大教科文委员会副主任，四川省政府参事、著名历史学家、四川大学博导冉光荣教授拨冗为本书撰写了序言。人民出版社邵永忠先生关心、关注着本书编写的全过程，提出了很多极富建设性的意见和建议。在此，我们表示衷心感谢！

　　本书在编写的过程中，借鉴、吸收了国内外研究者的一些研究成果，未能一一注明，在此一并致谢！

谭平　万平
2009 年 12 月

责任编辑:邵永忠

图书在版编目(CIP)数据

国学经典导论/谭平　万平主编. —北京:人民出版社,2010.2
　(2019.7 重印)
ISBN 978－7－01－008694－1

Ⅰ.①国…　Ⅱ.①谭…②万…　Ⅲ. 国学-通俗读物-　Ⅳ. Z126-49

中国版本图书馆 CIP 数据核字(2010)第 022898 号

国学经典导论

GUOXUE JINGDIAN DAOLUN

谭　平　万　平　主编

人 民 出 版 社 出版发行
(100706　北京市东城区隆福寺街 99 号)

环球东方(北京)印务有限公司印刷　新华书店经销

2010 年 2 月第 1 版　2019 年 7 月北京第 13 次印刷
开本:710 毫米×1000 毫米 1/16　印张:20.5
字数:350 千字　印数:50,001-60,000 册

ISBN 978－7－01－008694－1　定价:35.00 元

邮购地址 100706　北京市东城区隆福寺街 99 号
人民东方图书销售中心　电话 (010)65250042　65289539